Chronique
de l'année
2004

«Chronique de l'année 2004»

Rédaction : Bruno Larebière et Michel Marmin
avec la collaboration de Bérengère Bocquillon, Jacqueline Bouthéon,
John Laughland, Charles Muller, Laurent Palet et François Quimiac

Direction technique et artistique : Audrey Tröndle
Iconographie : système «Online» (Sipa Press)
Fabrication : Claude Pedrono-CPE CONSEIL
Secrétariat de rédaction : Pierre-Henri Gras
Infographie Olivier Barbut
Correction : Marie-Luce Nemo
Index et documentation : Sandrine Bautista

Directeur département : Jean-Christophe Delpierre

ISBN : 2205-05722-7

Dépôt légal : 1er trimestre 2005

Achevé d'imprimer en janvier 2005
sur les presses de Stige, San Mauro (Italie)

Editions Chronique
Dargaud s.a.
14, avenue Freycinet
24750 Trélissac

Tél. : 05 53 35 91 21
Fax : 05 53 35 14 06
e-mail : chronic@easynet.fr
www.editions-chronique.com

Chronique de l'année 2004

Editions Chronique

La catastrophe de Charm el-Cheikh

La marine égyptienne récupère des débris du vol FSH 604 de Flash Airlines.

Charm el-Cheikh, dimanche 4
L'heure est au deuil, aux recherches et aux questions. Ce sont 148 personnes, dont 133 touristes français, qui ont trouvé la mort, hier, dans le crash du Boeing 737 de la compagnie charter égyptienne Flash Airlines. L'appareil avait décollé à 4 h 40 (heure locale) de la grande station balnéaire égyptienne en direction du Caire, où il devait faire escale avant de gagner l'aéroport de Roissy. Moins de cinq minutes après, il disparaissait des écrans des radars de contrôle et s'abîmait en mer Rouge. Il n'y a aucun survivant, des familles entières sont décimées, et, selon les autorités égyptiennes, la carlingue du Boeing pourrait se trouver à 1 000 m de profondeur. Seuls des débris ont pu être jusqu'à présent repêchés par la marine égyptienne, qui sera secondée le mardi 6 par des spécialistes français de la Marine nationale, avec le robot de recherche sous-marine Achille. La capacité de cet engin ne dépasse pas, malheureusement, les 400 m de profondeur, ce qui rend problématique la récupération des boîtes noires. Alors qu'une information était ouverte dès hier par le procureur de Bobigny pour « homicide involontaire », une équipe de l'Unité nationale d'identification des victimes (UNVIC) a été aujourd'hui dépêchée à Charm el-Cheikh et s'est attelée à sa terrible tâche, une soixantaine de fragments de cadavres ayant été déjà retrouvés. L'enquête sera longue, difficile et épineuse. Si la thèse de l'attentat est pratiquement écartée, reste à savoir si l'accident est dû à une erreur humaine ou à une défaillance technique. Dans le second cas, la responsabilité en incomberait, soit à Flash Airlines, dont la fiabilité a été mise en cause par la Suisse (qui lui a interdit de survoler son territoire en 2002), soit à Boeing. Une âpre bataille juridique s'annonce pour les assureurs.

Succès planétaire pour l'iPod d'Apple

San Francisco, mardi 6
Steve Jobs, le patron d'Apple, a réussi son pari : l'iPod, son lecteur MP3, est à la mode. David Beckham, Jennifer Lopez et même Mick Jagger s'affichent sans complexe avec. Depuis qu'il a été lancé en octobre 2001, deux millions d'unités ont été vendues. Aucun doute que l'iPod mini connaîtra le même succès. La version qu'il présente a tout de la grande : un disque dur de 4 Go, une connexion USB2 et le FireWire. Et un accord avec HP va lui ouvrir le marché des PC.

La France découvre le quinzomadaire

France, lundi 5
En bon français, il aurait fallu parler de bimensuel. Le mot n'était pas assez clair. Pas assez choc. Avec ce *Télé 2 semaines*, c'est donc un « quinzomadaire » que le groupe Prisma Presse vient de créer sur le modèle de ce qui se pratique depuis le début des années 1990 en Allemagne. Un lundi sur deux et pour un euro, il offre deux semaines de programmes. Budget de lancement prévu : 25 millions d'euros. Les ventes du n° 1 ? Un million d'exemplaires ! Du jamais vu depuis le lancement, en août 1962, de *Salut les copains*. Prisma annonce déjà, pour le printemps, un autre quinzomadaire. Le titre : *Télé Grandes Chaînes*.

Après s'être posée sur le sol de Mars, dimanche 4, la sonde américaine Spirit a retransmis, mardi 6, des photographies en couleur haute définition du cratère Gusev, prises par sa caméra panoramique PanCam.

Monde, jeudi 1er
Entrée en vigueur du Code mondial antidopage.

France, jeudi 1er
90 millions de textos sont échangés pour les vœux de nouvelle année.

Dublin, jeudi 1er
Succédant à l'Italie, l'Irlande prend pour six mois la présidence de l'Union européenne.

Bam (Iran), samedi 3
Neuf jours après le séisme, une femme de 97 ans est sortie vivante des décombres.

Bruxelles, lundi 5
Le Néerlandais Jaap de Hoop Scheffer prend ses fonctions de secrétaire général de l'Otan.

France, lundi 5
Le prix des cigarettes augmente de 8 à 10 %. C'est la troisième hausse depuis le début de l'année 2003.

Kandahar (Afghanistan), mardi 6
Explosion d'une bombe à proximité d'une caserne : 15 morts.

Stockholm, mardi 6
Mijailo Mijailovic, un Suédois d'origine serbe de 25 ans, avoue le meurtre de la ministre suédoise des Affaires étrangères, Anna Lindh.

Liège, mercredi 7
Six des huit accusés de l'assassinat, en 1991, de l'ancien ministre André Cools, sont condamnés à des peines de 5 à 20 ans de prison.

Paris, jeudi 8
Le physicien Albert Fert reçoit la médaille d'or du CNRS pour la découverte de la magnétorésistance géante, qui a permis de multiplier

Sarkozy en Chine contre les clandestins

Le ministre français de l'Intérieur avec son homologue chinois, Zhou Yongkang.

Pékin, jeudi 8
Chaque année, environ 60 000 Chinois tentent de pénétrer clandestinement en France pour rejoindre une diaspora forte, selon le ministère de l'Intérieur, de 250 000 à 450 000 membres. Selon un accord, en cours de finalisation, entre la Chine et l'Union européenne, celle-ci va devenir une « destination autorisée » pour les touristes chinois. Aussi le ministre de l'Intérieur, Nicolas Sarkozy, a-t-il jugé urgent de s'entendre avec les autorités de Pékin pour lutter contre l'immigration clandestine. La Chine facilitera la procédure de retour de ses clandestins et enverra à Roissy deux officiers qui aideront la police de l'air et des frontières.

L'Irak était visé dès février 2001

Washington, dimanche 11
Alors que le Pentagone annonce que les pertes américaines en Irak ont passé le cap des 500 morts (504 exactement à ce jour), le président George W. Bush a été l'objet, ce soir, d'une attaque en règle de la part de l'ancien secrétaire au Trésor Paul O'Neill, « démissionné » en décembre 2002. Invité par CBS dans l'émission *60 minutes*, Paul O'Neill a affirmé que, dès février 2001, Donald Rumsfeld avait envisagé au Conseil national de sécurité une action contre l'Irak, projet que le président des États-Unis aurait chaudement approuvé en martelant : « Donnez-moi les moyens de justifier une guerre à l'Irak. » Paul O'Neill, pour qui George W. Bush est « un aveugle entouré de sourds », a en fait réitéré sur la chaîne de télévision les révélations qu'il a faites au journaliste Ron Suskind pour un livre intitulé *The Price of Loyalty* (« Le Prix de la loyauté »), qui sera dans les librairies américaines mardi. Il paraîtra en mai en français, sous le titre *Le Roman noir de la Maison-Blanche*.

Zoom sur

UNE CONSTITUTION POUR L'AFGHANISTAN

Votée le dimanche 4 janvier par la Loya Jirga, après de difficiles tractations entre le chef de l'État, Hamid Karzaï, et les représentants des minorités ethniques, la Constitution fait de l'Afghanistan une république islamique. Elle laisse toutefois aux fidèles des autres religions la liberté de pratiquer leur foi, mais dans « les limites de la loi », celle-ci devant toujours être conforme à l'islam. Cette Constitution instaure un système présidentiel : un président et deux vice-présidents élus au suffrage universel, qui devront soumettre les orientations de leur politique à deux assemblées, la Wolesi Jirga (élue au suffrage universel) et la Meshrani Jirga (la chambre des « anciens »). Les femmes auront les mêmes droits et devoirs que les hommes ; elles seront éligibles à la Wolesi Jirga.

La tension monte dans la recherche

Paris, dimanche 11
Lancée mercredi, la pétition « Sauvons la recherche » a déjà recueilli en quatre jours 4 724 signatures de scientifiques. Nombre de sommités, parmi lesquelles le professeur Axel Kahn, directeur de l'Institut Cochin, exigent le déblocage immédiat de 159 millions d'euros de crédits gelés en 2003 et l'augmentation du nombre de postes offerts à concours en 2004. Ils menacent de démissionner de leurs fonctions de direction s'ils ne sont pas entendus. Ancien ministre de l'Éducation et de la Recherche, Claude Allègre dit « envisager sérieusement de partir travailler en Amérique », où les moyens offerts sont supérieurs.

Jeudi 8, à Southampton, la reine Elisabeth II (à droite, au côté du commandant, Ronald Warwick) inaugure le *Queen Mary 2*, qui a été construit à Saint-Nazaire.

Mobilisation des colons contre Sharon

Tel-Aviv, dimanche 11
Ils étaient plusieurs dizaines de milliers à manifester, place Yitzhak-Rabin, à l'appel de Yesha, l'organisation regroupant les colons implantés à Gaza et en Cisjordanie. But de la manifestation : faire pression sur Ariel Sharon pour le contraindre à renoncer à son « plan de paix ». Lequel consisterait à évacuer unilatéralement un certain nombre de colonies. Ce rassemblement réunissait non seulement des militants d'extrême droite, mais également des électeurs du Likoud venus rappeler au Premier ministre israélien qu'il avait été lui-même le promoteur de la colonisation en Palestine. On notait la présence très active du ministre du Tourisme, l'ultranationaliste Benny Elon.

par cent la capacité de stockage des disques durs.

Londres, jeudi 8
Selon une étude publiée dans *Nature*, un quart des espèces végétales et animales pourrait disparaître d'ici à 2050 en raison du réchauffement climatique.

Paris, vendredi 9
La Fondation Kadhafi accepte d'indemniser, à hauteur d'un million de dollars par victime, les familles des 170 victimes de l'attentat commis en 1989 contre le DC-10 d'UTA au-dessus du désert du Ténéré.

Strasbourg, vendredi 9
La Turquie signe le protocole 13 de la Convention européenne des droits de l'homme qui exige l'abolition de la peine de mort en toutes circonstances, y compris en temps de guerre.

Washington, vendredi 9
Saddam Hussein, toujours détenu dans un lieu tenu secret, est déclaré prisonnier de guerre. Il bénéficiera de la protection de la Convention de Genève mais pourra également être jugé pour crimes de guerre.

DÉCÈS

Paris, jeudi 1er
Denise Colomb, photographe (*Denise Loeb, 1.4.1902).

Stockholm, mercredi 7
Ingrid Thulin, actrice (*27.1.1926).

Paris, jeudi 8
Frank Ténot, spécialiste du jazz (*31.10.1925).

Mercredi 14, à New York, le projet de mémorial pour les victimes du 11 septembre 2001 est dévoilé au public. Il avait été retenu par un jury le 6 janvier dernier. S'inscrivant au cœur du nouveau World Trade Center, *Reflecting absence* (« Refléter l'absence ») sera constitué de deux bassins carrés, situés à l'emplacement même des tours jumelles détruites par l'attaque terroriste. Les noms de toutes les victimes seront inscrits autour des bassins. *Reflecting absence* a été conçu par un architecte new-yorkais, Michael Arad.

Le docteur Shipman se donne la mort

Wakefield, mardi 13
Retrouvé inanimé à 6 h 20 dans sa cellule de la prison de Wakefield, dans le comté du Yorkshire, au nord-est de l'Angleterre, Harold Shipman n'a pu être sauvé. Le plus grand tueur en série que le Royaume-Uni ait connu s'est pendu avec ses draps aux barreaux de sa fenêtre. Condamné en janvier 2000 à la prison à vie pour 15 crimes, il était suspecté d'en avoir commis au moins 215 entre 1975 et 1998, toujours selon le même mode opératoire. Ce médecin généraliste administrait à ses patients – le plus souvent des femmes, âgées de 41 ans à 91 ans – une dose mortelle de morphine, puis établissait un certificat de décès faisant état d'une hémorragie cérébrale ou d'une crise cardiaque. Il n'a jamais avoué un seul meurtre ni par conséquent expliqué sa motivation. « Peut-être qu'il était devenu accro au fait de tuer », a estimé Janet Smith, qui avait instruit son dossier.

La presse de son pays l'appelait « Docteur la mort » ou « le Mengele britannique ».

La liberté perdue des Irakiennes

Bagdad, mardi 13
Une centaine d'Irakiennes, bravant la pression des islamistes, ont manifesté en plein centre de Bagdad pour protester contre l'abrogation du Code de la famille par le Conseil de gouvernement, le 29 décembre 2003. Instauré en 1959 par le régime républicain du général Kassem, ce code avait accordé aux Irakiennes des libertés inconnues dans le reste du monde arabe. Nesrine Barwani, actuelle ministre des Travaux publics, a participé à la manifestation en dénonçant cette décision « réactionnaire », prise sans concertation.

Le coût du krach de Parmalat

Rome, mercredi 14
La faillite frauduleuse du géant laitier italien, mis en redressement judiciaire par Silvio Berlusconi le 23 décembre dernier, va coûter cher à l'économie transalpine : selon Giulio Tremonti, le ministre de l'Économie, l'addition se chiffre à 11 milliards d'euros, soit près de 1 % du PIB italien. Tandis que l'ex-p-dg de Parmalat, Calisto Tanzi, et le directeur financier du groupe, Fausto Tonna, sont toujours sous les verrous, l'épouse de Tonna, Donatella Alinovi, a été arrêtée hier. Elle aurait détourné 1 million d'euros début janvier.

Mystérieux naufrage du *Bugaled Breizh*

Finistère, jeudi 15
À Loctudy, le port d'attache du *Bugaled Breizh*, c'est la consternation. En début d'après-midi, le chalutier immatriculé au Guilvinec a sombré au large du cap Lizard, à 25 km environ au sud-ouest de l'Angleterre. Lorsque Serge Cossec, le patron de l'*Eridon*, qui croisait à proximité, est arrivé sur les lieux, alerté par un appel de détresse transmis par VHS : « On chavire, viens vite », il était trop tard. Le chalutier en acier, long de 24 mètres, reposait déjà par 90 mètres de fond. Les hélicoptères britanniques dépêchés sur zone n'ont pu repêcher que deux corps sans vie, ceux de Pascal Le Floch, 50 ans, et d'Yves Gloaguen, 44 ans. Georges Le Métayer, Patrick Gloaguen et Éric Guillamet sont portés disparus. Le patron du navire, Michel Douce, malade, n'avait pas pris la mer. Ce drame ne saurait être expliqué par les conditions météo : le vent n'excédait pas 60 km/h et les creux ne dépassaient pas trois à quatre mètres. La rapidité avec laquelle le *Bugaled* a sombré laisse penser qu'il a été éperonné. Des sous-marins naviguaient à proximité pour un exercice de l'Otan. Y aurait-il eu une collision ? Les autorités militaires, tant françaises que britanniques, le nient, mais l'enregistreur du cap Gris-Nez, qui observe les mouvements du secteur, était en panne lors du drame.

Afghanistan, lundi 12
Pour la première fois depuis plus de dix ans, la télévision diffuse des images d'une chanteuse afghane. Salma se montre la tête couverte d'un simple voile de tulle.

Paris, lundi 12
L'imam de Vénissieux, Chellali Benchellali, dont un fils, Mourad, est détenu à Guantanamo, et trois membres de sa famille sont mis en examen pour association de malfaiteurs en relation avec une entreprise terroriste.

Vendée, lundi 12
Les plages sont souillées par des boulettes de fioul issues du *Prestige*.

Washington, lundi 12
La Cour suprême autorise George W. Bush à taire les noms de plusieurs centaines de détenus incarcérés depuis les attentats du 11 septembre 2001.

Boulogne-sur-Mer, mardi 13
Marie Humbert, mère de Vincent Humbert, est mise en examen pour « administration de substances toxiques ».

Boulogne-sur-Mer, mercredi 14
Le Dr Frédéric Chaussoy est mis en examen pour « empoisonnement avec préméditation » dans la même affaire. Il est passible de la réclusion criminelle à perpétuité.

New York, mercredi 14
La 3e et la 6e banque des États-Unis, JP Morgan Chase et Bank One, annoncent leur fusion.

Paris, jeudi 15
Inauguration, avenue de l'Opéra,

Dans la rue pour le voile

Paris, samedi 17
Les Renseignements généraux avaient annoncé de 10 000 à 20 000 personnes. Ils étaient 10 000 tout au plus à défiler dans Paris, au départ de la République, à l'appel du très controversé Parti des musulmans de France (PMF), présidé par Mohamed Latrèche, pour protester contre le projet de loi qui sera présenté jeudi devant le Conseil d'État. Et qui, s'il est adopté par les députés, entrera en vigueur en septembre prochain. Le texte stipule que « dans les écoles, les collèges et les lycées publics, les signes et tenues [manifestant] ostensiblement l'appartenance religieuse des élèves sont interdits ». Dans cette manifestation pour la défense du voile islamique, à laquelle l'Union des organisations islamiques de France (UOIF) s'était associée tandis que Dalil Boubakeur, président du Conseil français du culte musulman (CFCM), s'y était opposé, craignant que l'opinion publique ne se « raidisse », dominaient les slogans de jeunes femmes, défilant séparément des hommes et scandant : « Ni frère, ni mari, le foulard on l'a choisi ! » Le ton de Latrèche fut différent : son discours fut surtout antisioniste.

La légionellose continue de sévir

Lens, dimanche 18
Le ministre de la Santé, Jean-François Mattei, est venu à Lens s'informer de l'évolution de l'épidémie de légionellose qui frappe le Pas-de-Calais depuis fin novembre 2003. Avec deux nouveaux cas déclarés ce week-end, le nombre de personnes touchées par la maladie est désormais de soixante-quinze. Dix sont décédées, trois autres demeurent dans un état très grave. Assiste-t-on au début d'une nouvelle « vague » de cette épidémie ? Si la Ddass ne le croit pas, la population reste inquiète. Aujourd'hui même, le préfet du Pas-de-Calais a fermé l'usine McCain de Harnes, où des traces de légionelle ont été décelées, de même souche qu'à l'usine Noroxo (également située à Harnes, fermée pour la seconde fois le 4 janvier dernier et considérée comme à l'origine de la contamination). Une autre fermeture avait été décidée jeudi : celle de Locagel à Vendin, à 5 km de Harnes.

Dimanche 18, au Caire, Stéphane Peterhansel remporte le Dakar autos sur Mitsubishi. La victoire du pilote français est historique : âgé de 38 ans, Peterhansel avait déjà triomphé à six reprises dans le Dakar, en catégorie motos.

Mais qui peut bien en vouloir au préfet Aïssa Dermouche ?

Aïssa Dermouche lors de sa prise de fonctions de préfet du Jura, le 10 février.

Nantes, dimanche 18
Hier soir, Aïssa Dermouche est rentré vers 23 heures. Il avait assisté, au stade de la Beaujoire, au match entre le FC Nantes et Ajaccio (4-0). Plutôt que de rentrer sa voiture dans son parking, il l'a garée avenue Camus, près de son domicile. A-t-il été suivi ? À 4 h 40 cette nuit, la Saab a été pulvérisée. La bombe artisanale, dépourvue de retardateur, avait été placée sur le capot. Personne n'a été blessé. Nommé mercredi préfet du Jura en Conseil des ministres, Aïssa Dermouche, directeur depuis 1989 de l'École supérieure de commerce de Nantes, est devenu le symbole de cette « discrimination positive » à la française prônée par Nicolas Sarkozy. A-t-on visé le « préfet issu de l'immigration » ? Est-ce l'homme privé, trois fois marié, qui est menacé ? Les enquêteurs ne veulent exclure aucune piste.

Les kamikazes défient l'US Army

Bagdad, dimanche 18
Les soldats américains l'appelaient « la porte des assassins ». Un trait d'humour cynique qui a revêtu aujourd'hui une résonance macabre. À 8 heures (heure locale) ce matin, une Toyota chargée de 500 kg d'explosifs a sauté à l'entrée du QG de la coalition, l'ancien palais de la République de Saddam Hussein, sur les bords du Tigre. Le bilan est très lourd : 25 tués, dont deux Américains, et au moins une centaine de blessés. Cet attentat suicide intervient au plus mauvais moment pour les États-Unis. L'incapacité de leur armée à empêcher la résistance de frapper au cœur même de son dispositif les met en effet dans une posture difficile, à la veille de la réunion qui, à New York, doit préparer le retour de l'ONU en Irak.

du premier café français de la chaîne américaine Starbucks.

Toulouse, jeudi 15
Airbus annonce avoir livré pour la première fois, en 2003, plus d'avions civils que Boeing : 305 contre 281.

Belgique, vendredi 16
Entrée en vigueur de la loi d'amnistie fiscale.

France, vendredi 16
Suez cède à M6 sa participation de 89,34 % dans le capital de la chaîne thématique Paris Première.

Londres, vendredi 16
La Fédération internationale de l'automobile réintègre le Grand Prix de France de F1, qui se déroulera à Magny-Cours, dans le calendrier 2004.

Iran, vendredi 16
Le bilan du séisme du 26 décembre à 3am est porté à 41 000 morts.

Rabat (Maroc), vendredi 16
La Chambre des représentants réforme le Code de la famille afin qu'il consacre « l'égalité juridique entre l'homme et la femme ».

Charm el-Cheikh, dimanche 18
Vingt-quatre heures après avoir retrouvé la première boîte noire du Boeing de la Flash Airlines, le robot Scorpio 2000 de France Télécom repêche la seconde. Abîmées mais semble-t-il exploitables, elles sont remises aux autorités égyptiennes.

DÉCÈS

Paris, jeudi 15
Le père Ambroise-Marie Carré, académicien (*25.7.1908).

Janvier

Une relique de Louis XVI vendue

Loches (Indre-et-Loire), mercredi 21
Le 21 janvier 1793, quittant la prison de la Conciergerie pour l'échafaud, le roi Louis XVI remet à M. Vincent, son compagnon de captivité, son foulard de lin blanc (cela vaudra à ce conseiller de Paris d'être guillotiné un an plus tard pour l'avoir accepté et dissimulé). La relique a été adjugée 70 000 euros à un couple franco-américain qui a voulu rester anonyme. Le commissaire-priseur, Me Philippe Rouillac, a confié que les acquéreurs voulaient « rappeler par ce geste la part décisive apportée par Louis XVI à l'independance des États-Unis ». Ils ont assuré que l'étoffe jaunie par les ans, longue de 160 cm sur 76 cm de large, sera conservée en alternance en France et à New York.

Lundi 19, à Paris, Dior présente sa collection de printemps-été. John Galliano a ressuscité les fastes de l'Égypte ancienne, tout en reprenant certains « classiques » de la maison. Les maquillages sont l'œuvre de Pat Mac Grath.

Happening indien des altermondialistes

Pour ces manifestants, le président des États-Unis est le premier des terroristes.

Bombay, mercredi 21
Durant six jours, 100 000 personnes réunies à l'appel de 2 660 organisations de 152 pays ont assisté aux travaux du 4e Forum social mondial. Parmi elles figurait l'Iranienne Chirine Ebadi, prix Nobel de la paix 2003, venue défendre les dalits (les intouchables), au côté du Français José Bové. L'Américain Joseph Stiglitz, prix Nobel d'économie 2001, a pourfendu le FMI (Fonds monétaire international), l'accusant d'entretenir à dessein l'« insécurité sociale ». Deux ministres françaises, Tokia Saïfi et Nicole Ameline, étaient présentes. Rendez-vous en 2005 à Porto Alegre (Brésil).

Le dopage est loin d'être éradiqué !

Paris, jeudi 22
En 1998, l'affaire Festina avait secoué le monde du cyclisme. 2004 sera-t-elle l'année de l'affaire Cofidis ? On peut le craindre, tant se multiplient les gardes à vue et les mises en examen. Tout a commencé le 12 janvier, à Roissy, avec l'interpellation d'un ancien coureur de l'équipe nordiste, le Polonais Marek Rutkiewicz, et, le même jour, avec une perquisition menée au siège même de la formation, à Marcq-en-Barœul. Un trafic de produits dopants aurait été mis au jour par la brigade des stupéfiants, entraînant notamment la mise en examen du soigneur Bob Madejak, puis, le 20, l'interpellation à Orly des coureurs Philippe Gaumont et Cédric Vasseur. Gaumont a été relâché après 24 heures de garde à vue : il a reconnu s'être dopé à l'EPO et avoir « dépanné » des amis. Vasseur n'est sorti qu'aujourd'hui : il a nié toute implication dans le trafic. Les deux ont été mis en examen, sous contrôle judiciaire.

L'assassin de Jean Hélène condamné

Abidjan, jeudi 22
« Je suis innocent ! Je suis innocent ! Je suis innocent ! » s'est exclamé le sergent Séry Dago à l'annonce du verdict qui le condamnait à 17 ans de prison. Le procès du sous-officier ivoirien, accusé d'avoir assassiné le journaliste français Jean Hélène à Abidjan, le 21 octobre 2003, avait commencé mardi dans un climat tendu. Le tribunal militaire est toutefois resté insensible aux pressions des « amis » de Séry Dago. Il faut bien dire que les dénégations de l'accusé ne pesèrent pas lourd face aux témoignages, accablants. Quant à l'association Reporters sans frontière, partie civile avec la station de radio RFI, elle s'est déclarée satisfaite d'un jugement qui, par ailleurs, condamne l'État ivoirien à verser 210 000 euros de dommages à la famille de Jean Hélène. Jugement qui devrait contribuer à la détente entre Paris et Abidjan, dont la France aurait fait de la condamnation de Séry Dago une condition expresse.

Versailles, lundi 19
Le chanteur Florent Pagny est condamné à six mois de prison avec sursis, 15 000 euros d'amende et 115 000 euros de dommages intérêts pour fraude fiscale.

Paris, lundi 19
France Télécom annonce la suppression de 14 500 emplois dans le monde en 2004.

Londres, lundi 19
Cinq millions de photos aériennes prises par la RAF durant la Deuxième Guerre mondiale sont présentées sur Internet.

Pékin, mardi 20
La Chine annonce un taux de croissance de 9,3 % en 2003.

Charm el-Cheikh, mardi 20
La première analyse des boîtes noires permet d'écarter totalement l'hypothèse de l'attentat.

Paris, mardi 20
Michèle Alliot-Marie, ministre de la Défense, annonce que l'État ne fera pas appel de la condamnation prononcée le 15 janvier à Saint-Lô contre la Direction des chantiers navals (DCN) pour « faute inexcusable » dans l'attentat qui avait tué onze de ses employés le 8 mai 2002 à Karachi (Pakistan).

Paris, mardi 20
Jacques Maillot, ancien p-dg de Nouvelles Frontières, révèle au juge Philippe Courroye que sa société a été rackettée au profit du Sporting Club de Bastia à partir de 1994.

Mars, mercredi 21
Le robot Spirit ne répond plus.

L'arsenal irakien n'existait pas

Washington, vendredi 23
George W. Bush se serait bien passé de la démission de David Kay, le patron de l'Irak Survey Group (ISG) chargé de rechercher les preuves de l'existence d'armes de destruction massive. Mais après des mois de travaux menés par quelque 1 400 spécialistes à travers le pays, David Kay jette l'éponge : interrogé par l'agence Reuters, cet ancien de la CIA a confirmé qu'il pensait que les stocks présumés d'armes chimiques et biologiques dont l'Irak aurait disposé « n'existaient pas » et qu'il n'y avait pas eu de « relance significative » du programme nucléaire. Mardi, le président des États-Unis affirmait encore le contraire, citant à l'appui de ses dires les travaux de... David Kay !

L'œil d'Helmut Newton s'est refermé

Hollywood, vendredi 23
Il aimait le luxe, mais il portait sur la société marchande un regard ambigu. Mort dans un accident de voiture, il restera comme l'un des grands maîtres de la photographie moderne. Né le 31 octobre 1920 à Berlin, d'où il fut chassé par le nazisme, Helmut Newton a révolutionné la photo de mode (pour *Vogue* ou pour *Le Jardin des modes)* en rompant avec l'académisme du studio au profit du reportage en décors réels. Il s'est rendu célèbre avec ses grands nus en noir et blanc, dont l'érotisme sculptural, glacial et parfois morbide illustre la transformation de la femme en objet de consommation. Excellent portraitiste également, ce dandy avait épousé en 1948 un autre grand nom de la chambre noire, Alice Springs.

Helmut Newton et son épouse Alice Springs devant leurs portraits respectifs : Helmut Newton photographié par Alice Springs, et Alice Springs par Helmut Newton...

Paris, samedi 24 : à deux jours de la visite en France du président Hu Jintao, le « Guo Nian », le Nouvel An chinois, est célébré avec faste sur les Champs-Élysées. Près de 6 000 danseurs, musiciens, acrobates et figurants animent à grand renfort de pétards ce défilé haut en couleur qui inaugure l'année du singe. Le clou de la manifestation est un dragon d'une cinquantaine de mètres de long : le fameux dragon Nian dont la légende chinoise dit qu'il craint le bruit, le feu et le rouge ! De nombreux artistes de toutes les disciplines (y compris les arts martiaux) sont spécialement venus de différents centres dramatiques de Chine, notamment de l'Opéra de Pékin.

La Géorgie veut s'ancrer à l'Ouest

Tbilissi, dimanche 25
Conséquence directe de la révolution pacifique qui, le 23 novembre 2003, a contraint Édouard Chevardnadze à se démettre, le nouveau président de la Géorgie, Mikhaïl Saakachvili, a prêté serment en présence de personnalités étrangères dont la plus remarquée était le secrétaire d'État américain Colin Powell. Ce juriste de 36 ans, formé aux États-Unis, a été élu à la présidence le 4 janvier dernier, avec 85,5 % des voix, dont celle de Chevardnadze lui-même. Décidé à ancrer son pays à l'Occident, il peut compter sur le soutien actif de Washington, qui a dépêché sur place des forces spéciales et qui est impliqué directement dans la construction de l'oléoduc devant relier la Caspienne à la Méditerranée, *via* la Géorgie. Mais ses relations avec Moscou risquent de se détériorer : la Russie appuie les provinces dissidentes d'Adjarie, d'Abkhazie et d'Ossétie du Sud, et maintient une pression militaire sur Tbilissi.

Zoom sur

LES ALTERMONDIALISTES

Le terme « altermondialiste » est apparu en 2001 pour remplacer celui d'« antimondialiste », jugé trop négatif et mal représentatif d'un combat placé sous le signe de l'internationalisme. L'essentiel de l'action des altermondialistes consiste à lutter contre le libéralisme économique et la marchandisation de la société, refusant de soumettre les impératifs sociaux à « la dictature des marchés financiers ». Éclatée en un grand nombre d'associations, cette mouvance organise chaque année, depuis 2001, un Forum social mondial (FSM). Il se veut le contrepoids du Forum économique mondial de Davos (Suisse). Il se tient généralement à Porto Alegre (Brésil). Depuis 2002, un Forum social européen (FSE) annuel a également lieu.

Paris, mercredi 21
Pierre Bédier, secrétaire d'État aux Programmes immobiliers de la justice, remet sa démission après avoir été mis en examen pour « corruption passive » et « recel d'abus de biens sociaux ».

Paris, jeudi 22
Nicole Guedj remplace Pierre Bédier au gouvernement.

Arusha (Tanzanie), jeudi 22
Jean de Dieu Kamuhanda, ancien ministre rwandais, est condamné à la prison à vie par le Tribunal pénal international pour le Rwanda pour « génocide ».

New York, jeudi 22
Kodak annonce la suppression de 20 % des effectifs de son groupe dans le monde d'ici à 2007.

Quimper, vendredi 23
Le parquet ouvre une information judiciaire pour homicide involontaire pour le naufrage du *Eugaled Breizh*.

New York, vendredi 23
Plus de deux ans après les attentats du 11 septembre 2001 contre le World Trade Center, le bilan, non définitif, est ramené à 2 749 morts.

DÉCÈS

Paris, mardi 20
Olivier Guichard, ancien ministre (*27.7.1920).

Paris, jeudi 22
Ticky Holgado, acteur (*24.6.1944).

Hoofdorp (Pays-Bas), dimanche 25
Fanny Blankers-Koen, athlète (*26.4.1918).

Tapis rouge pour le président chinois

Arrivé hier, Hu Jintao (ici au Parlement) sera jeudi l'invité d'Airbus, à Toulouse.

Paris, mardi 27
Quarante ans après la reconnaissance de la République populaire de Chine par le général de Gaulle, la visite officielle du président chinois Hu Jintao revêtait une importance politique que n'a pas manqué de souligner Jacques Chirac. Accueillant avec solennité son homologue chinois, le président de la République lui a même manifesté son soutien sur la question de Taïwan et est resté discret sur celle des droits de l'homme. Ce qui a suscité les critiques du Parti socialiste, dont les députés ne sont venus qu'en nombre très restreint écouter aujourd'hui le discours de Hu Jintao au Palais-Bourbon. Une attitude irresponsable, selon l'ancien Premier ministre socialiste Pierre Mauroy. Le numéro 1 chinois rencontrera mercredi et jeudi les décideurs de l'industrie française, ces derniers, chez Airbus et chez Alstom en particulier, espérant beaucoup du marché chinois.

Mise en vente du patch contraceptif

France, mardi 27
Homologué depuis novembre 2001 aux États-Unis, où il a été élu en 2002 « invention la plus cool de l'année », et déjà commercialisé en Belgique et en Suède, le patch contraceptif Evra est disponible sur ordonnance dans les pharmacies françaises. Il se présente sous la forme d'un timbre de 2 x 2 cm, que l'on peut apposer sur n'importe quelle partie du corps à l'exception de la poitrine. Selon le laboratoire belge Janssen-Cilag, sa fiabilité est supérieure à celle de la pilule, dont on célèbre cette année le cinquantième anniversaire de la création, et il n'entraîne aucun des effets secondaires de celle-ci, telles les nausées. Il est cependant déconseillé aux femmes souffrant d'hypertension ou ayant des problèmes cardiaques. Le coût mensuel du traitement (15 euros) n'est pas remboursé.

Le 29 janvier, Brian O'Rorke et Jean-Philippe Rocher, gardiens du phare de Kéréon, au large de Molène, sont évacués. Dernier phare breton de pleine mer à être encore habité, il est automatisé.

Mostar parie sur la citoyenneté dans la pluralité ethnique

Mostar, mercredi 28
Symbole des déchirements ethniques qui ensanglantèrent à partir de 1992 la Bosnie-Herzégovine, Mostar a été réunifiée par Paddy Ashdown, haut représentant de la communauté internationale et représentant spécial de l'Union européenne. La ville, divisée depuis 1993 en deux parties hostiles, les Croates à l'ouest et les musulmans à l'est, formera dorénavant une seule entité administrative, où seront représentées les deux communautés (sur un pied d'égalité), ainsi que les minorités (notamment les Serbes). « Aucun des peuples constitutifs ne pourra à lui seul administrer Mostar », a précisé Paddy Ashdown. La mise en application de ce nouveau statut, dont le but déclaré est de « restaurer le caractère citoyen et multiethnique de la ville », pourrait être toutefois délicate, les partis croates et musulmans s'y étant jusqu'à présent ouvertement opposés.

Détruit le 9 novembre 1993, le vieux pont de Mostar (1566) est actuellement en cours de reconstruction. Il enjambe la rivière Neretva, qui divisait depuis la ville en deux secteurs antagonistes. Il sera inauguré (ci-dessus) le 23 juillet prochain.

La grippe aviaire mobilise l'Asie

Bangkok, mercredi 28
La nouvelle vague de grippe aviaire, probablement apparue il y a un peu plus de six mois en Chine, a contraint le Cambodge, la Chine, la Corée du Sud, l'Indonésie, le Japon, le Laos, le Pakistan, Taïwan, la Thaïlande et le Vietnam à se réunir en urgence pour étudier les mesures propres à enrayer l'épidémie. Ceci sous la pression des organisations internationales, tels la FAO (Organisation des Nations unies pour l'alimentation et l'agriculture), l'OIE (Office international des épizooties) et l'OMS (Organisation mondiale de la santé). Les dix pays se sont engagés à coordonner leurs efforts, dans un esprit de transparence dont l'absence a été jusqu'à aujourd'hui criante. On ne connaît que dix cas de contamination mortelle chez l'homme (huit au Vietnam, deux en Thaïlande).

Afghanistan, lundi 26
Hamid Karzaï promulgue la nouvelle Constitution.

Paris, lundi 26
Retour en France de l'étudiante Stéphanie Minana, enlevée le 8 décembre au Venezuela et libérée vendredi dernier.

Paris, lundi 26
Sanofi-Synthélabo lance une OPA hostile de 47 milliards d'euros sur le groupe franco-allemand Aventis.

Turin, lundi 26
Le footballeur Zinedine Zidane, entendu comme témoin, révèle avoir pris de la créatine lorsqu'il jouait à la Juventus de Turin.

Tokyo, lundi 26
Toyota annonce avoir ravi en 2003 à Ford la place de deuxième constructeur automobile mondial en nombre de véhicules vendus, derrière General Motors.

Paris, mardi 27
Le chef savoyard Marc Veyrat reçoit deux 20/20 dans le *GaultMillau* pour ses deux restaurants parisiens.

Paris, mercredi 28
Le conseil de surveillance d'Aventis rejette l'OPA de Sanofi-Synthélabo.

Londres, jeudi 29
Greg Dyke, directeur de la BBC, remet sa démission. Gavyn Davies, président de la radiotélévision britannique, avait fait de même hier après la parution du rapport Hutton sur le suicide, en juillet 2003, de l'expert en armement David Kelly. La BBC présente ses « excuses sans réserves » à Tony Blair pour l'avoir mis en cause.

Guerre des chiffres avec les chercheurs

Paris, jeudi 29
Dans la plupart des grandes villes de France, les chercheurs et les étudiants qui aspirent à le devenir sont descendus dans la rue : une grande première. En trois semaines, la pétition « Sauvons la recherche » affiche 33 000 signataires. À Paris, de 5 000 à 10 000 manifestants ont scandé des slogans non dépourvus d'humour, tels « Pas de pipettes sans pépettes » ou « Science sans finances n'est que ruine de lab ». La promesse de Claudie Haigneré, ministre déléguée à la Recherche, qu'il n'y aurait, en 2004, aucune annulation de crédit, n'a pas apaisé leur colère. Le gouvernement de Jean-Pierre Raffarin ne veut pas céder sur un point à leurs yeux essentiel : la suppression de 550 postes statutaires. Les fonctionnaires partant à la retraite seraient remplacés par des contractuels, dotés de contrats de trois à cinq ans sur le modèle des « contrats de mission » bientôt proposés aux cadres du privé. Une précarisation de leur profession, selon les protestataires, qui s'alarment également que les crédits alloués à la recherche ne représentent que 2,2 % du PIB contre 2,7 % aux États-Unis, 3 % au Japon et 4,3 % en Suède. Pour le ministre des Finances, Francis Mer, ces chiffres ne veulent rien dire. Il fait valoir que les crédits affectés au Centre national de la recherche scientifique (CNRS) ont progressé de 530 millions d'euros en 2002 à 730 millions en 2003 et que, si problème il y a, il provient du secteur privé : « Dans le public, l'effort est considérable. [...] Dans le privé, il n'est pas à la hauteur des enjeux. » Une mission d'expertise va néanmoins être créée, qui sera chargée de se livrer à un « examen contradictoire » des crédits des laboratoires. Les pétitionnaires font valoir d'autres chiffres. Celui de la part des brevets français dans le total des dépôts est éloquent : de 8,8 % en 1985, il a chuté en 2000 à 6,3 %.

Le samedi 31 à Melbourne, la paire française composée de Michael Llodra (à g.) et Fabrice Santoro, déjà victorieuse en 2003, remporte la finale des Internationaux de tennis d'Australie face aux jumeaux américains Bob et Mike Bryan (7-6, 6-3). La puissance de Llodra et le sens tactique de Santoro, allié à un toucher de balle hors du commun, ont fait merveille.

Sida : le Vatican accuse les labos

Vatican, jeudi 29
En 2003, 500 000 enfants sont morts du sida, pour la plupart en Afrique. Et onze millions de petits Africains sont orphelins à cause de ce fléau. La faute en incomberait, selon Mgr Paul Josef Cordes, président du conseil pontifical Cor Unum, chargé de gérer les actions caritatives du pape, aux laboratoires pharmaceutiques, qui pratiquent des tarifs bien trop élevés. Le père jésuite Angelo D'Agostino, un médecin qui exerce dans un orphelinat de Nairobi, au Kenya, n'hésite pas à parler d'une « action génocidaire », dénonçant un cartel d'entreprises « qui refusent de rendre les médicaments abordables en Afrique » malgré « 517 milliards de dollars de profits en 2002 ». La preuve d'un « manque de conscience morale » contre lequel Mgr Cordes en appelle à « la pression publique ».

Dix ans d'inéligibilité pour Alain Juppé

Il ne s'attendait pas à une telle sévérité.

Nanterre, vendredi 30
La tension était palpable sur les bancs de la 15e chambre correctionnelle du TGI de Nanterre quand sa présidente, Catherine Pierce, a appelé Alain Juppé. Quand il était premier adjoint au maire de Paris et secrétaire général du RPR, du personnel employé par le parti était rémunéré par la municipalité. Selon la loi, c'est une « prise illégale d'intérêt ». Elle lui vaut d'être condamné à dix-huit mois de prison avec sursis. « Alors qu'il était investi d'un mandat électif, il a trompé le peuple souverain », juge aussi le tribunal. Cette condamnation, qui sera inscrite à son casier judiciaire, entraîne son inéligibilité pour dix ans en vertu d'une modification du Code électoral effectuée en 1995 à l'initiative du gouvernement Balladur dont il était membre. Abandonnera-t-il ses mandats de député et maire de Bordeaux ? Et la présidence de l'UMP ? Pour l'heure, il fait appel. Un appel suspensif.

Zoom sur

LA GRIPPE AVIAIRE

La grippe aviaire est une virose qui peut frapper toutes les espèces d'oiseau, et plus particulièrement les dindons et les poules dans les élevages intensifs. L'épidémie qui touche actuellement l'Asie est du type H5N1. Ce virus peut contaminer l'homme par contact avec des sécrétions respiratoires ou des déjections d'animaux infectés. La consommation de volaille ne semble toutefois pas présenter de danger, une cuisson complète paralysant le virus. En revanche, un premier cas de transmission de l'homme à l'homme a pu être identifié en septembre 2004, au sein d'une famille thaïlandaise. On a alors évoqué une forme de « contamination restreinte ».

Nantes, jeudi 29
Une explosion de faible puissance endommage la boîte aux lettres de l'établissement scolaire fréquenté par le fils du préfet Dermouche. Dimanche, un autre attentat avait eu lieu contre l'Ecole supérieure de commerce qu'il dirigeait.

Jérusalem, jeudi 29
En échange de la libération par Israël de 429 détenus, le Hezbollah remet à l'État hébreu un civil qu'il avait fait prisonnier ainsi que les corps de trois soldats de Tsahal.

Emeryville (États-Unis), jeudi 29
Les studios Pixar annoncent qu'ils mettront fin à leur collaboration avec le groupe Disney en 2005.

Roissy, vendredi 30
Franck Moulet est de retour en France. Arrêté le 10 janvier à sa descente d'un avion d'American Airlines pour avoir plaisanté sur la menace terroriste, il a été détenu vingt jours. Il a dû plaider coupable pour être libéré.

Kassel (Allemagne), vendredi 30
Armin Meweis, le « cannibale de Rotenburg », est condamné à huit ans et demi de prison. Il avait tué et mangé en 2001 un homme qu'il avait rencontré *via* Internet.

Rome, vendredi 30
L'Italie annonce avoir régularisé en un an 634 728 clandestins.

Melbourne (Australie), samedi 31
La Belge Justine Hénin-Hardenne remporte les Internationaux de tennis face à sa compatriote Kim Clijsters (6-3, 4-6, 6-3).

Un personnage de cinéma nommé

Les violentes controverses suscitées par *La Passion du Christ* de Mel Gibson, mais aussi l'immense succès commercial que le film a rencontré, prouvent au moins une chose: les Évangiles ne laissent personne indifférent ! C'est d'ailleurs la raison pour laquelle la vie de Jésus a toujours attiré les producteurs de cinéma. Et cela dès les premiers balbutiements du septième art…

Robert Le Vigan dans Golgotha *de Julien Duvivier.*

Au début du XXe siècle, deux grandes sociétés de production françaises, Gaumont et Pathé, régnaient sur le cinéma mondial. On ne sera donc pas surpris d'apprendre que c'est à elles que l'on doit deux des premières grandes illustrations cinématographiques des Évangiles. Produit par Gaumont, *La Vie du Christ* fut tourné en 1906 par une jeune femme, Alice Guy, qui bénéficia de la participation de plus de 300 figurants et figurantes, chiffre assez considérable pour l'époque. La réalisation de ce film était marquée par de réelles qualités dramatiques, par un souci de vraisemblance et par une attention particulière portée aux personnages féminins. Certes, le cinéma était encore très loin d'avoir acquis la plénitude de ses moyens, mais les films muets d'avant la Première Guerre mondiale ont conservé cette fraîcheur et cette naïveté que l'on aime à retrouver, par exemple, chez les primitifs flamands ou italiens. Une fraîcheur et une naïveté qui n'excluent d'ailleurs pas l'inventivité, comme le prouve *La Vie et la Passion de Notre Seigneur Jésus-Christ*, sorti en 1907 mais commencé en réalité dès 1902.

Produite par Pathé et réalisée par Lucien Nonguet, cette fresque frappe aujourd'hui par ses superbes décors en trompe-l'œil, par le charme de ses couleurs (le film avait été peint au pochoir, image par image), par ses trucages et par une utilisation déjà très moderne de la profondeur de champ. Au demeurant, *La Vie du Christ* et *La Vie et la Passion de Notre Seigneur Jésus-Christ* ne sortaient pas des limites d'une iconographie conventionnelle et sulpicienne, mais ce n'était pas ce que l'on demandait à leurs auteurs !

Ce respect de la tradition demeurera longtemps un gage de succès commercial, sinon de réussite artistique. Un grand

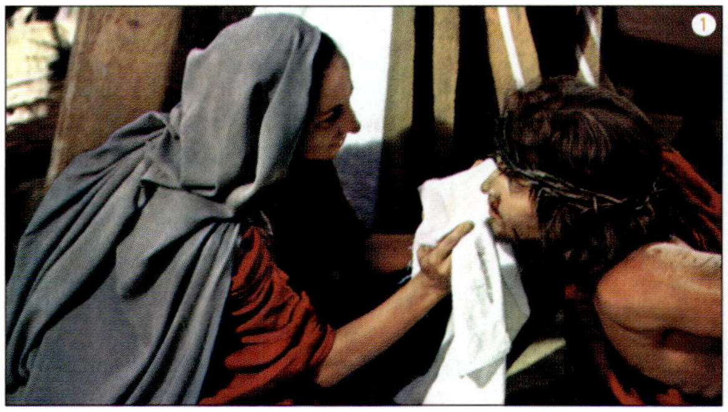

1

cinéaste américain savait conjuguer les deux: Cecil B. DeMille. Alliant un sens théâtral quasi shakespearien à une formidable efficacité visuelle, DeMille offrit à la fin du cinéma muet, en 1927, l'un de ces chefs-d'œuvre monumentaux dont il avait le secret, *Le Roi des rois* (1), avec H. B. Warner dans le rôle du Christ. Un grand morceau de cinéma, couronné par une séquence tournée en couleur, celle de la résurrection.

Peu après l'avènement du cinéma parlant, c'est au cinéaste français Julien Duvivier que reviendra le redoutable honneur de faire entendre la voix du Christ. Metteur en scène méticuleux et souvent même inspiré, Duvivier a beaucoup déçu avec *Golgotha* (1935), qui ajoute à un manque de conviction flagrant une interprétation aberrante. Robert Le Vigan compose un Christ proprement surréaliste, la palme de l'invraisemblance revenant toutefois à Jean Gabin: « C'est un Ponce Pilate tout ce qu'il y a de marle, qui descend de Ménilmuche en droite ligne. Il nous les casse un peu, mais il est bien marrant », écrira férocement Henri Jeanson dans *Le Canard enchaîné*…

Dans les années 1960, les Évangiles retrouveront la faveur des producteurs après avoir connu une certaine éclipse. Ce ne fut pas toujours pour le pire, mais pas toujours non plus pour le meilleur. Du côté des cinéastes américains, on était en droit d'attendre beaucoup du nouveau *Roi des rois* réalisé par Nicholas Ray (1961). La vie de Jésus vue par le très romantique auteur des *Amants de la nuit*, de *Johnny Guitare* et de *La Fureur de vivre*, le programme était extrêmement prometteur. Mais là où l'on espérait découvrir un Christ rebelle et tragique, un poème au lyrisme flamboyant, on vit une imagerie certes intelligente, certes luxueuse, mais terriblement froide et impersonnelle, avec quelques grossières erreurs de distribution comme celle qui avait consisté à confier le rôle de Marie-Madeleine à Carmen Sevilla, que l'on avait connue plus à son aise (et plus à sa place) dans les opérettes de Luis Mariano ! À la décharge de Nicholas Ray, il faut dire qu'il n'eut pas la maîtrise réelle du film, gouverné en réalité par un producteur mégalomane, Samuel Bronston.

Jim Caviezel dans *La Passion du Christ* de Mel Gibson. Le film, parlé en araméen et en latin, a été tourné en Italie, pour un coût de 25 millions de dollars. Cinq jours après sa sortie aux États-Unis, il en avait déjà rapporté 125 ! Pendant le tournage, Mel Gibson servait tous les jours une messe dite en latin par son conseiller spirituel, l'abbé traditionaliste Michel Debourges.

Jésus-Christ

Willem Dafoe dans La Dernière Tentation du Christ *de Martin Scorsese.*

Son confrère et compatriote George Stevens n'aura pas cette excuse, qui produira lui-même *La Plus Grande Histoire jamais contée* (1965), dont le seul intérêt aura été d'offrir au spectateur un catalogue quasi exhaustif des vedettes hollywoodiennes du moment, de Charlton Heston (en Jean-Baptiste) à John Wayne (en centurion), en passant par Telly Savalas et le chanteur Pat Boone. La seule idée originale du film résidait dans le choix de Max von Sydow pour le rôle du Christ. L'acteur suédois, si remarquable et si profond dans les films d'Ingmar Bergman, aurait pu apporter à cette superproduction une sorte de sincérité. Ce ne fut hélas même pas le cas.

L'histoire du cinéma serait un peu désespérante s'il n'y avait eu, auparavant, *L'Évangile selon saint Matthieu* de Pier Paolo Pasolini (1964). Cette fois, le cinéma tournait radicalement le dos à l'imagerie sulpicienne ou hollywoodienne pour opérer un retour aux sources, c'est-à-dire à la lettre de l'Évangile et à la réalité historique du temps. Ce qui a beaucoup frappé, lors de la sortie de ce film magnifique, c'est l'impression de vérité qu'il délivrait : une vérité à la fois humaine et mystique, exprimée par un style dont le savant dépouillement appelait irrésistiblement la comparaison avec le chant grégorien. Deux choix esthétiques allaient significativement dans ce sens : le noir et blanc pour l'image, et des acteurs non professionnels pour les rôles. Aucun acteur professionnel n'a depuis imposé à l'écran la présence du Christ avec autant d'incandescence que le jeune poète espagnol Enrique Irazoqui, aucune actrice professionnelle n'a personnifié Marie de façon aussi bouleversante que Susanna Pasolini, la propre mère du cinéaste italien. Il est à penser que le réalisateur et acteur français Gérard Blain aurait œuvré dans le même sens si la mort (survenue en 2000) ne l'avait empêché de mener à bien son projet d'adaptation de l'Évangile de Luc.

Dédié au pape Jean XXIII, le film de Pier Paolo Pasolini fut récompensé au Festival de Venise par le prix de l'Office catholique international du cinéma.

2

Beaucoup plus conventionnel, mais néanmoins fort estimable, sera le *Jésus de Nazareth* 2 d'un autre cinéaste italien, Franco Zeffirelli (1978). Bénéficiant d'un excellent scénario d'Anthony Burgess (l'auteur du roman *L'Orange mécanique*) et de Suso Cecchi d'Amico, très respectueux de l'Évangile, ce film vaut surtout par son luxe et son goût décoratifs, ainsi que par l'interprétation quasi hypnotique de Robert Powell, cet étonnant acteur britannique révélé par Ken Russell dans *Mahler* et *Lisztomania*.

Il y avait évidemment plus d'originalité dans *La Dernière Tentation du Christ* de Martin Scorsese (1988), au point de provoquer un beau scandale. S'appuyant sur un roman de l'écrivain grec Nikos Kazantzakis, Scorsese a en effet dépeint un Christ très humain, trop humain aux yeux de nombre de critiques et de théologiens, un Christ en proie au doute et à la nostalgie d'une vie d'homme parmi les hommes, qui rêve sur la croix à ce qu'aurait pu être son existence s'il avait épousé Marie-Madeleine et avait eu des enfants d'elle… Pour être évidemment déroutant, le thème n'en reflétait pas moins une réelle inquiétude religieuse de la part de ce cinéaste américain d'éducation catholique, et s'inscrivait finalement dans la lignée de ses meilleurs films, de *Taxi Driver* à *Raging Bull*. Une autre question était de savoir si *La Dernière Tentation du Christ* était aussi réussi. Les avis, à sa sortie, furent très partagés.

Quelques rares chefs-d'œuvre, quelques francs navets, quelques films soignés mais sans âme : le bilan est contrasté. Et l'on peut se demander si, à part *L'Évangile selon saint Matthieu*, les meilleurs films ne sont pas, en fin de compte, ceux qui racontent, non pas la vie de Jésus, mais celle de personnages qui s'y sont identifiés, consciemment ou non… Si l'on peut oublier *Jésus-Christ Superstar*, une comédie musicale vaguement hippie tournée par Norman Jewison (1972), on marquera en effet d'une pierre blanche ces trois grands films « christiques » que sont *Nazarin* de Luis Buñuel (1958), *Au hasard Balthazar* de Robert Bresson (1966) et *Jésus de Montréal* de Denys Arcand (1989). Dans le premier, un prêtre mexicain (Francisco Rabal) revit les persécutions du Christ dans un contexte contemporain d'un sobre et poignant réalisme ; dans le deuxième, ces persécutions sont subies par un âne, figure symbolique d'une puissance inouïe ; dans le troisième, c'est le metteur en scène d'une pièce sur Jésus qui connaîtra la destinée de son personnage, jusqu'à la résurrection. Trois films qui témoignent de l'universalité des Évangiles plus sûrement que bien des illustrations pieuses.

L'affiche de L'Évangile selon saint Matthieu *de Pier Paolo Pasolini.*

Michel Marmin

Jour de sang pour les Kurdes irakiens

Erbil, dimanche 1er
Cent neuf morts, plus de 200 blessés : tel est le bilan du double attentat suicide qui, en ce premier jour de l'Aïd el-Adha (la fête du sacrifice), a frappé les locaux des deux principaux partis kurdes, le PDK (Parti démocratique du Kurdistan) et l'UPK (Union patriotique du Kurdistan). Leurs dirigeants recevaient les vœux de leurs invités lorsque, au même moment, deux kamikazes ont fait exploser leur charge. C'est au siège du PDK que le bilan est le plus lourd : parmi les victimes figurent le numéro 3 du parti, Sami Abdel Ramane, le gouverneur de la région, Akram Manta, et le chef de la police, Saad Abdallah. C'est la première fois que le Kurdistan irakien est la cible de telles violences. Les soupçons se portent sur Ansar al-Islam, organisation considérée comme proche d'Al-Qaida. Elle est opposée à l'autonomie du Kurdistan, où elle est basée dans sa partie orientale.

Malgré une forte présence américaine, le Kurdistan n'est pas à l'abri du terrorisme.

L'arme nucléaire au marché noir

Islamabad, jeudi 5
Le professeur Abdul Qadeer Khan est le père du programme d'armement nucléaire du Pakistan. Fin janvier, il a avoué par écrit avoir livré, de la fin des années 1980 jusqu'au milieu des années 1990, à l'Iran, à la Libye et à la Corée du Nord, des technologies qui pourraient permettre à ces pays de se doter de l'arme nucléaire. Il aurait agi par « avidité ». Hier à la télévision, il a demandé pardon à ses concitoyens. Eu égard aux éminents services que ce « héros » a rendus à la nation, le président Pervez Mucharraf vient de lui accorder le sien. L'AIEA, Agence internationale de l'énergie atomique, a néanmoins lancé une enquête. Pour son président, Mohamed el-Baradei, le Dr Khan « ne travaillait pas seul ». Un mandat d'arrêt international a été lancé contre cinq de ses collaborateurs. Lui-même n'est pas menacé.

Le 1er, à Melbourne, le Suisse Roger Federer se retrouve n° 1 mondial après sa victoire sur le Russe Marat Safin en finale de l'Open d'Australie (7-6, 6-4, 6-2).

Ariel Sharon veut se retirer de Gaza

Tel-Aviv, lundi 2
C'est le quotidien israélien *Haaretz* qui, sur son site Internet, a mis le feu aux poudres : dans un entretien accordé au journaliste Yoël Marcus, Ariel Sharon a révélé qu'il avait ordonné l'évacuation de 17 colonies dans la bande de Gaza où, selon lui, il n'y aura plus de Juifs « dans le futur ». Cette décision a d'autant plus surpris que la manifestation du 11 janvier paraissait avoir fait reculer le Premier ministre. Ce dernier n'a pas précisé dans quel délai pourrait être effectué ce retrait, qui concerne 7 500 personnes et qui pourrait être étendu à certaines colonies du nord de la Samarie, en Cisjordanie. Devant le risque de voir sa majorité éclater, Ariel Sharon évoquera demain la possibilité de nouvelles élections et d'un rapprochement avec les travaillistes.

Jules Verne n'en croirait pas ses yeux

Brest, mercredi 3
Francis Joyon entre dans l'histoire : il est le premier navigateur à réaliser un tour du monde à la voile en solitaire sans escale en moins de quatre-vingts jours. Parti de Brest le 22 novembre à bord du trimaran *Idec* long de 27 m emprunté à Olivier de Kersauson, le Beauceron a accompli son périple en moins de 73 jours (72 j 22 h 54 min et 22 s). Jacques Chirac l'a félicité par un communiqué pour ce « fabuleux exploit qui fait honneur à la France ». Francis Joyon a pulvérisé de plus de 20 jours le précédent record établi par Michel Desjoyeaux en monocoque et de près de 52 jours celui détenu par Kersauson en multicoque. À l'arrivée, Rodney Pattison, « le Tabarly anglais », triple champion olympique de voile, lui a offert sa médaille d'or des JO de Munich (1972). Joyon a accepté à une condition : il la lui rendra ce soir.

Melbourne, dimanche 1er
Le Français Gaël Monfils remporte le titre junior de l'Open d'Australie.

Mina (Arabie Saoudite), dim. 1er
Une bousculade lors du pèlerinage annuel à La Mecque fait 251 morts.

Paris, dimanche 1er
Reçu à l'Élysée, l'abbé Pierre tance « les gens heureux » dont l'égoïsme nuit « aux plus faibles ».

Marseille, lundi 2
Selon l'Institut de prévention et d'éducation de la santé (INPES), 1,9 million de Français ont arrêté de fumer en 2003. 13,5 millions de Français sont encore fumeurs.

Perpignan, lundi 2
Inauguration d'une colonne lumineuse devant la gare de la ville, « centre du monde » selon Dali.

Washington, lundi 2
Annonce de l'identification, par le télescope Hubble, d'une exoplanète dont l'atmosphère contient de l'oxygène et du carbone.

Bruxelles, mardi 3
L'Union européenne prolonge de six mois l'interdiction d'importer des volailles asiatiques. L'épidémie de grippe aviaire a fait 13 morts.

Paris, mardi 3
Alain Juppé annonce au 20 heures de TF1 qu'il a décidé de quitter la présidence de l'UMP.

Moscou, mardi 3
Les groupes pétroliers russes Ioukos et Sibneft mettent fin à leur fusion, annoncée l'an dernier, qui devait donner naissance à la quatrième compagnie pétrolière mondiale.

La terreur à l'heure de pointe dans le métro de Moscou

La charge (5 kg de TNT) a explosé entre les stations Avtozavodskaïa et Paveletskaïa.

Moscou, vendredi 6
L'ancien président tchétchène Aslan Maskhadov, chef des indépendantistes, a démenti toute implication dans le terrible attentat (39 morts, 122 blessés selon un premier bilan) qui a eu lieu ce matin, à 8 h 32, dans une rame du métro de Moscou. Mais pour Vladimir Poutine, il ne fait aucun doute que cet acte terroriste, perpétré à une heure de pointe, est l'œuvre de « Maskhadov et de ses bandits ». La police et le FSB (l'ex-KGB) privilégient également la piste tchétchène : un avis de recherche a d'ailleurs été lancé contre un « individu imberbe de type caucasien ». Mais le fait qu'il ne s'agit pas d'un attentat suicide, contrairement à ceux qui ont été commis les 5 juillet et 9 décembre 2003 à Moscou, pourrait orienter l'enquête dans d'autres directions.

Le 5, à Budapest, Brian Joubert, 19 ans, est champion d'Europe de patinage artistique. Aucun Français n'avait obtenu ce titre depuis Alain Calmat, en 1964.

Zoom sur

LES KURDES : UN PEUPLE SANS ÉTAT

Le peuple kurde trouve son origine la plus lointaine dans la culture Halaf, apparue dans les montagnes du Kurdistan (situé entre le Taurus oriental et le Zagros iranien) au VIe millénaire avant notre ère. Les Kurdes forment aujourd'hui une population d'environ 25 millions de personnes, dont 12 millions en Turquie, 6 millions en Iran, 4 millions en Irak et 1 million en Syrie. Des minorités se sont implantées dans les républiques caucasiennes de l'ancienne URSS, et l'on compte quelque 600 000 Kurdes immigrés en Europe. Marqués par les vagues successives des invasions aryennes, les Kurdes parlent une langue indo-européenne du groupe iranien, qui comprend deux grands dialectes : le kurmandji (principalement en Turquie) et le soranî (en Iran et en Irak). Une riche littérature kurde s'est développée depuis le Moyen Âge, symbolisée au XXe siècle par le poète Cigerxwîn (1903-1984). Le kurde est écrit en caractères latins en Turquie, arabes en Iran, en Irak et en Syrie, et autrefois en cyrillique dans les républiques caucasiennes. La majorité de la population kurde pratique l'islam sunnite, mais il y a des minorités chiites, chrétiennes et yazidis (ces dernières demeurées fidèles au vieux culte zoroastrien). Lors du démembrement de l'Empire ottoman, après la Première Guerre mondiale, les Alliés envisagèrent la création d'un État kurde indépendant. Mais au traité signé en 1923 à Lausanne, le Kurdistan ottoman fut partagé entre la Turquie, l'Irak et la Syrie. Il est résulté du traité une revendication nationaliste que les répressions n'ont jamais pu réduire au silence.

Jean-Claude Mailly succède à Blondel

Villepinte, samedi 7
Âgé de 50 ans, Jean-Claude Mailly est le nouveau secrétaire général de Force ouvrière. Le comité confédéral a élu à 94 % des voix celui qui était l'unique candidat à la succession de Marc Blondel. Après quinze années à la tête du syndicat, celui-ci a souhaité passer la main, non sans avoir rappelé, dans le discours de clôture du 20e congrès, que la vocation de FO était d'amener les salariés à être « des insatisfaits permanents parce que notre seul but est de modifier la société pour que demain soit meilleur que la veille ». Mailly, entré à FO en 1978, était vite devenu le principal collaborateur de Blondel qui lui avait confié, en 1990, la communication de la centrale. Il est membre du Parti socialiste.

Jean-Claude Mailly (premier plan) était le dauphin désigné par Marc Blondel.

États-Unis, mardi 3
Joe Liberman abandonne la course à l'investiture du Parti démocrate pour la Maison-Blanche.

États-Unis, mercredi 4
La Cour suprême du Massachusetts estime que les couples homosexuels doivent avoir le droit de se marier.

Paris, jeudi 5
Le président du Sporting Club de Bastia, François Nicolaï, est mis en examen pour « extorsion de fonds en relation avec une entreprise terroriste ».

Bruxelles, vendredi 6
Naissance de la princesse Louise, Sophie, Mary, fille de la princesse Claire et du prince Laurent.

Washington, vendredi 6
George Bush crée une commission d'enquête chargée d'établir pourquoi les services de renseignement américains ont affirmé que l'Irak possédait des armes de destruction massive. Remise du rapport le 31 mars 2005.

Sarcelles, samedi 7
Consécration de la première église assyro-chaldéenne d'Europe : Saint-Thomas l'Apôtre.

Grèce, dimanche 8
Le ministre des Affaires étrangères, Georgios Papandréou, est élu à la présidence du Pasok, le parti socialiste, fondé par son père Andréas il y a trente ans.

DÉCÈS

Lyon, lundi 2
Mgr Gabriel Matagrin, ancien évêque de Grenoble (*19.1.1919).

Haïti en situation insurrectionnelle

Gonaïves après la chute de la ville.

Port-au-Prince, lundi 9
Le président Jean-Bertrand Aristide est assis sur un volcan. L'insurrection est en passe de contrôler tout le nord du pays depuis la chute de Gonaïves, jeudi dernier. Si la police a repris hier soir le contrôle de Saint-Marc, au nord de la capitale Port-au-Prince, les troubles se sont étendus pendant le week-end au sud, à Grand-Goâve. Contesté de toutes parts pour ses méthodes autoritaires et son incurie, Aristide se trouve face à une double opposition : celle du Front de résistance révolutionnaire de l'Artibonite, soit l'ex-Armée cannibale formée de gangs longtemps à sa solde, et celle du Groupe de 184, qui se bat sur le terrain politique et nie tout lien avec les bandes armées. Les combats, qui auraient déjà fait une quarantaine de victimes, sont systématiquement suivis de scènes de pillage. Une médiation de la Communauté des Caraïbes (Caricom) est en cours.

Le 10, à New York, le maroquinier Louis Vuitton célèbre ses 150 ans en inaugurant sa boutique la plus vaste au prestigieux carrefour de la 57e Rue et de la 5e Avenue.

L'étau se desserre autour de la Libye

Syrte, mardi 10
Conséquence directe de la renonciation par le colonel Muammar al-Kadhafi, le 19 décembre dernier, à ses programmes d'armes de destruction massive, le chef d'État libyen a reçu le Premier ministre italien, Silvio Berlusconi, sous sa tente, et lui a confié un message à destination de Washington. Il semble donc bien que ses relations avec les États-Unis soient en voie de réchauffement, ce que confirme la présence permanente à Tripoli d'un diplomate américain, présence révélée ce même mardi par le Département d'État. Par ailleurs, et ce n'est pas une coïncidence, Abdel Rahman Chalgham, le ministre libyen des Affaires étrangères, est venu aujourd'hui à Londres, où il a eu des entretiens « positifs » au Foreign Office. Une prochaine rencontre entre Kadhafi et Tony Blair a été envisagée.

Cesare Battisti est sous les verrous

Paris, mardi 10
Interpellé par la Direction nationale antiterroriste, Cesare Battisti est sous écrou extraditionnel. Il s'était réfugié en 1990 en France, où il est devenu un auteur reconnu de romans policiers, pour échapper à la prison. La justice italienne l'a condamné à la réclusion criminelle à perpétuité. Membre, dans les années 1970, des Prolétaires armés pour le communisme (Pac), il avait été reconnu coupable en 1987, lors d'un procès par contumace, d'avoir commis quatre meurtres à la fin des années 1970 et une soixantaine de braquages. Il nie en être l'auteur tout en assumant la « responsabilité politique » de ces actes. Ses avocats sont stupéfaits : en 1991, la justice française avait donné un avis défavorable à son extradition. Elle va devoir statuer sur la nouvelle demande déposée par l'Italie.

L'armée et la police irakiennes sont la cible des kamikazes

Bagdad, mercredi 11
Décourager les candidats à l'admission dans les forces militaires et policières irakiennes créées par les Américains, entretenir un climat d'insécurité et, ce qui serait le plus inquiétant, exaspérer les tensions entre chiites et sunnites : telles sont les motivations prêtées aux commanditaires des deux attentats suicides commis hier à Iskandariya, en pays chiite, et aujourd'hui à Bagdad. Leur similitude est frappante. Dans les deux cas, les kamikazes ont fait sauter leur voiture devant un centre de recrutement (de la police à Iskandariya, de l'armée à Bagdad), faisant au moins une centaine de morts au total. Pour les autorités américaines, cette violente offensive terroriste pourrait porter la marque d'un Palestinien de Jordanie, Abou Moussab al-Zarqaoui, qu'elles ont présenté comme un « successeur » possible d'Oussama Ben Laden et dont la tête a été mise à prix.

Douloureuse identification des victimes sur le parking d'un hôpital de Bagdad.

Pas-de-Calais, lundi 9
Deux nouveaux décès portent à treize le nombre de victimes de la légionellose.

Paris, mardi 10
Le parquet ouvre une information judiciaire sur l'assassinat, attribué aux Groupes islamiques armés (GIA), de sept moines trappistes à Tibéhirine (Algérie) en 1996. La Sécurité militaire algérienne est suspectée d'être impliquée dans ce massacre.

Paris, mardi 10
Renault annonce un résultat net en 2003 de 2,48 milliards d'euros, en progression de 26,8 %.

Paris, mardi 10
Le CSA (Conseil supérieur de l'audiovisuel) demande aux radios de ne pas diffuser de « programmes susceptibles de heurter la sensibilité des moins de 16 ans » entre 6 h et 22 h 30.

Londres, mercredi 11
Silencieux depuis son arrivée supposée sur Mars le 25 décembre, le robot *Beagle 2* est déclaré perdu.

États-Unis, mercredi 11
Le général à la retraite Wesley Clark abandonne la course à l'investiture démocrate pour la Maison-Blanche.

Paris, jeudi 12
Le garde des Sceaux, Dominique Perben, annonce la prochaine mise en place d'un dispositif législatif permettant de punir les propos homophobes.

Grenoble, jeudi 12
La police déloge les « écocitoyens »,

Clonage réussi d'un embryon humain

Seattle, jeudi 12
Les tentatives de création d'embryons humains par clonage s'étaient jusqu'à présent soldées par des échecs. Ce n'est plus le cas aujourd'hui. Une conférence de presse à l'American Association for the Advancement of Science, précédée d'une publication sur le site Internet de la revue *Science*, a permis au biologiste sud-coréen Woo Suk Hwang d'en apporter la preuve. Lui et son équipe ont créé des embryons en énucléant des ovocytes (ovules) et en y introduisant des noyaux de cellules prélevées sur le cumulus ovarien. Ils ont ainsi obtenu 33 clones dont l'un d'eux, après six jours de culture, a donné naissance à des cellules souches appelées pluripotentes. C'est le point capital. Avec ces cellules souches pluripotentes, il est en effet possible de produire tous les types de tissu humain. Les applications médicales de cette technique paraissent très prometteuses.

Le professeur Woo Suk Hwang est un chercheur de l'université de Séoul.

Le PA2 ne sera pas nucléaire

Paris, vendredi 13
Jacques Chirac a tranché. Le deuxième porte-avions français ne sera pas un *sister ship* du *Charles de Gaulle* à propulsion nucléaire, mais un bâtiment à propulsion classique, livrable à la Marine nationale en 2015. La construction en sera confiée à Thalès qui, associé au britannique BAE Systems, a déjà reçu commande de deux porte-avions du même type pour la Royal Navy. Les raisons de ce choix sont à la fois politiques, techniques et économiques. Le « PA2 » devrait renforcer la coopération franco-britannique et permettre au concept créé par Thalès d'être décliné en différentes versions, un peu comme les Airbus. Et le coût en sera beaucoup moins élevé que pour un porte-avions nucléaire. La DCN, constructeur du *Charles de Gaulle*, sera partie prenante du projet.

Zoom sur

HAÏTI

L'histoire d'Haïti, l'une des plus troublées des Antilles, a débuté en 1804 avec la proclamation de son indépendance par Jean-Jacques Dessalines. Peuplée des descendants des esclaves noirs révoltés sous la Révolution, cette ancienne colonie française compte environ 7,5 millions d'habitants (francophones). Longtemps soumise à la dictature de François Duvalier (1957-1971) et de son fils Jean-Claude (1971-1986), Haïti s'est enfoncée dans un chaos économique et politique que n'a pas su réduire le père Jean-Bertrand Aristide (défroqué en 1994), dit « Titid », président en 1989, puis en 2000. Cela malgré le soutien des États-Unis et de l'ONU.

Marco Pantani, le pirate, s'est sabordé

Rimini, samedi 14
En Italie, l'émotion est considérable. Les télévisions ont interrompu leurs programmes et diffusé des émissions spéciales : le champion cycliste Marco Pantani a été retrouvé mort dans une chambre d'hôtel de Rimini, sur la côte adriatique. Il avait 34 ans (*13.1.1970). Le décès, par arrêt cardiaque consécutif à des œdèmes cérébral et pulmonaire, est dû, comme le révèlera l'autopsie, à une surdose de cocaïne et non, comme on l'avait d'abord pensé, à l'absorption massive de médicaments. La question demeure de savoir si « le pirate », ainsi qu'il était surnommé en raison de son bandana, ou « Elephantino », l'autre surnom que lui avaient valu ses oreilles décollées, s'est volontairement donné la mort. Brillant vainqueur du Tour de France et du Tour d'Italie en 1998, ce pur grimpeur de 55 kg pour 1,72 m a vu la fin de sa carrière entachée par des affaires de dopage. En 1999, il avait été exclu du Giro à la veille de sa probable victoire. Ses nombreux admirateurs le tenaient pour l'égal de Charly Gaul ou de Federico Bahamontes.

Le 15, Raphaël Poirée et son épouse norvégienne Liv Grete-Poirée repartent des Championnats du monde de biathlon organisés à Oberhof (Allemagne) avec un total de sept médailles d'or. Le Français, qui a aussi une médaille d'argent et une en bronze, devient le biathlète le plus titré de l'histoire.

qui étaient perchés depuis trois mois dans des arbres destinés à être abattus dans le parc Paul-Mistral. Un nouveau stade de football doit y être construit.

Paris, jeudi 12
L'animateur Arthur épouse l'ex-top model Estelle Lefébure.

San Francisco, jeudi 12
La municipalité célèbre les premiers mariages homosexuels légaux de l'histoire des États-Unis. Phyllis Lyon, 79 ans, et Del Martin, 83 ans, qui vivent en couple depuis 51 ans, sont les premières à dire oui.

Corée du Sud, vendredi 13
Le Parlement approuve l'envoi de 3 000 soldats en Irak.

Amsterdam, vendredi 13
Le prix World Press Photo 2003 est attribué au Français Jean-Marc Bouju pour un cliché pris en Irak.

Union européenne, vendredi 13
Premier tirage du loto organisé conjointement en France, en Angleterre et en Espagne : Euro Millions, doté d'une cagnotte de 15 millions d'euros. Le gagnant est un Français qui a validé sa grille à Bourges (Cher).

Val-Cenis (Savoie), samedi 14
Une fillette de sept ans meurt après avoir été happée sous un tapis roulant donnant accès au télésiège. La sécurité avait été désactivée.

Tunis, samedi 14
Football : la Tunisie, entraînée par Roger Lemerre, remporte la finale de la Coupe d'Afrique des Nations face au Maroc (2-1).

La vie des abeilles soumise aux juges

Haute-Garonne, mardi 17
Depuis 1996, les apiculteurs accusent le Régent TS, un enrobage de semences contenant une molécule insecticide, le fipronil, de décimer les abeilles. Le juge Jean Guary, à Saint-Gaudens, semble partager leur analyse. Pour « mise en vente de produits agricoles toxiques nuisibles à la santé de l'homme et de l'animal », BASF Agro, qui commercialise le Régent, et son p-dg, viennent d'être mis en examen. La firme est placée sous contrôle judiciaire avec interdiction de vendre le produit, ce dont elle fait appel. Ce même jour à Paris, sa concurrente Bayer CropScience France, filiale elle aussi d'un groupe allemand, a obtenu de la justice la parution dans la presse d'un rectificatif aux frais de Philippe de Villiers. Dans son livre *Quand les abeilles meurent, les jours de l'homme sont comptés*, l'élu vendéen accuse le Gaucho, produit par Bayer, d'avoir les mêmes effets sur les abeilles.

Un nouveau coup dur pour le transport aérien français

Montpellier, mardi 17
Après Euralair Horizons, Aéris et Air Lib en 2003, après Air Atlantique le 21 janvier dernier, c'est aujourd'hui une autre compagnie aérienne française qui disparaît : Air Littoral. Le tribunal de commerce de Montpellier vient de prononcer sa liquidation judiciaire. Avec, pour conséquence immédiate, la mise au chômage de ses 444 salariés, auxquels vont s'ajouter les 154 de sa filiale Air Littoral Industrie. Le CSAM (Conseil supérieur de l'aviation marchande) exigeait une mise de fonds initiale de 2 millions d'euros pour une reprise. Dernier candidat en lice, Alain Duménil n'a pu en apporter qu'un. La flotte d'Air Littoral, constituée de dix-sept avions, était clouée au sol depuis vendredi, suite à la suspension, pour des raisons de sécurité, de sa licence de vol par la direction générale de l'aviation civile. La compagnie assurait des liaisons intérieures et vers l'étranger (Italie, Espagne, Algérie) depuis Paris (Orly), Nice et Montpellier.

Le personnel d'Air Littoral attendait avec une vive anxiété la décision du tribunal.

Un axe franco-germano-britannique en voie de constitution

Entre Jacques Chirac, Gerhard Schröder et Tony Blair, l'entente paraît cordiale.

Berlin, mercredi 18
Se dirige-t-on vers la constitution d'un « directoire » à trois au sein de l'Union européenne ? C'est ce que fait craindre cette rencontre entre le chef de l'État français et les premiers ministres du Royaume-Uni et de l'Allemagne. Avant même qu'elle ait eu lieu, six dirigeants européens, en tête desquels les chefs de gouvernement espagnol et italien, ont divulgué une lettre adressée lundi au président irlandais de l'UE. Les vues économiques qu'ils y exposent sont aux antipodes de celles affirmées à Berlin. Les trois réclament la nomination d'un responsable de l'UE pour coordonner les politiques économiques et sociales ; celles-ci doivent plutôt, pour les six, être plus flexibles. Ces derniers font aussi valoir que Paris et Berlin seraient bien inspirés, avant d'aller plus avant, de respecter le pacte de stabilité…

Le Moyen-Orient selon Washington

Paris, jeudi 19
Dominique de Villepin a pris une fois encore ses distances avec les États-Unis en émettant des doutes sur la validité du projet de « Grand Moyen-Orient » concocté par Washington. Projet qui consisterait à créer une vaste zone de sécurité et de développement depuis la Mauritanie jusqu'au Pakistan, mais auquel les pays arabes ont déjà réagi défavorablement, y voyant une forme de néocolonialisme. Pour le ministre des Affaires étrangères, qui s'exprimait ce matin dans *Le Figaro*, il faut éviter d'aborder la question du développement de manière « trop uniforme », et ne pas faire l'impasse, comme c'est le cas dans le projet américain, sur le conflit israélo-palestinien, « si nous voulons être crédibles ».

Bruxelles, lundi 16
Justine Hénin-Hardenne et Kim Clijsters sont décorées par le roi Albert II de la grand-croix de l'ordre de la Couronne.

Pampelune (Espagne), lundi 16
Un juge autorise un couple de lesbiennes à adopter un enfant.

Paris, lundi 16
François Léotard, ancien président du Parti républicain, est condamné à dix mois de prison avec sursis pour blanchiment et financement illégal d'un parti politique.

Pas-de-Calais, lundi 16
L'épidémie de légionellose est considérée comme terminée. Huit personnes sont toujours à l'hôpital.

Paris, lundi 16
Universal Music achète le label indépendant Trema, producteur de Michel Sardou et Enrico Macias.

New York, mardi 17
Selon l'ONU, de 5,4 à 14,5 millions de Russes pourraient être infectés par le sida d'ici à 2020.

Vietnam, mercredi 18
L'épidémie de grippe aviaire fait sa 22e victime asiatique.

Pays-Bas, mercredi 18
Le Parlement accepte l'expulsion, décidée par le gouvernement, de 26 000 demandeurs d'asile.

Bruxelles, vendredi 20
La Belgique accorde le droit de vote aux étrangers non européens aux élections municipales.

Val-Cenis (Savoie), vendredi 20
Deux employés de la station sont

La justice va faire la lumière à EDF

Paris, jeudi 19
À l'issue d'une enquête préliminaire qui aura duré neuf mois, le parquet a décidé l'ouverture d'une information judiciaire pour « abus de confiance », « escroquerie », « faux et usage », qui vise la gestion de la caisse centrale d'action sociale (CCAS) d'EDF – son comité d'entreprise. Elle soupçonne ses responsables cégétistes d'avoir utilisé une part de ses ressources au bénéfice de la CGT et du Parti communiste. Son ancien directeur général, Jean-Claude Laroche, un polytechnicien encarté à la CGT mais pas au PCF, a constaté des « irrégularités lourdes ». Des emplois fictifs sont évoqués. En grande partie financé par un prélèvement sur chaque facture EDF (70 % de 1 % du total), le budget de la CCAS est de 400 millions d'euros par an. Elle gère 210 centres de vacances et emploie 3 700 salariés. L'enquête promet d'être longue.

Le Parlement iranien est entre les mains des islamistes

Téhéran, vendredi 20
L'ayatollah Ali Khamenei crie victoire : les conservateurs ont remporté largement les élections législatives en Iran, avec 156 sièges dès le premier tour sur les 290 à pourvoir. Ils disposent d'ores et déjà de la majorité absolue au Majlis (le Parlement). Mais pour l'opposition réformatrice, le Guide suprême de la révolution a tort de se réjouir : seulement 50,57 % des électeurs ont jugé utile de prendre part à un scrutin dont l'enjeu avait été biaisé par l'invalidation de quelque 2 300 candidats réformateurs. C'est pratiquement au dernier moment que l'un de leurs chefs de file, Mahdi Karoubi, le président du parlement sortant, avait réussi à former une liste, Coalition pour l'Iran. Mais sans pouvoir présenter des candidats dans toutes les circonscriptions… En fait, le taux d'abstention semble bien traduire également une déception à l'égard des réformateurs eux-mêmes, le président Mohammad Khatami en tête.

C'est dans la capitale que l'abstention a été la plus spectaculaire : 70 % des électeurs !

Samedi 21, au Théâtre du Châtelet, à Paris, le cinéaste québécois Denys Arcand triomphe à la remise des Césars avec trois trophées : meilleur film, meilleur réalisateur et meilleur scénario pour *Les Invasions barbares*.

Dieudonné sur le trottoir de l'Olympia

Paris, vendredi 20
Faute d'avoir pu obtenir que la justice contraigne l'Olympia à lui ouvrir ses portes, c'est devant le music-hall que Dieudonné s'est produit. « N'enlevez pas la parole au seul Noir présent sur la scène humoristique française », s'est exclamé celui dont six spectacles ont été annulés depuis le début de l'année, soit pour « risque de trouble à l'ordre public », soit, comme ce soir, après des menaces. Sur France 3, le 1er décembre, Dieudonné, déguisé en juif orthodoxe, avait clamé, bras tendu : « Isra-Heil ! » et dénoncé l'« axe américano-sioniste ». Ses excuses ne lui ont pas épargné des poursuites pénales. Le 8 février, dans *Le Journal du dimanche*, il s'est attiré une nouvelle plainte en attaquant les « ligues juives ». Pour le judoka Djamel Bouras et l'écrivain Calixthe Beyala, venus le soutenir, le priver de spectacle est une atteinte à la liberté d'expression.

mis en examen pour « homicide involontaire ».

France, vendredi 20
Les parents dont les enfants sont trop souvent absents de l'école sont passibles de 750 euros d'amende.

Marseille, dimanche 22
Le tribunal administratif déclare Jean-Marie Le Pen inéligible en Paca pour les élections régionales.

France, dimanche 22
La diffusion sur France 2 du docu-fiction *Le Dernier jour de Pompéi* attire 8,7 millions de téléspectateurs.

Haïti, dimanche 22
Les insurgés s'emparent de Cap-Haïtien, la deuxième ville du pays.

Jérusalem, dimanche 22
Un attentat suicide dans un bus fait 9 morts et 50 blessés.

Washington, dimanche 22
Ralph Nader, dirigeant des Verts américains, se lance, comme candidat indépendant, dans la course à la Maison-Blanche.

DÉCÈS

Mexico, mardi 17
José López Portillo y Pacheco, chef de l'État mexicain de 1976 à 1982 (*16.6.1920).

Konni (Niger), jeudi 19
Jean Rouch, cinéaste français et ethnologue (*31.5.1917), dans un accident de voiture.

Paris, samedi 21
Alex Métayer, comédien et humoriste (*19.3.1930).

Wakefield, samedi 21
John Charles, footballeur gallois de légende (*27.12.1931).

La Passion qui déchaîne les passions

Jim Caviezel joue le rôle de Jésus. On ne voit que la main de Mel Gibson dans le film.

États-Unis, mercredi 25
La polémique avait commencé alors que le film n'était pas encore achevé. L'acteur-réalisateur Mel Gibson, dont les convictions traditionalistes étaient connues, était soupçonné de délivrer une « lecture » antisémite de l'Évangile. Sorti dans quelque 4 600 salles aux États-Unis, *La Passion du Christ* évoque les douze dernières heures de la vie de Jésus. Parlé en araméen et en latin, le film ne semble pas avoir souffert du procès d'intention qui, à tort ou à raison, lui a été fait. Ce soir, les recettes se chiffrent déjà à environ 20 millions de dollars, les coûts de la production s'étant élevés à 25 millions (dont 15 investis personnellement par Gibson). La carrière de *La Passion du Christ* est donc bien engagée. Sauf en France, où aucun distributeur n'a pris à ce jour le risque de sortir un film si violemment controversé.

Canicule 2003 : le réquisitoire

Paris, mercredi 25
Qui est responsable du très lourd bilan de la canicule du mois d'août 2003, qui avait fait 14 802 morts ? Selon François d'Aubert, député UMP et rapporteur de la commission d'enquête installée par le Parlement, la Direction générale de la santé (DGS) et l'Institut de veille sanitaire (IVS) sont à incriminer, tant pour leur faible réactivité que pour leur manque de coordination. Les systèmes d'alerte n'ont pas fonctionné. Claude Évin, ancien ministre (PS) de la Santé et président de la commission, va plus loin : il y a eu « carence dans la gestion politique de cette crise ». Se refusant à accabler le ministre de la Santé, Jean-François Mattei, le rapporteur admet une « espèce d'autisme du ministère ». Il propose un « plan canicule », qui obligerait les maisons de retraite à se doter d'une salle climatisée.

La guerre du foie gras a commencé

Washington, mardi 24
Coïncidence ? C'est le jour de Mardi gras que les autorités américaines ont décidé d'interdire l'importation aux États-Unis de charcuteries et de foies gras français. Par mesure de précaution sanitaire, les filières françaises n'étant pas conformes aux normes en vigueur outre-Atlantique, du moins selon le rapport des enquêteurs du département américain de l'Agriculture. Pour le Cifog (Comité interprofessionnel des palmipèdes à foie gras), cette mesure revêt une signification politique et n'a aucune justification technique. Il est vrai que sa portée est surtout symbolique. Sur 1,25 million de tonnes de charcuterie produit en 2003, moins de 500 tonnes ont été en effet vendues aux États-Unis. Où seulement 123 tonnes de foie gras ont été exportées sur les 18 000 qui ont été produites.

Les juges sifflent la fin de la mi-temps au procès Milosevic

La Haye, mercredi 25
Slobodan Milosevic peut maintenant préparer sa défense. La première phase du procès de l'ancien président yougoslave, consacrée à l'accusation, a été close par le Tribunal pénal international. Elle avait commencé le 12 février 2002. Soixante-six chefs d'accusation ont été retenus contre lui, dont ceux de génocide, de crime de guerre et de crime contre l'humanité. Choisissant d'être son propre avocat et exploitant habilement une procédure calquée sur le droit anglo-saxon, Milosevic a fait de son procès une tribune politique où, paradoxalement, il aura à plusieurs reprises réussi à embarrasser Carla Del Ponte, le procureur du TPI. C'est ainsi que le témoignage du général français Philippe Morillon, le 12 février dernier, a sérieusement fragilisé l'accusation de génocide. Milosevic pourrait du coup n'être accusé « que » de complicité de génocide en Bosnie.

Slobodan Milosevic, 62 ans, a été confronté aux 296 témoins de l'accusation.

Baume-les-Dames, lundi 23
La commune du Doubs est l'épicentre d'un séisme de magnitude 5,1 ressenti de Strasbourg à Lyon et Genève.

Paris, lundi 23
Hervé Gaymard, ministre de l'Agriculture, suspend la commercialisation du Régent. Les stocks pourront néanmoins être écoulés. Bayer CropScience France, qui produit le Gaucho, est à son tour mise en examen.

Paris, lundi 23
Arlette Chabot devient directrice de l'information de France 2. Elle succède à Olivier Mazerolle qui a été contraint à la démission.

Kirkouk (Irak), lundi 23
Un attentat suicide contre un poste de police fait 13 morts juste avant l'arrivée à Bagdad du secrétaire d'État américain à la Défense, Donald Rumsfeld.

Washington, lundi 23
Le département de la Défense ouvre une enquête sur la firme Halliburton, suspectée d'avoir surfacturé de l'essence aux troupes américaines déployées en Irak.

France, mardi 24
Dans un document sonore attribué à Ayman al-Zawahiri, le numéro 2 d'Al-Qaida condamne la loi sur le port du voile.

Londres, mardi 24
Dwain Chambers, recordman d'Europe du 100 m, est suspendu pour deux ans pour dopage. Il ne pourra pas participer aux JO.

Kofi Annan avait été mis sous écoute

Clare Short avait démissionné le 12 mai 2003 du gouvernement de Tony Blair.

Londres, jeudi 26
Le Premier ministre britannique l'a qualifiée d'« irresponsable ». Une façon de botter en touche et d'éviter d'avoir à répondre sur le fond. Les révélations faites ce matin par Clare Short, ancien ministre du Développement international, sont en effet de celles qui font mal. Selon la bouillante Clare Short, Tony Blair aurait fait espionner Kofi Annan, le secrétaire général de l'ONU, dans la période précédant l'invasion de l'Irak par les forces anglo-saxonnes. Elle aurait même eu sous les yeux des transcriptions de conversations téléphoniques. Réponse du 10 Downing Street : les services de renseignement ont toujours agi conformément aux lois internationales. Une allégation qui a fait sourire Richard Butler, l'ancien chef des inspecteurs en désarmement de l'ONU en Irak. Il a affirmé avoir eu la preuve qu'il avait été également mis sous écoute téléphonique.

Le gourou d'Aum condamné à mort

Tokyo, vendredi 27
À l'issue d'un procès qui aura duré huit ans, Shoko Asahara, de son vrai nom Chizuo Matsumoto, ex-gourou de la secte Aum Shinrikyo (Vérité suprême), est condamné à être pendu. Le tribunal le tient pour l'instigateur de l'attentat au gaz sarin qui avait fait 12 morts et plus de 5 000 blessés dans le métro de Tokyo le 20 mars 1995, d'un précédent à Matsumoto en 1994 (7 morts), de l'assassinat d'un avocat en 1989, etc. Au total, 27 meurtres lui sont imputés. Sur 189 accusés, 12 ont été condamnés à mort, dont Masami Tsuchiya, chimiste de l'organisation. Asahara n'a rien dit de ses motivations. Il n'est sorti qu'une fois de son mutisme pour railler une « mascarade » de procès. Il fait appel. Rebaptisée Aleph depuis 2000, la secte ne compterait plus que 1 600 membres contre 10 000 dans les années 1990.

Los Angeles, dimanche 29 : Peter Jackson et 3 des 11 Oscars qui lui ont été décernés pour son film *Le Retour du roi*, troisième et dernier volet du *Seigneur des anneaux*.

Le président Jean-Bertrand Aristide a jeté l'éponge à Haïti

Port-au-Prince, dimanche 29
Les États-Unis, qui avaient réinstallé Jean-Bertrand Aristide au pouvoir en 1994, l'ont lâché, de concert d'ailleurs avec la France. Incapable d'enrayer le mouvement insurrectionnel et de faire face au chaos, l'ancien prêtre a donné sa démission et quitté le pays dans un avion américain, pour une destination qui n'a pas été révélée. La situation à Port-au-Prince n'en reste pas moins des plus préoccupantes. Si l'intérim de « Titid » est assuré officiellement par Boniface Alexandre, le président de la Cour de cassation, la capitale d'Haïti est livrée à la colère des Chimères, la redoutable milice armée du président déchu, tandis qu'au nord du pays, l'un des principaux chefs de la rébellion, Guy Philippe, se pose en homme providentiel… Sans attendre la création d'une force de paix internationale, le Canada (dès hier) et les États-Unis ont dépêché des troupes sur place.

Après sa démission, « Titid » monte à bord de l'appareil qui l'emmènera en exil.

Zoom sur

LES EFFETS DE LA MONDIALISATION

Le Bureau international du travail (BIT), qui relève de l'ONU, liste, dans un rapport publié le 24 février, les effets pervers de la mondialisation : augmentation du chômage (hormis en Asie de l'Est), baisse des salaires due à la course à la compétitivité, chute des dépenses sociales des États et précarisation des emplois. Il en découle une aggravation de la pauvreté. Plus d'un milliard d'êtres humains vivent toujours avec moins d'un dollar par jour. Estimant que « le monde est à un carrefour critique », le BIT appelle les institutions internationales à mettre en œuvre une « mondialisation plus juste ».

Budapest (Hongrie), mardi 24
Selon Jacques Chirac, le président haïtien Aristide a gouverné « depuis longtemps de façon désastreuse ».

Maroc, mardi 24
Un séisme de magnitude 6,3 fait 629 morts dans la province d'Al-Hoceima, au pied du Rif.

Moscou, mardi 24
Vladimir Poutine limoge le gouvernement du Premier ministre Mikhaïl Kassianov et charge Viktor Khristenko d'assurer l'intérim.

France, mercredi 25
Entrée en vigueur de la loi Borloo instituant la procédure de faillite civile pour les ménages surendettés.

Lyon, jeudi 26
Lancement d'une édition du gratuit *20 Minutes* face à son rival *Metro*.

Italie, jeudi 26
La brigade financière perquisitionne 51 clubs de football.

Bosnie, jeudi 26
Le président macédonien Boris Trajkovski, 47 ans, décède dans un accident d'avion.

Paris, vendredi 27
Pierre Mazeaud devient président du Conseil constitutionnel.

Paris, samedi 28
Kyo et Mickey 3D reçoivent chacun trois trophées aux XIXe Victoires de la musique. Les artistes de l'année sont Calogero et Carla Bruni.

Caracas, dimanche 29
Cent mille partisans du président vénézuélien Hugo Chávez manifestent pour dénoncer « l'ingérence des États-Unis ».

Jules Ferry (1832-1893), « père de la laïque ».

Une petite histoire de la laïcité

La loi du 15 mars 2004 interdisant, dans les écoles, les collèges et les lycées publics, le port de signes ou tenues manifestant ostensiblement une appartenance religieuse, a constitué le point d'orgue d'un débat qui a passionné, voire divisé l'opinion publique : la laïcité, telle que l'a inventée la République au début du XXe siècle, doit-elle être repensée ? Retour sur une histoire très française.

Les polémiques à propos du voile islamique ont ramené au premier plan la question de la laïcité, mot qu'il convient de bien définir. Apparu au Moyen Âge, le mot laïc (ou lai) désignait d'abord les « convers », membres non ecclésiastiques d'une communauté monastique. Par extension, ce terme s'appliqua ensuite au domaine profane et à tout ce qui concernait la vie civile. L'idéologie républicaine opposera plus tard le laïque au clérical, érigeant en principe leur stricte séparation : pas d'interférences de la religion dans la fonction publique et, inversement, pas d'ingérence de l'État dans les affaires de l'Église. Mais la notion de laïcité est plutôt spécifique des pays de tradition catholique, tandis que dans les pays protestants il serait plus juste de parler de sécularisation, les églises étant davantage immergées dans la société et s'adaptant donc plus naturellement à l'évolution des mœurs.

Pas de signes d'appartenance religieuse dans les écoles publiques d'antan, mais la blouse est de rigueur !

La séparation du politique et du religieux n'est certes pas une idée nouvelle. L'histoire de l'Occident chrétien est jalonnée de conflits et de luttes d'influence entre le pouvoir monarchique et l'Église : schisme total en Angleterre, avec l'anglicanisme, velléités de gallicanisme en France sous Louis XIV, « bras de fer » de Bonaparte contre la papauté… Néanmoins, il ne s'agit là que de luttes pour le pouvoir, qui ne remettent pas en cause l'emprise de la religion sur la vie publique et privée, tandis que la laïcité ne peut avoir de sens que dans une société garantissant un minimum de libertés individuelles. En un mot, dans les démocraties modernes.

LA LAÏCITÉ NAÎT AVEC LA RÉVOLUTION

En germe dans la philosophie des Lumières, la laïcité naît véritablement avec la Révolution française lorsque la liberté religieuse est garantie, le 26 août 1789, par la Déclaration des droits de l'homme et du citoyen. Les droits civiques seront accordés aux non-catholiques, d'abord aux protestants (décembre 1789), puis aux juifs (septembre 1791). La laïcisation de l'état civil constitue une étape essentielle : les actes de naissance, de mariage et de décès relèvent désormais d'officiers publics et non plus des paroisses. La prééminence du catholicisme n'est cependant pas remise en question, et le culte de l'être suprême apparaît un peu comme l'ébauche d'une étatisation de la religion.

Le Concordat du 8 avril 1802 se bornera à reconnaître le catholicisme comme la « religion de la majorité des Français ». Curés, pasteurs et rabbins sont rétribués par l'État, qui contrôle les cultes. Une organisation qui, à peu de choses près, s'est perpétuée jusqu'à nos jours en Alsace-Lorraine, dans les départements annexés par l'Allemagne en 1871 puis retournés à la France en 1919. À ce néogallicanisme fait pendant une radicale laïcisation juridique : il est fort peu question de religion dans le Code Napoléon, et c'est sans doute l'une des raisons pour lesquelles l'Église catholique ne retrouvera jamais les privilèges dont elle bénéficiait sous l'Ancien Régime, malgré les solides positions acquises sous la Restauration et le Second Empire.

À ces succès, non exempts d'esprit de revanche, allait répondre le durcissement du parti antireligieux qui, à la fin du XIXe siècle, engage la croisade dont l'école est l'enjeu. Gratuite et obligatoire, cette école doit aussi respecter le principe de neutralité : en 1882, Jules Ferry, alors ministre de l'Instruction publique et des Cultes, remplace l'instruction « morale et religieuse » par l'instruction « morale et civique », l'enseignement religieux devant désormais être dispensé dans un cadre extérieur.

LA SÉPARATION DES ÉGLISES ET DE L'ÉTAT

À partir de 1886, c'est le personnel enseignant de l'école primaire qui est laïcisé. Enfin, le 9 décembre 1905, la loi de Séparation des Églises et de l'État rompt les derniers liens concordataires :

➡ « ARTICLE PREMIER : La République assure la liberté de conscience. Elle garantit le libre exercice des cultes […].

➡ « ART. 2 : La République ne reconnaît, ne salarie ni ne subventionne aucun culte. En conséquence, à partir du 1er janvier qui suivra la promulgation de la présente loi, seront supprimées des budgets de l'État, des départements et des communes, toutes dépenses relatives à l'exercice des cultes. Pourront toutefois être inscrites aux-

en France

dits budgets les dépenses relatives à des services d'aumônerie et destinées à assurer le libre exercice des cultes dans les établissements publics tels que lycées, collèges, écoles, hospices, asiles et prisons. [...] »

Dans cette « guerre de l'école » qui marque le tournant du siècle se confrontent deux philosophies de la laïcité. Celle d'Émile Combes (passé à la postérité comme le « petit père Combes ») et de Ferdinand Buisson voit dans le rationalisme militant la seule alternative au cléricalisme – les instituteurs (les « hussards noirs de la République », selon l'expression de Charles Péguy) devenant ainsi les nouveaux saints laïques de la religion républicaine. Moins sectaire, moins offensive, la seconde conception, fondée sur la tolérance et l'ouverture d'esprit, est défendue par Jean Jaurès et par Aristide Briand : la neutralité est davantage perçue comme un devoir de réserve que comme un combat d'idées. C'était aussi celle de Jules Ferry, qui écrivait dans ses *Instructions de 1883* : « Le maître devra éviter comme une mauvaise action tout ce qui dans son langage et son attitude blesserait les croyances religieuses des enfants confiés à ses soins, tout ce qui porterait le trouble dans leur esprit, tout ce qui trahirait de sa part envers une opinion quelconque un manque de respect ou de réserve. »

En 1946, les principes de laïcité et de neutralité, qui n'avaient jusque-là qu'un caractère législatif, sont garantis par la Constitution. La Ve République leur donnera un caractère encore plus solennel en stipulant (article 2 de la Constitution de 1958) que la France est une République laïque qui respecte toutes les croyances. Les seules querelles qui agitent le paysage scolaire concernent alors les subventions accordées par l'État aux écoles privées, dites écoles libres (loi Barangé de septembre 1951).

Dans l'esprit des législateurs de la IIIe République, il s'agissait, en réformant le corps enseignant et l'institution, de protéger les jeunes esprits de toute influence pernicieuse et de tout endoctrinement. Dans les faits, l'école a été plus loin : non seulement la formation religieuse a disparu (ce qui était logique), mais encore l'enseignement a presque totalement évacué les faits historiques et culturels relatifs aux religions. Le résultat est qu'un siècle plus tard, la situation s'est paradoxalement inversée : ce sont l'institution et le corps enseignant qui se sentent menacés dans leur identité par des communautés d'élèves et de familles.

LE DÉBAT SUR LE FOULARD ISLAMIQUE

Le problème du port du foulard islamique dans les établissements scolaires a surgi à la fin des années 1980 et a de nouveau opposé les partisans d'une neutralité ouverte et tolérante et ceux d'une laïcité intransigeante et exclusive. La circulaire ministérielle du 12 décembre 1989 laisse la décision à l'appréciation des chefs d'établissement. La question se révélant de plus en plus complexe et épineuse, en juillet 1994 une nouvelle circulaire stipule que tout signe religieux ostentatoire peut être motif à sanction, mais sans préciser où finit l'acceptable et où commence l'ostentatoire – ce qui ne fait qu'ajouter à la confusion et au malaise ambiants.

Un pas est franchi avec la commission Stasi, qui remet son rapport le 11 décembre 2003, recommandant « d'interdire par une loi le port de tous signes religieux ou politiques ostensibles dans les écoles publiques ou privées sous contrat, mais aussi dans toutes les fonctions publiques ». C'est qu'il s'agit désormais de défendre, non plus seulement la laïcité, mais encore l'ordre public. On notera que les mêmes restrictions existent en Turquie, dont le régime est toujours fondé sur la laïcité malgré le poids du parti islamiste : le port du hijab y est interdit dans les écoles, universités et administrations publiques.

Entre-temps, le rapport Debray, rédigé par Régis Debray à la demande de Jack Lang et publié en 2002, proposait une analyse plus nuancée de la situation : nous vivons à une époque où les autorités religieuses elles-mêmes ont accepté la laïcité et où l'enseignement de l'histoire des religions doit évoluer. Au lieu de s'arrêter à la relation étroitement historique des faits, il faut au contraire privilégier la quête de sens et en éclairer les aspects philosophiques. Censurer le spirituel, c'est ouvrir la porte à tous les fanatismes... Autrement dit, il faut que la laïcité de l'ouverture d'esprit l'emporte sur la laïcité du rationalisme sectaire.

Tel était l'état des lieux au moment de la publication de la loi du 15 mars 2004, d'une concision sibylline :

« Dans les écoles, les collèges et les lycées publics, le port de signes ou tenues par lesquels les élèves manifestent ostensiblement une appartenance religieuse est interdit.

« Le règlement intérieur rappelle que la mise en œuvre d'une procédure disciplinaire est précédée d'un dialogue avec l'élève. »

Le 4 février 2004, à l'appel du collectif « Touche pas à mon foulard ! », de jeunes musulmanes manifestaient à Paris pour le droit de porter le voile islamique à l'école. Au nom d'une interprétation « ouverte » de la laïcité.

Jacqueline Bouthéon

Marc Dutroux enfin jugé en Belgique

Il faudra attendre une semaine pour que Dutroux accepte d'être photographié.

Arlon, lundi 1er
Enfin ! Toute la Belgique attendait cela depuis près de huit ans. Depuis ce jour d'août 1996 où Marc Dutroux a été arrêté et où tout un pays a appris que l'individu, appréhendé en 1986 pour des enlèvements, séquestrations et viols de mineures, condamné trois ans plus tard à 13 ans de prison et libéré en 1992, n'ayant purgé que la moitié de sa peine, avait récidivé. En pire. Eefje Lambrecks, An Marchal, Julie Lejeune et Melissa Russo, qui ont subi le même sort, ont en plus été assassinées. Seules Sabine Dardenne et Laetitia Delhez ont eu la vie sauve. De justesse. Elles ont été retrouvées vivantes en décembre 1995, séquestrées dans une cave. Les errements des enquêteurs, les dysfonctionnements de la justice, les négligences après que l'un des proches de l'accusé avait alerté les gendarmes sur ses intentions, puis le dessaisissement du juge d'instruction Jean-Marc Connerotte en raison de sa trop grande proximité avec les familles des victimes ont écœuré tout un pays. Au point que le 20 octobre 1996, une « marche blanche » de 300 000 personnes a submergé Bruxelles. Puis est venu le temps des questions. De « la » question. Dutroux est-il un « prédateur isolé » ou le maillon d'un réseau ? L'instruction a opté pour la première thèse. Dans une lettre révélée hier, lui-même défend la seconde. Stéphane Foux, le président de la cour d'assises, et, surtout, les douze jurés, vont devoir trancher. Son épouse, Michelle Martin, est aussi poursuivie, ainsi qu'un comparse, Michel Lelièvre, et ce Michel Nihoul qui pourrait avoir été son commanditaire. Dutroux, c'est certain, va jouer avec ses juges. Comme le « pervers psychopathe » qu'il est, doté d'un QI exceptionnel de 120.

Lille, vendredi 5, ouverture d'une rétrospective Rubens au palais des Beaux-Arts. Lille est capitale européenne de la culture 2004.

John Kerry affrontera George W. Bush

États-Unis, mardi 2
Cette fois, il n'y a plus guère de doute : sauf événement imprévu, John Kerry, 60 ans, sera bien le candidat démocrate à la présidence des États-Unis. Les dix primaires de ce « super-mardi » lui ont permis de l'emporter dans neuf États sur dix. Seul le Vermont lui a échappé, au profit d'Howard Dean qui, de toute façon, n'avait pas du tout l'intention de se mettre en travers de la route du sénateur du Massachusetts. C'est aussi le cas du grand perdant de la journée, John Edwards. Beau joueur, il a même implicitement fait acte de candidature pour être le second dans un « ticket » Kerry-Edwards. Celle qui exulte, c'est Teresa Heinz Kerry. Âgée de 65 ans, l'épouse du candidat démocrate est la veuve (et l'héritière) de John Heinz III, le roi du ketchup. Sa fortune personnelle dépasserait le demi-milliard de dollars, et son franc-parler fait la joie des médias américains.

Les mauvaises langues disent que Teresa Heinz Kerry est l'homme fort du couple…

L'Irak au bord de la guerre civile

Irak, mardi 2
Le bilan n'est pas définitif, mais selon les premières estimations, il pourrait approcher les 200 victimes. Depuis la chute du régime de Saddam Hussein, l'Irak a connu sa journée la plus sanglante. Et aussi la plus inquiétante. En effet, les attaques perpétrées à Bagdad et à Kerbala visaient la communauté chiite, et plus précisément les lieux où était célébré l'Achoura, une fête qui a beaucoup plus d'importance pour elle que pour les sunnites. L'ampleur des moyens mis en œuvre (kamikazes, tirs de mortier) et leur parfaite coordination font désigner du doigt Al-Qaida et celui que l'on considère comme son représentant en Irak, Abou Moussab al-Zarqaoui. Sa responsabilité, dans ce processus de guerre civile, est un fait acquis pour les Américains : la prime offerte pour sa capture est ainsi passée de 5 à 10 millions de dollars.

Bruxelles, lundi 1er
Entrée en vigueur de surtaxes douanières européennes à l'égard de produits américains bénéficiant de subventions à l'exportation jugées illicites par l'Organisation mondiale du commerce (OMC).

France, lundi 1er
Entrée en vigueur du permis probatoire pour les conducteurs novices. Tout nouveau conducteur est doté de 6 points (au lieu de 12) pendant les trois premières années.

Paris, lundi 1er
Le CNRS annonce qu'une galaxie située à 13,23 milliards d'années-lumière a été observée, un record.

Moscou, lundi 1er
Mikhaïl Fradkov est nommé Premier ministre.

Belgique, mardi 2
Le taux de chômage atteint 12,8 % (8,3 % en Flandre, 18,4 % en Wallonie et 22 % à Bruxelles).

Paris, mardi 2
Selon le Commissariat au plan, les investisseurs étrangers détiennent 28,7 % du capital des entreprises françaises (et 37,8 % du capital des sociétés cotées en Bourse).

New York, mardi 2
Bernie Ebbers, ancien p-dg de l'opérateur téléphonique Worldcom, est inculpé pour fraude dans la plus grande faillite de l'histoire du pays.

Paris, mercredi 3
Cesare Battisti est remis en liberté et placé sous contrôle judiciaire.

Paris, mercredi 3
Le manteau porté par Arletty dans

Le port du voile interdit à l'école

Paris, mercredi 3
Par 276 voix pour et 20 contre, le Sénat a adopté, comme l'avait fait l'Assemblée nationale le 23 février (494 pour et 36 contre), le projet de loi interdisant le port, dans les établissements scolaires, de signes ou de tenues manifestant « ostensiblement » une appartenance religieuse. Elle entrera en vigueur à la rentrée de septembre. Une évaluation en sera faite au bout d'un an en vertu de l'article 4 imposé par les socialistes. Même si le gouvernement s'est refusé à placer le débat sur le terrain d'une lutte contre l'islam, c'est bel et bien le port du voile qui est visé, ainsi que l'ont révélé les débats. Pour les tenants de la laïcité, dont le Premier ministre, Jean-Pierre Raffarin, a rappelé qu'elle n'est pas « contre les religions », intégration rime néanmoins avec assimilation. Les filles qui se présenteront la tête couverte ne seront pas immédiatement exclues. Une phase préalable de « dialogue avec l'élève » est prévue.

Le jeudi 4, un incendie a ravagé le monastère de Chilandari, l'un des plus anciens du mont Athos, en Grèce. Des fresques du XVIe au XVIIIe siècle ont été détruites, mais les œuvres et les reliques les plus précieuses ont été sauvées. Aucun des vingt-cinq moines, des Serbes, n'a été blessé.

Kostunica veut garder le Kosovo

Belgrade, mercredi 3
Bien qu'arrivés largement en tête aux élections législatives, le 28 décembre 2003, les députés ultranationalistes du Parti radical de Serbie (SRS) resteront dans l'opposition. C'est Vojislav Kostunica, leader du Parti démocratique de Serbie (DSS, arrivé deuxième et qualifié de « nationaliste modéré »), qui avait été chargé de former le gouvernement. Celui-ci, issu d'une coalition des plus hétéroclites (les monarchistes en font notamment partie), a reçu aujourd'hui la confiance du Parlement. Dont celle, déterminante, du SPS (Parti socialiste de Serbie) de Slobodan Milosevic : le SPS n'est pas représenté dans le gouvernement, mais il détient la clé de sa survie… Dans son discours devant les parlementaires, Vojislav Kostunica a proposé une coopération avec le TPI basée sur la « réciprocité » et a affirmé la vocation européenne de son pays. Il est resté ferme sur le Kosovo, refusant d'envisager son indépendance.

Les menaces du groupe terroriste AZF

Dix mille cheminots sont mobilisés pour inspecter 32 500 km de voies ferrées.

Toulouse, mercredi 3
Une dizaine de journalistes étaient au courant mais s'étaient tu, pour ne pas entraver l'enquête, jusqu'à ce que, ce matin, *La Dépêche du Midi* en fasse sa une. Depuis le 13 décembre, un groupe baptisé AZF, comme l'usine chimique dont l'explosion avait fait 30 morts le 21 septembre 2001 à Toulouse, menace de faire sauter des trains. Il aurait posé dix bombes sous le ballast à travers la France. Le 21 février, l'une d'elles a été trouvée à Folles, au nord de Limoges, sur la ligne Paris-Toulouse. Les maîtres chanteurs, dont les courriers sont assez confus, exigent 4 millions de dollars et 1 million d'euros pour en dévoiler la localisation. La police communique avec AZF par les petites annonces de *Libération*. Un versement, prévu lundi près de Montargis, a échoué.

Les Toulousains orphelins de Nougaro

Paris, jeudi 4
Claude Nougaro est mort, emporté par « une longue maladie », âgé de 74 ans (*9.9.1929), loin de Toulouse où il était né et avait grandi et dont il était devenu l'emblème. Ce « troubadour baroque », comme il aimait à se définir, fier d'être cathare, chantait comme on distribue les châtaignes, un « torrent de cailloux » dans la voix et avec l'animalité de son corps taurin. La poésie, il l'avait apprise avec Jacques Audiberti, lui empruntant une complexité grammaticale rarement usitée dans la chanson française, et la magnifiant par des musiques de jazz. Peu après ses débuts, il livre, en 1962, *Cécile*, *Une petite fille*, *Le Jazz et la java*, devenus des classiques. S'ensuivra un quart de siècle d'un singulier lyrisme. Limogé (1986) par sa maison de disques, il reviendra, seul, avec *Nougayork*.

Au fronton de la mairie de Toulouse, sa « Ville rose », les drapeaux sont en berne.

Les Enfants du paradis est adjugé 7 176 euros à l'hôtel Drouot.

Arctique, mercredi 3
La station polaire russe Severny Polious 32 coule en raison d'une rupture de la banquise.

Paris, vendredi 5
Le président égyptien Hosni Moubarak estime, à propos du projet américain de Grand Moyen-Orient que « des réformes imposées de l'extérieur aux pays musulmans favoriseraient le terrorisme ».

Val-de-Reuil (Eure), vendredi 5
Présentation du DVDPlus : une face DVD, une face CD audio, conçu par Digital Valley.

France, samedi 6
Retour à la télévision, sur France 2, de l'émission *30 Millions d'amis*.

Royaume-Uni, samedi 6
Selon le *Times*, un vétérinaire du ministère de l'Agriculture est à l'origine de l'épizootie de fièvre aphteuse de 2001. Il avait mal inspecté une porcherie.

Kvitfjell (Norvège), samedi 6
L'Autrichien Stephan Eberharter remporte le Globe de cristal de descente pour la 3e année de suite.

Grèce, dimanche 7
Défaite du Pasok (socialiste) aux élections législatives au profit de la Nouvelle Démocratie de Costas Caramanlis (conservateur).

Venezuela, dimanche 7
Le président Hugo Chávez affirme que son pays a « assez d'alliés sur ce continent pour mener une guerre de cent ans » contre les États-Unis.

Abou Abbas meurt dans sa prison

Irak, lundi 8
Abou Abbas est mort dans une prison contrôlée par les Américains. Une mort naturelle, selon la coalition. Arrêté le 15 avril 2003 à Bagdad, le chef du Front de libération de la Palestine (FLP) était l'organisateur de la prise d'otages du paquebot italien *Achille Lauro* qui, en 1985, avait coûté la vie à un juif new-yorkais, dans des conditions particulièrement atroces. En 1987, il avait été intégré à l'OLP et s'était rallié aux vues « modérées » de Yasser Arafat. Il vivait depuis dix-sept ans à Bagdad et avait solennellement renoncé au terrorisme en 1996. Les Américains envisageaient de le traduire en justice pour l'affaire de l'*Achille Lauro*. Le problème est qu'il était couvert par les accords d'Oslo, qui prescrivent les actes de terrorisme commis avant 1993 par des membres de l'OLP. Abou Abbas était né en 1949.

Les Chimères terrorisent les Haïtiens

Le président Boniface Alexandre.

Port-au-Prince, mardi 9
Boniface Alexandre et Gérard Latortue auront fort à faire pour rétablir l'ordre en Haïti. Le premier a été confirmé hier comme président de la République à titre provisoire, tandis que le second s'est vu aujourd'hui nommer Premier ministre par un Conseil des sages, avec l'appui de Washington. Avocat, ancien ministre et ancien administrateur de l'ONU, Gérard Latortue a la faveur de la communauté internationale. Sera-t-il l'homme de la situation ? Celle-ci demeure toujours très confuse, malgré la présence d'une force internationale formée de militaires américains, français, chiliens et canadiens, et placée sous commandement américain par les Nations unies. La rébellion n'a pas désarmé et, ce week-end, les Chimères fidèles à Jean-Bertrand Aristide ont fait régner la terreur à Port-au-Prince. Au moins six personnes ont été tuées, dont le journaliste espagnol Ricardo Ortega, dimanche. Hier, à Bangui où il est provisoirement exilé, Aristide a estimé qu'il avait été la victime d'un « enlèvement politique » et a appelé à la résistance pacifique pour « restaurer l'ordre constitutionnel ».

Le 10, à Arlon, Laetitia Delhez, 22 ans, l'une des deux victimes survivantes de Marc Dutroux qui l'avait séquestrée six jours, vient assister à l'audience.

Loi fondamentale pour l'Irak en attendant une Constitution

Bagdad, lundi 8
Les 25 membres du Conseil intérimaire de gouvernement (CIG) ont paraphé la loi fondamentale qui tiendra lieu de Constitution jusqu'à l'adoption, avant le 31 décembre 2005, d'un texte définitif. Cette loi maintient une certaine forme de laïcité en faisant de l'islam « une source » du droit (et non la seule, donc) et réaffirme l'égalité de tous les Irakiens. L'article le plus discuté reste celui qui permet à trois provinces (sur dix-huit) d'émettre un veto à la future Constitution. Ce qui pourrait donner ainsi aux trois provinces du Kurdistan la possibilité de bloquer un processus de démocratisation dont les chiites, largement majoritaires, espèrent retirer tout le bénéfice. Bien qu'ayant autorisé les membres chiites du CIG à signer la loi fondamentale, Ali al-Sistani, leur chef spirituel, a pris ses distances. Il estime qu'elle est de nature à empêcher de préserver l'unité du pays.

Mohammed Bahr al-Ouloum, président du CIG, et Raja Habib al-Khuzaai signent.

La RATP veut faire punir les anti-pub

Paris, mercredi 10
À la demande de la RATP et de sa régie publicitaire, Métrobus (une filiale de Publicis), 62 militants anti-pub, pour la plupart des jeunes gens, ont comparu devant la 1re chambre correctionnelle. Les plaignants réclament 922 000 euros de dommages-intérêts, estimation du préjudice entraîné par la dégradation, fin 2003, de 2 440 affiches publicitaires dans le métro parisien. Celles-ci avaient été recouvertes de slogans inspirés des campagnes antitabac tels : « La pub nuit à votre entourage » ou « La pub tue ». La plupart des accusés ont plaidé avoir assisté à ces actions sans y participer ; cinq ont reconnu les faits. Les témoins convoqués par la défense, tel Frédéric Beigbeder, écrivain et ex-publicitaire, n'ont pas été autorisés à s'exprimer. Le tribunal a estimé qu'il n'y avait pas lieu de débattre sur le fond.

Var, lundi 8
Le crash d'un Canadair dans le lac de Saint-Croix fait deux morts.

Buenos Aires, mardi 9
L'Argentine paye *in extremis* son échéance de 3,1 milliards de dollars au Fonds monétaire international.

Colombie, mardi 9
Les Forces armées révolutionnaires de Colombie (Farc) assurent qu'Ingrid Betancourt, qu'elles retiennent prisonnière depuis le 23 février 2002, est toujours en vie.

Paris, mardi 9
Deux mille quatre-vingt-six chercheurs d'organismes publics (1 110 chefs d'équipes et 976 directeurs de laboratoires) démissionnent de leurs fonctions administratives.

Ouessant, mardi 9
Le navigateur français Jean-Luc Van den Heede pulvérise le record du tour du monde à la voile en solitaire et sans escale contre vents dominants à bord d'*Adrien* en 122 j 14 h 3 min 49 s.

Paris, mardi 9
Selon l'Unedic, 264 800 chômeurs ne sont plus indemnisés depuis le 1er janvier en raison de l'entrée en vigueur de la nouvelle convention.

Paris, mardi 9
L'Insee estime à 63,2 milliards d'euros le montant des déficits publics de la France en 2003 (4,1 % du PIB contre 3 % maximum exigés par le Pacte de stabilité européen), soit le déficit le plus élevé des 15 pays de l'UE.

L'Europe connaît son 11-Septembre à Madrid

Madrid, jeudi 11
En trois minutes, entre 7h39 et 7h42, dix bombes ont explosé dans quatre trains de banlieue qui convergeaient vers la gare d'Atocha. Trois autres engins explosifs n'ont pas fonctionné. À cette heure de pointe, les terroristes escomptaient à l'évidence faire un maximum de tués. Ils y sont parvenus. Le bilan, encore provisoire, est ce soir de 198 morts, auxquels il faut ajouter 1430 blessés. Cette série d'attentats est la plus meurtrière jamais commise en Europe. Pour le gouvernement de José María Aznar, la culpabilité de l'ETA, l'organisation indépendantiste basque, ne fait aucun doute. Son porte-parole a dénoncé un « assassinat collectif de la bande criminelle et assassine ETA ». Cette « vermine », a renchéri le chef du gouvernement régional basque, Juan José Ibarretxe, « a voulu dynamiter la démocratie » : « Ce sont des animaux, pas des Basques ! » Pour le ministre de l'Intérieur espagnol, Angel Acebes, l'explosif utilisé prouve que l'ETA est « sans aucun doute » à l'origine de ce carnage. Tous les partis ont décidé, de concert, d'annuler leurs meetings. Ces attentats surviennent en effet à trois jours des élections législatives, dont le Parti populaire au pouvoir est le grand favori. José María Aznar, au pouvoir depuis 1996, ayant décidé de se retirer de la scène politique, c'est son dauphin Mariano Rajoy, chef de file du Parti populaire (PP), qui a décrété que « la campagne électorale est terminée ». Le leader du Parti socialiste (PSOE), José Luis Rodríguez Zapatero, qui est son principal rival, a appelé de son côté à « l'unité du pays ».

Madrid, vendredi 12
Et si l'ETA n'y était pour rien ? Hier soir déjà, Arnaldo Otegi, qui est le chef de Batasuna, organisation interdite en raison de sa proximité avec les groupes terroristes basques, avait condamné de façon nette « les opérations commises contre des civils et des travailleurs ». Le mode opérationnel ne correspond en effet guère à celui habituellement adopté par cette organisation, qui s'en prend plutôt aux gardes civils, élus et autres symboles de l'État. Le ministre de l'Intérieur avait pourtant confirmé que la piste de l'ETA demeurait, pour ses services, « prioritaire », alors même qu'une camionnette volée venait d'être découverte à Alcalá de Henares, ville de banlieue d'où les trains visés étaient partis. Dans celle-ci : sept détonateurs et une cassette de versets du Coran. Ce matin, le quotidien londonien *Al-Qods Al-Arabi* publie un communiqué de revendication des « Brigades Abou Hafs al-Masri-al-Qaida ». Se félicitant que « l'escadron de la mort [ait] réussi à pénétrer au cœur des Croisés européens et à infliger un coup douloureux à l'un des piliers de l'alliance croisée, l'Espagne », il exige le retrait d'Irak des troupes espagnoles.

Les corps sans vie, déchiquetés par les explosions, sont alignés par les sauveteurs dans la gare centrale d'Atocha. Les bombes auraient été activées à distance par des téléphones portables. Les hôpitaux madrilènes peinent à accueillir tous les blessés.

Les 12, 8 millions d'Espagnols manifestent dans le pays, dont 2 millions à Madrid.

Les Espagnols balayent les menteurs

Espagne, dimanche 14
Après avoir été 8 millions à manifester, vendredi, dans toute l'Espagne, contre le terrorisme, les Espagnols ont émis aujourd'hui un vote sanction très clair à l'égard du gouvernement qui leur a menti. Dès jeudi en effet, les services secrets espagnols savaient que la seule piste crédible était celle d'Al-Qaida ou de sa mouvance. Trois Marocains et deux Indiens ont d'ailleurs été arrêtés hier. Et une nouvelle revendication, par cassette vidéo, justifie les attentats par « les crimes commis en Afghanistan et en Irak ». Avec 42,64 % des voix et 164 sièges, contre 37,64 % et 148 sièges au Parti populaire, le PSOE remporte donc les élections législatives.

José Luis Rodríguez Zapatero devrait être le prochain Premier ministre.

Destitution mouvementée du président de la Corée du Sud

La destitution du président progressiste Roh Moo-hyun a été votée par 193 députés contre 2. Les 47 élus de l'Uri, parti qui le soutenait, n'ont pas pris part au scrutin.

Séoul, vendredi 12
Les téléspectateurs sud-coréens sont effondrés : devant les caméras, et en direct, leurs députés ont offert un bien piètre spectacle de la démocratie en se battant comme des chiffonniers. Mais le plus grave est dans les raisons de ce pugilat. Pour une bénigne infraction à la règle qui exige du président de la République une neutralité en période électorale (le Parlement sera renouvelé le 15 avril), le président Roh Moo-hyun a été destitué par une coalition formée du parti qui l'avait porté au pouvoir en 2003, le Parti démocrate du millénaire (PDM), et des conservateurs du Grand Parti national (GPN). Le choc a été tel que de vastes manifestations de soutien à Roh Moo-hyun ont été immédiatement organisées dans tout le pays pour protester contre ce qui est qualifié de « coup d'État ». L'un de ses partisans a même tenté de s'immoler par le feu. La Cour constitutionnelle statuera sur la validité du vote.

Le 11, Salomé Zourabichvili est nommée ministre des Affaires étrangères de Géorgie. Âgée de 52 ans, cette Française d'origine géorgienne était, depuis 2001, ambassadeur de France à Tbilissi.

Un vrai plébiscite pour Poutine

Russie, dimanche 14
La réélection de Vladimir Poutine n'est certes pas une surprise. Sa popularité, le président de la Russie l'a acquise en restant intraitable sur le terrorisme, en s'efforçant de redresser l'économie et en faisant la guerre aux oligarques, tel Ivan le Terrible réduisant la puissance des boyards au XVIe siècle… De plus, il a bénéficié d'un véritable appareil de propagande, qui a suscité l'indignation de l'opposition. Résultat : Poutine a été réélu avec 71,22 % des suffrages exprimés, Nikolaï Kharitonov (communiste) faisant 13,74 %, le nationaliste Sergueï Glaziev 4,11 % et la liberale Irina Khakamada 3,85 %. Mais le vrai test était le taux de participation : c'est un succès pour Poutine, avec seulement 35,73 % d'abstentions. Les autorités religieuses avaient toutes appelé à voter.

Le 12, à Paris, le juge des référés estime que Nemo (à d.), le poisson clown de Walt Disney et des studios Pixar, n'est pas une contrefaçon de *Pierrot, le poisson clown*, personnage créé par Franck Le Calvez en 1995 et devenu héros d'un album. Le tribunal ne discerne pas « de similitudes sérieuses » : Nemo serait « plus souriant » et Pierrot « plus allongé ». Il n'y a donc pas lieu d'interdire les produits dérivés de Nemo. Le Calvez fait appel.

La propriété est protégée en Chine

Pékin, dimanche 14
Au terme de sa session parlementaire annuelle, l'Assemblée nationale populaire de Chine a voté des modifications de la Constitution de 1982. Il est ainsi stipulé que « les biens privés légaux des citoyens sont inaliénables » (article 13) et aussi que « l'État respecte et protège les droits de l'homme » (article 33). La première modification officialise un état de fait, à savoir que la Chine n'est plus une société strictement communiste, mais une société placée sous le régime de l'économie mixte. Quant à la seconde, elle a laissé très sceptique Amnesty International, qui estime que pour que l'article 33 se traduise dans la réalité, « il faudra remanier de fond en comble d'autres textes, dont le Code pénal et le Code de procédure pénale ». Ce qui n'est pas à l'ordre du jour.

Wolfsburg, mardi 9
Volkswagen annonce la suppression de 5 000 emplois d'ici à 2005.

Vienne, mercredi 10
La Libye signe le protocole additionnel du Traité de non-prolifération nucléaire qui permet des inspections de ses sites.

Paris, mercredi 10
Parution au *Journal officiel* de la loi Perben sur la criminalité organisée. Elle introduit dans le droit français le « plaider coupable » anglo-saxon.

Madagascar, jeudi 11
Le bilan du cyclone Gafilo qui s'est abattu sur l'île dimanche et hier est de 58 morts. Le ferry *Samson*, qui transportait 120 passagers depuis les Comores, est toujours porté disparu.

New York, vendredi 12
L'ONU gèle les avoirs de l'ancien président du Liberia, Charles Taylor, destitué en août 2003.

Nice, dimanche 14
Cyclisme : l'Allemand Jörg Jaksche remporte Paris-Nice.

Vatican, dimanche 14
Le pontificat de Jean-Paul II devient le troisième plus long de l'histoire de la chrétienté, après ceux de saint Pierre et de Pie IX.

DÉCÈS

Vienne (Autriche), samedi 13
Franz König, cardinal, ancien archevêque de Vienne (*3.8.1905).

Angoulême, dimanche 14
René Laloux, cinéaste (*13.7.1929).

Il faut 10 000 années à Sedna pour tourner autour du Soleil

Washington, lundi 15
La Nasa a annoncé aujourd'hui que le Système solaire ne comporte pas neuf planètes, mais dix. C'est un astronome du California Institute of Technology, Mike Brown, qui l'a découverte grâce au télescope Schmidt du mont Palomar et au télescope spatial Spitzer. Cette nouvelle planète, baptisée Sedna (du nom d'une déesse inuit), en est-elle une vraiment ? Le doute demeure au sein de la communauté scientifique. Située à quelque 13,5 milliards de kilomètres du Soleil (au stade actuel de sa course), Sedna pourrait être, en raison de sa taille modeste (entre 1 300 et 1 800 km de diamètre), l'un de ces gros « objets » que l'on découvre régulièrement dans la ceinture de Kuiper qui entoure le Système solaire. Pluton en fait du reste également partie, mais son statut de planète est, lui aussi, contesté… Quoi qu'il en soit, Sedna existe bel et bien, et met 10 000 années pour accomplir son orbite autour du Soleil !

Dans un premier temps, comme le montre cette vue d'artiste, Mike Brown avait calculé qu'une lune tournait autour de Sedna. Cette hypothèse a été abandonnée.

Les Espagnols vont quitter l'Irak

Madrid, lundi 15
José Luis Rodríguez Zapatero tiendra la promesse qu'il a faite durant toute la campagne électorale : dès qu'il sera nommé Premier ministre, il donnera l'ordre de retirer les troupes espagnoles d'Irak d'ici fin juin. Il l'a confirmé sur la chaîne de radio SER. Actuellement, l'Espagne compte 1 300 hommes sur place, qui, aux côtés des contingents salvadorien, hondurien et dominicain, forment la brigade Plus Ultra, son QG étant basé à Al-Quadissiyah, la capitale de la province du même nom. Entièrement hispanophone, cette brigade fait partie du dispositif centre-sud de la coalition, aujourd'hui placé sous le commandement du général polonais Mieczyslaw Bienek. Les Espagnols ont eu à ce jour onze morts. Le onzième, Gonzalo Pérez García, est un commandant de la Guardia Civil, blessé le 22 janvier et décédé le 4 février.

La minorité serbe menacée au Kosovo

Le samedi 20, les soldats de la Kfor (ici un Français) continuaient d'évacuer des Serbes menacés dans leurs enclaves.

Pristina, vendredi 19
La violence s'est déchaînée mercredi dans les principales villes du Kosovo et, ce soir, elle n'est pas encore stoppée, comme l'a reconnu l'Otan. On compte déjà plus de trente morts et quelque 500 blessés, la plupart des Serbes attaqués par surprise par des Albanais bien décidés, apparemment, à les chasser de leurs foyers. Le commandement de la Kfor redoute un prélude à une épuration ethnique systématique. Le calcul des extrémistes albanais serait alors le suivant : « purgé » de la minorité serbe, le Kosovo verrait plus facilement son indépendance reconnue. Ce matin, des premiers renforts sont arrivés dans la province, dépêchés par l'Otan. Ce sont une centaine de soldats italiens, autant d'Américains et quelque 700 Britanniques qui doivent au total renforcer les effectifs de la Kfor, qui a été autorisée à faire usage de ses armes.

Zoom sur

LE SUCCÈS DES *CHORISTES*

À sa sortie en salles, le 17 mars, la critique, sans être assassine, avait vu, dans ce premier long métrage de Christophe Barratier, trop de bons sentiments dans le scénario, trop d'application dans la réalisation et de rigidité dans la mise en scène. Les producteurs non plus n'y avaient pas cru, Gaumont, TF1 puis M6 ayant refusé le projet. Grâce à son oncle, Jacques Perrin, Barratier a fini par trouver un financement pour ce film peu coûteux (5,5 millions d'euros) inspiré de *La Cage aux rossignols* de Jean Dréville (1945). Le 27 octobre, lors de la sortie du DVD (à plus d'un million d'exemplaires), il totalisait 8,2 millions d'entrées ! Et le CD de la bande originale, écrite par Bruno

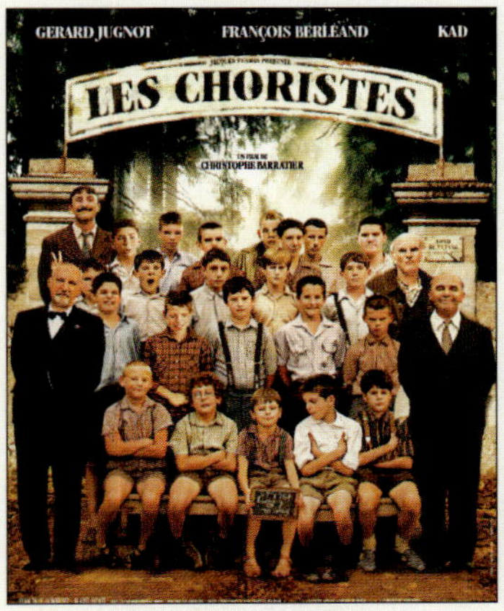

Coulais, frôlait 800 000 exemplaires. Un succès dû au bouche-à-oreille, proche de celui du *Fabuleux Destin d'Amélie Poulain* (2001), pour une œuvre optimiste et morale.

Thaïlande, mardi 16
L'épidémie de grippe aviaire fait une 23e victime.

Madrid, mercredi 17
La police espagnole pense avoir établi un lien entre les attentats du 11 mars et ceux commis en mai 2003 à Casablanca (Maroc).

Vilnius (Lituanie), mercredi 17
Au deuxième jour du procès de Bertrand Cantat, Kristina Rady, son épouse, le défend en déclarant qu'elle n'aurait « jamais pu vivre avec un menteur, un macho, un castagneur ».

Washington, jeudi 18
George W. Bush déclare, à propos de la guerre contre le terrorisme, qu'« il n'y a pas de terrain neutre entre la civilisation et la terreur ».

Berlin, dimanche 21
Gerhard Schröder cède la présidence du SPD à Franz Müntefering.

DÉCÈS

Chicago, lundi 15
Le Britannique John Pople, prix Nobel de chimie 1998 (*31.10.1925).

Soestdijk (Pays-Bas), samedi 20
La princesse Juliana, souveraine des Pays-Bas de 1948 à 1980 (30.4.1909).

Paris, dimanche 21
Ludmila Tchérina, danseuse et actrice (*Monika Tchemerzine, 10.10.1924).

Paris, dimanche 21
Yvan Audouard, journaliste et romancier (*27.2.1914).

Le Hamas est décapité

À Saïda (Liban) les réfugiés palestiniens manifestent leur colère en brandissant des portraits de cheikh Ahmed Yassine.

Gaza, lundi 22
Le soleil venait de se lever ce matin, à Gaza, lorsqu'un hélicoptère israélien a tiré trois roquettes à la sortie d'une mosquée du quartier de Sabra. Huit personnes ont trouvé la mort, dont le fondateur et chef spirituel du Hamas, cheikh Ahmed Yassine. Cet assassinat « ciblé » constitue pour les Israéliens une réponse au double attentat suicide qui, dimanche 14, a fait onze victimes dans le port d'Ashdod, au nord de la bande de Gaza. La mort de cet homme de 67 ans, paralysé depuis l'enfance et longtemps emprisonné en Israël, a été justifiée par Ariel Sharon, selon qui il avait pour objectif « l'assassinat et le meurtre des Juifs, où qu'ils soient, et la destruction de l'État d'Israël ». Yasser Arafat a décrété un deuil de trois jours et son Premier ministre, Ahmed Qoreï, a déclaré qu'« il s'agit d'un grand crime atroce et d'un acte lâche ». Le Hamas promet un bain de sang.

Le 24, à la cathédrale Almudena de Madrid, des chefs d'État et de gouvernement de plus de 50 pays assistent, en présence du roi Juan Carlos et de la reine Sofia, aux funérailles d'État des 202 morts dans les attentats du 11 mars.

Amende record pour Microsoft

Bruxelles, mercredi 24
Mario Monti, commissaire européen à la Concurrence, est formel : Microsoft « ne pouvait ignorer qu'elle violait les règles européennes ». En conséquence, la firme de Bill Gates est condamnée, pour « abus de position dominante », à une amende record de 497 millions d'euros. Il lui est aussi fait obligation : 1. de donner à ses rivaux les éléments leur permettant de rendre leurs logiciels compatibles avec les siens ; 2. de livrer une version de Windows, son système d'exploitation, non équipée de Media Player, son logiciel de lecture de son et de vidéo, afin que ses concurrents, tel RealNetworks, puissent vendre les leurs. Microsoft juge l'amende « injuste » et va faire appel, demandant que celui-ci soit suspensif. La somme ne représente même pas 2 % du chiffre d'affaires de Microsoft, dont la trésorerie est évaluée à 56 milliards de dollars.

La réconciliation nationale est compromise en Côte d'Ivoire

Abidjan, jeudi 25
Pour le Front populaire ivoirien (FPI) du président Laurent Gbagbo, Abidjan a été le théâtre d'une « tentative d'insurrection armée ». La seule chose assurée est que la manifestation organisée par les partis hostiles au président s'était déclarée « pacifique », qu'elle avait été interdite, et qu'elle a tourné au bain de sang. En effet, les rassemblements ont été dispersés par l'armée ivoirienne et par les milices du FPI avec une rare violence. Le bilan de la répression serait selon les sources de 9 à 31 morts, dont des membres des forces de l'ordre. Les conséquences politiques ont été immédiates : le Rassemblement des républicains (RDR) d'Alassane Ouattara et les Forces nouvelles de l'ex-rébellion du Nord ont rejoint le Parti démocratique de Côte d'Ivoire (PDCI) d'Henri Konan Bédié dans son boycott du cabinet de « réconciliation nationale ».

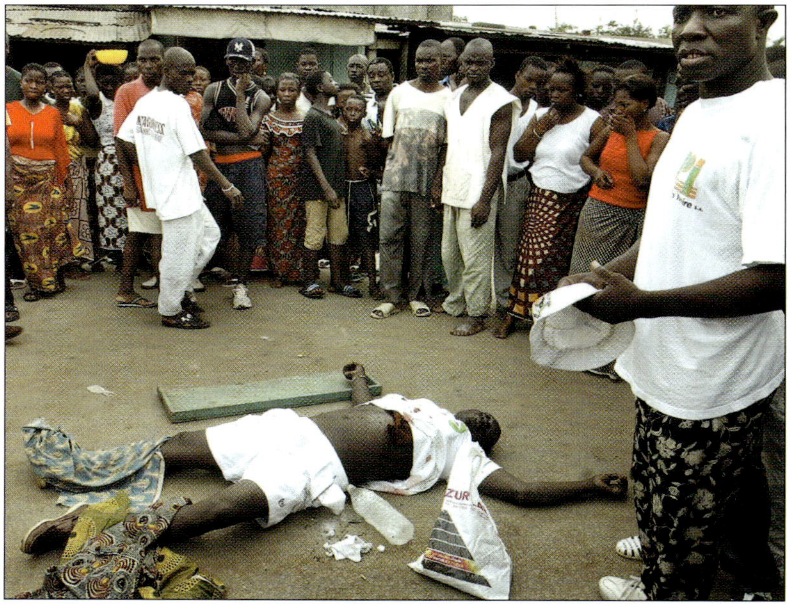

Les manifestants protestaient contre les « magouilles » financières du président.

Zoom sur

LE HAMAS

« Hamas » est l'acronyme (signifiant « enthousiasme ») d'Harakat al-Muqawama al-Islamya (Mouvement de la résistance islamique). Fondé le 14 décembre 1987 au début de la première Intifada, le Hamas a publié ses objectifs le 18 août 1988 dans une charte, à savoir la libération de la Palestine et la création d'un État islamique unique, impliquant la disparition de l'État d'Israël. Ses activités sont orientées dans trois directions : la propagande religieuse, l'assistance sociale, la lutte armée. Le budget annuel du Hamas a été estimé à 30 millions de dollars, provenant de fonds privés ou associatifs arabes, et sans doute de l'Iran.

Belgique, lundi 22
Belgacom, toujours contrôlée à 51 % par l'État, fait son entrée en Bourse.

Paris, lundi 22
Bertrand Delanoë, maire de Paris, fait appel de l'ordonnance de non-lieu rendue le 15 mars par le juge Philippe Courroye dans l'affaire des frais de bouche de la municipalité alors que Jacques Chirac était maire de la capitale.

France, lundi 22
Quatre ans après sa création, la Commission pour l'indemnisation des victimes de spoliations a déjà indemnisé 10 000 familles juives.

France, mardi 23
La société suisse Novartis fait une offre d'achat sur Aventis.

Russie, mardi 23
La marine russe décide de la mise à quai du *Pierre-le-Grand*, le plus grand croiseur nucléaire du monde, susceptible d'« exploser à tout moment » en raison de sa vétusté.

Stockholm, mardi 23
Mijailo Mijailovic, coupable du meurtre de la ministre Anna Lindh, est condamné à la prison à vie.

Washington, mardi 23
La Nasa annonce avoir découvert une erreur d'assemblage, faite il y a plus de 20 ans, sur la navette *Discovery*.

France, mercredi 24
Hubert Falco, secrétaire d'État aux Personnes âgées, estime que 700 000 à 800 000 personnes âgées sont victimes de maltraitance.

Sapeur-pompier : un métier à risques

Les heurts entre pompiers et CRS ont fait 22 blessés (20 chez les forces de l'ordre).

Paris, jeudi 25
Dans les faits, la profession de sapeur-pompier est sans conteste un travail à risques. Depuis 1990, 235 soldats du feu sont morts en service. Mais pour la loi, il n'en est rien. La reconnaissance de la dangerosité de ce métier ne serait pas seulement une satisfaction morale pour les 35 000 pompiers professionnels que compte la France ; elle induirait, selon les règles du Code du travail, un abaissement de leur âge de départ à la retraite. D'où cette manifestation de 5 000 pompiers à l'appel de la CGT, de FO et de leur syndicat autonome, qui semble avoir porté ses fruits. Dans la soirée, Nicolas Sarkozy, ministre de l'Intérieur, leur a promis le dépôt, en juin, d'un amendement leur accordant enfin ce statut. Il proposera également un « projet de carrière pour les sapeurs-pompiers âgés de plus de 50 ans ». De quoi calmer les manifestants qui, en fin de journée, avaient affronté les CRS dans le quartier de l'Opéra.

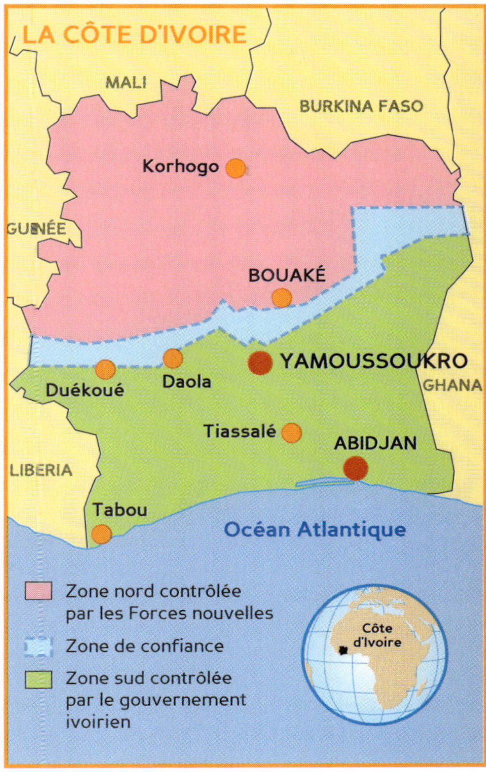

Mercredi 31, les premiers éléments de l'Onuci (Opération des Nations-Unies en Côte d'Ivoire), créée le 27 février par le Conseil de sécurité pour remplacer la Minuci, arrivent dans une Côte d'Ivoire coupée en deux. Chargée de veiller à l'application des accords de Marcoussis, l'Onuci sera appuyée sur 6 240 personnels des troupes françaises de l'opération Licorne et de l'Écoforce de la Cedeao (Communauté économique des États d'Afrique de l'Ouest). Une « zone de confiance » sépare le nord, contrôlé par les Forces nouvelles, de la partie méridionale.

Le fœtus est bien un être humain

Washington, jeudi 25
Le fœtus n'est pas une chose. Il est un « enfant *in utero* ». Il est un « membre de l'espèce *homo sapiens*, à quelque stade de développement qu'il soit, porté dans la matrice ». Ainsi en a décidé le Congrès des États-Unis. Ce texte a été adopté par le Sénat à la large majorité de 61 voix contre 38, ce qui signifie que des sénateurs démocrates ont voté pour puisque les républicains ne disposent que de 51 sièges. Il en avait déjà été de même à la Chambre des représentants. Désormais, en vertu de cette loi sur les « victimes non nées », les auteurs d'un crime fédéral grave contre une femme enceinte pourront être poursuivis pour le préjudice subi par le fœtus. George W. Bush s'est félicité mais les partisans de l'avortement craignent que celui-ci ne soit bientôt remis en cause.

Le 25, l'actrice Thalia Prokopiou allume la flamme olympique sur le site d'Olympie (Péloponnèse), où naquirent les premiers JO en 776 avant Jésus-Christ, en disant : « Apollon, dieu du soleil, allume la torche sacrée »...

Alain Robbe-Grillet revêtira l'habit vert

Paris, jeudi 25
Alain Robbe-Grillet élu à l'Académie française, qui l'eût cru ? Le « pape du nouveau roman », âgé de 81 ans, va pourtant s'asseoir dans le fauteuil de Maurice Rheims. Belle consécration pour cet ingénieur agronome, cinéaste et romancier, longtemps tenu à l'écart de la république des lettres, qui avait théorisé dans *Pour un nouveau roman* (1963) une forme narrative en rupture totale avec les romans psychologiques hérités du XIXe siècle. Revendiquant une filiation avec James Joyce et Franz Kafka, ce Finistérien, qui fut trente ans durant conseiller littéraire des éditions de Minuit, est l'emblème d'un courant dont les auteurs les plus connus sont Marguerite Duras (prix Goncourt en 1984 pour *L'Amant*), Nathalie Sarraute (déjà éditée dans la Pléiade) et Claude Simon (Nobel de littérature 1985). Seul Michel Butor n'a pas été honoré.

Il a écrit une dizaine de romans dont Les Gommes *(1953) et* La Reprise *(2001).*

Soixante-cinq maisons de retraite ont été fermées en 2003.

Paris, mercredi 24
Philippe Bourguignon, ancien p-dg d'Euro Disney et du Club Med, accepte de prendre la présidence d'Eurotunnel.

Londres, mercredi 24
Le ministre des Finances, Gordon Brown, ordonne le gel des fonds du Hamas déposés en Grande-Bretagne.

Pretoria, jeudi 25
L'Afrique du Sud accorde l'asile permanent à l'ancien président haïtien Jean-Bertrand Aristide.

Dortmund (Allemagne), jeudi 25
Championnats du monde de patinage artistique : le Français Brian Joubert remporte la médaille d'argent. La médaille d'or revient au Russe Yevgeny Plushenko.

France, jeudi 25
Dans une lettre reçue ce matin par l'Élysée et par le ministère de l'Intérieur, le groupe AZF annonce une trêve de ses actions terroristes, « le temps nécessaire pour remédier à ses faiblesses », et assure qu'« il n'y a plus à ce jour de bombes en état de fonctionner sur le réseau ferré français ».

Pas-de-Calais, jeudi 25
Six jours après avoir obtenu l'autorisation de reprendre l'exploitation du site, ExxonMobil annonce la fermeture définitive de l'usine pétrochimique Noroxo de Harnes, source de l'épidémie de légionellose qui a fait 13 morts.

Paul Kagame accuse la France

Kigali, jeudi 25
À douze jours du dixième anniversaire du début du génocide au Rwanda (le 6 avril 1994), le général Paul Kagame passe à l'attaque. Le président rwandais accuse la France d'avoir été informée de la préparation du massacre dont les Tutsis ont été victimes, d'avoir armé le bras des assassins et de poursuivre une « vendetta contre le gouvernement du Rwanda ». Cette brutale offensive fait suite à la publication le 10 mars, dans *Le Monde*, d'extraits du rapport du juge français Jean-Louis Bruguière, chargé d'enquêter sur l'attentat qui a coûté la vie au président Juvénal Habyarimana (un Hutu), ainsi qu'aux passagers et aux personnels français de son avion. Attentat qui, rappelons-le, fut le détonateur du génocide. Selon ce rapport, les deux missiles SA 16 qui ont abattu le Falcon 50 présidentiel ont été tirés par des rebelles du Front patriotique rwandais (FPR, tutsi), agissant sous les ordres de leur chef, Paul Kagame…

La bérézina de la droite aux régionales

France, dimanche 28
Historique ? Oui, le mot n'est pas trop fort. En ce deuxième tour des élections régionales, la gauche n'a pas seulement gagné la totalité des régions de France sauf l'Alsace. Avec 50,15 % des voix, elle est majoritaire dans le pays. Cela n'avait pas eu lieu, hors présidentielles, depuis 1981 ! Même après la réélection de François Mitterrand (1988) et après la dissolution de 1997, la gauche avait certes remporté les élections législatives en raison du mode de scrutin, mais elle restait minoritaire dans le pays. À Paris, ville de droite depuis toujours et qui l'était demeurée aux municipales de 2001 – quand Bertrand Delanoë l'avait conquise au nombre de sièges mais pas au nombre de suffrages –, la gauche totalise 50,44 %. Des bastions réputés imprenables, tels les Pays de la Loire, ont basculé. En Poitou-Charentes, le fief du Premier ministre, la liste UMP n'obtient que 36,2 % contre 55,10 % à celle menée par la socialiste Ségolène Royal. Les appels au « vote utile », lancés depuis une semaine par les leaders de

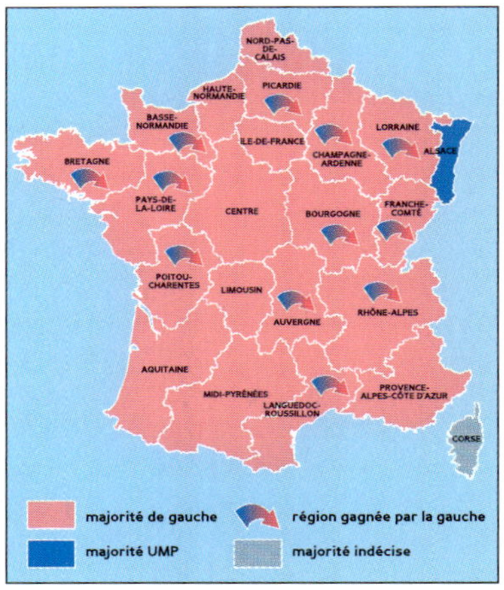

l'UMP, n'ont pas été entendus par les électeurs du Front national : le parti de Jean-Marie Le Pen, qui avait recueilli 14,7 % au premier tour, n'enregistre qu'une faible déperdition. Quant aux électeurs de l'UDF, ils sont nombreux à n'avoir pas voulu apporter leur voix à l'UMP. Les Français ont sanctionné le gouvernement. Jean-Pierre Raffarin pourra-t-il rester à Matignon ?

L'Otan aux portes de la Russie

Washington, lundi 29
Les Premiers ministres de l'Estonie, de la Lituanie, de la Lettonie, de la Roumanie, de la Slovaquie, de la Bulgarie et de la Slovénie ont été accueillis à leur arrivée à Washington où, demain, une cérémonie présidée par le Président des États-Unis marquera leur entrée dans l'Alliance atlantique. Si, en termes de puissance militaire, les sept nouveaux entrants représentent une part minime, sinon négligeable, des moyens mis en œuvre par l'Alliance, il n'en va pas de même de leur situation géographique. La Russie s'inquiète de cette emprise de l'Otan sur son ancien glacis, et cette inquiétude est partagée par la Biélorussie dont le président, le très discuté Alexandre Loukachenko, n'a pas hésité à dire que « l'énorme potentiel militaire concentré le long de notre frontière est loin d'être amical ». Quant à Leonid Koutchma, le président ukrainien, il ne cache pas son désir de voir son pays rejoindre l'Alliance atlantique.

L'élection du président de Taïwan a été très controversée

Les amis du candidat battu dénoncent la fraude électorale : « Où est mon vote ? »

Taipei, vendredi 26
C'est seulement aujourd'hui qu'a été validée, par la commission électorale, la réélection samedi dernier du président taïwanais Chen Shui-bian. Il est vrai que ce dernier, soutenu par le Parti démocratique progressiste (PDP), n'a fait qu'un écart de 0,22 % des voix face à Lien Chan, candidat du Guomindang. Un résultat vivement contesté par Lien Chan et ses partisans qui crièrent à la fraude aussitôt et qui, surtout, dénoncèrent le climat émotionnel du scrutin. La veille de l'élection, Chen Shui-bian et sa colistière Annette Lu avaient été légèrement blessés dans un attentat que l'opposition a qualifié de « bidon ». Très hostile à Chen Shui-bian et à ses visées indépendantistes, Pékin a dit qu'il ne serait pas « indifférent » aux troubles qui pourraient survenir sur l'île.

Le 27, le XV tricolore réalise le grand chelem dans le Tournoi des Six Nations de rugby grâce à sa victoire sur l'Angleterre (24-21) au stade de France. Dimitri Yachvili (à g.) est le héros du jour : il a inscrit 19 points.

Tripoli, jeudi 25
Visite officielle de Tony Blair en Libye, la première d'un chef de gouvernement britannique dans le pays depuis 60 ans.

Pakistan, jeudi 25
Al-Jezira diffuse un message d'Ayman al-Zawahiri, considéré comme le numéro 2 d'Al-Qaida, appelant l'armée pakistanaise à se soulever contre le président Pervez Mucharraf.

Paris, vendredi 26
Les organisateurs du Tour de France décident de ne pas inviter l'équipe espagnole Kelme en raison des soupçons de dopage qui pèsent sur cette formation.

Paris, vendredi 26
La cour d'assises spéciale condamne sept indépendantistes bretons à des peines de 3 à 11 ans de prison pour dix-sept attentats. Le tribunal n'a en revanche pas pu déterminer de responsabilités dans l'attentat contre le McDo de Quévert qui avait fait un mort en avril 2000.

Sydney, samedi 27
Natation : le champion olympique et recordman du monde du 400 m libre, Ian Thorpe, disqualifié pour un faux départ, sera absent de cette épreuve aux JO.

Paris, lundi 29
Jean-Martin Verdi, dirigeant du SC Bastia, est mis en examen pour « extorsion de fonds en relation avec une entreprise terroriste ».

Paris, lundi 29
PSA Peugeot Citroën annonce la

Huit ans de prison pour Bertrand Cantat

Vilnius, lundi 29
Le procureur avait requis neuf ans de réclusion contre l'ancien chanteur de Noir Désir, le tribunal lui en a infligé huit, pour « meurtre intentionnel » sur la personne de sa compagne, l'actrice Marie Trintignant, dans la nuit du 26 au 27 juillet 2003. Ses avocats avaient plaidé qu'il s'agissait plutôt de ce que la loi française appelle un « homicide involontaire par imprudence ». Son fort taux d'alcoolémie, la nuit du crime, a été considéré comme une circonstance aggravante. Il échappe aux quinze ans de prison (peine maximum prévue par le Code pénal lituanien) en raison des regrets qu'il a exprimés lundi 22 mars. Ceux-ci n'ont toutefois pas convaincu Nadine Trintignant, mère de la victime, pour qui « s'il avait eu des regrets, il se serait arrêté au premier coup, qui était déjà de trop ».

Le gouvernement Raffarin III est né

Paris, mercredi 31
Reconduit hier dans ses fonctions par le chef de l'État, Jean-Pierre Raffarin a enfin réussi à constituer son troisième gouvernement. Les tractations ont été laborieuses. François Bayrou, président de l'UDF, a refusé que son parti y soit représenté, hormis par Gilles de Robien, ministre sortant. Nicolas Sarkozy, qui quitte l'Intérieur pour les Finances, est le seul ministre d'État. François Fillon passe à l'Éducation et Dominique de Villepin cède les Affaires étrangères à Michel Barnier : il prend l'Intérieur. Un grand ministère de la Cohésion sociale est confié à Jean-Louis Borloo. Hier, François Hollande, premier secrétaire du PS, a qualifié de « faute » le maintien de Raffarin à Matignon après la défaite de la droite aux régionales.

Non au fichage des passagers !

Strasbourg, mercredi 31
Depuis le 11 septembre 2001, les États-Unis surveillent tout particulièrement l'identité de tous ceux qui arrivent chez eux en avion. Le Transport Security Act, adopté par le Congrès deux mois plus tard, oblige les compagnies aériennes à fournir aux douanes américaines des données précises sur leurs passagers : leur état civil bien sûr, mais aussi leur état de santé, leurs moyens de règlement (y compris le numéro de leur carte de crédit) ou leurs habitudes alimentaires. S'ils ne mangent pas de porc, cela doit être signalé… Les données concernant les personnes « à risques » pourront être conservées durant 50 ans. À une courte majorité, le Parlement européen vient de dénoncer cette pratique : elle attente aux libertés individuelles.

La Serbie punie par les Américains

Washington, mercredi 31
« À la date du 31 mars, la nouvelle aide destinée à la Serbie s'arrêtera. » C'est en ces termes concis qu'Adam Ereli, le porte-parole du Département d'État, a annoncé cette mesure de rétorsion qui pourrait geler jusqu'à 57 millions de dollars (sur les 100 alloués en 2004 à Belgrade par Washington). La Serbie est accusée par les États-Unis de ne pas avoir suffisamment collaboré avec le Tribunal pénal international (TPI) et de ne pas avoir livré le général Ratko Mladic, l'ancien chef des forces bosno-serbes dont Carla Del Ponte est persuadée qu'il a trouvé refuge en Serbie. Ce à quoi les Serbes répondent que le responsable présumé des massacres de Srebrenica et du siège de Sarajevo est introuvable, et que, en Bosnie, l'Otan n'a pas su faire mieux en se montrant incapable d'arrêter le très recherché Radovan Karadzic, l'ancien président des Serbes de Bosnie.

Le tombeau des quatre mercenaires

Fallouja, mercredi 31
Les images ont choqué l'Amérique et fait le tour du monde : quatre cadavres à moitié carbonisés, dépecés et pendus sur un pont enjambant l'Euphrate par une foule en délire. La scène a eu lieu à Fallouja, ce bastion sunnite que les militaires américains ne parviennent pas à contrôler. Deux véhicules tout-terrain, venant de la base aérienne de Habania et se rendant à Bagdad, sont tombés dans une embuscade, puis ont pris feu. Les tireurs s'étant éclipsés, la population s'est acharnée sur les corps des victimes à coups de pelle, de pied ou de poignard, hurlant sa haine des Américains. On saura plus tard que ces quatre hommes, des civils, avaient été recrutés par la Blackwater USA : une société spécialisée dans la formation et la fourniture de mercenaires, et qui possède un bureau à Bagdad. Sur son site Internet, Blackwater USA précise qu'elle a pour clients le Pentagone et le Département d'État.

Les images vidéo du drame de Fallouja ont circulé sur Internet dès ce mercredi.

création de 7 000 contrats à durée indéterminée en 2004.

Dublin, lundi 29
Entrée en vigueur d'une loi interdisant la consommation de tabac dans tous les lieux publics, y compris dans les pubs.

Paris, mardi 30
Une perquisition est effectuée rue de Bièvre, au domicile de Danièle Mitterrand, veuve de l'ancien chef de l'État, dans le cadre d'une enquête menée par le juge Philippe Courroye sur une usine de traitement de poissons en Mauritanie dont son fils Jean-Christophe est actionnaire.

Hanoi, mardi 30
Le Vietnam annonce la fin de l'épidémie de grippe aviaire.

France, mercredi 31
Sortie en salles de *La Passion du Christ*, de Mel Gibson.

Paris, mercredi 31
Le Conseil d'État estime que l'autorisation de mise sur le marché de l'insecticide Gaucho est « entachée d'erreur de droit » et demande que soit rédigé un nouvel arrêté sous deux mois.

DÉCÈS

La Malmaison (Yvelines), sam. 27
Robert Merle, écrivain (*29.8.1908).

Garches (Hauts-de-Seine), dim. 28
Simone Renant, actrice (Georgette Buigny, *19.3.1911).

Bursins (Suisse), dimanche 28
Sir Peter Ustinov, acteur britannique (*16.4.1921).

Cellules souches : la voie ouverte

Encore inconnues du grand public voici quelques années, les cellules souches font désormais régulièrement la « une » de l'actualité scientifique et médicale – voire politique, puisqu'elles furent cette année un thème de discorde entre les candidats de l'élection présidentielle américaine, mais également entre l'opposition et la majorité lors du vote des lois françaises dites de bioéthique.

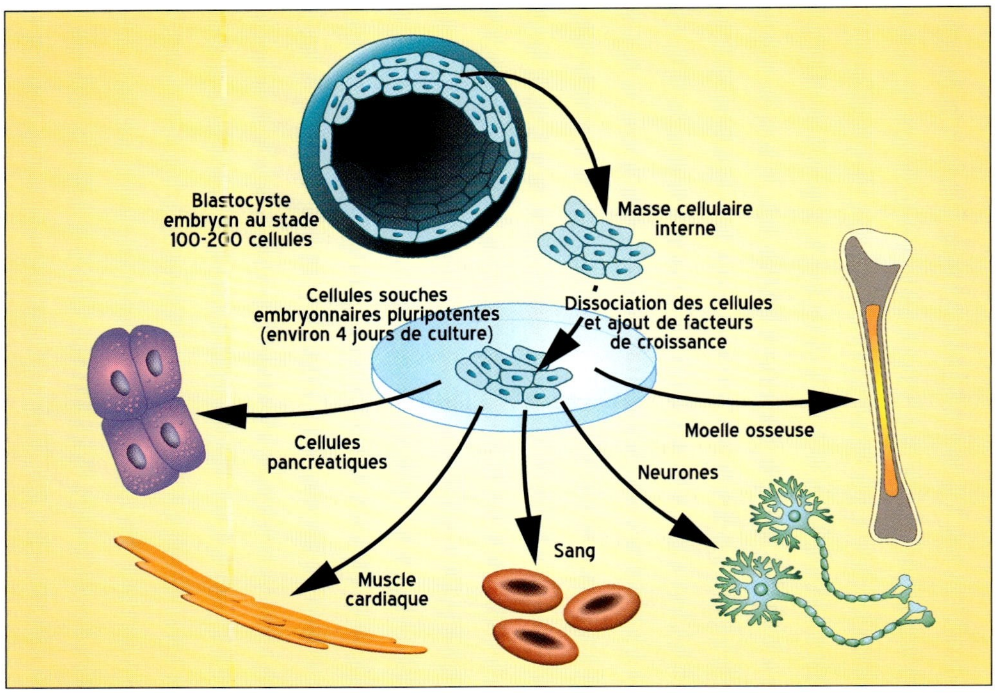

Les cellules souches pluripotentes, isolées dans la masse cellulaire interne de l'embryon, ont la capacité de donner naissance à tous les types cellulaires du corps humain, à la seule exception du placenta.

La toute-puissante biologie moléculaire et son icône – le gène – ont parfois fait oublier que la cellule reste la « brique » élémentaire de la vie. Tous les êtres vivants sont ainsi composés de cellules et les virus, qui n'en comportent pas, sont exclus pour cette raison de la définition scientifique de la vie. Au cours de l'évolution, les cellules ont rapidement formé des « sociétés » : elles se rassemblent en tissus et produisent les organes chez les êtres pluricellulaires. Un être humain est un assemblage complexe d'environ cent mille milliards de cellules. La plupart de ces cellules sont dites spécialisées ou différenciées. La différenciation est le processus au terme duquel la cellule va trouver sa place dans l'organisme et, surtout, remplir sa fonction. Le globule rouge, par exemple, est une cellule différenciée et circulante dont la fonction est d'oxygéner le sang. Le neurone a pour caractéristique de transmettre l'information chimique et électrique du cerveau. Les cellules intestinales sont spécialisées dans la synthèse des nutriments de l'alimentation. Et ainsi de suite. Notre organisme contient environ 200 types cellulaires différents. Tous proviennent d'une source unique : les cellules souches.

Une cellule souche est définie par deux propriétés : elle peut survivre indéfiniment dans un milieu adéquat et elle peut produire une cellule différenciée ou spécialisée. Lors de sa division, la cellule souche se sépare en deux cellules « filles » : une copie d'elle-même, qui conserve son indifférenciation (c'est-à-dire son caractère de cellule souche), et une autre cellule qui s'engage dans un processus de spécialisation, en fonction du tissu où elle se trouve (os, foie, estomac, cerveau, etc.).

La nature donne des exemples simples et frappants du fonctionnement des cellules souches. Ainsi le bouturage d'une plante, permettant de recréer un végétal entier à partir d'un simple extrait : les végétaux sont riches en cellules souches et peuvent ainsi se « photocopier » facilement. Chez les animaux, la capacité étonnante des lézards ou des tritons à régénérer des tissus lésés est une autre illustration du fonctionnement des cellules souches.

LES QUATRE CATÉGORIES DE CELLULES SOUCHES

➡ Les cellules souches *unipotentes* ne sont capables de produire qu'un seul type de cellule spécialisée (exemple : les cellules souches de la peau utilisée dans les autogreffes des grands brûlés) ;

➡ les cellules souches *multipotentes* produisent un nombre limité de types cellulaires (exemple : les cellules souches de la moelle osseuse, formant des globules rouges, des globules blancs et des plaquettes) ;

➡ les cellules souches *pluripotentes* peuvent donner naissance à tous les types cellulaires à l'exception du placenta (on les trouve dans la masse cellulaire interne du blastocyste, c'est-à-dire de l'embryon au-delà du cinquième jour) ;

➡ les cellules souches *totipotentes* sont susceptibles de produire un individu complet, car elles forment la totalité de ses types cellulaires et le placenta nécessaire au développement (on les trouve au stade 2 à 8 cellules de l'embryon, dans les trois jours qui suivent la fécondation de l'ovocyte par le spermatozoïde).

Le corps adulte contient des cellules souches, généralement unipotentes ou multipotentes. L'exemple le plus connu est celui de la moelle osseuse, qui contient des cellules souches hématopoïétiques formant différentes cellules sanguines. Depuis leur première réalisation réussie chez l'homme en 1958, les greffes de moelle osseuse ont permis de sauver la vie de centaines de milliers de patients atteints de leucémies, de cancers solides, de maladies auto-immunes ou encore de déficits immunitaires. Les greffes de la peau fonctionnent selon le même principe, les cellules souches du derme conservant la possibilité de créer de nouveaux tissus à mesure que les cellules déjà différenciées meurent. Car si certains organes (comme le cerveau) se renouvellent très peu, d'autres, en revanche, comme le sang ou la peau par exemple, se reconstituent en permanence tout au long de la vie. À chaque minute de notre existence, plusieurs millions de cellules meurent et renaissent ainsi.

à la régénération perpétuelle ?

Utiles, les cellules souches adultes montrent néanmoins des limites. D'une part, elles sont relativement rares, difficiles à isoler et à cultiver *in vitro* en vue de les faire proliférer. D'autre part, elles ont souvent perdu une partie de leur pouvoir de différenciation. Tel n'est pas le cas des cellules souches embryonnaires (ES). Mises en culture pour la première fois en 1981 chez la souris et en 1998 chez l'homme, les cellules ES sont pluripotentes, voire totipotentes. Aujourd'hui, une douzaine de laboratoires dans le monde savent cultiver des lignées de cellules ES.

On devine l'intérêt des chercheurs et des médecins pour ces cellules souches embryonnaires. En théorie, elles sont en effet capables de remplacer tous nos tissus et organes lésés par la maladie – ou simplement le vieillissement. En laboratoire, chez des modèles animaux ou humains, on est parvenu à créer des muscles, des neurones, de la peau, du pancréas, du foie, du cœur, du tissu endothélial, des os… L'enjeu thérapeutique est donc énorme et les cellules souches ont déjà été utilisées chez l'homme dans le cadre d'essais cliniques. Elles sont en train de donner naissance à une nouvelle spécialité, la médecine régénérative. Actuellement, les premiers tests concernent surtout la régénération du cerveau (maladies de Huntington et de Parkinson) et du cœur (infarctus, insuffisance cardiaque ischémique). Plusieurs protocoles expérimentaux sont en cours de validation pour traiter l'Alzheimer, le diabète, les myopathies et autres pathologies neuromusculaires. Les principaux problèmes rencontrés par les médecins-chercheurs sont la difficulté à orienter la spécialisation des cellules souches injectées dans le tissu, le risque de prolifération anarchique (cancer) et le rejet par le système immunitaire.

L'ENJEU COMMERCIAL DES CELLULES SOUCHES

Près de 10 000 brevets ont déjà été déposés à travers le monde. Au-delà de la guérison espérée des pathologies les plus meurtrières, les cellules souches permettront peut-être une nouvelle médecine de confort : modifications esthétiques, « bain de jouvence » pour retarder (et même inverser) le vieillissement, banque privée de tissus et d'organes. Ainsi, plusieurs sociétés privées européennes et américaines proposent déjà la cryogénisation (conservation par le froid) des abondantes cellules souches du cordon ombilical : les parents qui souscrivent à cette offre prennent en quelque sorte une assurance-santé d'un genre nouveau pour leurs enfants.

L'ENJEU ÉTHIQUE DES CELLULES SOUCHES

La question qui se pose désormais ouvertement est celle de la création *ex nihilo* d'embryons humains à des fins médicales. Prélever une cellule souche sur chaque embryon en vue de lui offrir une future banque d'organes parfaitement compatibles serait évidemment bien trop coûteux et bien trop dangereux. Mais grâce à la technique du transfert nucléaire (ou clonage thérapeutique), on peut créer un embryon de soi-même à partir de n'importe quelle cellule adulte replacée dans un ovocyte privé de son noyau : une équipe coréenne est parvenue à réaliser cet exploit en février 2004. La technique a été interdite en France par les lois de bioéthique de 2004, ainsi qu'aux États-Unis pour tout ce qui concerne la recherche sur fonds publics, mais elle est autorisée chez nos voisins anglais depuis cette année. Et Ian Wilmut, père de la célèbre brebis Dolly, vient à son tour de demander l'autorisation de travailler sur des embryons humains nés de clonage.

Un célèbre paradoxe grec demandait si une barque dont on a changé l'une après l'autre toutes les planches est encore la même barque. Peut-être cette question s'adressait-elle à l'homme d'un lointain futur, individu éternellement régénéré par ses propres cellules, toujours identique, toujours différent…

Charles Muller

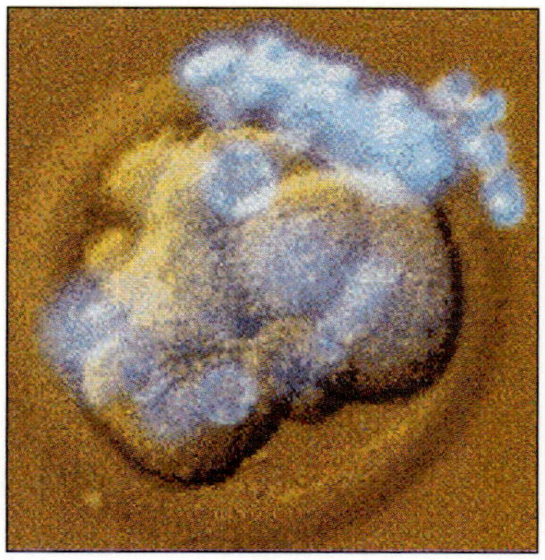

Le premier embryon humain cloné en 2001 par la société privée américaine Advance Cell Technology. La technique employée est celle qui fut utilisée pour la brebis Dolly. Technique moins fiable que celle expérimentée par l'équipe de Woo Suk Hwang (voir page 17).

Un an de cellules souches

12 février L'équipe coréenne dirigée par Woo Suk Hwang annonce la création par clonage du premier embryon humain ayant atteint le stade blastocyste.

14 mars George Cotsarelis et son équipe parviennent à régénérer des cheveux à partir de cellules souches.

5 mai Le *Journal of the American Medical Association* officialise la naissance de cinq « bébés-médicaments », sélectionnés à la fécondation pour devenir donneurs de cellules souches d'un parent malade. De telles naissances avaient déjà eu lieu en Angleterre depuis 2002.

7 mai Edward W. Scott et Dennis A. Steindler créent des neurones à partir de cellules souches adultes extraites de la moelle osseuse.

6 août Adoption par le Parlement français des lois dites de bioéthique. Elles interdisent le clonage thérapeutique, mais autorisent la recherche sur les cellules souches d'embryon congelé (FIV) ou de lignées cellulaires importées. Les lois autorisent aussi le diagnostic préimplantatoire en vue de sélectionner des « bébés-médicaments », futurs donneurs de cellules souches.

11 août Les autorités britanniques permettent à des biologistes de l'université de Newcastle de mettre en œuvre le clonage thérapeutique d'embryons humains.

14 août L'équipe de Lorenz Studer crée des neurones humains fonctionnels à partir de cellules souches embryonnaires.

23 août Simon Shmukler et son équipe parviennent à restaurer la production d'insuline chez des souris diabétiques grâce à l'injection de cellules souches.

8 septembre Yuri Verlinsky et son équipe extraient des cellules souches totipotentes de l'embryon au stade morula (4e jour).

24 octobre Brenda Coles et son équipe utilisent avec succès des cellules souches humaines pour produire des cellules rétiniennes chez des souris et des poulets.

2 novembre La Californie autorise par référendum le clonage thérapeutique d'embryons humains, que les lois fédérales votées à la demande de l'administration Bush interdisent.

20 novembre Le Dr Hans Fernando Dohmann (Brésil) annonce une greffe réussie de cellules souches issues de la moelle épinière dans le cerveau d'une patiente hémiplégique. Cette dernière aurait réussi à marcher 17 jours après l'opération, mais l'annonce n'est pas publiée dans une revue scientifique.

Les pays donateurs viennent au secours de l'Afghanistan

Berlin, jeudi 1er
Si l'Irak divise la communauté internationale, l'Afghanistan la rassemble. Telle est l'impression qu'aura donnée la IIIe Conférence sur l'Afghanistan, qui s'est achevée aujourd'hui, après deux jours de débats, à l'Intercontinental de Berlin. L'ordre du jour se résumait en un mot: aide à la reconstruction. Reconstruction économique, certes, mais aussi politique et sécuritaire. Les pays donateurs avaient un chiffre en tête: 30 milliards de dollars, le prix à payer d'ici huit ans pour que l'Afghanistan trouve un commencement de prospérité. Des engagements ont été pris pour 8,2 milliards jusqu'en 2007, les États-Unis annonçant qu'ils verseraient 2,2 milliards dès cette année. La sécurisation de l'élection présidentielle, prévue en juin mais reportée en septembre, sera assurée par l'Otan et l'opération Enduring Freedom. Et un accord pour lutter contre le trafic de l'opium a été conclu entre Kaboul et les pays limitrophes.

Le ministre des Affaires étrangères allemand Joschka Fischer et le président afghan Hamid Karzaï lors de la conférence de presse qui a clos les travaux, à Berlin.

Étrange décès du gendarme Jambert

Auxerre, vendredi 2
Le 4 août 1997, le corps de l'adjudant-chef Christian Jambert était retrouvé dans le sous-sol de son pavillon, près d'Auxerre. Un suicide, avait-on conclu, sur la foi de la lettre d'adieux qu'il avait laissée. D'ailleurs, n'avait-il pas tenté deux ans plus tôt, lors de son départ à la retraite, de mettre fin à ses jours ? À force d'obstination, sa fille Isabelle, étonnée qu'on n'ait jamais retrouvé la balle mortelle, a obtenu l'exhumation du corps. L'autopsie, réalisée hier par l'Institut médico-légal de Paris, révèle la présence de deux orifices : l'un dans la tempe, l'autre dans la bouche. D'où l'ouverture aujourd'hui, par le parquet d'Auxerre, d'une information judiciaire pour assassinat. Il avait été le premier à établir un lien, en 1984, entre Émile Louis et les disparues de l'Yonne. Treize ans plus tard, un juge avait enfin décidé de l'entendre. Il est mort quelques jours avant son audition.

Jacques Chirac fixe une nouvelle feuille de route à Raffarin

Interrogé par Patrick Poivre d'Arvor (TF1) et Arlette Chabot (France 2), le chef de l'État a demandé au gouvernement de promouvoir une « culture du dialogue ».

Paris, jeudi 1er
La reconduction de Jean-Pierre Raffarin comme Premier ministre ne signifie pas la poursuite de la même politique : tel est le principal message que Jacques Chirac a voulu faire passer ce soir. La grogne des intermittents du spectacle ? Elle se comprend : « Nous n'avons pas pris conscience de la spécificité française dans [...] la culture. » Le malaise des chercheurs ? Il est « justifié ». De même, la réforme de l'allocation spécifique de solidarité, qui prive d'indemnisation des centaines de milliers de chômeurs en fin de droit, était-elle malvenue. « Il a manqué une volonté d'accentuer le dialogue », a asséné Jacques Chirac, qui assure avoir compris la sanction infligée par l'électorat aux élections régionales : « Dans toute critique, il y a un fond de vérité. » Priorité doit donc être donnée à « l'exigence sociale ».

Zoom sur

LA SLOVAQUIE

Autrefois soumise au royaume de Hongrie, la Slovaquie s'unit aux Tchèques en 1918 pour former la Tchécoslovaquie. Cette union ne fut pas heureuse, si bien qu'après l'effondrement du communisme, la Slovaquie proclama en 1993 son indépendance et se constitua en république parlementaire, les 150 membres de la Chambre étant élus pour 4 ans et votant les lois. La réalité du pouvoir est détenue par le Premier ministre, mais le président de la République, élu pour 5 ans au suffrage universel, a toutefois celui d'opposer un veto aux lois, ce qui pourrait entraîner des situations de crise.

Vienne, jeudi 1er
L'Opep réduit sa production de brut d'un million de barils par jour conformément à une décision prise en février.

Côte d'Ivoire, jeudi 1er
La France accepte le principe de « patrouilles mixtes de sécurisation » avec les forces gouvernementales du président Laurent Gbagbo, sous réserve que les casques bleus de l'ONU y soient associés.

Madrid, jeudi 1er
Un mandat d'arrêt international est lancé contre le Tunisien Sarhane Ben Abdelmajid Fakhet, qui serait le cerveau des attentats du 11 mars.

Nanterre, jeudi 1er
Le cycliste Cédric Vasseur est mis en examen dans le cadre de l'enquête sur le trafic de produits dopants au sein de l'équipe Cofidis.

Bagdad, jeudi 1er
Les corps des quatre Américains tués et mutilés hier à Fallouja sont remis à la coalition.

Londres, vendredi 2
Le gouvernement nomme Michael Grade, 61 ans, directeur de la BBC.

Europe, vendredi 2
Une quarantaine de membres présumés de l'organisation terroriste turque d'extrême gauche DHKP-C sont interpellés en Belgique, aux Pays-Bas, en Allemagne et en Italie. D'autres arrestations ont lieu en Turquie.

Washington, vendredi 2
Le secrétaire d'État Colin Powell

La liquidation d'Arafat à l'ordre du jour

Quoique contesté, Yasser Arafat demeure toujours le « raïs » pour les Palestiniens.

Tel-Aviv, vendredi 2
Après cheikh Ahmed Yassine, Yasser Arafat ? Dans une déclaration publiée par le quotidien israélien *Haaretz,* le Premier ministre Ariel Sharon n'a pas exclu « la liquidation » du vieux chef de l'Autorité palestinienne, ajoutant : « Je ne proposerais à aucune compagnie de l'assurer sur sa vie. » Jusqu'à présent, Ariel Sharon n'avait évoqué qu'une « élimination » politique, et il laissait à d'autres le soin d'envisager une élimination physique. L'escalade est donc montée d'un cran, peut-être pour apaiser une extrême droite très remontée contre son plan d'évacuation de Gaza. À Ramallah, où il reste sous la menace constante des blindés israéliens, Arafat se veut serein. Il dira demain : « Cela me laisse indifférent. Ce qui m'importe, c'est notre peuple, nos enfants, nos femmes… »

Samedi 3, journée d'action dans l'UE pour la défense des acquis sociaux. Grandes manifestations en Allemagne et en Italie (ici, à Rome, pour sauver les retraites).

L'Argentine à l'heure du crime

Buenos Aires, vendredi 2
Après la manifestation qui, à Buenos Aires, a rassemblé hier 100 à 150 000 personnes, les journalistes argentins posent la question : la popularité du président péroniste Néstor Kirchner s'effondrera-t-elle face à l'insécurité ? La manifestation avait été organisée suite à l'enlèvement et à l'assassinat, le mois dernier, d'un jeune homme de 23 ans, Alex Blumberg, par une de ces bandes qui, sur fond de crise économique et sociale majeure, répandent la terreur en Argentine, où l'on compterait un enlèvement par jour. Les manifestants ont convergé vers le Congrès où Juan Carlos Blumberg, le père de la victime, a remis aux députés une pétition pour le durcissement de la répression de la criminalité.

Les terroristes de Madrid se suicident

Leganés, samedi 3
Le Groupe spécial d'opérations (GEO), l'équivalent espagnol du GIGN, allait donner l'assaut quand une explosion a entièrement ravagé l'immeuble situé avenue Carmen-Martin-Gaite, dans la banlieue sud de Madrid, où cinq à six terroristes islamistes se terraient depuis le 11 mars. Un policier a été tué, onze ont été blessés. Le commando l'avait annoncé : en cas d'intervention, il se ferait sauter. L'explosif, du Goma-2, est le même que celui utilisé dans les attentats contre les trains. Sarhane Ben Abdelmajid Fakhet, Tunisien de 35 ans suspecté d'être le chef du groupe, est au nombre des victimes. Ainsi que les Marocains Abdennabi Kounja, Jamal Ahmidan et Asri Rifat Anouar. Tous étaient recherchés par le juge Juan del Olmo, qui a déjà inculpé 14 personnes : dix Marocains, un Syrien, deux Indiens et un Espagnol. Le réseau n'est pas pour autant démantelé : hier, une bombe a été trouvée dans la région de Tolède, sur la ligne Madrid-Séville.

Le corps d'un cinquième terroriste reste à identifier. Un sixième serait en fuite.

Coup de tonnerre en Slovaquie

Bratislava, samedi 3
L'Union européenne ne dissimule pas son inquiétude devant les résultats du premier tour de l'élection présidentielle en Slovaquie. Vladimir Meciar, ancien Premier ministre nationaliste aux méthodes autoritaires, est arrivé en tête (32,7 %), devant le populiste Ivan Gasparovic (22,3 %). Mais le fait le plus important est l'élimination du favori de Bruxelles, l'actuel ministre des Affaires étrangères Eduard Kukan. Ce dernier n'a obtenu que 22,1 % des suffrages. Les Slovaques ont de toute évidence lancé un avertissement à la majorité parlementaire et au Premier ministre Mikulas Dzurinda, dont les choix économiques ultralibéraux ont un coût social durement ressenti par la population. Vladimir Meciar va-t-il transformer l'essai le 17 avril ? Une coalition pourrait être formée autour d'Ivan Gasparovic, considéré comme un « moindre mal ».

Moqtada al-Sadr soulève les chiites

Irak, dimanche 4
Est-ce le début de l'insurrection chiite que redoute tant Paul Bremer, l'administrateur civil américain en Irak ? Le scénario serait catastrophique pour la coalition, déjà aux prises avec la dure résistance qui lui est opposée dans les provinces sunnites. C'est l'arrestation à Nadjaf d'un adjoint du jeune imam radical Moqtada al-Sadr, Moustafa al-Yacoubi, qui a mis le feu aux poudres. À l'appel de leur imam, des milliers de chiites ont quitté Nadjaf en direction d'une base espagnole voisine, où Al-Yacoubi était selon eux détenu. Mais la confrontation avec la brigade Plus Ultra tourna à un affrontement armé, peut-être provoqué par des tirs de la milice de Moqtada al-Sadr, l'« armée du Mahdi ». Des émeutes ont également éclaté dans d'autres villes et à Sadr City, quartier chiite de Bagdad. Bilan pour la coalition : sept Américains et un Salvadorien tués.

reconnaît que les renseignements dont il disposait sur l'armement irakien n'étaient pas fiables.

États-Unis, vendredi 2
Trois cent huit mille emplois ont été créés en mars dans le pays, le meilleur résultat depuis avril 2000.

France, samedi 3
Jean-François N'Dengue, chef de la police congolaise, interpellé jeudi et mis en examen pour « crimes contre l'humanité » pour la disparition, en 1999, de 350 réfugiés congolais, est remis en liberté.

Sakhir, dimanche 4
Michael Schumacher remporte le Grand Prix de F1 de Bahreïn, le premier organisé au Moyen-Orient.

Côte d'Ivoire, dimanche 4
Début de l'opération des Nations unies en Côte d'Ivoire (Onuci), avec le passage sous casque bleu des 1 300 soldats ouest-africains déjà déployés dans le pays.

Ajaccio, dimanche 4
Camille de Rocca Serra (UMP) est élu président de l'Assemblée territoriale de Corse.

Le Mans, dimanche 4
Le Français Stéphane Chambon, le Japonais Keiichi Kitagawa et l'Australien Warwick Nowland, sur Suzuki, remportent les 24 heures du Mans moto.

DÉCÈS

Rome, jeudi 1er
René Gruau, dessinateur de mode et affichiste (Renato Zavagli Ricciardelli, *4.2.1909).

Le président lituanien renvoyé chez lui

Rolandas Paksas a avoué à la télévision qu'il avait cédé à un chantage de Borisov.

Vilnius, mardi 6
Remettre de l'ordre dans la maison et lutter contre la corruption : c'est sur ce programme que Rolandas Paksas avait été élu président de la République de Lituanie, le 5 janvier 2003. Mais le vent a tourné et, aujourd'hui, Paksas a été ignominieusement destitué par le Seimas (le Parlement). Que s'est-il passé ? Le 30 octobre 2003, les services de sécurité lituaniens révélaient à une commission parlementaire que Paksas avait des liens avec l'un des chefs de la mafia russe, Anzor Kikalichvili, et qu'il avait récompensé les « services » financiers d'un homme d'affaires russe plus que douteux, Iouri Borisov, en lui accordant la nationalité lituanienne (sous le nom de Jurijus Borisovas) et en le nommant « conseiller ». Pour couronner le tout, Paksas et Borisov avaient fait appel à une société de communication russe, Almaks, liée aux services secrets de Moscou !

Le 5, l'Américain Steve Fossett, sur *Cheyenne*, bat le record du tour du monde à la voile en équipage. Il rallie Ouessant en 58 j 9 h 32 min 45 s. N'ayant pas voulu payer les 30 000 euros d'inscription, il ne reçoit pas le trophée Jules-Verne.

L'Italie à son tour rappelée à l'ordre

Bruxelles, mercredi 7
Après la France et l'Allemagne qui, l'an dernier, avaient été sermonnées pour n'avoir pas respecté le Pacte de stabilité, c'est au tour de l'Italie de faire l'objet d'un avertissement. Le commissaire européen aux Affaires économiques, Pedro Solbes, l'a mise en demeure de réduire son déficit public, qui devait être de 2,2 % du PIB en 2004 et sera en fait de 3,2 %, si ce n'est plus. Quant à sa dette publique, elle se maintient à 106 % de son PIB au lieu de… 60 %. L'Italie dispose d'un an pour revenir dans la norme, sous peine de sanctions. Avec le Portugal, les Pays-Bas et la Grèce, ce sont six pays de la zone euro qui ne parviennent pas à contenir leurs déficits aux niveaux exigés. La faute en revient à une croissance trop faible (1,7 % pour 2004) mais aussi à la nécessité politique de financer les besoins sociaux.

Pékin cadenasse Hong Kong

Pékin, mardi 6
La formule « un pays, deux systèmes » est en passe de devenir une coquille vide. La loi fondamentale de Hong Kong prévoyait la possibilité d'organiser des élections au suffrage universel, en 2007 pour le chef de l'exécutif et en 2008 pour le Conseil législatif (le Parlement local). Or, sans remettre en cause formellement cette possibilité, le comité permanent de l'Assemblée nationale populaire de Pékin vient de lui enlever toute signification. C'est en effet le comité qui pourra seul décider du bien-fondé de toute modification du système électoral. Et pour ceux qui n'auraient pas très bien compris, une déclaration précise que « la Chine est un État unitaire et non un État fédéral », et que Hong Kong n'a donc pas le pouvoir de procéder lui-même à un « changement constitutionnel ».

Entente cordiale entre Jacques Chirac et la reine Élisabeth II

C'est la quatrième visite d'État en France qu'effectuait Sa Gracieuse Majesté.

Toulouse, mercredi 7
C'était le 8 avril 1904. Pour mettre fin à leurs rivalités coloniales, la France et la Grande-Bretagne signaient une convention formalisant l'« Entente cordiale » esquissée sous Louis-Philippe. Cent ans après, et à un moment où le conflit irakien a rafraîchi les relations entre Londres et Paris, la solennité qui a présidé à sa commémoration n'était sans doute pas superflue ! Accueillie par Jacques Chirac lundi avec tous les honneurs dus à son rang, Élisabeth II a rivalisé de tact, d'élégance, de bonnes manières… et de cordialité durant sa visite d'État qui s'est achevée aujourd'hui à Toulouse. Une visite qui aura démontré que les symboles forts ont aussi leur rôle en politique. La reine a visité les usines d'Airbus et décoré le président du groupe, Noël Forgeard : il porte désormais le titre prestigieux de *Knight Commander of the Order of the British Empire* (KBE).

France, lundi 5
Treize personnes soupçonnées d'avoir participé aux attentats de Casablanca en 1983 sont arrêtées en banlieue parisienne et placées en garde à vue.

France, lundi 5
Lancement sur le marché de NuvaRing, un anneau contraceptif conçu par les laboratoires Organon.

France, lundi 5
Prisma Presse lance un nouveau quinzomadaire, *TV Grandes Chaînes*, au prix de 0,50 euro.

Indonésie, lundi 5
Avec 21,58 % des voix, le Golkar, le principal parti d'opposition, devance la formation de la présidente Megawati Sukarnoputri aux élections législatives.

Rome, lundi 5
Le leader de la Ligue du Nord, Umberto Bossi, dans le coma depuis le 11 mars, reprend conscience.

Bruxelles, mardi 6
Les ministres européens de la Défense acceptent de laisser aux soldats de l'Otan la priorité dans la chasse aux criminels de guerre.

Paris, mardi 6
Inauguration d'une esplanade Habib-Bourguiba entre les ponts de l'Alma et des Invalides.

Paris, mercredi 7
Alain Juppé, président de l'UMP, se prononce contre l'entrée de la Turquie dans l'Union européenne, alors que Jacques Chirac y est favorable.

Un putsch à Eurotunnel

Jacques Maillot prend la présidence du conseil d'administration d'Eurotunnel.

Villepinte, mercredi 7
Sous l'impulsion de Nicolas Miguet, un éditeur de lettres boursières qui a réuni 17,72 % des droits de vote, les petits porteurs ont révoqué, à 63,42 % des voix, toute la direction du groupe franco-britannique. Exit donc Charles Mackay, président du conseil d'administration, ainsi que Richard Shirrefs, directeur général, qui cèdent la place à Jacques Maillot, fondateur et patron, durant 34 ans, de Nouvelles Frontières, et à Jean-Louis Raymond, ex-redresseur de Lesieur et Ducros. Cette opération est la conséquence d'un ras-le-bol face à l'effondrement du cours de l'action. De 3,90 euros en 1987, il était monté à 19,34 euros en 1989. Il est retombé à 0,58 euro… Jacques Maillot devra s'attaquer en priorité à l'endettement de la société (9 milliards d'euros) sans faire appel aux fonds publics : le traité de Canterbury le lui interdit.

Le mercredi 7, c'est officiel : les restes de l'avion découvert par 80 m de fond il y a quatre ans au large de l'île de Riou, près de Marseille, sont bien ceux du Lockheed P-38 Lightning avec lequel Antoine de Saint-Exupéry a disparu en mer, le 31 juillet 1944, dans des circonstances non élucidées. Les pièces (dont cet élément du train d'atterrissage) seront présentées à la presse le vendredi 9 par l'armée de l'air, à la base d'Istres.

Bouteflika succède à Bouteflika à la présidence de l'Algérie

Alger, jeudi 8
Pour Ali Benflis, le candidat du FLN à l'élection présidentielle, le score du président sortant traduit une « fraude généralisée ». Il a ajouté que le leader historique de la Corée du Nord, Kim Il-sung, « n'aurait pas fait mieux ». Les résultats définitifs sont pour le moins impressionnants : Abdelaziz Bouteflika est réélu pour cinq ans avec 84,99 % des voix, très largement devant Benflis (6,42 %) et l'islamiste Abdallah Djaballah (5,02 %). Le chef de l'État peut se féliciter d'un taux de participation honorable (58,07 %), malgré la nette désaffection de la Kabylie pour cette consultation dont elle n'attendait rien. Ce soir, à l'annonce des tout premiers résultats, une manifestation du FLN organisée pour protester contre ce que Benflis a appelé « parodie d'élection » a été très violemment réprimée par la police. Deux anciennes ministres ont été blessées dans les heurts.

Zoom sur

LE PACTE DE STABILITÉ

Élaboré par le Conseil européen au sommet de Dublin (décembre 1996) et adopté lors du sommet d'Amsterdam (juin 1997), le Pacte de stabilité et de croissance fixe les règles de discipline budgétaire que les États membres de la zone euro doivent respecter depuis le 1er janvier 1999. Le déficit public doit demeurer sous le seuil de 3 % du produit intérieur brut (PIB) et la dette publique être inférieure à 60 % du PIB. Aucun critère ne porte en revanche sur le taux de chômage. En cas de non-respect de ces règles, le Conseil européen peut émettre une « alerte » (un avertissement) et exiger ensuite du fautif le dépôt d'une caution qui peut être convertie en amende.

Paris, mercredi 7
Les ministres de l'Éducation et de la Recherche accordent aux chercheurs ce qu'ils réclamaient : la suppression de 550 postes de titulaires est abandonnée.

Brest, mercredi 7
L'imam Abdelkader Yahia Cherif est interpellé pour « appel à la violence et à la haine ».

Hambourg, mercredi 7
Mounir el-Motassadeq est remis en liberté après 28 mois de détention. Il est le seul à avoir été condamné pour ses liens avec les attentats du 11 septembre 2001.

Moscou, mercredi 7
Le chercheur Igor Soutiaguine est condamné à 15 ans de camp « à régime sévère » pour espionnage. Il est reconnu coupable d'avoir vendu à une société britannique des informations sur des armes russes.

Madrid, jeudi 8
Le ministère de l'Intérieur révèle qu'une bande-vidéo découverte dans l'appartement de Leganés donne une semaine à l'Espagne pour retirer ses troupes d'Irak, sous peine d'un nouveau bain de sang.

France, jeudi 8
Paris-Match révèle l'idylle entre la journaliste de France 2 Béatrice Schönberg et le ministre de la Ville, Jean-Louis Borloo.

Paris, jeudi 8
Le garde des Sceaux, Dominique Perben, saisit l'Inspection générale des services dans le cadre de la mort du gendarme Jambert.

Zoom sur

LE DARFOUR

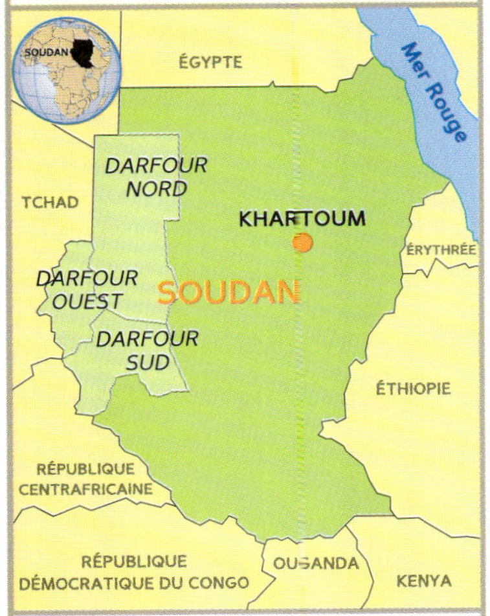

L'accord de cessez-le-feu signé le jeudi 8 avril à N'Djamena (Tchad) entre le gouvernement soudanais et la rébellion du Darfour, représentée par le Mouvement pour la justice et l'égalité (MJE) et par le Mouvement pour la liberté du Soudan (MLS), permettra-t-il de régler un conflit qui aurait déjà fait environ 30 000 morts et provoqué l'exode de plusieurs centaines de milliers de réfugiés ? À l'origine de ce conflit, qui endeuille depuis les années 1980 les trois États formant le Darfour (à l'ouest du Soudan), on trouve une rivalité ancestrale entre des tribus sédentaires et des tribus nomades, rivalité exacerbée par la grande famine de 1988, puis instrumentalisée par le pouvoir fédéral. En poussant les nomades arabisés (et non arabes, comme il est souvent écrit) à terroriser la population sédentaire Khartoum entendait faciliter la mainmise des groupes étrangers sur les terres agricoles et l'exploitation (notamment par la Chine) d'un sous-sol aux gisements pétrolifères dont le potentiel serait très prometteur.

Les combats font rage à Fallouja

Fallouja, jeudi 8
« C'est comme à Huê au Vietnam », dit le lieutenant-colonel Brennan Byrne, commentant les combats que quelque 1 200 marines mènent à Fallouja, avec le soutien de deux bataillons irakiens. C'est lundi dernier que les Américains ont lancé l'opération Fermeté vigilante contre le centre de la résistance sunnite. Après avoir soumis la ville à d'intenses bombardements, les marines, appuyés par des chasseurs bombardiers F-16 et des tirs de missiles, ont entrepris de la conquérir rue par rue, maison par maison. Toutefois, leur progression est freinée par une guérilla maîtresse du terrain, et où les islamistes font cause commune avec les anciens des services secrets de Saddam Hussein. La bataille aurait déjà fait 105 morts et plus de 200 blessés selon Al-Jezira.

Dans la nuit du mercredi 7 au jeudi 8, un convoi spécial de trois camions traverse Lévignac, dans la Haute-Garonne. Il transporte trois tronçons de l'Airbus A380, le gros porteur dont le premier vol est prévu en 2005 et la mise en service en 2006. Le convoi, qui roule à 20 km/h, a quitté le port de Langon lundi et doit rejoindre le site de Toulouse-Blagnac.

Les électriciens et gaziers sont inquiets

Des défilés ont eu lieu à Marseille, Lille, Lyon, Toulouse et Paris (ci-dessus), où 8 000 manifestants ont été dénombrés.

Paris, jeudi 8
En ce jour anniversaire de la loi du 8 avril 1946 qui nationalisa les industries du gaz et de l'électricité, créant EDF et GDF, les syndicats ont été unanimes à appeler à la grève. Elle a été suivie, selon eux, à 75 % (à moins de 50 % selon la direction). Ils exigent le retrait du projet de loi qui doit être présenté le 22 avril devant le Conseil d'État et qui vise à transformer les deux établissements publics à caractère industriel et commercial (épic) en sociétés anonymes afin de « les préparer à l'ouverture à la concurrence » exigée par l'Europe. Ils y voient une menace de privatisation, laquelle mettrait en péril le statut des agents des deux entreprises. En soirée, des coupures de courant ciblées ont été effectuées, plongeant des centres-villes dans le noir, comme à Lille. L'assurance donnée par Nicolas Sarkozy, ministre des Finances, que l'État conserverait la majorité du capital, aujourd'hui comme demain, ne les a pas convaincus.

L'or de la Banque de France vendu ?

France, dimanche 11
Selon *Le Parisien* de ce matin, Nicolas Sarkozy a pris sa décision : 500 tonnes d'or, sur les 3 024 tonnes que détient la Banque de France, seront mises sur le marché d'ici à 2009 ainsi qu'il l'avait évoqué jeudi sur TF1. Le produit de la vente pourrait servir à réduire la dette, éventuellement à « des investissements qui préparent l'avenir », mais en aucun cas à des dépenses de fonctionnement. Le problème, car il y en a un, est qu'en vertu du traité de Maastricht, la Banque de France est indépendante du pouvoir politique. De surcroît, ce stock vient en garantie de l'euro. Juridiquement, l'or ne pourrait être vendu qu'avec l'accord de la Banque centrale européenne et le produit de la cession – estimé à cinq milliards d'euros – ne pourrait pas être utilisé par la France. Seuls les intérêts de l'argent placé pourraient l'être : soit 150 millions d'euros par an…

Paris, jeudi 8
Loïk Le Floch-Prigent, ancien p-dg d'Elf, est remis en liberté.

Strasbourg, jeudi 8
José Bové laisse le poste de porte-parole de la Confédération paysanne à Jean-Émile Sanchez.

Paris, jeudi 8
Le RER A est évacué après que la CIA a averti la France d'un risque d'attentat dans la soirée sur la ligne. Aucun engin explosif n'est trouvé.

Bade-Wurtemberg (All.), jeudi 8
Entrée en vigueur d'une loi interdisant aux enseignantes musulmanes de porter le voile en classe.

Paris, vendredi 9
Cofidis suspend pour une durée indéterminée son équipe cycliste.

Paris, vendredi 9
Six membres du Groupe islamique combattant marocain (GICM) sont mis en examen pour « association de malfaiteurs en relation avec une entreprise terroriste » dans le cadre de l'enquête sur les attentats de Casablanca.

Paris, samedi 10
Parution au *JO* d'un décret fixant un « tarif social d'électricité » pour les foyers modestes.

Roubaix, dimanche 11
Cyclisme : le Suédois Magnus Backstedt remporte Paris-Roubaix.

DÉCÈS

Paris, lundi 5
Gébé, dessinateur de presse (*Georges Blondeaux, 9.7.1929).

Un premier otage assassiné en Irak

Irak, mercredi 14
« Maintenant je vais vous montrer comment meurt un Italien. » Ce sont là les derniers mots prononcés crânement par Fabrizio Quattrocchi avant d'être abattu par ses ravisseurs d'une balle tirée avec son propre pistolet. Enlevé lundi avec trois autres Italiens par un groupe inconnu voulant contraindre l'Italie à retirer ses troupes d'Irak, cet ancien boulanger de Gênes avait été recruté par DTS Security, une société de sécurité américaine basée dans le Nevada et très active en Irak. Fabrizio Quattrocchi, 36 ans, était devenu un « soldat de fortune » afin d'engranger le pécule qui lui permettrait d'épouser Alice, sa fiancée. Le ministre italien des Affaires étrangères, Franco Frattini, a dit qu'il était « mort en héros ». Une quarantaine d'étrangers sont actuellement retenus en otages en Irak.

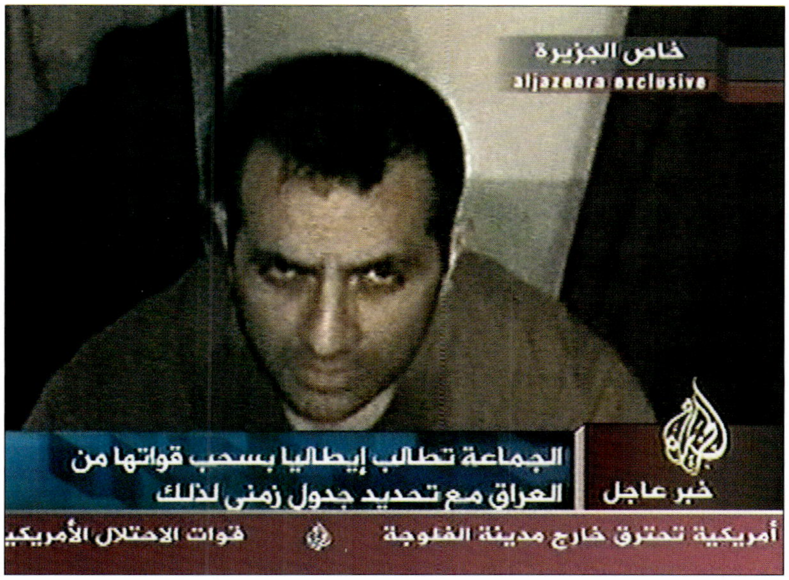

Les images de l'assassinat ont été recueillies par la chaîne qatarienne Al-Jezira.

José Luis Zapatero accède au pouvoir

Madrid, samedi 17
Après avoir obtenu, hier, la confiance du Parlement, José Luis Zapatero a prêté serment ce matin devant le roi Juan Carlos. Âgé de 43 ans, le nouveau Premier ministre espagnol a promis un « changement tranquille » qui se marie bien avec son image de placidité. « Un homme lisse », ont longtemps prétendu ses adversaires, qui ont mis du temps à prendre sa mesure. Entré en politique en mémoire de son grand-père, fusillé en 1936 par les franquistes, il a rejoint le Parti socialiste ouvrier espagnol (PSOE) dès l'âge de 19 ans, fasciné par celui qui était alors son leader, Felipe González. À 26 ans, il devient député. À 40 ans, il est élu secrétaire général du PSOE. Il vient déjà de créer la surprise : sur les seize membres de son gouvernement, huit sont des femmes.

L'Afrique du Sud fait confiance à l'ANC

Le taux de participation a été tout à fait remarquable, avec 76,73 % des inscrits.

Pretoria, mercredi 14
Le président Thabo Mbeki n'était pas très inquiet. Mais la victoire de l'ANC (Congrès national africain) aux élections générales est encore plus large que prévu. Il s'agissait à la fois d'élire le Parlement national et les parlements régionaux (au nombre de neuf). Pour les élections nationales, l'ANC obtient 69,68 % des voix, soit 279 sièges sur 400. Il conforte sa position dominante, d'autant que le score de son principal rival, l'AD (Alliance démocratique) est nettement inférieur à ce que laissaient prévoir les sondages : 12,37 % seulement pour ce parti d'opposition dont l'électorat est principalement blanc. En troisième position, le Parti de la liberté Inkatha (zoulou) réalise 6,97 %. Pour les nostalgiques de l'apartheid, c'est la dégringolade : le NNP (Nouveau Parti national) tombe à 1,65 %. Mais le plus mauvais score revient au Kiss, mouvement d'orientation libertarienne et de style « new age » : 0,04 % !

Les « recalculés » ont gain de cause

Marseille, jeudi 15
Au 1er janvier, en raison de la nouvelle convention Unédic, 265 000 chômeurs ont cessé d'être indemnisés ou ont vu leur indemnités diminuer : ce sont les « recalculés ». Deux mille cinquante-trois ont porté l'affaire en justice dans toute la France. Le TGI de Marseille, qui était le premier à se prononcer, a donné raison à 35 plaignants. Il estime que le Plan d'aide au retour à l'emploi (Pare) est un contrat. A ce titre, il ne peut être dénoncé unilatéralement par l'une des parties. L'Assédic doit honorer son engagement et payer aux chômeurs les sommes initialement prévues, avec effet rétroactif, auxquelles s'ajoutent 1 000 euros pour le préjudice moral. Si un tel jugement était appliqué à tous les « recalculés » (800 000 personnes d'ici à 2005), il en coûterait à l'Unédic 1,5 milliard d'euros. D'où sa décision de faire aussitôt appel.

Le vendredi 16, la revue américaine *Science* publie la découverte à Blombos (Afrique du Sud) de 51 perles faites avec des coquilles de *Nassarius kraussianus*. Elles ont été datées de 75 000 ans, soit 35 000 ans plus tôt que les plus anciens bijoux connus jusqu'à aujourd'hui. Leurs perforations suggèrent un niveau d'évolution civilisationnelle avancé.

Madrid, lundi 12
Le Marocain Fouad al-Mourabit est le 18e inculpé dans le cadre des attentats du 11 mars.

Paris, mercredi 14
Selon une étude du ministère des Affaires sociales, révélée par *Le Figaro*, l'immigration légale a fait un bond de 36 % entre 1999 et 2002.

Corée du Sud, jeudi 15
Le parti du président déchu Roh Moo-hyun remporte les élections législatives avec 159 sièges sur 299.

Brest, jeudi 15
L'imam Abdelkader Yahia Cherif est expulsé vers l'Algérie.

Gaza, samedi 17
Abdelaziz al-Rantissi, chef du Hamas, est abattu par Israël.

Slovaquie, samedi 17
Ivan Gasparovic est élu président de la République slovaque.

Paris, dimanche 18
Interpellé jeudi, Jean-Guy Talamoni, leader de Corsica Nazione, est mis en examen pour « extorsion de fonds en relation avec une entreprise terroriste » et remis en liberté.

Pécs (Hongrie), dimanche 18
Basket féminin : Valenciennes remporte l'Euroligue face aux Polonaises de Gdynia (93-69).

Union européenne, dimanche 18
Entrée en vigueur d'une nouvelle réglementation renforçant les obligations d'étiquetage sur les produits alimentaires contenant plus de 0,9 % d'OGM.

Pas de pardon possible face à Dutroux

Sabine Dardenne ne veut pas d'excuses.

Arlon, mardi 20
« Je vous présente mes excuses les plus plates. » Pour une fois, Marc Dutroux a parlé. Il s'est adressé à Laetitia Delhez et Sabine Dardenne. La première avait 14 ans quand il l'a enlevée, séquestrée six jours, violée quatre fois, à l'été 1996. La seconde avait douze ans et demi. Il l'a gardée quatre-vingts jours. Laetitia a juste fait non de la tête. Sabine a pris le micro : « Ses excuses, il peut crever avec ! » Avant de témoigner à la barre, tout à l'heure, Laetitia a refusé de prêter serment : « Je jure de dire toute la vérité mais pas de le faire sans haine et sans crainte. » Hier, Sabine, qui tenait à voir son bourreau « dans les yeux », avait essayé de comprendre : « Pourquoi ne m'a-t-il pas liquidée ? » « Je m'étais attaché à elle » a prétendu Dutroux. Les débats n'avancent pas. Le président de la cour d'assises, Stéphane Goux, est de plus en plus critiqué. Un juré lui a demandé d'être plus pugnace.

Le mardi 20, les premiers soldats espagnols rentrent au pays, suite à la décision du Premier ministre, José Luis Rodríguez Zapatero, de retirer le contingent espagnol d'Irak. Ils débarquent à la base aérienne de Talavera la Real, en Estrémadure. Après l'Espagne et le Honduras, c'est la République dominicaine qui, demain, annoncera qu'elle quitte la coalition.

Le plan d'attaque de Bush contre l'Irak

États-Unis, mardi 20
Bob Woodward, le journaliste américain qui, avec Carl Bernstein, avait mis en cause Richard Nixon dans l'affaire du Watergate (1973), publie cette fois un livre sur les préparatifs de la guerre en Irak. Parue chez Simon & Schuster et intitulée *Plan of Attack*, l'enquête de Woodward s'appuie sur des entretiens que le journaliste du *Washington Post* a eus avec plusieurs dizaines de collaborateurs de George W. Bush et avec le président lui-même. Il en résulte que, dès le 21 novembre 2001, Bush avait demandé à son secrétaire à la Défense, Donald Rumsfeld, de se préparer à une intervention militaire contre Saddam Hussein. Woodward met également en lumière l'existence d'une cellule « pro-guerre » à Washington, autour de Dick Cheney, Rumsfeld et Paul Wolfowitz. Il souligne aussi l'hostilité du secrétaire d'État, Colin Powell, à une guerre qu'il craignait catastrophique.

Robert Upshurd « Bob » Woodward.

Blair consultera les Britanniques

Londres, mardi 20
« Dans ce pays, avait lancé Tony Blair l'an dernier à tous ceux qui le pressaient d'organiser un référendum sur le projet de Constitution européenne, nous ne gouvernons pas par référendum. » Le Premier ministre britannique a semble-t-il décidé de faire une exception. C'est d'ailleurs par référendum qu'en 1975, les Britanniques avaient décidé d'entrer dans la CEE. Tony Blair a donc annoncé devant la Chambre des communes que si « le Parlement devra débattre dans le détail de ce texte et se prononcer [...], le peuple aura ensuite le dernier mot ». Quand ? Sans doute après les législatives du printemps 2005. S'il est reconduit, il pourra alors jeter toutes ses forces en faveur d'une ratification à laquelle les Britanniques sont très majoritairement hostiles. Les sondages n'accordent que 15 % au oui.

Bassora s'enfonce dans la terreur

Bassora, mercredi 21
Le sud de l'Irak, sous commandement britannique, va-t-il basculer à son tour dans l'insurrection armée ? À Bassora, un calme relatif régnait jusqu'à aujourd'hui, grâce à un *modus vivendi* négocié avec le clergé chiite. Mais ce calme a été rompu vers 7 h 15 (heure locale) par trois attentats suicides perpétrés simultanément contre trois commissariats, faisant 74 morts et plusieurs dizaines de blessés. Un minibus qui transportait des enfants a été pulvérisé par l'une des explosions. Toujours ce matin, un quatrième attentat a frappé une école de police à Zoubeïr, à 25 km de là : trois morts et plusieurs blessés, dont quatre soldats britanniques. Pour le colonel Khalaf al-Badran, chef des renseignements de la police irakienne à Bassora, ces attentats pourraient être l'œuvre d'un groupe lié à Al-Qaida.

Paris, lundi 19
La 18e Nuit des Molières est sabotée par des intermittents du spectacle en présence du ministre de la Culture, Renaud Donnedieu de Vabres. Seul le palmarès peut être lu brièvement.

Paris, lundi 19
Le président égyptien Hosni Moubarak estime que la guerre en Irak a provoqué un ressentiment « sans précédent » dans les pays arabes contre les États-Unis.

France, lundi 19
1 253 319 contribuables ont effectué leur déclaration d'impôt par Internet, soit le double de l'an dernier.

Vilnius, lundi 19
La famille de Marie Trintignant fait appel de la condamnation de Bertrand Cantat, qu'elle juge insuffisamment sévère.

Manchester, lundi 19
Dix militants islamistes sont interpellés. Ils auraient eu le projet de se faire exploser samedi dans le stade d'Old Trafford lors du match de football opposant Manchester à Liverpool.

Kaboul, mardi 20
Le chef de guerre afghan Abdullah Shah est le premier condamné à mort exécuté depuis la chute des talibans.

Buenos Aires, mardi 20
L'Argentine lance un mandat d'arrêt international contre l'ancien président Carlos Menem (1989-1999), réfugié au Chili.

Aller simple pour l'imam de Vénissieux

Lyon, mercredi 21
« Battre sa femme, c'est autorisé par le Coran, mais dans certaines conditions, notamment si la femme trompe son mari. » Ainsi s'exprimait Abdelkader Bouziane, imam de la mosquée dite Urssaff de Vénissieux, dans *Lyon Mag* d'avril. Après le tollé suscité par ces propos, le ministère de l'Intérieur s'est aperçu que cet Algérien de 52 ans était sous le coup d'un arrêté d'expulsion en date du 26 février, pour « atteinte à l'ordre public du fait de son activité doctrinale salafiste ». Interpellé hier, il a été expulsé par un vol d'Aigle Azur en direction de son pays, tandis que le garde des Sceaux faisait savoir que des poursuites judiciaires allaient être engagées. Dalil Boubakeur, président du CFCM, le Conseil français du culte musulman, dénonce la surexploitation médiatique de l'affaire, tout en assurant que « celui qui défend de telles idées n'est pas digne d'être imam ».

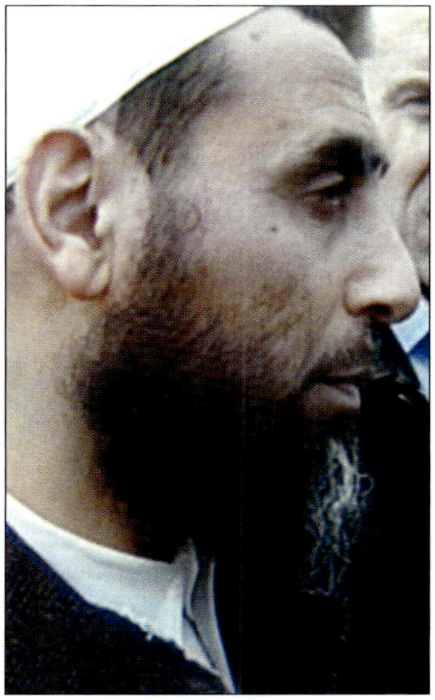

Bigame, Abdelkader Bouziane est le père de 16 enfants : huit avec chaque épouse.

Explosion meurtrière en Corée du Nord

Corée du Nord, jeudi 22
Prompts à stigmatiser le délabrement économique et industriel de la Corée du Nord, les médias sud-coréens n'ont pas lésiné sur les chiffres : 3 000 morts au moins, tel serait le bilan, repris par la presse mondiale, de la catastrophe ferroviaire qui s'est produite ce matin en gare de Ryongchon, à proximité de la frontière chinoise. Il est vrai que les Nord-Coréens n'ayant guère le goût de la transparence, ce n'est que dimanche, le 25, que l'on pourra y voir plus clair. À savoir, d'abord, que la gigantesque explosion, qui a fait croire à certains à un accident nucléaire, a été provoquée par le contact de wagons chargés de dynamite avec des fils électriques, et qu'elle a « tout réduit en cendres » dans un rayon d'1 km (selon l'agence nord-coréenne KCNA). Quant aux victimes, le bilan provisoire a été ramené par la Croix-Rouge chinoise à 161 morts, et par l'agence KCNA à 150.

On parle de 1 000 à 2 000 blessés, et de quelque 1 800 bâtiments pulvérisés.

Mercredi 21, en Israël, Mordechaï Vanunu est libre. Il a fait 18 ans de prison pour avoir révélé, par pacifisme, les secrets de l'armement nucléaire israélien.

Une autre retraite pour les Français

France, jeudi 22
En 2000, les pensions que percevaient les retraités, tant de la Sécurité sociale que de leurs caisses complémentaires, se montaient à 66 % de leur dernier salaire. En 2015, elles ne devraient plus être que de 53 %. D'où la nécessité de trouver un complément, qui prend le nom de PERP pour plan d'épargne retraite populaire. Créé par une loi du 21 août 2003, il entre en vigueur par la parution ce jour au *Journal officiel* de son décret d'application et constitue le premier fonds de pension à la française. La retraite par répartition n'est pas remise en cause, le PERP vient en plus. Le capital versé tout au long de la vie active – déductible en partie du revenu imposable – sera reversé sous forme de rente viagère. Attention : sauf exception, il est impossible de récupérer ce capital avant la retraite.

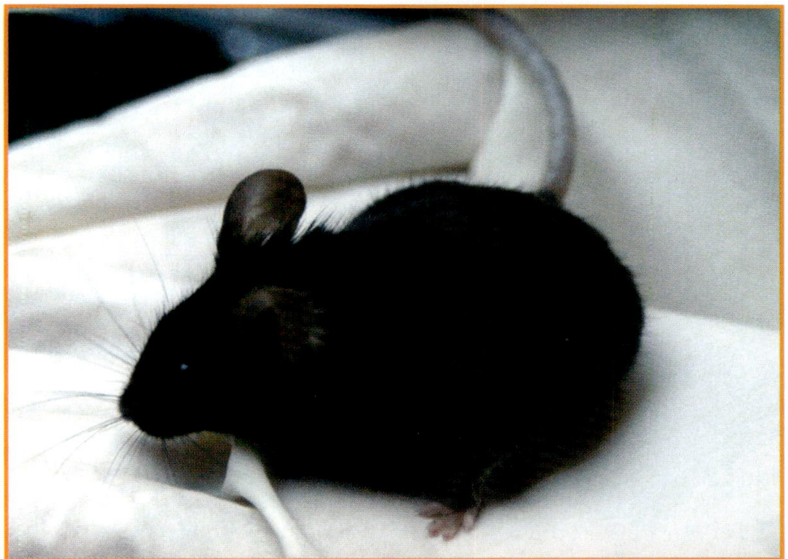

Le jeudi 22, le magazine britannique *Nature* révèle que des chercheurs japonais sont parvenus à féconder des ovocytes de souris femelles par d'autres ovocytes femelles (mais dont ils ont manipulé le patrimoine génétique pour le faire agir comme un patrimoine mâle). Deux souris nées de cette fécondation « sans père » ont survécu et se sont reproduites.

Bruxelles, mardi 20
La Commission européenne donne un avis favorable à l'ouverture de négociations avec la Croatie pour son adhésion à l'Union européenne en 2007.

France, mardi 20
Selon l'Insee, le taux de chômage atteignait 9,8 % de la population active en février.

New York, mardi 20
L'opérateur téléphonique MCI, ex-WorldCom, annonce sa sortie de la procédure sur les faillites.

Arabie Saoudite, mercredi 21
Un attentat à la voiture piégée contre le quartier général de la police à Riyad fait quatre morts.

Turquie, mercredi 21
Rejugés à la demande de la Cour européenne des droits de l'homme, quatre anciens députés kurdes sont à nouveau condamnés à 15 ans de prison par la Cour de sûreté de l'État pour le soutien qu'ils ont apporté à la rébellion kurde.

New York, mercredi 21
Le Conseil de sécurité de l'ONU vote à l'unanimité la création d'une commission d'enquête qui devra établir si le programme « Pétrole contre nourriture », instauré en 1995 pour soulager l'Irak des effets de l'embargo, a été entaché de corruption.

Pékin, vendredi 23
Le ministère chinois de la Santé annonce la réapparition de l'épidémie de sras : deux cas sont confirmés et deux sont suspects.

Un Américain nommé Sarkozy

Washington, samedi 24
En à peine deux jours, Nicolas Sarkozy aura rencontré tous ceux qui comptent – hormis le Président des États-Unis – dans la capitale fédérale. Venu pour les réunions du FMI et des ministres des Finances du G7, il a surtout agi tel un futur chef d'État, s'inquiétant auprès du secrétaire d'État Colin Powell du sort des Français détenus sur la base de Guantanamo, et laissant entendre à Condoleezza Rice, conseiller pour la Sécurité du Président américain, que, lui à l'Élysée, la France n'aurait sans doute pas usé de son droit de veto à l'ONU dans l'affaire irakienne. Invité de l'American Jewish Committee, la principale organisation juive, il s'est dit fier d'être parfois appelé « Sarkozy l'Américain ». Parce qu'en France, « on se méfie de ceux qui reussissent ». Et qu'ici, « on sait donner une deuxième chance à ceux qui échouent »...

L'Amérique se déchire sur l'avortement

Une soixantaine d'associations féministes étrangères avaient fait le déplacement.

Washington, dimanche 25
Elles étaient peut-être un million sur le Mall, à Washington, à proclamer leur hostilité à toute restriction du droit à l'avortement, établi aux États-Unis par la Cour suprême en 1973. Les femmes qui manifestaient, parmi lesquelles des vedettes comme Kathleen Turner ou Whoopi Goldberg, sont hantées par la possibilité d'un retour en arrière : un récent sondage a montré que 42 % des Américains y seraient favorables. Bien que se voulant apolitique, la manifestation visait sans aucune équivoque les orientations conservatrices de George W. Bush et la reconnaissance implicite de la personnalité juridique du fœtus par plusieurs lois récentes. Et pour que les choses soient parfaitement claires, Hillary Clinton y a participé. L'épouse du prédécesseur de Bush à la Maison-Blanche a prononcé un vrai discours de campagne : elle a appelé à voter pour John Kerry qui, selon elle, laissera les femmes libres de leur choix.

Zoom sur

CHYPRE

Peuplée de Grecs dès l'Antiquité, l'île de Chypre fut colonisée par l'Empire ottoman, puis annexée par la Grande-Bretagne en 1914. De 1955 à 1959, les Chypriotes grecs favorables au rattachement à la Grèce engagèrent une lutte armée contre les Britanniques. Ils échouèrent dans leur but, mais l'indépendance de l'île fut accordée par Londres en 1959. Au sein de la République de Chypre, de graves tensions entre les communautés grecque et turque allaient entraîner en 1974 une intervention militaire massive et brutale d'Ankara, une colonisation accélérée du Nord et la création en 1983 d'un État chypriote turc non reconnu. Les Turcs forment près de 22 % de la population totale.

La réunification de Chypre est rejetée

Tassos Papadopoulos, président chypriote grec, s'était prononcé contre le plan.

Chypre, samedi 24
La partie turque de Chypre (au nord) n'intégrera pas le 1er mai l'Union européenne avec la partie grecque (sud). Son intégration était en effet soumise à la réunification de l'île, dont devaient décider par référendum tous les électeurs chypriotes. Il fallait répondre oui ou non au plan du secrétaire général de l'ONU, Kofi Annan, qui prévoyait la création d'un État confédéral selon le modèle helvétique, avec possibilité, pour les Chypriotes grecs qui avaient été chassés du Nord par l'armée turque, de regagner leurs foyers. En revanche, le plan n'envisageait qu'une réduction des effectifs militaires entretenus par Ankara dans le Nord. Le résultat aura été conforme aux prévisions : 64,91 % des Chypriotes turcs ont dit oui, mais 75,83 % des Chypriotes grecs ont dit non, considérant que le plan entérinait l'occupation militaire turque.

À Delft, samedi 24, le prince Johan Friso, deuxième fils de Beatrix, reine des Pays-Bas, a épousé Mabel Wisse Smit. Une union qui a fait scandale, la jeune femme ayant été liée à un baron de la drogue néerlandais, et que le Premier ministre Jan Peter Balkenende a renoncé à faire entériner par le Parlement. De ce fait, Johan Friso est exclu de la succession au trône.

Creutzwald (Moselle), vendredi 23
Fermeture de la dernière mine de charbon exploitée en France.

Lyon, vendredi 23
Le tribunal administratif suspend l'arrêté d'expulsion d'Abdelkader Bouziane.

Washington, vendredi 23
George W. Bush lève les sanctions économiques contre la Libye.

Autriche, dimanche 25
Le social-démocrate Heinz Fischer est élu à la présidence du pays.

Liège, dimanche 25
Cyclisme : l'Italien Davide Rebellin remporte la classique Liège-Bastogne-Liège, quatre jours après sa victoire dans la Flèche wallone et une semaine après celle dans l'Amstel Gold Race.

Saint-Rémy-de-Provence, dim. 25
Le premier référendum d'initiative populaire organisé en France en vertu d'une loi de 1995 porte sur le projet de transfert d'une école primaire. Projet rejeté à 75,79 %.

Londres, dimanche 25
Football : le Français Thierry Henry est désigné joueur de l'année pour la deuxième année consécutive.

DÉCÈS

Lausanne, samedi 24
José Giovanni, écrivain et cinéaste franco-suisse (*22.6.1923).

Paris, dimanche 25
Jacques Rouxel, père des Shadoks, série d'animation iconoclaste de la télévision française de la fin des années 1960 (*26.2.1931).

Sanofi-Aventis, un nouveau géant

Paris, lundi 26
D'hostile, il y a trois mois, l'OPA lancée par le laboratoire français Sanofi sur son rival franco-allemand Aventis est devenue amicale ce week-end sous la pression du pouvoir politique. Voyant leur concurrent américano-helvétique Novartis s'apprêter à lancer sa propre offensive, Nicolas Sarkozy, ministre des Finances, a sommé les dirigeants des deux sociétés de s'entendre. Ils se sont donc vus. Jean-François Dehecq, p-dg d'Aventis, a relevé son offre de 48,5 à 55,3 milliards d'euros et assuré qu'il n'y aurait pas de licenciements secs en Allemagne. Une stricte parité régnera dans les instances dirigeantes de cette nouvelle entité qui, avec 25 milliards d'euros de chiffre d'affaires, constituera le 3e groupe pharmaceutique mondial et le 1er groupe européen. Il emploiera 107 000 personnes. La Commission de Bruxelles a donné son aval.

Lundi 26 et mardi 27, diffusion sur France 2 de *Colette, une femme libre*, le téléfilm en deux épisodes de Nadine Trintignant inspiré de la vie de l'écrivain. La fin du tournage, en Lituanie, avait été interrompue par le décès de Marie Trintignant, fille de la réalisatrice et interprète de Colette. Elle avait été frappée à mort par Bertrand Cantat le 27 juillet 2003. Sur cette photographie : Nadine et Marie Trintignant pendant le tournage.

L'Europe fait fête au colonel Kadhafi

Bruxelles, mardi 27
Romano Prodi avait mis les petits plats dans les grands pour recevoir le Guide libyen. Le président de la Commission européenne a accueilli lui-même à sa descente d'avion un colonel Muammar al-Kadhafi flanqué de sa fameuse garde féminine aux seyants treillis bleus. La grande réconciliation de la Libye et de l'Europe est donc scellée, la plupart des contentieux étant réglés. Seul celui de l'attentat contre une discothèque berlinoise, en 1986, risquerait de retarder l'entrée de Tripoli dans le processus de Barcelone. Ce processus, rappelons-le, établit des relations privilégiées entre les pays du pourtour méditerranéen. Kadhafi s'est posé en héraut de la paix, de la coopération internationale et de la lutte antiterroriste. Une effigie toute neuve pour celui qui couchera ce soir dans une tente dressée dans le parc du château de Val-Duchesse.

Profanations hitlériennes dans le cimetière juif d'Herrlisheim

Haut-Rhin, vendredi 30
Dans le cimetière juif d'Herrlisheim-près-Colmar, ce sont 127 tombes qui ont été profanées la nuit dernière. Le slogan peint sur un drapeau allemand : « Ein Reich, ein Volk, ein Führer » (« un empire, un peuple, un chef ») ne laisse pas de doute sur l'inspiration national-socialiste du ou des profanateurs, qui ont badigeonné les stèles de sigles SS et de croix gammées, et inscrit le nom d'Adolf Hitler sur les piliers de l'entrée. Au 1er trimestre, 67 actes antisémites et 160 menaces antijuives ont été recensés en France. Des chiffres en progression, que le ministère de l'Intérieur explique par une plus grande vigilance dans le recensement. L'analyse est confirmée par le Crif, Conseil représentatif des institutions juives de France, qui note toutefois une nette hausse des violences en milieu scolaire, où le conflit israélo-palestinien tend à s'exporter.

Jacques Chirac a dénoncé « ces actes abominables et intolérables » et assuré que tout serait mis en œuvre pour faire condamner « les auteurs de cette ignominie ».

Ce n'était pas le bon Mohammed

Fallouja, vendredi 30
Désespérant d'anéantir la résistance de Fallouja, les marines ont décidé de se retirer à l'extérieur de la ville et d'en abandonner le contrôle à une brigade irakienne commandée par le général Jassim Mohammed Saleh al-Dulaimi. Un ancien de la garde républicaine de Saddam Hussein, que les habitants ont eu la surprise de voir arriver en grand uniforme de l'ancien régime, drapeau national en tête… En fait, comme ne manqueront pas de le faire remarquer les correspondants de guerre en poste à Bagdad, les Américains ont sorti de prison « le mauvais Mohammed ». La bévue sera réparée dès lundi prochain, avec son remplacement par le général Mohammed Latif, dont le dossier offre toutes les garanties : il aurait été mis en prison par Saddam Hussein.

Amman, lundi 26
La Jordanie affirme avoir déjoué un projet d'attentat chimique qui aurait pu faire 80 000 morts.

Montreuil, mardi 27
Perquisition au siège de la Caisse centrale d'activités sociales d'EDF.

Paris, mardi 27
Selon l'Insee, la dette publique de la France atteint 63,7 % du PIB.

Paris, mercredi 28
Philippe Douste-Blazy, ministre de la Santé, annonce l'augmentation du *numerus clausus* afin de pallier le manque de médecins.

Paris, mercredi 28
Neuf militants anti-pub sont condamnés à verser chacun 400 à 2 000 euros de dommages-intérêts à la RATP.

Ouessant, jeudi 29
Olivier de Kersauson reconquiert le trophée Jules-Verne sur *Géronimo*.

Paris, jeudi 29
Fernando Ramirez, chercheur au CNRS, confirme à partir d'une analyse dentaire que l'homme de Neandertal et l'*homo sapiens* appartiennent à deux espèces différentes.

DÉCÈS

Villejuif, mercredi 28
Jean Devaivre, cinéaste (*Jean-Justin de Vaivre, 18.12.1912).

Alpes suisses, mercredi 28
Patrick Berhault, alpiniste français, victime d'une chute alors qu'il tentait d'enchaîner les 82 sommets alpins de plus de 4 000 mètres (*19.7.1957).

Les tueurs en série ont traversé

Henri Désiré Landru

Les tueurs en série ou supposés tels ont fait cette année encore la une de l'actualité : procès et condamnation de Marc Dutroux en Belgique ; suicide, en Angleterre, du docteur Harold Shipman ; arrestation, en Belgique encore, du Français Michel Fourniret ; arrestation aussi, en Alsace, de Pierre Bodein – ces deux derniers étant pour l'heure présumés innocents. Autant de motifs d'inquiétude sur l'expansion d'un phénomène qui a alimenté les peurs autour de ceux que l'on se plaît, non sans frissons, à affubler de surnoms tels le « forestier des Ardennes », « Pierrot le fou » ou le « Docteur la mort ».

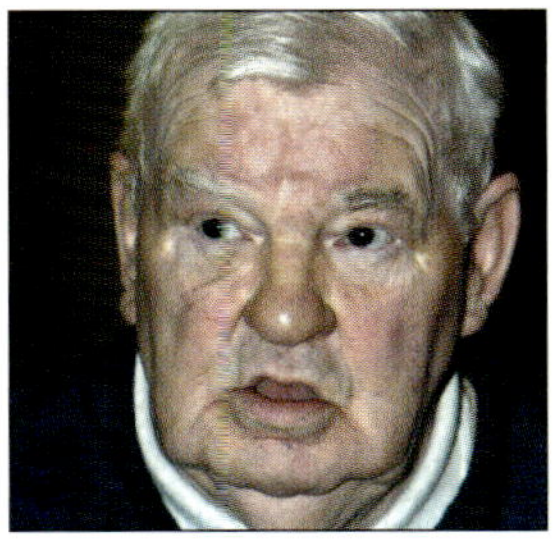
Émile Louis

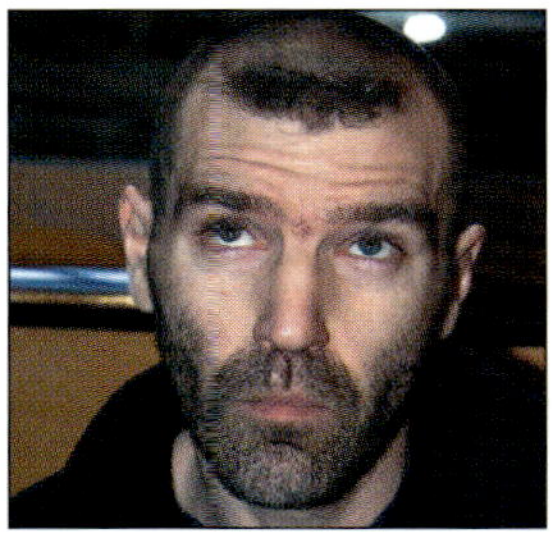
Patrice Alègre

Harold Shipman

Faut-il chercher des dénominateurs communs entre tous les tueurs en série, essayer de les inscrire dans des cases, tantôt pour mieux se rassurer sur l'aspect singulier de leur dérive, tantôt pour en déduire au contraire que nul n'est plus à l'abri d'une rencontre fatale avec l'un de ces *serial killers* longtemps tenus pour une spécificité nord-américaine ?

Il est vrai que, si la population des États-Unis (293 millions d'habitants) est inférieure à 5 % de la population mondiale (plus de six milliards), c'est sur son territoire que les trois quarts des tueurs en série recensés ont sévi, donnée qui contraint à s'interroger sur l'existence d'un terrain favorable à ce type bien particulier de criminalité. Pierre Leclair, qui a été, en 1998, le premier « *profiler* » – terme auquel il convient de préférer, en français, celui de psycho-criminologue – à travailler officiellement auprès des enquêteurs en qualité de chargé de recherche auprès de la Direction centrale de la police judiciaire (DCPJ), livre cette explication : « Les réflexions menées à propos de l'émergence du phénomène *serial killer* outre-Atlantique indiquent qu'il pourrait puiser ses origines dans les contradictions d'une société écartelée entre des exigences antagonistes en matière de morale et de liberté. Les *serial killers*, héritiers du puritanisme moral anglo-saxon ? La question mérite d'être posée et, pour ma part, j'y vois une certaine pertinence [1]. »

LE RETOUR BRUTAL DU REFOULÉ

Pour l'acteur Jack Nicholson, dont nul n'a oublié les rôles de déments dans *Shining*, de Stanley Kubrick, et *Vol au-dessus d'un nid de coucous*, de Milos Forman, les critères de censure de la télévision et du cinéma américains sont à ce titre très révélateurs. Il les résume en une formule : « Quand on montre un sein, on coupe… et quand on coupe un sein, on montre. » Une nouvelle preuve en a été fournie le 1er février 2004, quand l'apparition surprise sur les écrans de télévision d'un sein de Janet Jackson au cours de la mi-temps de la finale du Super Bowl (le championnat de football américain) a déclenché un scandale national. Cette exhibition, certes malvenue à une heure de grande écoute mais infiniment moins choquante que les scènes de violence diffusées à longueur de journée, a valu au final à la chaîne CBS d'être condamnée par la Commission fédérale des communications (FCC, l'équivalent de notre CSA) présidée par Michael Powell – le fils du secrétaire d'État Colin Powell – à une amende de 550 000 dollars, soit un dollar par plainte de téléspectateur reçue par l'organisme qui n'en avait jamais enregistré autant.

« Il me paraît impossible de penser, expliquait bien avant cet incident Pierre Leclair, qu'il n'y ait aucun rapport entre ce puritanisme imposant aux pulsions sexuelles un refoulement social impressionnant, et le retour orgiaque et narcissique des pulsions les plus partielles et les plus archaïques. » Et d'estimer avec le fondateur de la psychanalyse, Sigmund Freud, que ce que le système social refoule violemment dans l'inconscient, au lieu de l'accompagner dans un régime de semi-liberté qui lui permet de trouver une forme d'expression pacifique, « fait immanquablement retour sur la scène de la réalité avec une violence épouvantable [2] ».

Jacques Vergès ne dit pas autre chose quand il définit le *serial killer* comme un « puritain refoulé [qui] pratique la dénégation au sens que lui donne la psychanalyse », niant être ce qu'il est « pour mieux faire oublier et oublier lui-même ce qu'il est ». L'avocat y ajoute cette autre dimension propre à la société américaine : dans un monde « où il n'y a pas de différence entre l'homme et le destin économique », le *serial killer* peut aussi se définir comme « un perdant dans une société où l'échec est un péché [3] ».

N'EST PAS SERIAL KILLER QUI VEUT

Obsédé par les notions du bien et du mal, le *serial killer* ? Obsédé, aussi, par le sexe ? Assurément. Encore faut-il s'entendre sur ce que la notion de *serial killer* recouvre. Il convient, pour cela, de s'en remettre aux distinctions établies par le FBI (Federal Bureau of Investigation), qui, à la fin des années 1960, a opéré une classification en trois catégories de ce que l'on désignait autrefois globalement comme des tueurs multirécidivistes, assassins ayant été reconnus coupables d'au moins trois meurtres.

Le FBI, rejoint aujourd'hui par les polices du monde entier, distingue donc :

➡ le *mass killer* ou *mass murderer* (« tueur en masse »), qui se caractérise par le fait que ses meurtres sont commis en une seule fois en un même endroit. Ayant défini sa cible (une institution, par exemple), il en abat méthodiquement les membres, avant, le plus souvent, d'être arrêté ou de se faire justice lui-même. Les forcenés ouvrant le feu sur les passants relèvent aussi de cette catégorie ;

➡ le *spree killer* (« tueur compulsif ») accomplit ses actes en plusieurs lieux mais dans un laps de temps très court. Il effectue une randonnée meurtrière ;

➡ le *serial killer* (« tueur en série ») est de nature bien différente. Ses meurtres sont autant étalés dans le temps qu'ils peuvent être géographiquement éloignés. Et ils relèvent d'une logique, certes toute personnelle, mais qui

l'Atlantique

guide toute sa vie durant le comportement du meurtrier. Ainsi que le dit la criminologue Lygia Négrier-Dormont : le tueur en série a l'esprit « systémique ».

Si les criminels ressortant des deux premières catégories sont généralement des psychotiques, individus atteints d'affections mentales se caractérisant par des troubles de la personnalité dont ils n'ont pas conscience, les tueurs en série sont, eux, des psychopathes, c'est-à-dire qu'ils développent des comportements antisociaux dont ils ont la pleine conscience mais sans en éprouver de culpabilité, du moins apparente.

Autant le psychotique est un sujet d'observation parfaitement analysé par le corps médical, autant le psychopathe demeure à bien des égards mystérieux, la structure de sa personnalité ne renvoyant pas à une maladie mentale caractérisée. Tout juste peut-on le définir par des traits de comportement comme son instabilité chronique, son impulsivité qui l'amène à vouloir satisfaire des désirs immédiats, et constater que les facteurs sociaux (comme le milieu dans lequel il a grandi) tiennent une grande part dans son déséquilibre, lequel se constate aussi bien dans son incapacité à mener une vie familiale et professionnelle normale que dans son impossibilité à se fondre dans un modèle social donné.

UNE IMAGE FAUSSÉE PAR « LE SILENCE DES AGNEAUX »

L'image du tueur en série propagée par *Le Silence des agneaux* de Jonathan Demme, d'après le roman éponyme de Thomas Harris, donne une idée particulièrement fausse de ce type de criminels. Il serait du moins abusif de faire d'Hannibal Lecter l'archétype du *serial killer*. Il suffit de comparer le personnage incarné par Anthony Hopkins aux tueurs en série comme Marc Dutroux, Patrice Alègre, Francis Heaulme ou Émile Louis pour se convaincre que le parallèle s'arrête là où commence la réalité criminelle.

Ces *serial killers* sont, certes, dotés d'une intelligence qui leur a permis – et leur permet encore, pour certains – de tenter d'influer sur le cours de l'enquête en manipulant juges et policiers. C'est Marc Dutroux défendant non sans perversité, puisqu'il s'appuyait pour cela sur la conviction d'une partie de l'opinion publique belge et même des parties civiles, la thèse d'un réseau dont il n'aurait été qu'un maillon, dans le but évident d'essayer d'atténuer sa responsabilité. C'est Patrice Alègre jouant lui aussi avec l'opinion publique et avec les médias en dénonçant l'implication de notables, politiques et magistrats, dans son parcours sanglant. C'est, de façon plus perverse encore, Michel Fourniret repérant et enlevant certaines de ses proies, si l'on en croit les aveux qu'il a faits, sur des terrains de chasse connus pour avoir été ceux d'autres tueurs en série, **cherchant ainsi à brouiller les pistes** (ainsi dans l'Yonne, où avait œuvré Émile Louis, **ou dans la Marne, où l'on ne sait à qui il faut attribuer la mort des « disparus de Mourmelon » puisque l'affaire a été close par un non-lieu en raison du suicide du principal suspect, Pierre Chanal).**

Pour Michel Bénézech, membre de l'Académie internationale de médecine légale et spécialiste de psychiatrie criminelle, la grande majorité des tueurs en série sont en fait « des sadiques sexuels qui ont le sentiment d'exister par la mort et la domination de l'autre ». Ils ressentiraient, lors de leur passage à l'acte, une sorte d'orgasme – qu'ils en aient ou non éprouvé un réel, physique, et qu'ils aient ou non tenté d'abuser sexuellement de leur victime –, phénomène également connu sous le nom de « syndrome de Dracula ». La définition est valable aussi bien pour le tueur en série « organisé », celui qui, mûrissant ses crimes, s'emploie à les commettre avec le minimum de risques d'être pris, que pour le « désorganisé », qui, agissant sous le coup d'une impulsion, prend moins de soins au choix du lieu et de la victime, laissant souvent des indices qui permettent de le confondre plus vite.

Le besoin de satisfaire une pulsion sexuelle est, on le voit, le moteur principal de ces criminels. C'est la raison pour laquelle l'appellation de tueur en série pour des individus comme Thierry Paulin dans les années 1980, Henri Désiré Landru au début du XXe siècle, ou encore Marcel Petiot dans les années 1940 est contestée par les spécialistes. Tous trois ont certes commis un nombre appréciable de meurtres, étalés sur plusieurs années. Mais dans les trois cas, s'il n'est pas interdit de penser qu'ils prirent un certain plaisir à commettre leurs crimes, leur motivation principale fut l'appât du gain.

De très nombreuses études ont tenté d'établir des profils types des tueurs en série. Le plus souvent, plus ils sont détaillés et moins ils résistent à l'analyse. Ne demeurent crédibles que les caractéristiques principales que nous avons évoquées. Avec une interrogation : la multiplication des affaires en Europe – hors Grande-Bretagne qui, depuis au moins Jack l'Éventreur, fait figure de terrain particulièrement fertile en la matière –, notamment en France et en Belgique, révèle-t-elle une tendance lourde ? Selon Pierre Leclair, c'est à craindre : « Si notre société continue à s'américaniser à outrance, si elle se rigidifie et se radicalise en matière de morale (dans le sens le plus étriqué de ce concept), si elle se referme sur elle-même en mettant à mal la qualité de son lien social, il est fort probable que sa criminalité suivra le mouvement. »

(1) (2) *Cinq Profils, enquêtes criminelles*, par Pierre Leclair, e-dite, 2001.
(3) *Dictionnaire amoureux de la justice*, par Jacques Vergès, Plon, 2002.

Les sept jeunes femmes dont la cour d'assises de l'Yonne a jugé, le 25 novembre 2004, qu'elles avaient été tuées par Émile Louis. Condamné à la réclusion à perpétuité mais niant les faits, il a fait appel.

Anthony Hopkins dans Hannibal : une vision fantaisiste

François Quimiac

L'Union européenne compte 455 millions d'habitants

Dublin, samedi 1er
Depuis zéro heure – heure de Rome et de Luxembourg, ce qui a donné lieu à de longs débats puisque l'UE s'étend désormais sur trois fuseaux horaires –, l'Union européenne compte 25 pays, soit 455 millions d'habitants. Les dix nouveaux membres sont la Pologne – le plus peuplé des impétrants, avec 38 millions d'habitants –, l'Estonie, la Lituanie, la Lettonie, la Slovaquie, la Slovénie, la République tchèque, la Hongrie, Malte et Chypre (en sa partie grecque). Quinze ans après la chute du bloc soviétique, dont sont issus sept de ces pays, c'est d'une reunification plus que d'un élargissement de l'Europe qu'il faudrait parler. Puisque l'Irlande assume la présidence tournante de l'UE, c'est à Dublin que les chefs d'État et de gouvernement des 25 pays se sont retrouvés pour célébrer l'événement et entendre Mary McAleese, la présidente irlandaise, s'en féliciter en ces termes : « Nous appartenons à la génération européenne la plus bénie. » Quel chemin parcouru depuis l'Europe des Six (avec l'Allemagne, la France, la Belgique, l'Italie, les Pays-Bas, le Luxembourg), qui signa en 1957 le traité de Rome, fut rejointe en 1973 par le Royaume-Uni, l'Irlande et le Danemark, par la Grèce en 1981, par l'Espagne et le Portugal en 1986, et enfin par la Suède, l'Autriche et la Finlande en 1995. La Roumanie, la Bulgarie et, peut-être, la Croatie sont annoncées pour rallier l'UE en 2007. Sur le plan économique, les différences entre anciens et nouveaux sont sensibles, ces derniers ayant un niveau de vie de 40 % inférieur. Avec 75 millions d'habitants, ils ne compteront que pour 5 % du PIB de l'UE. Chaque pays n'entrera, au cas par cas, dans la zone euro qu'à partir de 2006. Le temps que leurs économies soient mises au niveau requis.

Les Dublinois fêtent la jonction entre la « vieille Europe » et la nouvelle Europe.

Le mercredi 5, à New York, le commissaire-priseur Tobias Meyer adjuge pour 104,6 millions de dollars (frais inclus) *Le Garçon à la pipe* de Pablo Picasso (1905). L'acquéreur a gardé l'anonymat. Le précédent record, détenu depuis 1990 par un tableau de Vincent Van Gogh, a été battu.

La Pologne dans une crise politique

Varsovie, dimanche 2
Ainsi qu'il l'avait annoncé le 26 mars, Leszek Miller a remis sa démission au lendemain de l'entrée de son pays dans l'Union européenne. Nommé Premier ministre le 4 octobre 2001, cet ancien communiste ne disposait plus, selon les instituts de sondage, que de la confiance de 10 % de la population. Sa position était devenu intenable depuis qu'une trentaine de députés du SLD, son parti social-démocrate, avaient fait scission pour fonder le SDPL sous la houlette du président de la Diète (l'Assemblée), Marek Borowski. Il laisse un pays miné par les affaires de corruption, exsangue (20 % de chômeurs, un déficit de 6,6 % du PIB) et divisé sur le dossier irakien. Marek Belka, ex-communiste, membre du SLD et proaméricain lui aussi, va lui succéder, sous réserve qu'il obtienne la confiance du Parlement.

L'affaire d'Outreau devant les assises

Saint-Omer, mardi 4
Dans la cité HLM de la tour du Renard, à Outreau (Pas-de-Calais), 18 enfants âgés de 3 à 11 ans ont vécu quatre ans d'horreur. C'est dans l'appartement de Thierry et Myriam Delay que cela se passait. Le visionnage des cassettes porno. Les attouchements. Et les viols, accompagnés parfois d'actes de torture et de barbarie. La cour d'assises du Pas-de-Calais a prévu de siéger six semaines. L'affaire, découverte en décembre 2000, est importante et complexe. On parle d'un réseau de pédophilie franco-belge. Les accusés sont au nombre de dix-sept. Le couple Delay, mais aussi des voisins et des notables ou décrits comme tels : un huissier et sa femme, une infirmière scolaire, un prêtre ouvrier, etc. Pour la plupart, ils clament leur innocence. Les preuves matérielles manquent. Mais il y a les aveux de Myriam Delay.

Arabie Saoudite, samedi 1er
Cinq Occidentaux et un Saoudien sont tués lors d'une attaque terroriste contre la société pétrolière ABB Lummus à Yanbou.

La Havane, dimanche 2
Le Mexique et le Pérou rompent leurs relations diplomatiques avec Cuba. Fidel Castro les avait accusés d'être inféodés aux États-Unis.

Irak, dimanche 2
L'otage américain Thomas Hamill, enlevé le 9 avril, est retrouvé près de Tikrit. Il est parvenu à s'évader.

Panama, dimanche 2
Martin Torrijos (social-démocrate), fils de l'ex-dictateur Omar Torrijos, est élu à la présidence du pays.

Belgrade, dimanche 2
Milorad Lukovic, commanditaire présumé du meurtre du Premier ministre Zoran Djindjic, le 12 mars 2003, se rend à la police.

Côte d'Ivoire, lundi 3
Selon l'ONU, le pouvoir ivoirien a ordonné une « tuerie indiscriminée de civils innocents » en faisant assassiner, le 25 mars, au moins 120 opposants. L'opération aurait été « soigneusement planifiée ».

Paris, lundi 3
Le ministre de la Cohésion sociale, Jean-Louis Borloo, annonce le rétablissement des allocations pour tous les chômeurs « recalculés ».

Paris, lundi 3
Philippe Douste-Blazy, ministre de la Santé, révèle que 58 millions de cartes Vitale sont en circulation pour 48 millions d'assurés sociaux.

Les prisonniers étaient torturés à Abou Ghraib

Washington, vendredi 7
« Je ne démissionnerai pas. » Sommé de s'expliquer devant la commission de la défense du Sénat, le secrétaire à la Défense, Donald Rumsfeld, a rejeté les injonctions de l'opposition démocrate. Mais il n'a pas nié l'évidence. Il a même dit qu'il existait des photos et des vidéos plus terribles encore que celles qui ont été révélées au public. Le scandale a éclaté mercredi 28 avril lorsque la chaîne de télévision CBS, dans son émission *60 Minutes II*, a montré des photos de sévices perpétrés par des militaires américains sur des prisonniers irakiens. Prises à la prison d'Abou Ghraib (à l'ouest de Bagdad) par les tortionnaires dans le seul but de se constituer des albums de souvenirs, ces photos mettent en cause la 800th Military Police Brigade dont le commandant est une femme, le général Janis Karpinski. En fait, la pratique systématique de la torture dans les prisons américaines en Irak était connue depuis la fin 2003 par la Croix-Rouge, qui avait transmis des rapports accablants aux autorités américaines et britanniques. George W. Bush avait-il été informé ? Mercredi dernier, sur la chaîne Alhurra, le Président des États-Unis déclarait qu'il avait découvert comme tout le monde ces exactions sur CBS… Les signaux d'alerte n'avaient pourtant pas manqué. Le 18 janvier, le général Ricardo Sanchez, commandant en chef des troupes américaines en Irak, avait réprimandé le général Karpinski pour le comportement indigne de ses subordonnés. Et le 31 janvier, il avait chargé le général Antonio M. Taguba de conduire une enquête au sein de la 800th Military Police Brigade. Le général Taguba rendra son rapport le 12 mars suivant. Rapport que Donald Rumsfeld et le général Richard Myers, le chef d'état-major interarmes, diront ne pas avoir lu… Le général Sanchez, lui, l'avait lu et même approuvé. Dès le 20 mars, une instruction était ordonnée contre six membres de la 800th Military Police Brigade, dont le sergent Ivan « Chip » Frederick. Son témoignage, recueilli par le correspondant de CBS en Irak, Dan Rather, pour *60 Minutes II*, a montré le degré d'incurie régnant à Abou Ghraib : « Nous n'avions pas de soutien, nous n'avions pas été formés. J'ai demandé des consignes à ma chaîne de commandement, des règlements à observer, et rien n'est arrivé. » Après l'émission de CBS, le scandale n'a cessé de s'amplifier. Au point que, le mardi 4 mai, le général Donald Ryder, le chef de l'US Army Criminal Investigation Command, a dû admettre que 25 prisonniers, en Irak et en Afghanistan, étaient morts des suites de mauvais traitements et que, dans deux cas, le meurtre a été établi. Il apparaît peu vraisemblable, dans ces conditions, que la Maison-Blanche n'ait été au courant de rien. Le lendemain, soit le jour même de l'intervention de George W. Bush sur Alhurra, le général Peter Pace, vice-chef d'état-major interarmes, répondait « oui », sur CBS, à la question de savoir si le Président des États-Unis avait été informé de la situation… Le pire restait toutefois à venir. Jeudi 6, le *Washington Post* publiait, dans son édition quotidienne imprimée et sur son site Internet, de nouvelles photos extraites d'un CD en comprenant un millier. Car ce que les images de CBS avaient suggéré trouvait cette fois la plus écrasante des confirmations, à savoir que les tortionnaires d'Abou Ghraib avaient érigé l'humiliation et le mépris en système. Que voit-on sur ces photos ? Des prisonniers nus, entassés et contraints de simuler des gestes de sodomie, ou une jeune « soldate » traînant en laisse, comme un chien, un homme également nu. Ces scènes traduisent une atteinte délibérée, non seulement à la dignité humaine au sens le plus élémentaire du terme, mais encore à l'identité culturelle et religieuse du peuple irakien. C'est en tout cas ce que la justice militaire des États-Unis devra examiner. Maintenant en poste à Fort Bragg (Californie), l'« héroïne » de la photo qui a fait le tour du monde, Lynndie England, a été inculpée ce vendredi 7 mai. Elle est accusée d'avoir « agressé des détenus irakiens » et, par ses actes « indécents », d'avoir « jeté le discrédit » sur les forces armées. Lynndie England est enceinte des œuvres du caporal Charles Graner, un autre « ancien » d'Abou Ghraib.

« Si tu bouges, tu seras électrocuté. » Une torture raffinée : le malheureux ignore que les fils ne sont pas branchés.

Lynndie England, 21 ans, quand elle sévissait à Abou Ghraib. Cette photo, comme toutes celles qui ont été publiées, a été prise en 2003. Lynndie England appartenait à la 372nd Military Police Company, dépendant de la 800th Military Police Brigade.

Washington, mardi 4
L'ancien ministre de l'Économie espagnol, Rodrigo Rato, est nommé directeur général du FMI.

Bonneville (Haute-Savoie), mer. 5
Un mandat d'arrêt international est lancé contre le cycliste lituanien Raimondas Rumsas pour dopage.

Paris, mercredi 5
Signature d'un accord entre l'Italie et la France sur la construction d'une ligne TGV Lyon-Turin, d'un coût de 12,5 milliards d'euros, qui pourrait être achevée en 2015.

Adjarie, mercredi 5
Soumis à la pression de la Géorgie, Aslan Abachidze, le président adjar, démissionne et s'enfuit en Russie.

Monde, mercredi 5
Premier jour de cotation en Bourse, à Paris, Amsterdam et New York, du nouveau groupe Air France-KLM.

Abidjan, jeudi 6
La voiture du journaliste franco-canadien Guy-André Kieffer, disparu le 16 avril, est retrouvée sur le parking de l'aéroport.

Bordeaux, jeudi 6
Alain Diaz est condamné à la réclusion criminelle à perpétuité (avec période de sûreté de 22 ans) pour le meurtre de Larbi Fanousse, 10 ans, en décembre 2001.

Londres, jeudi 6
Dans le cadre d'un procès opposant le mannequin Naomi Campbell au *Daily Mirror*, la Chambre des lords rend un arrêt qui reconnaît pour la première fois le droit à la protection de la vie privée.

La France et le Vietnam se souviennent de Diên Biên Phu

À Diên Biên Phu, une reconstitution de la bataille a commencé dès 5 heures ce matin (heure locale), avec des milliers d'acteurs, de danseurs et de figurants.

Paris, vendredi 7
Le 7 mai 1954, après un terrible siège de 56 jours, le camp retranché de Diên Biên Phu capitulait. Cette défaite, qui devait consacrer la fin de l'Indochine française, « s'est élevée au rang d'une légende, au rang d'un mythe ». C'est en ces termes que Jacques Chirac, dans la cour des Invalides, a voulu rendre hommage à ceux qui ont renoué « avec l'héroïsme de la *Chanson de Roland* » et qui, par leur sacrifice, « ont transmué un désastre en épopée ». Cet anniversaire, marqué également par l'émission d'un beau timbre-poste, aurait pu être l'occasion de réconcilier la mémoire française et la mémoire vietnamienne par une commémoration commune. Hanoi ne l'a pas voulu. Et c'est sur le site même de la bataille que le Vietnam a célébré la victoire des forces du Viêt-minh commandées par le général Vô Nguyên Giáp. Lequel, à 93 ans, reste le grand témoin de ce qui aura été l'un des tournants de l'histoire.

L'homme menacé par la pollution

Paris, vendredi 7
Réunis à l'Unesco, près d'une centaine de scientifiques, philosophes et juristes parmi lesquels les Nobel de médecine François Jacob et Jean Dausset, mais aussi Yves Coppens et Nicolas Hulot, lancent une Déclaration internationale sur les dangers de la pollution chimique. « L'espèce humaine est aujourd'hui en danger », avertissent-ils, révélant qu'en Europe, 15 % des couples sont stériles et un enfant sur sept est asthmatique. Ils réclament donc l'interdiction de tous produits dont « le caractère cancérigène, mutogène ou toxique pour la reproduction est probable ou certain ». Cet appel s'adresse notamment aux chefs d'État allemand et français, opposés au projet européen Reach visant à rendre moins aisée la mise sur le marché de produits dont le degré de toxicité est inconnu. Les uns défendent la compétitivité, les autres le principe de précaution.

Le 8, à Madrid, Virginie Dedieu est sacrée championne d'Europe de natation synchronisée solo. Le lendemain, la Française obtient la médaille de bronze en duo avec sa compatriote Laure Thibaud.

Les indépendantistes ont frappé à la tête en Tchétchénie

Groznyï, dimanche 9
Dans le stade du Dynamo de Groznyï, la commémoration de la victoire des Alliés sur l'Allemagne nazie battait son plein, ce matin, quand une explosion fit sauter la tribune officielle. Parmi les victimes (de 8 à 32 selon les sources) figure le président de la Tchétchénie, Akhmad Kadyrov, élu le 5 octobre 2003 avec un score « soviétique » et, surtout, grâce au soutien de l'armée russe dont le général en chef local, Valéry Baranov, a succombé à ses blessures. L'enquête a très rapidement établi qu'un obus de 152 mm piégé avait été placé dans la structure même de la tribune, achevée hier seulement. Vladimir Poutine s'est déclaré décidé à infliger un « châtiment inévitable » aux terroristes. Il a confié l'intérim de la présidence au Premier ministre de la république caucasienne, Sergueï Abramov, un banquier d'origine russe âgé de 32 ans.

Le président tchétchène Akhmad Kadyrov s'effondre en portant ses mains à son visage ensanglanté. Âgé de 52 ans, il est mort pendant son transfert à l'hôpital.

Benghazi (Libye), jeudi 6
Cinq infirmières bulgares et un médecin palestinien sont condamnés à mort, jugés coupables d'avoir propagé le sida dans un hôpital de la ville en 1997 et 1998, causant la mort de 46 enfants.

États-Unis, jeudi 6
Diffusion sur NBC du 236e et dernier épisode de la série *Friends*.

France, vendredi 7
Commercialisation des premiers DVD jetables par Cdiscount.com, filiale du groupe Casino.

Karachi (Pakistan), vendredi 7
Un attentat fait 14 morts dans la mosquée chiite Haideri.

États-Unis, samedi 8
Treize États américains du nord-est du pays sont confrontés à une invasion de magicigales, insectes qui sortent de terre par milliards après dix-sept ans de gestation.

Nouvelle-Calédonie, dimanche 9
Défaite du parti de Jacques Lafleur, le Rassemblement-UMP (ex-RPCR), aux élections provinciales, devancé par l'UDF de Didier Leroux.

Rome, dimanche 9
Naissance du Parti de la gauche européenne qui rassemble seize formations de l'UE dont le PCF.

DÉCÈS

Hyères (Var), dimanche 2
Paul Guimard, écrivain, auteur des *Choses de la vie* (*3.3.1921).

Paris, vendredi 7
Alexandre Minkowski, professeur de médecine (*5.12.1915).

La décapitation d'un jeune Américain diffusée sur Internet

Nicholas « Nick » Berg était venu en Irak pour faire des affaires dans les télécommunications. Ses bourreaux l'ont revêtu d'une tenue orange. Comme à Guantanamo…

Irak, mardi 11
Son cadavre décapité avait été trouvé samedi par une patrouille américaine à Bagdad et, hier, sa famille a été informée de sa mort. Mais la presse n'avait pas été mise au courant. Aujourd'hui, le monde entier l'est. En effet, le site Internet du groupe islamiste Muntada al-Ansar a diffusé une vidéo montrant l'« exécution » de Nicholas Berg, un Américain de 26 ans dont les proches étaient sans nouvelles depuis le 9 avril. Ces images sont atroces. Le malheureux, après avoir décliné son identité, a eu la tête tranchée avec un poignard. Son assassinat était accompagné d'une déclaration le présentant comme une réponse aux tortures infligées à Abou Ghraib aux prisonniers irakiens. Si la vidéo était titrée : « Abou Moussab al-Zarqaoui massacre un Américain », on n'est pas assuré que le meurtrier soit Zarqaoui en personne. Car le nom du terroriste le plus recherché d'Irak est devenu une sorte d'emblème.

Le divorce devient moins compliqué

Paris, mercredi 12
La réforme du divorce – 120 000 sont prononcés tous les ans – est adoptée par le Parlement. À compter du 1er janvier 2005, les époux désirant se séparer ne seront plus contraints de passer deux fois devant le juge, une seule audience suffira. Et le divorce par consentement mutuel ne nécessitera plus la rédaction d'un mémoire. Le divorce pour rupture de la vie commune sera aussi simplifié, le délai de séparation, qui permet à la justice de prononcer le divorce, étant ramené de six ans à deux ans. Dans le cas d'un divorce pour faute, celle-ci ne sera plus prise en compte pour le calcul de la prestation compensatoire, de telle sorte que le fautif pourra en bénéficier. La notion de faute est d'ailleurs revue et limitée aux violences conjugales. La prestation compensatoire, enfin, ne sera transmissible aux héritiers que dans la limite de l'actif successoral.

Zoom sur

LE PARTI DU CONGRÈS

L'histoire du Parti du Congrès, fondé en 1885 par des patriotes indiens, se confond avec celle de l'Inde moderne. Présidé en 1924 par Gandhi, puis par Jawaharlal Nehru à partir de 1929, il mena alors contre le pouvoir colonial anglais des campagnes de désobéissance civile qui aboutirent à l'indépendance de l'Inde (1947). Sous la houlette de Nehru, puis de sa fille Indira Gandhi (le nom de son mari est un homonyme de celui du Mahatma), puis par son petit-fils Rajiv Gandhi, puis enfin par Sonia Gandhi, le Parti du Congrès a été la force principale de l'Inde jusqu'à la victoire du BJP aux législatives de 1998.

Sonia Gandhi élue par l'Inde rurale

New Delhi, jeudi 13
C'est une Indienne d'origine italienne, née Sonia Maino le 9 décembre 1946, près de Turin, qui devrait être le prochain Premier ministre de l'Inde. En effet, Sonia Gandhi, la veuve de Rajiv Gandhi, assassiné en 1991, a conduit le Parti du Congrès à la victoire dans les élections législatives. À la surprise générale d'ailleurs, le Parti du peuple indien (BJP) au pouvoir étant donné au départ largement favori. Si le Parti du Congrès n'obtient pas la majorité absolue avec 144 sièges, il bénéficiera du soutien de divers partis de gauche pour former une coalition forte de 216 députés. Les nationalistes hindous du BJP (139 sièges) et leurs alliés, eux, ne pourront en compter que 186. Ce sont les masses paysannes qui ont permis à Sonia Gandhi de l'emporter.

La sainteté d'une mère de famille

Vatican, dimanche 16
Jean-Paul II avait béatifié Gianna Beretta Molla en 1994, année internationale de la famille. Devant 50 000 personnes, il a canonisé celle qui avait dit, quelques jours avant de donner naissance à son quatrième enfant, Gianna Emanuela : « Si vous devez décider entre moi et l'enfant, n'hésitez pas : choisissez, et je l'exige, l'enfant. Sauvez-le ! » Un fibrome à l'utérus, décelé au deuxième mois de sa grossesse, exigeait une opération qui l'obligeait à avorter. Elle s'y était refusé, pleinement consciente du risque qu'elle courait : elle était elle-même médecin. Elle était décédée sept jours après avoir accouché, âgée de 39 ans (1922-1962). Son mari, Pietro, 91 ans, a fait un léger malaise durant la cérémonie. Gianna Emanuela, qui a survécu et était là elle aussi, a embrassé le Saint-Père.

Le 12, la Française Malia Metella obtient la médaille d'or du 100 m libre aux Championnats d'Europe de natation à Madrid. La France décrochera au total 15 médailles dont 5 en or et 7 en argent. Cela ne s'était pas vu depuis 1947.

Gaza, mardi 11
Six soldats israéliens sont tués dans l'explosion de leur blindé et leurs restes exhibés à la foule.

Washington, mardi 11
Signature par George W. Bush d'un décret instaurant des sanctions économiques contre la Syrie, accusée de soutenir le terrorisme et de déstabiliser l'Irak.

Lens, mercredi 12
Arrestation de Yannick Cornuel, recherché pour l'agression contre l'homosexuel Sébastien Nouchet commise le 16 janvier à Nœux-les-Mines (Pas-de-Calais).

Jalapa (Mexique), mercredi 12
Hélène Castel, proche d'Action directe, condamnée à la réclusion à perpétuité en 1984, est arrêtée à quatre jours de la prescription de sa peine.

Paris, jeudi 13
Le ministre de la Cohésion sociale, Jean-Louis Borloo, annonce un moratoire immédiat sur les expulsions pour loyers impayés des locataires HLM de bonne foi.

Corée du Sud, vendredi 14
La Cour constitutionnelle rétablit dans ses fonctions le président Roh Moo-hyun.

Pologne, vendredi 14
Le Parlement refuse sa confiance au gouvernement de Marek Belka.

DÉCÈS

Paris, samedi 15
Marius Constant, compositeur et chef d'orchestre (*7.2.1925).

Le chef de l'exécutif irakien tué lors d'un attentat suicide

Les funérailles d'Ezzedine Salim ont eu lieu dès le lendemain, dans la zone verte.

Bagdad, lundi 17
Abdel Zahra Osmane Mohammed, dit Ezzedine Salim, assurait la présidence tournante du Conseil intérimaire de gouvernement irakien. Il a été tué dans un attentat suicide, ce matin à 9 h 30 (heure locale), alors que son véhicule, bloqué à l'une des entrées de la zone verte, attendait le passage. Écrivain et journaliste, Ezzedine Salim avait fait sa carrière politique au sein du Dawa, le plus ancien parti chiite d'Irak. Cet attentat, qui a entraîné la mort de dix Irakiens et fait huit blessés (dont deux Américains), aurait été provoqué par l'explosion d'obus piégés, placés dans le coffre de la voiture du kamikaze. À l'instar d'autres membres du Conseil, Ezzedine Salim avait refusé la protection des militaires américains, comme l'a précisé Dan Senor, porte-parole de la coalition. Des neveux et des cousins assuraient sa protection. Âgé de 61 ans, il avait passé la plus grande partie de sa vie en exil, en Iran.

Faut-il réformer les 35 heures ?

Villiers-le-Bel (Val-d'Oise), lundi 17
Venu inaugurer l'Institut des métiers de l'artisanat, Jacques Chirac a répliqué à Nicolas Sarkozy qui, ce matin dans *Le Figaro*, se prononçait en faveur d'une réforme des 35 heures, qui sont selon lui un « contresens économique » et un « désastre financier ». Pour le ministre de l'Économie, il est possible de faire cohabiter deux systèmes, « un pour le salarié qui veut rester aux 35 heures et un pour celui qui souhaite travailler plus ». Le chef de l'État n'est pas de cet avis. Même s'il n'a jamais été persuadé du caractère positif de la réduction du temps de travail, la tenant pour « un frein au développement économique et donc à l'emploi », il estime qu'elle est « entrée dans nos habitudes ». D'où sa préférence pour des « aménagements légaux » du type de ceux qui sont déjà prévus par la loi Fillon. De la douceur plutôt qu'une réforme brutale.

Zoom sur

LA ROYAUTÉ ESPAGNOLE

Abolie en 1931, la monarchie fut officiellement rétablie en Espagne par le général Francisco Franco y Bahamonde en 1947, le trône restant toutefois vacant jusqu'à la mort du Caudillo (1975). Franco, en 1969, avait désigné comme futur roi d'Espagne le prince Juan Carlos de Bourbon (né en 1938), fils du comte de Barcelone, prétendant légitime mais hostile au régime. Intronisé le 22 novembre 1975, Juan Carlos Ier contribuera puissamment au rétablissement de la démocratie et à l'apaisement des passions politiques nées de la guerre civile. La Constitution de 1978 limite la fonction royale à un rôle essentiellement symbolique.

Premier procès des tortionnaires

Bagdad, mercredi 19
Pour l'un des témoins de la défense, le première classe Jeremy Sivits était un « soldat exemplaire ». Jeremy Sivits est l'un des tortionnaires de la prison d'Abou Ghraib et l'auteur des photos qui ont déclenché le scandale. Jugé en cour martiale, à Bagdad, pour maltraitance, pour manquement au devoir de protection des détenus et, enfin, pour conspiration en vue de maltraiter des détenus, il plaidait coupable. Sivits a été condamné à un an de prison et à la dégradation. Il sera exclu de l'armée après avoir accompli sa peine aux États-Unis. Ce premier procès devrait être prochainement suivi de ceux de trois autres tortionnaires, les sergents Javal Davis et Ivan Frederick et le caporal Charles Graner. Ils ont été inculpés ce matin devant la cour martiale.

Coups de théâtre au procès d'Outreau

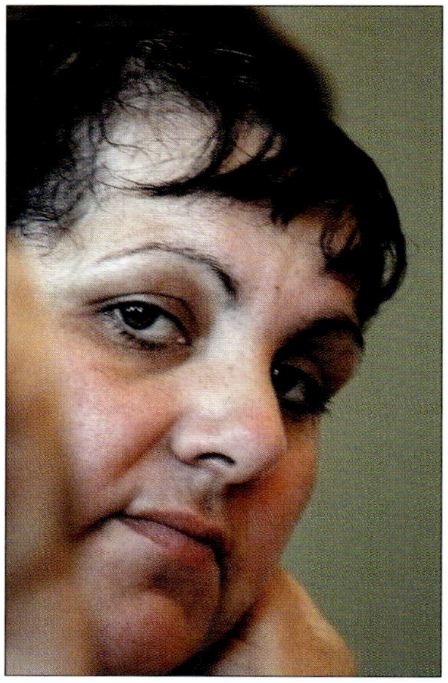

« Ce n'est pas évident de traiter les enfants de menteurs », se justifie Myriam Delay.

Saint-Omer, mercredi 19
Il était 19 h 05 hier quand la stupeur s'est abattue sur la cour d'assises. « Je suis une malade et une menteuse. J'ai menti sur tout. » Puis, se tournant vers chacun des treize accusés qui n'avaient cessé de se dire innocents : « Tu n'as rien fait ; toi non plus ; et toi non plus… » Au bout de deux semaines d'audiences, Myriam Delay, principale accusée mais aussi première accusatrice, a craqué. Les prévenus aussi. Après la stupeur sont venues les larmes, contrecoups nerveux, mélange de colère devant un tel gâchis et de soulagement. Enfin libres ! Eh bien, non ! À la reprise, aujourd'hui, nouveau coup de théâtre : les demandes de mise en liberté de sept des huit accusés qui sont encore détenus sont rejetées ! Le président Jean-Claude Monier semble dépassé. Comme le fut Fabrice Burgaud, le juge d'instruction. Toute l'institution judiciaire est mise en cause.

Paris, lundi 17
Philippe Douste-Blazy, ministre de la Santé, annonce qu'un euro par consultation médicale sera laissé à la charge des assurés afin de réduire le déficit de la Sécurité sociale. La CSG des retraités imposables subira une hausse de 0,4 point.

Paris, lundi 17
Selon *Le Figaro Entreprises*, les trois acteurs les mieux payés en 2003 ont été Gérard Depardieu (3 millions d'euros), Jean Reno (2 millions) et Daniel Auteuil (1,98 million).

Tokyo, lundi 17
Le prince héritier Nahurito explique que si la princesse Masako, son épouse, est « épuisée physiquement et mentalement », comme l'a révélé le palais, cela est dû aux contraintes de la vie à la cour impériale.

Tchétchénie, lundi 17
Le chef de guerre Chamil Bassaev revendique l'attentat qui a causé la mort d'Akhmad Kadyrov.

Strasbourg, mardi 18
La Cour européenne des droits de l'homme condamne la France pour avoir ordonné en 1996, par décision de justice, le retrait de la vente du livre du Dr Claude Gubler, *Le Grand Secret*, consacré à la maladie de François Mitterrand. Selon l'arrêt, si l'interdiction provisoire pouvait se justifier, le caractère définitif de la mesure ne répondait à « aucun besoin social impérieux ».

France, mardi 18
Le nombre de tués sur les routes de

Le 17, à Boston, Hillary (à g.) et Julie, qui sont à l'origine de la décision de la Cour suprême du Massachusetts ayant proscrit toute discrimination, sont unies par le pasteur William Sinkford, président de l'Association des unitariens universalistes (AUU). L'union du couple Goodridge a été également enregistrée à l'état civil. Le Massachusetts devient le premier État américain à célébrer légalement des mariages homosexuels.

Le prince Felipe et Letizia ont dit « sí »

Madrid, samedi 22
Le soleil aura été le seul à avoir décliné l'invitation. C'est donc sous une pluie torrentielle que, en fin de matinée, des dizaines de milliers d'Espagnols se sont massés dans les rues de Madrid pour complimenter le prince héritier Felipe de Bourbon, 36 ans, et Letizia Ortiz Rocasolano, 31 ans, dont l'union a été bénie en la cathédrale de l'Almudena. Ce mariage a déjà fait couler beaucoup d'encre. Pour les Espagnols attachés à la tradition, la couronne a commis un sacrilège en permettant à un futur roi d'épouser une roturière, divorcée de surcroît ! D'autres, en revanche, se sont réjouis de cette « démocratisation » du trône, d'autant que la princesse, issue d'un milieu modeste et ancienne journaliste vedette de la chaîne nationale de télévision TVE, avait la faveur du public. En marge de la fête, quelques dizaines de républicains ont manifesté pour en dénoncer le coût : on évoque le chiffre de 21 millions d'euros.

Le prince Felipe portait autour du cou l'ordre de la Toison d'or, créé en 1429.

On a retrouvé le corps de Jonathan

Guérande, vendredi 21
L'analyse ADN ne laisse, hélas, aucun doute : le corps découvert avant-hier soir dans la mare d'une propriété de Guérande (Loire-Atlantique), ligoté et lesté d'un parpaing, est bien celui de Jonathan, 11 ans, disparu dans la nuit du 6 au 7 avril d'un centre de vacances de Saint-Brévin-les-Pins, à 30 km de là. À l'information judiciaire contre X ouverte le 13 avril par le parquet de Saint-Nazaire pour « enlèvement et séquestration criminelle » s'ajoute le chef de « meurtre sur mineur de 15 ans ». Car si l'autopsie ne permet pas de dire s'il a subi des sévices, on sait qu'il n'est pas mort noyé. Un fait troublant a été porté à la connaissance du juge Benoît Lhusset : le 21 décembre 1995, Aurore Pinçon, 14 ans, avait disparu de Guérande pour ne jamais réapparaître.

Victime d'une campagne haineuse, Sonia Gandhi a renoncé

New Delhi, samedi 22
Manmohan Singh est officiellement le nouveau Premier ministre de l'Inde. Sonia Gandhi, qui aurait dû occuper son fauteuil, a en effet renoncé mardi dernier, découragée par la campagne haineuse que le BJP, grand perdant des législatives, avait orchestrée contre elle. Usant d'arguments racistes, le BJP lui reprochait de ne pas être une véritable Indienne, en raison de ses origines italiennes, mais également de manquer de compétence politique. Après avoir tout fait pour la convaincre de ne pas céder, le Parti du Congrès et ses alliés ont donc proposé Manmohan Singh à l'investiture. Ce sikh de 71 ans n'est pas un inconnu. Économiste réputé, formé à Oxford et à Cambridge, il fut, en tant que ministre des Finances dans le cabinet de P.V. Narasimha Rao (en 1990), l'artisan d'une importante libéralisation de l'économie.

À gauche, Manmohan Singh. Premier sikh à former un gouvernement et membre du Parti du Congrès, il a repris le flambeau abandonné par Sonia Gandhi (à droite).

France a chuté en 2003 de 20,9 % (5 731 morts) et celui des blessés graves de 20,3 %.

Lausanne, mardi 18
Le CIO retient les candidatures de Paris, New York, Moscou, Londres et Madrid pour organiser les JO de 2012. Décision le 6 juillet 2005.

Monde, mardi 18
À l'occasion de son 84e anniversaire, parution d'un livre de Jean-Paul II intitulé *Levez-vous ! Allons !*.

Vilnius, mardi 18
Bertrand Cantat fait appel de sa condamnation.

Makr al-Dib, mercredi 19
Quarante et un civils irakiens (dont 10 femmes et 15 enfants) qui célébraient une noce sont tués par un raid héliporté de l'armée américaine qui croyait viser des combattants islamistes en provenance de Syrie.

Bruxelles, mercredi 19
La Commission européenne donne son aval à la commercialisation d'un maïs transgénique, mettant fin *de facto* au moratoire observé depuis cinq ans.

Côte d'Ivoire, mercredi 19
Le président Laurent Gbagbo limoge l'ex-rebelle Guillaume Soro, ministre des Communications.

Nice, mercredi 19
Jean-Maurice Agnelet est mis en examen pour l'assassinat, en 1977, d'Agnès Le Roux.

Göteborg (Suède), mercredi 19
Football : Valence bat l'Olympique de Marseille (2-0) en finale de la Coupe de l'UEFA.

Palme d'or pour Moore

Ce prix devrait permettre au film de trouver un distributeur aux États-Unis.

Cannes, dimanche 23
L'attribution, hier soir, de la Palme d'or du 57ᵉ Festival de Cannes à l'Américain Michael Moore, pour *Fahrenheit 9/11*, suscite des remous. Au point que le jury a tenu une conférence de presse. « Nous n'avons élu le film de Moore que pour ses qualités artistiques, pas pour son message politique », a jugé nécessaire de préciser, en anglais, son président, le cinéaste Quentin Tarantino (*Kill Bill*). Deux ans après *Bowling for Columbine*, Moore livre, durant 1 h 55, une charge féroce contre George W. Bush. À l'aide d'images d'archives, qui constituent les deux tiers du film, il relate les intérêts du clan Bush dans l'industrie pétrolière texane ou ses liens avec la famille Ben Laden. La Maison-Blanche avait réagi, dès hier, en faisant savoir que ce film prouve au moins que « chacun a le droit de dire ce qu'il veut : c'est pour cela que l'Amérique est un grand pays ».

Le 23, après sa victoire à domicile contre Lille (3-0), l'Olympique lyonnais est sacré champion de France de football pour la 3ᵉ année consécutive. Un trophée que le PSG et l'AS Monaco auront âprement disputé, jusqu'à l'avant-dernière journée, à l'équipe du président Jean-Michel Aulas entraînée par Paul Le Guen. Seuls l'Olympique de Marseille (1989-1992) et l'AS Saint-Étienne (1967-1970) ont fait mieux avec quatre titres à la suite.

Le terminal 2E s'est effondré comme un château de cartes

Le terminal 2E a été notamment réalisé pour accueillir le futur Airbus A380 géant.

Roissy, dimanche 23
Quatre morts et trois blessés : le bilan aurait pu être beaucoup plus lourd. À l'heure où la catastrophe a eu lieu, soit à 6 h 57, il n'y avait pas grand monde dans le terminal 2E de Roissy-Charles-de-Gaulle. Conçu par l'architecte Paul Andreu comme un long couloir voûté de béton, d'acier et de verre, inauguré le 23 juin 2003 mais non encore totalement achevé, il s'est effondré sur une longueur d'une trentaine de mètres. Une information judiciaire a été dès aujourd'hui ouverte par le procureur de la République de la Seine-Saint-Denis pour « homicides involontaires et blessures involontaires ». Chargé de l'enquête, le juge d'instruction Roger Le Loire devra déterminer si l'accident est dû à un défaut de conception, à un défaut de construction, ou à une cause extérieure (par exemple un glissement de terrain). La CGT dénonce quant à elle « un chantier bâclé ».

Un axe chrétien à l'est de l'Europe

Mariazell, dimanche 23
Entre les XVᵉ et XVIIᵉ siècles, la Styrie, au sud-est de l'Autriche, a résisté aux assauts des Ottomans. Depuis le XIIIᵉ siècle, le village de Mariazell abrite une statue d'une Vierge à l'enfant. L'endroit était donc idéal pour que le cardinal Angelo Sodano, le secrétaire d'État du Vatican, appelle les Européens à se doter d'une « conscience commune » lors du « pèlerinage des peuples » qui s'achève. 100 000 catholiques ont assisté à l'office, dont Romano Prodi, le président de la Commission européenne, et les chefs d'État ou de gouvernement autrichien, polonais, tchèque, slovaque, hongrois, slovène, croate et bosniaque, formant ainsi l'ossature d'une Europe clamant sa fidélité à ses « fondements chrétiens ». Le « message de Mariazell », qui sera lu aux fidèles pour la Pentecôte, réclame que l'on « donne une âme » à l'Europe.

Kaboul, jeudi 20
Réouverture du cinéma Ariana, la plus belle salle d'Afghanistan, après un an de travaux. À l'affiche : *Astérix et Obélix contre César*.

Paris, jeudi 20
Midhat Guler, responsable de la mosquée Aya Sofya, est expulsé vers la Turquie en raison de ses activités au sein du mouvement Kaplan.

Lyon, samedi 22
Retour en France de l'imam Abdelkader Bouziane, la justice ayant annulé son arrêté d'expulsion.

Londres, samedi 22
Le Pakistan est réintégré dans le Commonwealth. Il en avait été exclu en 1999 après le coup d'État qui avait porté au pouvoir l'actuel président Pervez Mucharraf.

Papeete, dimanche 23
Les Polynésiens infligent un désaveu au Tahoeraa Huiraatira, le parti du sénateur UMP Gaston Flosse, dont les listes n'obtiennent que 28 des 57 sièges à l'Assemblée territoriale. Les indépendantistes, qui n'avaient que 10 élus, disposent de 27 sièges.

Allemagne, dimanche 23
Horst Köhler (conservateur), ancien directeur général du FMI, est élu président du pays pour un mandat de cinq ans renouvelable par l'Assemblée fédérale qui réunit les députés et les représentants des Länder.

DÉCÈS

Marseille, dimanche 23
Maxime Rodinson, islamologue (*26.1.1915).

Les camps palestiniens de Rafah attaqués par les Israéliens

Gaza, lundi 24
Engagée le 18 mai contre les camps de réfugiés de Rafah, au sud de la bande de Gaza, par les forces israéliennes, l'opération « Arc-en-ciel et nuages » se solde par un résultat militaire mitigé. Elle avait pour but de détruire tous les tunnels par lesquels les Palestiniens se ravitaillent en armes depuis l'Égypte. Trois seulement ont été découverts. Le coût humain de l'opération est particulièrement élevé : 43 Palestiniens tués et des dizaines d'habitations détruites. Le 19 mai, un hélicoptère et des chars avaient tiré un missile et des obus sur une manifestation pacifique, faisant une dizaine de victimes, des femmes et des enfants pour la plupart. Le soir même, le Conseil de sécurité de l'ONU appelait fermement Israël à respecter le droit international. Cette résolution avait l'aval de Washington. En effet, les États-Unis n'y ont pas opposé leur veto. Ils se sont seulement abstenus.

Panique à Rafah, après les tirs israéliens contre une manifestation de civils, le 19.

Bruxelles accepte de sauver Alstom

Bruxelles, mercredi 26
L'obstination française a payé : Alstom survivra. Seuls 8 500 emplois vont être supprimés sur les 100 000 en jeu. Son concurrent allemand, Siemens, devra attendre... Nicolas Sarkozy, ministre de l'Économie, a arraché à la Commission européenne l'autorisation que l'État entre dans le capital de la société, dans la limite de 31,5 %, pour une durée de quatre ans. Le temps que réclamait le groupe français pour se redresser – ses pertes s'élèvent en 2003 à 1,8 milliard d'euros – puis pour se développer. En contrepartie, Alstom devra céder 10 % de ses actifs – mais pas les Chantiers de l'Atlantique. En 2008, les actionnaires nouveaux ne pourront pas être français, sauf accord du commissaire à la Concurrence, Mario Monti, pour qui « tout a été fait ». Sarkozy traduit : « C'était ça ou le démantèlement. »

Le 26, le FC Porto remporte la Ligue des champions de football à Gelsenkirchen (Allemagne) face à l'AS Monaco (3-0), auteur d'un parcours exceptionnel. Les hommes de Didier Deschamps ont éliminé aux tours précédents le Real Madrid et Chelsea.

Les Inuits veulent revenir à Thulé

Strasbourg, mardi 25
En 1953, la tribu d'Inuits établie dans la région de Thulé (Groenland) depuis quatre millénaires était brutalement expulsée par le gouvernement danois pour permettre à l'armée américaine d'y installer une base nucléaire géante. Soit 187 personnes contraintes d'aller essayer de survivre plus au nord, sous des cieux moins cléments. Défendus par Me Christian Harlang, un avocat de Copenhague, les rescapés et leurs descendants ont déposé une plainte devant la Cour européenne des droits de l'homme. Ils exigent que le Danemark (dont le Groenland est une province) leur reconnaisse le droit au retour sur leurs terres ancestrales et suspende les accords signés le 19 mai dernier avec les États-Unis, accords leur permettant de faire de Thulé une pièce maîtresse de leur « bouclier antimissile ».

Trêve des combats dans la ville sainte

Le portrait de Moqtada al-Sadr brandi par ses partisans à Nadjaf, le 19 mai.

Nadjaf, jeudi 27
Les combats qui, à Nadjaf, opposaient les forces de la coalition à l'« armée du Mahdi » de Moqtada al-Sadr vont-ils cesser ? Après que ses troupes ont subi de lourdes pertes dans la ville sainte chiite (on parle de près de 300 morts), le jeune imam radical a signé une trêve au terme de laquelle les belligérants se retireraient pour laisser la place à des unités de sécurité irakiennes. Il aurait exigé que les poursuites lancées contre lui pour le meurtre, le 10 avril 2003, d'un dignitaire chiite, Abdel Majid al-Khoei, soient abandonnées. Moqtada al-Sadr semble avoir cédé à la pression de la population, lassée par les combats, et à celle des religieux chiites, inquiets de les voir se rapprocher du mausolée d'Ali. Mais il se pourrait également que l'imam, fort du prestige que lui aura conféré sa résistance à l'occupant, ait décidé d'abandonner la lutte armée en faveur du combat politique.

Caraïbes, mardi 25
En trois jours, des pluies diluviennes ont fait 1 397 morts à Haïti (996) et en République dominicaine (401). Plusieurs dizaines de milliers de personnes sont sans abri.

Vatican, mercredi 26
La dernière Coccinelle, produite au Mexique par Volkswagen en 2003, est offerte au pape.

Paris, jeudi 27
Entre 40 000 et 80 000 agents d'EDF-GDF manifestent contre la réforme du statut de leurs entreprises.

Santiago du Chili, vendredi 28
La cour d'appel lève l'immunité parlementaire d'Augusto Pinochet.

Corse, vendredi 28
La brigade de gendarmerie de Cauro est atteinte par une roquette.

Saint-Denis, samedi 29
Football : le PSG remporte la Coupe de France face à Châteauroux (1-0).

Arabie Saoudite, dimanche 30
Une prise d'otages menée par un groupe se revendiquant d'Al-Qaida se solde par 22 morts dans la ville pétrolière d'Al-Khobar.

Milan, dimanche 30
Damiano Cunego remporte le Tour d'Italie cycliste, dont Alessandro Petacchi a gagné neuf étapes.

Karachi, lundi 31
Un attentat dans une mosquée chiite fait 15 morts et 20 blessés.

DÉCÈS

Paris, lundi 31
Étienne Roda-Gil, parolier (*1.8.1941).

Le chaudron du Caucase

Les États du Caucase ressemblent à ceux des Balkans, dans la mesure où ils paraissent très compliqués vus du monde extérieur : un patchwork de peuples de différentes religions et origines ethniques se trouvant dans un espace géographique relativement restreint, et sur la ligne de partage, ô combien historique !, entre l'islam et le christianisme. Si les Balkans sont historiquement le lieu de rencontre et de conflits entre les empires romain, byzantin, ottoman et autrichien, le Caucase est l'objet depuis des siècles de la lutte d'influence entre les empires ottoman, russe et perse. Aujourd'hui, comme par le passé, c'est au Caucase, comme dans les Balkans, que les conflits s'enflamment, alimentés par l'expansionnisme américain dans une chasse gardée traditionnelle de la Russie.

Le 29 août 2004, Alu Alkhanov, le candidat de Moscou, est élu président de la République de Tchétchénie, obtenant 73,48 % dès le premier tour… Il succède à Akhmad Kadyrov, assassiné le 9 mai à Groznyï, sept mois seulement après son élection.

En fait, la complexité caucasienne est souvent exagérée, en partie par les acteurs eux-mêmes, et ceci afin de cacher la réalité de ces différents conflits, qui s'expliquent surtout par les intérêts des protagonistes comme de ceux qui les soutiennent plutôt que par les convictions idéologiques ou les grands principes – a fortiori par les vieilles haines séculaires. En outre, la référence à l'histoire et à la religion peut occulter le fait majeur de ces sociétés, à savoir qu'elles furent communistes, postnationales et athées pendant des décennies, avec tout le déracinement et toute la criminalisation que cela implique.

DES LIENS ANCESTRAUX AVEC LA RUSSIE

La géographie du Caucase explique un certain nombre de choses. Traversée par une chaîne de montagne qui culmine à plus de 5 600 mètres, cette région, qui s'étend entre la mer Noire et la mer Caspienne, est coupée en deux par une ligne nord-ouest/sud-est. Au sud des montagnes, dans la région qu'on appelait jadis la Transcaucasie, se trouvent les trois États souverains, la Géorgie, l'Arménie et l'Azerbaïdjan. Ces ex-républiques soviétiques, qui appartenaient déjà à l'Empire russe avant la révolution bolchevique de 1917, ont acquis leur indépendance avec l'effondrement de l'Union soviétique en 1991. Mais au XVIe siècle déjà, les princes caucasiens suppliaient le tsar de les protéger contre les Perses et les Turcs ; les premières forteresses russes datent de cette époque-là.

Au nord des montagnes se trouve la Russie, qui est un État fédéral. Pour des raisons historiques, les composantes de la Fédération russe dans le Caucase, comme d'autres régions limitrophes de la Russie, ont un statut particulier. La Tchétchénie, l'Ingouchie, le Daguestan, la Tcherkessie et l'Ossétie du Nord sont des républiques au sein de la Fédération russe, avec une autonomie importante vis-à-vis de Moscou. Depuis les accords de paix signés en 1996, la Tchétchénie jouit d'un statut particulier et d'une autonomie plus grande que les autres républiques. Malgré tout, ces régions sont gouvernées par Moscou, tandis que les États indépendants de Transcausasie ne le sont plus.

Il est capital de comprendre que la notion de nationalité, en Russie comme partout en ex-URSS, reflète l'influence de soixante-dix ans d'appartenance à l'Union soviétique. Si les différences religieuses et ethniques entre chacun des peuples du Caucase sont indéniables – les Tchétchènes et les Ingouches sont musulmans, les autres peuples chrétiens –, le fonds de loyauté politique vis-à-vis de Moscou demeure. Selon le vieux système en vigueur sous le communisme, l'URSS distinguait la « nationalité » de la « citoyenneté ». Les « nationalités » au sein de l'ex-URSS, et même au sein de la Fédération russe, ont été encouragées, de manière plus ou moins factice, par le pouvoir central. Il serait exagéré de dire qu'elles étaient une pure invention de Staline, mais sa défense d'identités nationales un peu folkloriques au sein de l'URSS lui a permis de présenter son empire comme une famille de peuples différents, unis par l'amitié et par la fraternité, masquant le fait que, dans un État hautement industrialisé et prolétarisé comme l'URSS, une grande partie des attributs de la nationalité, surtout la langue et la religion, avait été tout simplement effacée.

DES SUBDIVISIONS SOURCES DE CONFLITS

Avec l'effondrement de l'URSS, la question nationale est réapparue. De nouveaux États sont apparus, dont la création a servi un but : la destruction de l'Union soviétique. Il va sans dire qu'une façon d'affaiblir le pouvoir central d'un pays est d'alimenter des mouvements indépendantistes artificiels au sein des frontières d'un État. Au XIXe siècle, par exemple, la Grande-Bretagne s'était engagée en faveur du « peuple tcherkesse », au nord du Caucase, afin de saper le pouvoir du tsar dans cette région sensible. De même, le pouvoir soviétique a-t-il créé des divisions territoriales entre les États du Caucase, sans doute aussi dans le but de mieux les dominer.

Les trois États de la Transcaucasie ont ainsi des subdivisions internes. La petite Géorgie, par exemple, contient trois régions « autonomes » : l'Adjarie, l'Ossétie du Sud et l'Abkhazie. Ces autonomies existaient déjà sous le régime soviétique. L'Azerbaïdjan soviétique recouvrait non seulement la République autonome du Haut-Karabakh, peuplée majoritairement d'Arméniens, mais aussi une enclave territoriale à l'intérieur de l'Arménie voisine, le Nakhitchevan. L'autonomie au sein du régime soviétique était bien sûr des plus limitées, ces subdivisions relevant de la même logique de division interne que celle de la « nationalité » ; mais celles-ci ont fourni la base – comme dans les Balkans – à des conflits sanglants qui ont éclaté au début des années quatre-vingt-dix.

Ainsi le Haut-Karabakh a-t-il déclaré son indépendance de l'Azerbaïdjan en 1991, provoquant une guerre dont le résultat fut l'épuration ethnique de tous les Azerbaïdjanais

du Haut-Karabakh, l'indépendance de la République du Haut-Karabakh et l'occupation d'une partie considérable du territoire azerbaïdjanais par les troupes arméniennes. En Géorgie, deux régions ont fait sécession, l'Ossétie du Sud et l'Abkhazie, lors d'une série de guerres civiles qui a secoué la Géorgie pendant les premières années de son indépendance (1991-1992). Une troisième région, l'Adjarie, a également conquis une certaine autonomie suite à un bref conflit (1992), sans toutefois déclarer son indépendance formelle de la Géorgie.

Ces conflits furent, certes, alimentés par des sentiments nationaux. Il est indéniable qu'un vrai sentiment national existe, par exemple, dans le Haut-Karabakh. En même temps, ils ont aussi une explication politique plus banale. Les différentes guerres sécessionnistes en Géorgie ont suivi le renversement du président anticommuniste, Zviad Gamsakhourdia, et l'installation au pouvoir de l'ancien premier secrétaire du parti communiste, l'ancien ministre soviétique des Affaires étrangères, Édouard Chevardnadze. Surnommé « le bourreau de Tbilissi » par les Géorgiens eux-mêmes, cet homme était connu pour l'extrême brutalité de son règne. Les autorités des régions autonomes de Géorgie ont eu recours aux armes en partie pour se protéger du régime de Chevardnadze. Surtout, il faut comprendre que la vie politique dans un pays hautement criminalisé comme la Géorgie relève moins de questions nationales que de luttes entre différents clans et différents intérêts financiers et géopolitiques.

CONTRÔLER LA MER NOIRE ET LA MER CASPIENNE

Cette instabilité intrinsèque est aggravée par l'importance géopolitique du Caucase. Les Américains sont déterminés à étendre leur sphère d'influence dans cette région, et ceci dans le cadre d'une vaste opération visant à contrôler la majeure partie des ressources mondiales d'énergies fossiles. Or, il existe une quantité considérable de gaz et de pétrole dans la mer Caspienne. Le pétrole doit être transporté vers les marchés occidentaux par un oléoduc reliant Bakou (Azerbaïdjan) au port de Ceyhan, sur la côte sud de la Turquie, à travers la Géorgie.

Dans la « stratégie de sécurité nationale » publiée par la Maison-Blanche en septembre 2002, la protection des ressources énergétiques (« Energy Security ») a été clairement énoncée comme un but majeur de la politique militaire américaine. C'est la raison pour laquelle l'Otan a accepté – et même souhaité – que la Géorgie et l'Azerbaïdjan posent leur candidature pour adhérer à l'Alliance atlantique. Les troupes américaines sont déjà présentes en Géorgie, où elles forment l'armée géorgienne. Le président géorgien, Mikhaïl Saakachvili, installé au pouvoir en novembre 2003 lors d'une « révolution des roses » financée par les États-Unis, et le président de l'Azerbaïdjan, Ilham Aliev, étaient tous les deux invités au sommet de l'Otan tenu à Istanbul en juillet 2004.

Cette tentative de récupérer le Caucase s'inscrit dans le cadre d'une opération bien plus vaste, visant à accroître l'influence américaine autour de la mer Noire. Des bases militaires américaines sont déjà en place en Roumanie et en Bulgarie, deux pays qui doivent adhérer à l'Otan dans un proche avenir. Paul Wolfowitz, le numéro 2 du Pentagone, veut également intégrer l'Ukraine dans l'Alliance atlantique. Énoncé par certains stratèges comme Bruce Jackson, ce plan implique la protection du « corridor eurasiatique qui relie le système euro-atlantique avec les ressources énergétiques de la mer Caspienne et des États de l'Asie centrale » et vise à faire reculer l'influence de la Russie afin d'y promouvoir des changements politiques radicaux :

« Les buts à long terme de l'Occident sont que l'État russe se démocratise, et que Moscou abandonne sa vision historique de la géopolitique, selon laquelle les gains de l'un sont toujours les pertes de l'autre. Une politique qui laisserait la Russie exercer son influence dans la mer Noire retarderait la réalisation de ces deux buts, tandis que l'intégration des pays de la mer Noire dans les structures occidentales l'accélérerait [1]. »

Dernier point : c'est dans ce contexte général que doit être compris le soutien accordé par les États-Unis aux États indépendants de la Transcaucasie, mais aussi la surprenante indulgence exprimée par les néoconservateurs les plus influents à Washington à l'égard des terroristes tchétchènes. À peine une semaine après le massacre de Beslan en septembre 2004, le secrétaire d'État américain, Colin Powell, a reproché à Moscou son intransigeance vis-à-vis de l'indépendantisme tchétchène, exigeant une « solution politique » à cette crise. Pour leur part, les néoconservateurs soutiennent le Comité pour la paix en Tchétchénie qui partage les mêmes buts. Un moyen, là encore, d'affaiblir la Russie.

(1) "The Black Sea and the Frontiers of Freedom", *Policy Review*, juin et juillet 2004

Du 1er au 3 septembre 2004, des terroristes tchétchènes importent le conflit qui les oppose à Moscou dans la province russe d'Ossétie du Nord et prennent en otage dans une école 1 100 enfants, parents et enseignants. Bilan : au moins 366 morts dont 156 enfants.

John Laughland

Une solide voiture à 5 000 euros pour les pays émergents

Présentée aujourd'hui par Renault, la Logan sera d'abord construite à Pitesti, en Roumanie, par Dacia la marque roumaine rachetée par Renault en 1999.

Guyancourt (Yvelines), mercredi 2
Un moteur de Clio ou de Mégane, une version allongée de la Nissan Micra et de la future Clio, le train avant de la Clio actuelle. Cinq passagers, quatre portes, une construction robuste, sans fioritures, des équipements simplifiés mais aux normes. Des lignes agréables sans être révolutionnaires. Telle est la Logan, que Renault a conçue pour les pays émergents, et qui sera construite dans un premier temps en Roumanie, à l'enseigne de sa filiale Dacia. Avant d'aller à la conquête d'autres marchés, de la Turquie à la Chine, de l'Iran à la Colombie, de la Russie au Maghreb, où le nom de Renault se substituera à celui de Dacia, prestige oblige. Cette berline sera vendue dès septembre en Roumanie au prix plancher de 5 000 euros. Contrairement à ce qui avait été prévu au départ, la Logan devrait être aussi commercialisée ultérieurement en Europe occidentale.

Le 5, à Roland-Garros, Anastasia Myskina, 22 ans, est la première Russe à remporter un tournoi de tennis du Grand Chelem. Elle a dominé en finale sa compatriote Elena Dementieva (6-2, 6-1).

Le patron de la CIA démissionne

Washington, jeudi 3
« George Tenet a accompli un boulot superbe pour l'Amérique. » C'est en ces termes très conventionnels que le Président des États-Unis a annoncé la démission, remise et acceptée hier, du patron de la CIA (Central Intelligence Agency). D'origine albanaise, âgé de 51 ans, George John Tenet dirigeait la CIA depuis 1997. Mais sa position était devenue intenable. Tenet s'était attiré l'inimitié des « faucons » du gouvernement en raison de son hostilité à une intervention en Irak, dont il pressentait qu'elle ne serait pas facile. Toutefois, il lui était surtout reproché, et cette fois par tout le monde, ce n'avoir pas été capable de prévenir les attaques du 11 septembre 2001, et d'avoir été un peu trop affirmatif quant à l'existence d'un arsenal irakien d'armes de destruction massive, resté introuvable.

À la recherche de nouvelles énergies

Bonn, vendredi 4
La Ire conférence internationale pour les énergies renouvelables a réuni, dans l'ex-capitale allemande, 3 600 personnes issues de 154 pays, dont 121 chefs d'État et ministres. Au-delà d'une déclaration d'intention floue accompagnée d'un plan d'action peu précis, l'Allemagne, à l'initiative de ce sommet, s'est félicitée d'une prise de conscience collective de nature à permettre aux deux milliards d'humains qui en sont privés d'accéder à l'électricité. L'éolien, le solaire, la géothermie et la biomasse ne représentent aujourd'hui que 1,5 % de la production mondiale électrique. 80 % proviennent des énergies fossiles (le pétrole, le gaz, le charbon), polluantes, épuisables et sources de conflits. Dans le non-dit, ce dernier point devient central : plus les énergies renouvelables se développeront, moins les États-Unis seront puissants…

Le Président Ronald Reagan est mort

Los Angeles, samedi 5
Atteint depuis de longues années par la maladie d'Alzheimer, l'ancien Président américain Ronald Reagan s'est éteint à l'âge de 93 ans (*6.2.1911). Sa carrière aura été atypique. Journaliste sportif, puis acteur à Hollywood (bien meilleur qu'on ne l'a dit), il débuta en politique dès 1947 en prenant la tête du syndicat des acteurs de cinéma, ce qui l'amena à participer à la chasse aux « sorcières » communistes. Gouverneur républicain de la Californie de 1967 à 1974, il exercera deux mandats successifs à la Maison-Blanche (1981-1989), marqués au sceau du libéralisme économique et du conservatisme social. Mais, pour ses admirateurs, il restera celui qui aura mis l'URSS à genoux en la poussant à des dépenses militaires au-dessus de ses moyens. Le 12 juillet 2003, celle qui est désormais sa veuve, Nancy, avait inauguré un porte-avions nucléaire portant son nom.

Quito (Équateur), mardi 1er
Jennifer Hawkins, Miss Australie, est élue Miss Univers 2004.

Paris, mardi 1er
Météo France lance une nouvelle carte de vigilance, qui inclut les risques de canicule.

Valence (Drôme), mardi 1er
Fernand Blanc, le chauffard de 82 ans qui avait causé la mort de cinq pompiers le 29 novembre 2002 à Loriol, est condamné à 4 ans de prison, dont 18 mois fermes.

Haïti, mardi 1er
Début de la mission de la Minustha, mission de stabilisation des Nations unies en Haïti, commandée par le général brésilien Augusto Heleno Ribeiro Pereira, qui comprendra à terme 6 700 casques bleus.

Irak, mardi 1er
Le sunnite Ghazi al-Yaouar est désigné président par le Conseil intérimaire de gouvernement.

Italie, mardi 1er
Jean Todt devient directeur général de Ferrari.

Union européenne, mardi 1er
Mise en circulation de la nouvelle carte grise européenne.

Paris, mercredi 2
Selon l'Institut national d'études démographiques (Ined), l'espérance de vie des Français était en 2003 de 82,9 ans pour les femmes contre 75,9 pour les hommes.

France, mercredi 2
Sortie en salles de *Harry Potter et le prisonnier d'Azkaban*, réalisé par Alfonso Cuaron.

Noël Mamère marie des homosexuels

Bègles (Gironde), samedi 5
« Au nom de la loi, je vous déclare unis par les liens du mariage. » Faisant fi des mises en garde, Noël Mamère, ceint de l'écharpe tricolore, a célébré ce matin dans sa mairie de Bègles, ville limitrophe de Bordeaux, le premier mariage homosexuel de l'histoire de France. Un hebdomadaire a pris en charge, contre l'exclusivité des droits photo, les frais vestimentaires et l'achat des alliances de Bertrand Charpentier, magasinier de 31 ans, et Stéphane Chapin, un aide-soignant de 34 ans, qui se connaissent depuis trois ans. Puis ils sont sortis sous une pluie de grains de riz roses… À la demande du garde des Sceaux, le préfet a engagé une requête en nullité de ce mariage illégal. Des sanctions, pouvant aller jusqu'à la révocation, devraient être prises contre l'élu, qui ne fait pas l'unanimité à gauche : Lionel Jospin a tenu à rappeler que « le mariage est l'union d'un homme et d'une femme ».

Bertrand Charpentier (à g.) et Stéphane Chapin ont été unis par Noël Mamère.

La situation reste confuse au Kivu

Bukavu, dimanche 6
Le calme est précaire à Bukavu, malgré le retrait du général dissident Laurent Nkunda et de ses hommes. Depuis le 26 mai, des combats les opposaient à l'armée régulière, pour protéger selon eux les Banyamulenge, des Congolais d'origine tutsi. Cette raison ne paraît toutefois pas très sérieuse : la mission de l'ONU en République démocratique du Congo (Monuc) affirme ne pas avoir décelé de signes de « génocide ». La rébellion de Nkunda s'explique un peu mieux lorsque l'on sait que le Kivu (région frontalière du Rwanda, à l'est de la RDC), dont Bukavu est la ville principale, est convoité par le Rwanda pour ses richesses naturelles, et que le général rebelle, d'origine tutsi, est très lié à Paul Kagamé, le président tutsi du Rwanda… Ce soir, la Monuc a pris le contrôle de Bukavu.

Zoom sur

LE RENSEIGNEMENT AUX ÉTATS-UNIS

Quinze organismes différents se partagent les tâches de renseignement. Ce sont principalement : le FBI (créé en 1908), aux missions de contre-espionnage et de lutte antiterroriste ; la CIA (créée en 1947), chargée de l'espionnage ; la NSA (créée en 1952), chargée du renseignement électronique et gérant le réseau Échelon ; le NRO (créé en 1960), responsable des satellites d'observation ; la DIA (créée en 1961), spécialisée dans le renseignement militaire. Pour coordonner l'action de ces organismes et mettre fin à leurs rivalités, George W. Bush a créé en 2002 le département de la Sécurité intérieure (le DHS).

Cérémonies du 60e anniversaire du Débarquement

Calvados, dimanche 6
Les cérémonies du 60e anniversaire du débarquement allié en Normandie ont donné lieu à des gestes symboliques de première importance, à commencer par la présence pour la première fois d'un chancelier allemand. Jacques Chirac a donné à Gerhard Schröder une longue accolade au Mémorial de Caen et l'a assuré que les Français le recevaient « en frère ». Lequel a reconnu la responsabilité de son pays devant l'Histoire. Au cimetière de Colleville-sur-Mer, où 9000 soldats américains reposent, George W. Bush a accueilli le président français en lui lançant que « la grande alliance pour la liberté […] est toujours nécessaire aujourd'hui », allusion à peine voilée aux dissensions dans l'affaire irakienne. À Arromanches, devant des chefs d'État tels Vladimir Poutine et Élisabeth II, le président de la République a décoré de la Légion d'honneur 22 anciens combattants du Jour J : un par pays allié.

France, jeudi 3
Jacques Santini, sélectionneur de l'équipe de France de football, annonce qu'il quittera ses fonctions après l'Euro 2004.

Lyon, jeudi 3
L'imam Abdelkader Bouziane est mis en examen pour « complicité d'apologie de crimes et provocation à la violence ».

Inde, vendredi 4
Somnath Chatterjee est le premier communiste à être élu président de la chambre basse du Parlement depuis l'indépendance en 1947.

Paris, dimanche 6
Tennis : l'Argentin Gaston Gaudio remporte Roland-Garros face à son compatriote Guillermo Coria (0-6, 3-6, 6-4, 6-1, 8-6).

Paris, dimanche 6
Tennis : le Français Gaël Monfils remporte le titre juniors du tournoi de Roland-Garros.

Tel-Aviv, dimanche 6
Le Palestinien Marouane Barghouti est condamné à cinq peines de réclusion à perpétuité pour sa responsabilité dans des attentats ayant coûté la vie à cinq Israéliens.

Israël, dimanche 6
Le gouvernement adopte le plan de retrait de la bande de Gaza.

DÉCÈS

Modène (Italie), mercredi 2
Nikolaï Ghiaurov, chanteur lyrique bulgare (*13.9.1929).

Rome, vendredi 4
Nino Manfredi, acteur (*22.3.1921).

La fièvre remonte en Côte d'Ivoire

Abidjan, lundi 7
Jets de pierres contre l'ambassade de France, Français molestés dans la rue, véhicules de l'ONU pris à partie… Les jeunes partisans du président Laurent Gbagbo ont embrasé Abidjan, galvanisés par les discours anti-Français de son épouse. Samedi, à Anyama, Simone Gbagbo avait accusé la France d'être « complice des rebelles », précisant que son mari n'avait pas pour habitude de « prendre ses instructions à l'Élysée ». Cet accès de francophobie, attisé par l'attitude ambiguë de Laurent Gbagbo (parti hier aux États-Unis), est partagé paradoxalement par certains éléments de l'ex-rébellion… La nuit dernière, un groupe armé est entré dans la zone de confiance et a attaqué des postes de l'opération Licorne et des forces ivoiriennes. Les Français ont été contraints de faire usage de leurs armes.

Funérailles royales de Louis XVII à la basilique Saint-Denis

L'office est célébré par Mgr Jean Honoré en présence du nonce apostolique en France, Mgr Fortunato Baldelli, et de l'ancien évêque d'Autun, Mgr Armand Le Bourgeois. Dans l'urne de cristal repose le cœur desséché de Louis XVII.

Saint-Denis, mardi 8
Le 8 juin 1795, Louis XVII, fils de Marie-Antoinette et de Louis XVI, rendait son âme à Dieu dans la prison du Temple, où il était détenu depuis le 13 août 1792. La tuberculose emportait, à l'âge de dix ans, Louis-Charles, devenu Louis XVII à la mort de son père, le 21 janvier 1793. Le doute sur sa mort ayant traversé les siècles, permettant à des usurpateurs plus ou moins sincères de se réclamer de sa descendance et de prétendre au trône, il fallut attendre l'expertise génétique du cœur subtilisé par le médecin légiste sur le cadavre pour être certain, en 2000, qu'il s'agissait bien du « fils Capet ». C'est ce cœur qui fait l'objet d'une déposition solennelle dans la crypte de la basilique Saint-Denis. Le cardinal Jean Honoré, archevêque émérite de Tours, a célébré la messe devant les principales familles princières d'Europe, avant que Louis-Alphonse de Bourbon ne dépose l'urne dans la crypte royale.

La voix de Ray Charles ne mourra pas

Beverly Hills, jeudi 10
C'était un chanteur à l'état pur. Sa voix synthétisait dans un continuum d'une richesse inouïe tous les élans du corps, du cœur et de l'âme. De son vrai nom Ray Robinson, Ray Charles était né à Albany, en Géorgie, le 23 septembre 1930. Aveugle depuis l'enfance, mais doué de l'oreille absolue, il symbolisera le génie de la communauté noire des États-Unis en créant un style, la soul, au croisement du gospel, du blues et du jazz. Le monde entier sera bouleversé aux accents de *What'd I Say*, de *Georgia on My Mind* ou de *Hit the Road Jack*. The « Genius », comme on l'avait très justement surnommé, était également un brillant pianiste, aussi bien marqué par l'œuvre de Bach que par celle d'Art Tatum. Qu'il ait un peu trop sacrifié au « show-business » et parfois cédé à la facilité n'enlève rien à son héritage. Il est mort à son domicile de Beverly Hills, en Californie.

Le lundi 7, à Paris, Marie-José Pérec annonce qu'elle renonce à la compétition. Elle a remporté trois titres olympiques : le 400 m en 1992 et en 1996, et le 200 m en 1996 (ci-dessus, à Atlanta).

Devenir irlandais sera plus difficile

Dublin, vendredi 11
L'an dernier, 60 % des femmes de plus de 16 ans ayant demandé à bénéficier de l'asile politique en Irlande étaient enceintes. À 35 %, elles provenaient du Nigeria ; à 12 % de Roumanie. Bertie Ahern, le Premier ministre, voit dans ces chiffres le signe que « des femmes sont prêtes à venir ici pour accoucher quand bien même elles n'ont aucune relation avec notre pays et ne veulent même pas vivre ici ». Pour endiguer ce « tourisme de la nationalité », favorisé par un droit du sol exclusif, il proposait qu'un enfant ne puisse plus obtenir la nationalité irlandaise que si l'un de ses parents au moins est irlandais ou si ses parents, étrangers, ont résidé au moins trois ans en Irlande durant les quatre ans précédant sa naissance. À 79,17 %, les Irlandais ont dit oui à cette réforme constitutionnelle.

Paris, lundi 7
Une coupure d'électricité, décidée par la CGT-Énergie, paralyse le trafic gare Saint-Lazare.

Kigali, lundi 7
L'ancien président rwandais Pasteur Bizimungu, un Hutu qui avait soutenu la rébellion tutsie en 1994, est condamné à 15 ans de prison pour atteinte à la sécurité nationale, détournement de fonds et incitation à la division ethnique.

Jérusalem, mardi 8
Deux membres du Parti national religieux, opposés au plan de retrait de Gaza, quittent le gouvernement et la Knesset, privant Ariel Sharon de majorité absolue à l'Assemblée.

Milan, mardi 8
Arrestation de l'Égyptien Rabei Osman Sayed Ahmed, accusé d'être le cerveau des attentats de Madrid.

Paris, mercredi 9
Dominique Baudis, président du Conseil supérieur de l'audiovisuel, annonce le lancement de la TNT, la télévision numérique terrestre, pour le 1er mars 2005.

Cologne, mercredi 9
L'explosion d'une bombe dans une rue commerçante d'un quartier turc fait 17 blessés.

Ankara, mercredi 9
Les quatre anciens députés kurdes condamnés le 21 avril à 15 ans de prison et incarcérés depuis 1994 sont libérés.

Sea Island (États-Unis), mercredi 9
Le G8 avalise le projet américain de Grand Moyen-Orient.

À Boston, le mardi 8, le Français Michel Desjoyeaux remporte la Transat anglaise en solitaire en 8 jours, 8 heures, 29 minutes et 55 secondes. Il bat le record de Francis Joyon, établi en 2000.

L'euroscepticisme progresse dans l'UE

Bruxelles, dimanche 13
Un mois et demi après l'élargissement de l'Union européenne de 15 à 25 pays, 349 millions d'électeurs étaient appelés à aller voter, la plupart ce dimanche – les scrutins britannique et hollandais ont eu lieu jeudi, l'irlandais et le tchèque vendredi – pour désigner 732 députés parmi 14 669 candidats. Comment les Européens allaient-ils se comporter? Le moins que l'on puisse dire est qu'il n'y a pas eu d'« europhorie », néologisme barbare utilisé par ceux qui espéraient un engouement des citoyens de l'UE. Le taux d'abstention atteint 55,8 % et, curieusement, il est moins élevé dans l'Europe des Quinze (52,2 %) que dans celle des dix nouveaux membres (74 %). Le record est atteint en Slovaquie, où seuls 17 % des électeurs se sont déplacés, la Pologne ne faisant guère mieux avec un taux de participation d'à peine plus de 20 %. Le deuxième enseignement est que les électeurs ont, presque partout, voulu marquer leur défiance aussi bien à l'égard du pouvoir en place que vis-à-vis d'une construction européenne qui leur paraît ne pas assez tenir compte des impératifs sociaux et, pour certains, des intérêts nationaux. Seuls l'Espagne (où les socialistes triomphent), les Pays-Bas, la Grèce, le Luxembourg et la Finlande font exception à la règle. Au Royaume-Uni, le Parti travailliste de Tony Blair ne recueille que 22,3 % dans un scrutin marqué par les 12 sièges obtenus par l'Ukip (le Parti pour l'indépendance du Royaume-Uni), farouchement hostile à la construction européenne, qui passe de 6,5 % en 1999 à 16,8 %. En Pologne, les sociaux-démocrates au pouvoir sont laminés (10,3 %) au profit des listes de la droite catholique, eurosceptique ou populiste, qui totalisent 45 % des voix. En Suède, la surprise vient de la Liste de juin, mouvement souverainiste créé en février, et qui recueille 14,4 %. Même phénomène en Autriche, où Hans-Peter Martin, qui avait axé sa campagne sur la dénonciation de la corruption dans les instances européennes, obtient 14 %. En République tchèque, le Parti social-démocrate au pouvoir s'effondre sous les 9 %, au profit du Parti démocratique civique du président Václav Klaus, très réservé à l'égard de l'Union européenne (30 %) et des communistes (20 %), tout aussi eurosceptiques. En Allemagne, le verdict des urnes est interprété comme une sanction à l'encontre du chancelier Gerhard Schröder, dont le SPD (21,5 %) perd neuf points par rapport à 1999 au profit des conservateurs de la CDU-CSU (36,5 %). Silvio Berlusconi, en Italie, n'a guère mieux résisté, la liste de centre gauche, soutenue par Romano Prodi, se hissant à 31,5 %. En France, l'UMP connaît une nouvelle déroute, à 16,6 %, ce qui pose encore une fois la question du maintien de Jean-Pierre Raffarin à Matignon, d'autant que l'UDF, avec près de 12 %, talonne le parti présidentiel. Quant au Parti socialiste, il enregistre le meilleur score de son histoire à un scrutin européen, avec 28,9 %. Au total, le Parlement européen sera à tonalité de centre droit. Mais sans que se dessine de majorité absolue en son sein.

En France, l'inquiétude face à l'« insécurité sociale » permet au Parti socialiste de François Hollande (à g.) d'obtenir un score historique. Au Royaume-Uni, Robert Kilroy Silk, leader de l'Ukip, ébranle l'establishment en défendant l'indépendance nationale.

Le Vlaams Blok gagne du terrain

Anvers, dimanche 13
Guy Verhofstadt, le Premier ministre belge, un libéral flamand, s'était fixé un objectif prioritaire: endiguer la poussée continue, depuis le début des années 1980, du Vlaams Blok, le mouvement nationaliste flamand. C'est un échec. Lors de ces élections régionales, tenues le même jour que les européennes, le Blok a encore progressé, devenant, avec 24,2 % des voix, contre 15,5 % en 1999, le deuxième parti de Flandre. Dans son fief d'Anvers, il est même en tête, avec plus de 30 % des suffrages, et peut donc espérer conquérir la ville aux élections municipales de 2006. Le président du Blok, Frank Vanhecke, a appelé tous les partis à lever le « cordon sanitaire » qui lui interdit de participer au pouvoir, sur le modèle de ce qui a été fait en Italie, où l'Alliance nationale de Gianfranco Fini siège au gouvernement.

Paris, jeudi 10
Valéry Giscard d'Estaing siège pour la première fois au Conseil constitutionnel dont il est membre de droit depuis 1981.

Paris, jeudi 10
Brigitte Bardot et son éditeur sont condamnés à 5 000 euros d'amende pour « provocation à la haine raciale » dans *Un cri dans le silence*.

Paris, vendredi 11
Le Cour de cassation rejette le pourvoi formé par Maurice Papon.

Pau, vendredi 11
Basket : Pau-Orthez conserve le titre de champion de France.

Paris, vendredi 11
En acquérant 28,9 % du capital du Club Méditerranée, le groupe Accor en devient le premier actionnaire.

Le Mans, dimanche 13
24 Heures du Mans auto : victoire de l'Audi R8 n° 5 du Japonais Seiji Ara, de l'Italien Rinaldo Capello et du Danois Tom Kristensen, lequel égale le record de six victoires détenu par le Belge Jacky Ickx.

Grenoble, dimanche 13
Cyclisme : l'Espagnol Iban Mayo remporte le Dauphiné libéré.

France, dimanche 13
Allan gagne la « Sevran Academy ».

DÉCÈS

Vittel, jeudi 10
Le colonel Antoine Argoud, ancien chef de l'OAS (*26.6.1914).

Paris, jeudi 10
Odette Laure, comédienne (*Odette Dhommée, 28.2.1917).

Trente ans pour Francisco Arce Montes

Il ne devrait pas pouvoir être libéré avant l'âge de 74 ans (croquis d'audience).

Rennes, lundi 14
Francisco Arce Montes regrette : « J'ai dérapé, je ne voulais pas sa mort. » Peut-être. Mais le résultat est là. Le 18 juillet 1996 au matin, c'est morte que Caroline Dickinson, originaire de Cornouailles, a été retrouvée, dans la chambre qu'elle partageait, avec cinq camarades, dans l'auberge de jeunesse de Pleine-Fougères, en Ille-et-Vilaine. Elle avait 13 ans et demi. Elle était morte et l'Espagnol, ce « routard de l'agression sexuelle qui, depuis vingt ans, parcourt l'Europe pour satisfaire ses pulsions », tel que l'avocat général l'a décrit, l'avait violée. Il a fallu cinq ans pour qu'il soit arrêté, presque par hasard, à Miami, alors que 3 700 tests ADN avaient été pratiqués en vain, que 7 500 personnes avaient été interrogées, que trois juges s'étaient succédé. La cour d'assises, siégeant dans le Parlement de Bretagne, l'a condamné à trente ans de réclusion criminelle. Avec une peine de sûreté de vingt ans.

Première libération pour Action directe

Une trentaine de personnes sont venues à Bapaume pour accueillir Joëlle Aubron.

Bapaume, mercredi 16
Après dix-sept ans d'incarcération, elle a été remise en liberté. Condamnée à deux reprises à la prison à perpétuité, avec ses camarades du groupe Action directe (Jean-Marc Rouillan, Nathalie Ménigon et Georges Cipriani), pour les meurtres du général René Audran (en 1985) et de Georges Besse, p-dg de Renault (en 1986), Joëlle Aubron, âgée aujourd'hui de 45 ans, avait été transférée en 1999 au centre de détention de Bapaume (Pas-de-Calais). Sa libération a été décidée en raison de son état de santé. Atteinte d'un cancer avec des métastases au cerveau, elle avait été opérée le 16 mars dernier au CHRU de Lille. Tout en admettant l'échec de la stratégie « révolutionnaire » d'Action directe, Joëlle Aubron n'a jamais renié ses engagements. À sa sortie, elle devait d'ailleurs déclarer que la libération de ses amis restait pour elle « une bataille toujours en cours ».

L'indépendantiste Oscar Temaru élu président de la Polynésie

Oscar Temaru (à dr.) succède à Gaston Flosse (à gauche), en poste depuis 1984.

Papeete, lundi 14
Il a 59 ans, il est maire de Faaa, la ville la plus peuplée de l'archipel polynésien, depuis 1983, il a créé en 1977 le Front de libération de la Polynésie française. Il s'appelle Oscar Temaru, il a servi la France durant 35 ans comme douanier, et le voici donc devenu président de la Polynésie française, titre qui lui échoit en vertu de l'attribution au territoire du statut de pays d'outre-mer au sein de la République. Son prédécesseur, le chiraquien Gaston Flosse, ne présidait que le gouvernement de la Polynésie. L'accession au pouvoir de cet indépendantiste est la conséquence du scrutin du 23 mai. La Polynésie va-t-elle faire sécession ? « L'indépendance n'est pas à l'ordre du jour », a déjà dit Temaru. Cet homme controversé, père de sept enfants, dont on connaît l'engagement maçonnique, a fait de la croix du Christ l'emblème de son parti. Sa vocation de jeunesse était de devenir prêtre.

Bagdad n'était pas lié à Al-Qaida

Washington, mercredi 16
George W. Bush avait justifié l'attaque de l'Irak par deux raisons : les armes de destruction massive détenues par Saddam Hussein et le soutien fourni par Bagdad à Al-Qaida. Or, ces raisons ne tiennent plus aujourd'hui. Après les armes de destruction massive, dont ni l'ONU ni la coalition n'ont pu établir l'existence, ce sont aujourd'hui les liens avec Al-Qaida qui sont démentis. Et ils le sont par la commission indépendante créée par le Président des États-Unis lui-même pour enquêter sur les attentats du 11 septembre 2001 ! Dans un rapport intermédiaire, les enquêteurs reconnaissent n'avoir découvert aucune preuve de tels liens, précisant que des contacts noués par l'intermédiaire du gouvernement soudanais ne « se sont apparemment traduits par aucune collaboration ».

Aix-la-Chapelle (All.), lundi 14
Jacques Chirac annonce le maintien de Jean-Pierre Raffarin à Matignon.

France, mardi 15
Air France reprend ses vols Paris-Téhéran, suspendus depuis 1997 pour absence de rentabilité.

Europe, mardi 15
Lancement en France, au Royaume-Uni et en Allemagne du service de vente de musique en ligne d'Apple : iTunes Music Store.

Detroit, mardi 15
Basket : les Pistons de Detroit sont sacrés champions de la NBA.

France, mercredi 16
En ouverture de la IIe Semaine du développement durable, Serge Lepeltier, ministre de l'Écologie, lance l'opération « Merci d'épargner ma boîte aux lettres », qui vise à endiguer l'afflux de publicités indésirables et à limiter ainsi la consommation de papier.

Bègles, jeudi 17
Noël Mamère est suspendu de ses fonctions de maire durant un mois pour avoir célébré un mariage gay, mesure selon lui « disproportionnée, scandaleuse et déplacée », contre laquelle il engage deux recours devant le tribunal administratif.

Paris, jeudi 17
Le Parlement instaure une Journée nationale de solidarité en faveur des personnes âgées, qui entraînera dès 2005 la suppression d'un jour férié.

Bagdad, jeudi 17
Un attentat à la voiture piégée contre un centre de recrutement de

L'oligarque qui défiait Vladimir Poutine au banc des accusés

La fortune personnelle de Khodorkovski a été évaluée à 15 milliards de dollars.

Moscou, mercredi 16
Mikhaïl Khodorkovski ne manque en tout cas pas de cran, pour un homme que Vladimir Poutine a juré d'abattre et qui est accusé de « fraude fiscale à grande échelle et en groupe organisé ». Défiant avec hauteur ses juges, l'ancien patron du groupe pétrolier Ioukos a rejeté sa culpabilité, en exigeant d'être remis en liberté, ce qui ne lui sera bien sûr pas accordé. À l'ouverture de son procès, il a comparu en compagnie de Platon Lebedev, son principal associé et ancien numéro 1 de Menatep, le holding auquel était rattaché Ioukos. Depuis l'arrestation de Khodorkovski et de Lebedev, l'an dernier, l'action de Ioukos n'a cessé de chuter. Le groupe est aujourd'hui au bord de la faillite et se trouve dans l'incapacité de régler les 3,4 milliards de dollars d'arriérés d'impôts qui lui sont réclamés. En fait, la seule question est de savoir par qui Poutine fera racheter Ioukos.

Sarkozy veut faire baisser les prix

Paris, jeudi 17
Nicolas Sarkozy avait pour ambition de faire baisser de 5 %, en septembre, les prix des produits de marque dans la grande distribution. Réunis à Bercy, les partenaires concernés (producteurs, distributeurs, consommateurs) se sont mis d'accord sur un chiffre nettement plus modeste : 2 % en septembre donc, répercutés à égalité par les producteurs et les distributeurs, auxquels devra en fin d'année s'ajouter une baisse de 1 % prise sur les marges arrière. C'est très insuffisant pour UFC-Que Choisir, qui estime que cette baisse ne constituera pour les consommateurs qu'une compensation symbolique pour les hausses qu'ils ont subies depuis deux ans. Des hausses qui, toujours selon cette association de défense des consommateurs, auraient justifié une baisse radicale des prix, de l'ordre de 15 à 20 %.

Zoom sur

LA POLYNÉSIE FRANÇAISE

Depuis le 27 février, la Polynésie française est un « pays d'outre-mer au sein de la République » (POM). Elle est gouvernée par un président de la Polynésie élu par l'Assemblée de la Polynésie (57 membres élus pour cinq ans) et par un gouvernement nommé par un arrêté du président. Cette assemblée adopte des lois dites « du pays » dans les domaines du droit du travail, du droit civil et de la fiscalité. Elle vote également le budget et les comptes de la collectivité. La Polynésie française peut être représentée dans tout État reconnu par la France. Elle bénéficie d'une préférence locale en matière d'emploi.

L'Europe a finalisé sa Constitution

Bruxelles, vendredi 18
« Historique », tel est le mot qui revient le plus souvent après que les 25 chefs d'État ou de gouvernement de l'UE ont adopté le texte de la Constitution européenne appelée à entrer en vigueur en 2006 si tous les pays la ratifient, soit par voie parlementaire, soit, ainsi que neuf pays l'ont déjà prévu, par référendum. Après d'âpres tractations relatives au poids de chacun des États, il a été décidé qu'à partir de 2014, la Commission ne comprendrait plus autant de membres que de pays mais que sa composition serait limitée aux deux tiers du nombre d'États. Le seuil requis pour l'adoption de décisions à la majorité qualifiée a été revu à la hausse. Il exigera l'accord d'au moins 15 pays représentant 65 % de la population de l'UE. Celle-ci sera dotée d'un président du Conseil et d'un ministre des Affaires étrangères.

Le 18, l'ancien footballeur Pascal Olmeta remporte *La Ferme Célébrités*, émission de téléréalité produite par Endemol et diffusée par TF1. Il était opposé en finale à la chanteuse Ève Angeli et à Élodie Gossuin, Miss France 2001, élue en mars conseillère régionale (UDF) de Picardie. Sa victoire va rapporter 250 000 euros à l'association caritative « Les Williams en Corse ».

l'armée irakienne fait 35 morts et 138 blessés.

Washington, jeudi 17
George W. Bush maintient qu'« il y avait une relation entre l'Irak et Al-Qaida » et « qu'il y avait de nombreux contacts entre Saddam Hussein et Al-Qaida ».

Algérie, vendredi 18
Nabil Sahraoui, chef présumé du Groupe salafiste pour la prédication et le combat (GSPC), et trois de ses adjoints sont abattus par l'armée algérienne.

Riyad (Arabie Saoudite), vend. 18
Abdel Aziz al-Mouqrin, chef présumé d'Al-Qaida dans le pays, est abattu par les forces de l'ordre.

Paris, vendredi 18
Première journée de cotation pour le titre Snecma. La mise en vente de 35 % du capital du motoriste attire 800 000 actionnaires particuliers.

Inde, vendredi 18
La sortie du film indien *Girlfriend*, réalisé par Karan Razdan et mettant en scène une relation lesbienne, suscite des émeutes. Des cinémas sont attaqués dans tout le pays par des fondamentalistes hindous.

DÉCÈS

Bangkok, mercredi 16
Le maréchal Thanom Kittikachorn, Premier ministre thaïlandais de 1963 à 1973 (*11.8.1911).

Varsovie, jeudi 17
Jacek Kuron, intellectuel, un des fondateurs du syndicat Solidarnosc (*3.3.1934).

Les Tchétchènes en Ingouchie

Ingouchie, mardi 22
Un groupe armé a mené une attaque foudroyante en Ingouchie, une petite république de la Fédération de Russie, à la frontière ouest de la Tchétchénie. Plusieurs localités ont été visées, dont Nazran, capitale économique du pays. On dénombrera 98 tués et 104 blessés, surtout des militaires et des policiers. Aboukar Kostoïev, ministre ingouche de l'Intérieur, figure parmi les victimes. Le plus inquiétant, pour les Russes, est que ce groupe armé était apparemment formé de « boïviki » tchétchènes auxquels se seraient joints des Ingouches. Ce qui prouverait que les indépendantistes tchétchènes peuvent non seulement frapper hors de leurs frontières, ce que l'on savait déjà, mais encore, et surtout, déstabiliser l'ordre établi dans les républiques caucasiennes restées dans l'orbite de Moscou.

Le procès Dutroux se clôt sur un sentiment d'inachèvement

Arlon, mardi 22
Le procès de Marc Dutroux et de ses comparses devait durer deux mois. Il en aura fallu quatre pour ne toujours pas savoir. Même le procureur du roi, Michel Bourlet, qui avait dit « avoir un os dans le gosier depuis huit ans », a confié n'avoir « jamais tué la thèse du réseau ». « Cette affaire n'est pas finie », a-t-il ajouté. Reconnu coupable, le 17 juin, de l'enlèvement, de la séquestration et du viol de six jeunes filles, et de la mort de quatre d'entre elles, Marc Dutroux est condamné à la réclusion criminelle à perpétuité. Pour Michèle Martin : 30 ans, pour séquestrations. Pour Michel Lelièvre : 25 ans, pour enlèvements. Mais les douze jurés, qui, à sept contre cinq, avaient jugé que Michel Nihoul était impliqué dans les enlèvements, sollicités une seconde fois, l'ont blanchi. Il n'est condamné qu'à 5 ans pour des délits mineurs. Dutroux n'était donc qu'un « prédateur isolé »...

Me Ronny Baudewyn n'a pas convaincu le jury que son client « n'est pas un tueur ».

Dans la matinée du lundi 21, cet étrange appareil décolle de l'aéroport du désert Mojave (Californie). Il est constitué en réalité d'un biréacteur, *White Knight*, portant sous son ventre un petit avion-fusée, *SpaceShipOne*, à bord duquel a pris place Mike Melvill, 62 ans. Parvenu à 15 km d'altitude, *White Knight* libérera *SpaceShipOne* qui, propulsé par son moteur-fusée, atteindra l'altitude de 100,12 km. Pendant quatre minutes, Mike Melvill se retrouvera en apesanteur... Financé par Paul Allen, l'un des fondateurs de Microsoft, et conçu par l'ingénieur Burt Rutan, *SpaceShipOne* a fait entrer le secteur privé dans l'aventure spatiale. Des vols touristiques avec passagers pourraient être organisés... pour 100 000 dollars l'aller-retour.

Poussée anti-guerre en Corée du Sud

Séoul, jeudi 24
Un vent de révolte souffle en Corée du Sud depuis l'annonce, mardi, de la décapitation de Kim Sun-il, un interprète sud-coréen de 33 ans enlevé à Fallouja. Des manifestations ont eu lieu hier à Séoul et à Pusan (d'où était originaire la victime) pour dénoncer le déploiement de soldats sud-coréens en Irak. Aujourd'hui, 365 associations pacifistes ont formé un collectif pour exiger du Premier ministre, Goh Kun, le retrait de son projet d'envoi de 3 600 soldats supplémentaires en août prochain. De leur côté, une cinquantaine de députés venant de la majorité et de l'opposition ont déposé au Parlement un projet de motion dans le même sens. Dans une très courte intervention à la télévision, le président Roo Moo-hyun a déclaré qu'il était capital d'appuyer les États-Unis en Irak, alors que 37 000 soldats américains continuent de garantir la sécurité de la Corée du Sud.

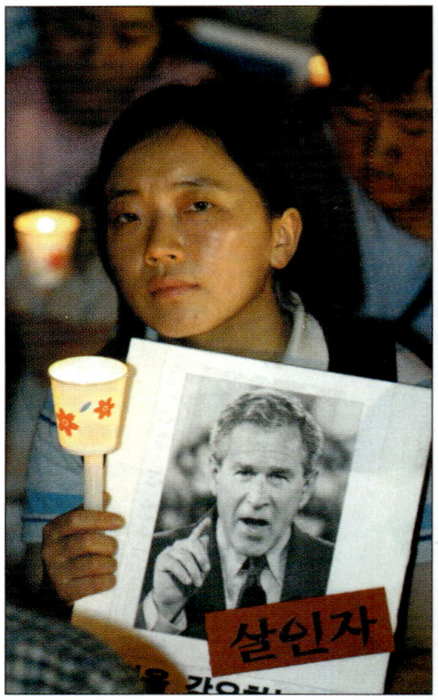

Mercredi soir, veillée aux chandelles à Séoul, à la mémoire de l'otage assassiné.

Paris, lundi 21
Élue le 13 juin députée européen, Tokia Saïfi, secrétaire d'État au Développement durable, quitte le gouvernement.

Iran, lundi 21
La Marine iranienne arraisonne trois navires militaires britanniques qui naviguaient dans ses eaux territoriales du delta du Chatt al-Arab, partagé entre l'Iran et l'Irak, et arrête huit soldats de la Royal Navy.

Paris, mardi 22
Jacques Chirac donne son aval à la candidature de Nicolas Sarkozy à la présidence de l'UMP sous réserve qu'il quitte le gouvernement.

Paris, mardi 22
Selon l'association France Alzheimer, 769 000 personnes sont atteintes de cette maladie dégénérative, et 135 000 cas nouveaux sont recensés chaque année en France.

Vilnius (Lituanie), mardi 22
Bertrand Cantat renonce à faire appel de sa condamnation.

Bruxelles, mercredi 23
Marc Dutroux se pourvoit en cassation.

Bruxelles, mercredi 23
Le Premier ministre irakien, Iyad Allaoui, demande à l'Otan d'aider son pays à former ses forces de sécurité.

La Courneuve, mercredi 23
Les barres Ravel et Picasso de la cité des 4 000 sont détruites.

France, mercredi 23
Parution de *Ma Vie*, de Bill Clinton.

Travailler plus pour le même prix

Francfort, jeudi 24
Le chantage à la délocalisation porte ses fruits en Allemagne : la direction de Siemens a fait plier le pourtant très puissant syndicat IG Metall. Lequel a signé un accord prévoyant le retour aux 40 heures hebdomadaires (au lieu des 35 actuelles) sur les sites de Bocholt et de Kamp-Lintfort, sans augmentation de salaire. Quant aux primes de Noël et de vacances, elles seront remplacées par un bonus hypothétique, calculé en fonction des résultats. C'était ça ou la délocalisation en Hongrie d'environ 2 000 emplois sur les quelque 4 500 que comptent les deux sites. La seule compensation obtenue par IG Metall est la garantie que ces emplois seront maintenus pendant deux ans. D'autres accords du même type sont en cours de négociation chez Bosch, Daimler-Benz, Porsche BMW et Philips.

L'équipe de France sort la tête basse de l'Euro de football

La déception est cruelle pour Thierry Henry (à g.), que Zizou vient réconforter.

Lisbonne, vendredi 25
L'équipe de France de football, tenante du titre, rentre à la maison. Elle vient d'être sortie de l'Euro 2004 en quarts de finale, où elle était déjà parvenue par miracle, par une équipe de Grèce face à laquelle elle a semblé inhibée, dénuée d'inspiration, languissante même, à se demander si elle avait envie de vaincre. C'est Angelos Charisteas qui, de la tête, a inscrit le but victorieux à la 65e minute au milieu d'une défense aussi passive que l'attaque avait semblé impuissante. Le onze tricolore, même s'il a marqué sept buts en trois matches, a toujours semblé douter, ne battant l'Angleterre (2-1) le 13 que dans le temps additionnel, subissant la Croatie (2-2) le 17 et ne dominant la Suisse (3-1), le 21, que sur l'expérience. L'effectif et le dispositif de jeu sont mis en cause. Après l'élimination de l'Espagne, de l'Allemagne, de l'Italie et de l'Angleterre, une page du football européen se tourne.

Le Président Bush avocat des Turcs

Newmarket-on-Fergus, samedi 26
C'est au château de Dromoland, dans le comté de Clare, en Irlande, qu'a pris fin le sommet annuel entre Européens et Américains. Hier, son ouverture et la venue du Président George W. Bush avaient fait descendre dans les rues de Dublin des milliers d'Irlandais hostiles à la politique étrangère américaine. Le sommet, quant à lui, n'a apporté qu'un élément concret : un accord de compatibilité entre le GPS et le futur système de navigation européen Galileo. Mais à la conférence de presse finale, Bush n'a pas manqué l'occasion de faire la leçon à ses hôtes. Il a affirmé que des négociations devraient être ouvertes « immédiatement » pour faire entrer la Turquie dans l'Union européenne. Un prélude au sommet de l'Otan, qui se tiendra justement lundi en Turquie où Bush est arrivé ce soir.

Opération dans la casbah de Naplouse

Les funérailles de Nayef Abou Charekh ont eu lieu le lendemain, à Naplouse.

Naplouse, samedi 26
Pour le Premier ministre israélien, c'est « un succès majeur ». Traqué depuis des mois, Nayef Abou Charekh, chef des Brigades des martyrs d'Al-Aqsa en Cisjordanie, a été abattu avec cinq de ses compagnons, à Naplouse. Il avait trouvé refuge dans le dédale des caves de la casbah. Au cours d'une opération coup de poing, les commandos israéliens, agissant sur renseignement, ont pu localiser la maison sous laquelle il était caché et la cerner. Ils ont jeté des grenades dans la cache et anéanti ses occupants avec des tirs de mitrailleuse. Nayef Abou Charekh était considéré comme le commanditaire de plusieurs attentats meurtriers en Israël. Lors de la même opération, une autre personnalité de l'Intifada a également trouvé la mort : il s'agit de cheikh Ibrahim, le responsable du Djihad islamique pour la Cisjordanie. Plusieurs militants du Hamas ont aussi été tués.

Le 26, le Stade français conserve le titre de champion de France de rugby au Stade de France face à Perpignan (38-20). À 38 ans, son buteur, Diego Dominguez, qui a inscrit 17 points, prend sa retraite.

Publiées hier aux États-Unis (*My Life*), les Mémoires de l'ancien Président s'y sont déjà vendues à 400 000 exemplaires.

Rennes, mercredi 23
Francisco Arce Montes fait appel de sa condamnation.

Paris, mercredi 23
Jean-Marie Messier est mis en examen pour « manipulation de cours, diffusion de fausses informations et abus de biens sociaux » dans l'affaire Vivendi.

Téhéran, jeudi 24
L'Iran libère les huit marins de la Royal Navy.

Philippines, jeudi 24
Le Congrès proclame la réélection de Gloria Arroyo à la présidence du pays lors du scrutin du 10 mai.

Varsovie, jeudi 24
L'économiste et atlantiste convaincu Marek Belka est investi par la Diète à la tête du gouvernement.

Haïti, vendredi 25
Le Brésil prend le commandement de la force de maintien de la paix.

États-Unis, vendredi 25
Sortie en salles de *Fahrenheit 9/11*, le documentaire de Michael Moore.

Bruxelles, dimanche 27
La Commission européenne suspend ses sanctions contre Microsoft.

Lituanie, dimanche 27
Élection à la présidence du pays de Valdas Adamkus, déjà chef de l'État de 1999 à 2003.

Serbie, dimanche 27
Le pro-européen Boris Tadic est élu à la présidence du pays.

Transfert de souveraineté à Bagdad

Bagdad, lundi 28
Le 30 juin, date à laquelle le pouvoir devait être remis par la coalition au gouvernement provisoire irakien, était attendu avec inquiétude, la guérilla risquant fort de profiter de l'occasion pour mener des opérations spectaculaires. C'est la raison pour laquelle la date a été avancée de 48 heures. Une cérémonie a donc eu lieu dans la zone verte, avec un échange de documents entre l'administrateur civil américain, Paul Bremer, et le Premier ministre de l'Irak, Iyad Allaoui. Selon la résolution 1546 du Conseil de sécurité, adoptée le 8 juin dernier, l'Irak recouvre une souveraineté pleine et entière. Mais le gouvernement provisoire ne pourra prendre aucune décision ayant effet au-delà d'une période intérimaire. Un calendrier de normalisation a été fixé par la résolution : des élections devront avoir lieu avant le 1er février 2005 pour former « une Assemblée nationale de transition » dont l'une des principales tâches sera la rédaction d'une Constitution permanente. Un gouvernement également de transition sera nommé après les élections. Il devra remettre le pouvoir à un gouvernement élu, au plus tard le 31 décembre 2005. Quant aux forces de la coalition, elles resteront en Irak tant que le gouvernement provisoire et, ensuite, le gouvernement de transition le leur demanderont. La coalition conservera toute latitude de mener des opérations contre ceux qui veulent compromettre « par la violence l'avenir politique de l'Irak ». Le chef de la coalition siégera au Comité ministériel pour la sécurité nationale. Paul Bremer, qui a quitté Bagdad après la cérémonie, laisse la place à un ambassadeur, le premier envoyé par les États-Unis depuis la guerre du Golfe. Il s'agit de John Negroponte.

Le Premier ministre irakien, le chiite Iyad Allaoui, prête serment sur le Coran.

Le retour du droit à Guantanamo

Washington, lundi 28
C'est une victoire pour le droit. Dans deux arrêts d'ores et déjà considérés comme historiques, la Cour suprême des États-Unis reconnaît aux personnes détenues arbitrairement dans le cadre de la lutte antiterroriste (et en vertu du Patriot Act voté par le Congrès le 25 octobre 2001), le droit de contester leur emprisonnement devant un tribunal américain. Ces arrêts concernent tous les « combattants irréguliers », talibans ou autres, actuellement en prison aux États-Unis, mais aussi ceux qui ont été incarcérés dans la base américaine de Guantanamo, à Cuba, pour échapper aux juridictions du territoire national. Ces arrêts ne remettent pas fondamentalement en cause le Patriot Act en tant que tel. Mais ils en limitent le champ d'application : Guantanamo cesse ainsi d'être une zone de non-droit.

Ils sont entrés dans la légende de la télévision française

Georges de Caunes avait accompagné Paul-Émile Victor au Groenland, en 1948.

France, lundi 28
Leur nom restera à jamais associé aux grandes heures de la télévision française. Ils sont morts aujourd'hui tous les deux, Marcel Jullian (*31.1.1922) à Paris, Georges de Caunes (*26.4.1919) à La Rochelle. Historien populaire et scénariste à succès, tant au cinéma (*La Grande Vadrouille*, 1966) qu'à la télévision, Marcel Jullian avait été l'un des principaux artisans du renouvellement des programmes télévisés en tant que président d'Antenne 2, de 1975 à 1977. C'est lui qui, entre autres innovations, créera *Apostrophes* pour Bernard Pivot. Georges de Caunes, lui, était un pur journaliste, qui débutera à la radio à la Libération et sera un présentateur vedette du journal télévisé de 1963 à 1966. Également ancien directeur des sports de TF1 (1975-1978), l'élégant et charmeur Georges de Caunes était le père du journaliste, acteur et réalisateur Antoine de Caunes.

Le 29, *Le Petit Larousse* publie son édition du centenaire, dont la couverture et les lettrines des pages intérieures sont dues au couturier Christian Lacroix.

Paris, lundi 28
La cour d'appel condamne l'État à verser 35 000 euros de dommages et intérêts à chacun des époux Villemin pour « faute lourde du service public de la Justice » dans l'enquête inaboutie sur la mort de leur fils Grégory, en octobre 1984.

Strasbourg, lundi 28
Christophe Morat, séropositif, est condamné à six ans de prison pour « administration de substance nuisible ayant entraîné une infirmité permanente ». Il avait contaminé en toute connaissance de cause deux de ses petites amies.

Clermont-Ferrand, lundi 28
Le neurochirurgien Gilles Colnet, poursuivi pour avoir pratiqué entre 1995 et 1998 des interventions abusives du dos sur seize patients, est condamné à deux ans de prison ferme, 30 000 euros d'amende et à l'interdiction définitive d'exercer.

Tripoli, lundi 28
L'inauguration d'un bureau de liaison américain par le secrétaire d'État adjoint William Burns marque la reprise des relations diplomatiques entre les États-Unis et la Libye, rompues en 1981. Le Président Ronald Reagan estimait alors que Kadhafi était « l'homme le plus dangereux du monde ».

France, mardi 29
Les tribunaux de grande instance de Bordeaux et de Lyon déboutent plus de 400 chômeurs « recalculés », jugeant que le contrat les liant aux Assedic ne relève pas du droit privé.

Zoom sur

JOHN NEGROPONTE

C'est un ambassadeur de combat que George W. Bush a nommé à Bagdad. Ce diplomate âgé de 64 ans a fait ses classes au Vietnam, où il a été associé à des opérations « tordues ». Mais sa réputation se fera surtout au Honduras, où il sera ambassadeur des États-Unis (de 1981 à 1985). Chargé de faire du Honduras la base arrière des *contras* en lutte contre les sandinistes au pouvoir au Nicaragua, il aura aussi pour tâche de stopper la contagion révolutionnaire en Amérique centrale et, bien sûr, au Honduras même où il laissera opérer les escadrons de la mort du Battalión 3-16 créé par la CIA. Il était ambassadeur aux Nations unies depuis septembre 2001.

Le Portugais José Manuel Durão Barroso à la tête de l'Europe

Bruxelles, mardi 29
Le 18 juin encore, les 25 chefs d'État et de gouvernement de l'UE n'étaient pas parvenus à s'entendre sur un candidat consensuel pour succéder à Romano Prodi, le 1er novembre prochain, comme président de la Commission européenne. Paris et Berlin soutenaient le Premier ministre belge, Guy Verhofstadt. Rome et Londres défendaient le Britannique Chris Patten, ex-gouverneur de Hong Kong. L'unanimité s'est faite au final sur le nom de José Manuel Durão Barroso, actuel Premier ministre du Portugal, qui devra toutefois être adoubé, fin juillet, par le Parlement européen. À 48 ans, cet ancien militant maoïste a fait carrière au sein du Parti social-démocrate (PSD) portugais, mouvement de centre droit. Partisan d'une intégration européenne plus marquée, il est aussi pro-américain. C'est lui qui avait organisé, aux Açores, le sommet Bush-Blair-Aznar où s'était décidée l'offensive contre l'Irak.

La transition devrait être aisée entre José Manuel Durão Barroso (à g.) et Romano Prodi, qui le tient pour « un homme compétent » et « un homme de dialogue ».

On ne badine pas avec la laïcité

Strasbourg, mardi 29
Les islamistes turcs ont subi un grave revers à... Strasbourg ! C'est en effet devant la Cour européenne des droits de l'homme que s'était pourvue Leyla Sahin, étudiante en médecine exclue de la faculté d'Istanbul en 1998 pour s'être présentée à un examen avec un foulard sur la tête. Leyla Sahin voyait dans cette mesure une violation de la Convention européenne des droits de l'homme (article 9, relatif à la liberté de conscience et de religion), dont la Turquie est signataire. Notant que le Conseil d'État turc a toujours estimé que le port du foulard était « incompatible avec les principes fondamentaux de la République », et que son interdiction à la faculté de médecine d'Istanbul était justifiée par le double principe de laïcité et d'égalité, la Cour a débouté Leyla Sahin.

Un nouveau tueur en série, Michel Fourniret, passe aux aveux

Il pourrait avoir tué aussi Céline Saison, 18 ans, et Mananya Thumpong, 13 ans.

Dinant (Belgique), mercredi 30
Huit jours après le verdict du procès Dutroux, voilà donc que ça continue... Encore un tueur en série, et à nouveau un récidiviste... Et c'est encore une fois en Belgique que ça se passe... Michel Fourniret, 62 ans, accusé par sa femme d'avoir commis dix crimes entre 1987 et 2001, vient d'en reconnaître six. Ce Français, décrit comme forestier mais sans profession réelle, s'était installé à Sart-Custinne, dans les Ardennes belges. En juin 2003, il a été arrêté pour avoir tenté d'enlever une enfant de 13 ans. Vendredi, la cour d'appel de Liège devait se prononcer sur sa remise en liberté. C'est ce qui a incité Monique Olivier, son épouse et complice, à parler. Elle sait très bien ce qui s'est passé : elle lui servait de rabatteuse... Fourniret a donc en partie avoué. Oui, il a enlevé, violé et assassiné : Isabelle Laville, 17 ans, le 11 décembre 1987 près d'Auxerre, qui était jusqu'alors comptabilisée parmi les « disparues de l'Yonne » ; puis ce fut Fabienne Leroy, 20 ans, le 4 août 1988, près de Mourmelon, dans la Marne, là où l'adjudant Pierre Chanal avait sévi. Comme s'il s'était appliqué à brouiller les pistes... Vint le tour de Jeanne-Marie Desramault, 22 ans, le 18 mars 1989, à Charleville-Mézières. Ce furent ensuite Élisabeth Brichet, 12 ans, à Namur, le 20 décembre 1989, et Natacha Danais, 13 ans, le 21 novembre 1990 en Vendée. Il y a aussi Farida Hamiche, la femme de l'un de ses anciens compagnons de cellule, pour des raisons non élucidées. Car Fourniret a fait de la prison. Arrêté en 1984 pour une série d'attentats à la pudeur et de viols, il fut condamné par la cour d'assises de l'Essonne, le 26 juin 1987, à sept ans de prison dont deux avec sursis. Et libéré en octobre suivant. Des fouilles vont avoir lieu dans le parc du château de Sautou, à Donchery, près de Sedan, où Fourniret dit avoir enterré deux corps.

Nouméa, mardi 29
Marie-Noëlle Thémereau est élue à la présidence du gouvernement collégial de Nouvelle-Calédonie. Déwé Gorodey, indépendantiste, est élu vice-président.

Bas-Rhin, mardi 29
Le corps de Jeanne-Marie Kegelin, 11 ans, qui avait disparu le 18 juin à Rhinau, est découvert dans un ruisseau de Valff, à 20 km de chez elle. Le vélo de Julie Scharsch, qui avait disparu le 25 juin à Schirmeck, est retrouvé à Barembach.

Bagdad, mardi 29
Les ambassadeurs des États-Unis, d'Australie et du Danemark présentent leurs lettres de créances au chef de l'État, ce qui vaut reconnaissance du nouveau régime.

Istanbul, mardi 29
Jacques Chirac juge « irréversible » l'entrée de la Turquie dans l'UE et dit à George Bush : « Nous sommes des amis, pas des serviteurs. »

Algérie, mercredi 30
La chaîne Al-Jezira est interdite de diffusion pour accorder trop de temps de parole aux opposants au président Abdelaziz Bouteflika.

Paris, mercredi 30
La chambre de l'instruction de la cour d'appel donne son accord à l'extradition de Cesare Battisti, lequel se pourvoit en cassation.

Marseille, mercredi 30
Robert Louis-Dreyfus, actionnaire principal de l'Olympique de Marseille, est mis en examen pour « abus de biens sociaux ».

Constitution européenne, mode

Le 29 octobre 2004, à Rome, dans la salle du Capitole où la Communauté économique européenne (CEE) est née en 1957, les vingt-cinq chefs d'État et de gouvernement de l'Union européenne ont signé le traité instituant une Constitution pour l'Europe. Il s'agit là d'une étape importante dans le processus d'unification politique, économique et sociale qui, amorcé au lendemain de la Seconde Guerre mondiale, a vu se succéder différents traités, régulièrement révisés – tels l'Acte unique (1986), autorisant notamment la libre circulation au sein du territoire européen, et le traité de Maastricht (1992), acte de naissance de l'Union et de la monnaie unique.

Le Parlement européen de Strasbourg.

Après Maastricht, la construction européenne a donné de sérieux signes d'essoufflement, les traités d'Amsterdam (1997) et de Nice (2001) n'ayant pas permis de répondre à des questions essentielles à la pérennité de l'Union européenne, notamment dans la perspective de l'élargissement à vingt-cinq – survenu le 1er mai 2004 –, et de l'accueil ultérieur de nouveaux États membres. Lors du Conseil européen de Laeken en décembre 2001, les Quinze, soucieux d'éviter tout risque de paralysie, ont décidé de convoquer une Convention chargée d'établir un texte susceptible d'améliorer le fonctionnement futur de l'Europe. Présidée par Valéry Giscard d'Estaing et composée de cent cinq membres, cette Convention a présenté, le 16 juillet 2003, un projet de Constitution pour l'Europe, dont la version définitive a été acceptée le 18 juin 2004, à Bruxelles, par les chefs d'État et de gouvernement des pays membres.

Ce traité constitutionnel se compose de 450 articles, divisés en quatre parties : la première, après un préambule exposant les valeurs de l'Union (liberté, démocratie, etc.), définit ses compétences, ses objectifs, ses institutions et les procédures décisionnelles ; la deuxième contient la Charte des droits fondamentaux ; la troisième traite des politiques et des actions de l'Union (monnaie, transports, recherche, etc.), la dernière portant sur les procédures d'adoption et de révision du traité.

LE RÔLE DU PARLEMENT RENFORCÉ

Le processus d'unification doit en permanence chercher à concilier les extrêmes : désir de se fédérer et crainte de perdre sa souveraineté nationale, bien sûr, mais aussi légitimité des États et légitimité des peuples. Compromis souvent arrachés à l'issue d'interminables tractations, les textes des traités et des conventions sont souvent confus et tortueux. De même, les attributions des différentes institutions placées à la tête de l'Union sont difficilement compréhensibles par les citoyens. D'où les fréquentes critiques formulées à l'égard de l'Europe, considérée avant tout comme le règne, peu démocratique, de la technocratie. Rassemblant et complétant tous les accords précédents, le projet de Constitution vise aussi à répondre à ces critiques en valorisant la dimension démocratique de l'Europe et en redéfinissant les compétences respectives des États et de l'Union et, au sein de celle-ci, des institutions dirigeantes.

Les défenseurs du projet l'affirment haut et fort : le Parlement, organe représentatif des citoyens des États membres, est le grand bénéficiaire du traité, car ses fonctions de colégislateur, d'autorité budgétaire et de contrôle politique de l'exécutif sont largement renforcées. Il sera également chargé d'élire le président de la Commission, sur proposition du Conseil européen. Le projet prévoit en outre que les députés, élus tous les cinq ans au suffrage universel direct, passeront du nombre actuel de 732 à un maximum de 750, répartis proportionnellement selon le poids démographique de chaque pays.

Véritable porte-parole des intérêts communs des États, la Commission européenne est chargée de proposer les lois, de garantir la bonne application du droit communautaire et d'exécuter les politiques adoptées par le Conseil de l'Union. Outre le nouveau mode d'élection de son président, le projet prévoit, à partir de novembre 2014, une réduction du nombre de ses membres : de vingt-cinq aujourd'hui – c'est-à-dire un par État –, il passera aux deux tiers du nombre de pays membres.

RÉFORME DU CONSEIL EUROPÉEN

Au moins deux fois par an – habituellement en juin et en décembre –, dans l'État assurant la présidence tournante de l'Union, le Conseil européen réunit les chefs

d'emploi

d'État et de gouvernement des pays membres et le président de la Commission, qui définissent ensemble, par consensus, les grandes orientations politiques de l'Europe. Le traité constitutionnel prévoit la suppression des présidences semestrielles tournantes : applicables dans une Europe réduite, elles sont en effet très problématiques dans une Union élargie, chacun des vingt-cinq États membres étant actuellement conduit à en assumer les fonctions… tous les douze ans et demi ! Le projet propose de les remplacer par un président du Conseil européen, élu par celui-ci pour une durée de deux ans et demi, avec un mandat renouvelable une fois. Il aura pour tâche d'animer le Conseil européen et de représenter l'Union à l'extérieur. Autre innovation institutionnelle, le Conseil nommera à la majorité qualifiée un ministre des Affaires étrangères – il sera également vice-président de la Commission –, responsable de l'ensemble de la politique extérieure de l'Union.

Composé d'un représentant par État membre pour chaque ministère, le Conseil de l'Union – ou des ministres –, enfin, est actuellement le principal centre de décision de l'Europe. Le projet stipule qu'il siégera non plus à huis clos, mais en public, et qu'il exercera ses fonctions budgétaire et législative conjointement avec le Parlement. Pour éviter les blocages, est également prévu un nouveau système de vote à la majorité qualifiée, définie « comme étant égale à au moins 55 % des membres du Conseil, comprenant au moins quinze d'entre eux et représentant au moins 65 % de la population de l'Union ».

Parmi les autres nouveautés, l'Union européenne sera dotée d'une personnalité juridique qui lui permettra de signer officiellement des conventions, de accords et des traités internationaux. De même, l'intégration de la Charte des droits fondamentaux est généralement considérée comme une réelle avancée. Proclamée en 2000 par le Conseil européen réuni à Nice, elle regroupe pour la première fois tous les droits des citoyens européens inscrits dans les différentes conventions et chartes successives – des droits nouveaux sont également stipulés, notamment en matière de bioéthique. Jusqu'à présent cependant, le statut juridique de cette charte n'ayant jamais été clairement défini, ses dispositions ne sont dotées d'aucune force juridique contraignante. Elles le seront si le traité constitutionnel est adopté.

OPPOSITIONS ET RATIFICATION

S'il se veut clair et synthétique, le texte du traité constitutionnel n'en reste pas moins ardu, un défaut que ne manquent pas de souligner ses opposants. Parmi eux, le socialiste Laurent Fabius déplore en outre le manque de place accordée au social et la tendance fortement libérale qui se dégage de la troisième partie, selon lui hors de propos dans une Constitution. Autre critique formulée : pour toute révision constitutionnelle, le traité exige l'unanimité ; mais comment l'obtenir à vingt-cinq, voire trente pays ?

Ce projet constitue-t-il donc une avancée pour l'Europe ? un frein ? Une chose est sûre : tous les États membres devront se prononcer à son sujet – soit par décision parlementaire, soit par référendum comme ce sera le cas dans une douzaine de pays, dont la France, où un scrutin est prévu pour l'automne 2005. En cas de ratification à l'unanimité, le traité entrera en vigueur le 1er novembre 2006. À l'inverse, selon une Déclaration annexée au projet, il sera enterré si la grande majorité des pays le rejette. Et si les résultats sont plus mitigés ? Il est prévu que « le Conseil européen se [saisisse] de la question », ce qui équivaudra, à n'en pas douter, à un retour à la table des – difficiles – négociations.

Laurent Palet

Les députés européens réunis en session plénière au Parlement de Strasbourg, le 20 juillet 2004.

Histoire de l'idée européenne

Robert Schuman (à gauche).

Si le mot « Europe » apparaît dès le VIIe siècle avant J.-C., il n'a pour les Grecs, puis pour les Romains, de sens que géographique. De fait, il faudra attendre le VIIIe siècle de notre ère et la volonté de contrer l'avancée des Arabes pour voir se forger une première idée politique du continent. En 800, le couronnement de Charlemagne procure une éphémère unité à l'Europe, dont les limites se confondront tout au long du Moyen Âge avec celles de la chrétienté latine. Au cours des siècles suivants, après le schisme protestant et la prometteuse découverte des Amériques, l'Europe doit se réorganiser. Les grandes puissances cherchent à s'entendre, tandis que chez les intellectuels fleurissent d'utopiques projets d'unification européenne, comme le Grand Dessein du duc de Sully (1635) ou le Projet de paix perpétuelle d'Emmanuel Kant (1795). Au début du XIXe siècle, Napoléon domine l'Europe pendant quelques années. Mais si plus tard, à Sainte-Hélène, il déclarera avoir « voulu faire de chacun de ces peuples un seul et même corps de nation », sa soif de conquête a sans doute largement prévalu dans sa politique. L'empire napoléonien a certes permis une harmonisation des structures administratives des pays européens, mais il a surtout provoqué l'émergence progressive des nationalismes les plus exacerbés. Des intellectuels comme Auguste Comte ou Victor Hugo continuent bien de rêver à une Europe unie, mais, après la guerre franco-allemande de 1870, la catastrophe semble inéluctable. Ce sera d'abord la terrible Première Guerre mondiale, dont les tranchées diviseront l'Europe en deux. Puis, en dépit des espoirs du pacifiste Aristide Briand, prônant en 1929, alors qu'il était président du Conseil, une union fédérale entre vingt-sept pays européens, la Seconde Guerre mondiale éclatera, qui verra l'Allemagne nazie réduire l'Europe en esclavage. Le continent en sortira exsangue, ramené à un rôle secondaire. Et c'est précisément leur faiblesse et la perte de leur prédominance qui vont décider les pays européens à s'unir. Dans l'immédiat aprèsguerre, les groupements se multiplient, tel le Mouvement européen en 1948. En dépit des difficultés, la machine est lancée. Si bien qu'en 1951, la création, sous l'impulsion de Jean Monnet et de Robert Schuman, de la Communauté européenne du charbon et de l'acier (CECA) constituera le véritable acte de naissance de l'Europe unie.

Marlon Brando dans le ciel aux étoiles

Marlon Brando dans L'Équipée sauvage, *film de Laslo Benedek (1954) qui a contribué à forger son image d'insoumis, et où jouait également Lee Marvin.*

Los Angeles, jeudi 1er
Un mythe que le poids des ans n'avait pas écorné : tel était Marlon Brando, emporté par une fibrose pulmonaire à l'hôpital de l'université de Californie. Né à Omaha, dans le Nebraska, le 3 avril 1924, il était devenu acteur en suivant les cours d'Erwin Piscator et d'Elia Kazan. C'est ce dernier qui le révéla au grand public en lui confiant le rôle de Kowalski dans *Un tramway nommé désir* de Tennessee Williams, à la scène d'abord, puis à l'écran (1951). C'est encore sous la direction d'Elia Kazan qu'il allait imposer son image de jeune rebelle au charme troublant, avec *Viva Zapata !* (1952) et, surtout, *Sur les quais* (1954), qui lui vaudra un Oscar. Rebelle, Marlon Brando ne le sera pas seulement à travers ses personnages. Ce défenseur passionné des minorités opprimées était allergique au système hollywoodien et relativisait même son propre talent : « Tout le monde joue. La seule différence, c'est que les acteurs professionnels savent quelques ficelles et se font payer pour ça. » C'est ce sens de la dérision qui le poussera à accepter les rôles les plus éloignés de sa personnalité profonde, mais qu'il jouera avec un prodigieux génie théâtral, dans *Le Parrain* (1972) et *Apocalypse Now* (1979) de Francis Ford Coppola, par exemple. Et plutôt rares seront les films où s'exprimera sa vraie sensibilité, toute de fragilité et d'inquiétude, comme *Reflets dans un œil d'or* de John Huston (1967), *Le Dernier Tango à Paris* de Bernardo Bertolucci (1972) ou, bien sûr, le beau western qu'il avait réalisé lui-même, *La Vengeance aux deux visages* (1961). Les dernières années de ce « monstre sacré » avaient été assombries par une série de drames privés. En 1990, son fils aîné Christian a tué le petit ami de sa demi-sœur Cheyenne, laquelle se suicidera en 1995. Devant la fatalité, Marlon Brando avouait en ces termes son impuissance : « Je descends d'une longue lignée d'ivrognes irlandais. »

EDF doit faire face à la concurrence

France, jeudi 1er
En vertu d'une directive européenne en date du 26 juin 2003, le marché du gaz et de l'électricité est ouvert depuis ce matin à la concurrence pour toutes les entreprises (y compris les artisans, commerçants et professions libérales) et l'ensemble des collectivités locales, soit 68 % de l'énergie consommée en France en incluant les grands groupes industriels qui étaient autorisés à faire appel à d'autres fournisseurs qu'EDF et GDF depuis 2000. Les particuliers devront attendre juillet 2007 pour en bénéficier. La Compagnie nationale du Rhône, filiale d'Electrabel-Suez, a déjà obtenu un contrat d'éclairage public dans le nord de la Loire. À terme, EDF estime que 20 % du marché pourrait lui échapper au profit de concurrents français (CNR, Poweo, Direct Energie) ou étrangers (Enel, Edesa).

Le vendredi 2, à Salsigne (Aude), fermeture de la dernière mine d'or de France. Exploitée depuis 1892, elle avait été rachetée par un groupe australien en 1992.

France, jeudi 1er
Les cyclomoteurs neufs de moins de 50 cm³ doivent à partir de ce jour être immatriculés. Ceux déjà en circulation devront l'être au plus tard pour le 30 juin 2009.

France, jeudi 1er
Pif Gadget, qui avait cessé de paraître en 1993, est de retour chez les marchands de journaux.

Nanterre, jeudi 1er
Le cycliste écossais David Millar est le sixième coureur de l'équipe Cofidis à être poursuivi par la justice. Il est mis en examen pour « infraction à la législation sur les substances vénéneuses ».

Villepinte, jeudi 1er
Peugeot présente son premier modèle baptisé d'un nom à quatre chiffres : la 1007, un « minispace » à portes coulissantes qui sera mis sur le marché au 1er trimestre 2005.

Nanterre, jeudi 1er
L'ancien p-dg de Moulinex, Pierre Blayau, est mis en examen pour banqueroute « par détournement d'actifs » et « par emploi de moyens ruineux ». Il est placé sous contrôle judiciaire.

Paris, jeudi 1er
TF1 acquiert 100 % du capital de la chaîne thématique Histoire.

Bagdad, jeudi 1er
Le général George Casey remplace le général Ricardo Sanchez comme commandant en chef des forces alliées en Irak.

La Haye, jeudi 1er
Succédant à l'Irlande, les Pays-Bas

Saddam Hussein fait face à la justice

La mise en accusation du Raïs déchu a été retransmise par la télévision irakienne.

Bagdad, jeudi 1er
On attendait un homme vieilli, brisé par la défaite et la captivité. On a vu un Saddam Hussein combatif, sûr de lui et très démonstratif. Face au jeune juge irakien qui lui signifiait sa mise en accusation pour crimes de guerre et crimes contre l'humanité, l'ancien Raïs a souvent pris le dessus, récusant toute compétence au Tribunal spécial irakien (TSI), qualifié de « théâtre » monté par l'« ignoble » et « criminel » Bush, et se présentant comme le président légitime de l'Irak. L'audience se déroulait dans une salle mise à la disposition du TSI par la coalition, dans une base située près de l'aéroport de Bagdad. Onze dignitaires de l'ancien régime ont également comparu, dont le vice-Premier ministre Tarek Aziz et Ali Hassan al-Majid, plus connu sous le nom d'Ali le Chimique. La date des procès n'a pas été fixée.

Procès d'Outreau : un verdict opaque

Saint-Omer, vendredi 2
Après seize heures de délibéré, les jurés de la cour d'assises du Pas-de-Calais ont rendu, à deux heures du matin, un verdict qui est, selon l'avis de toutes les parties, incompréhensible. Certes, sept des accusés ont été acquittés : Roselyne et Christian Godard, Odile Marécaux, Pierre Martel, Daniel Legrand (père), David Brunet et Karine Duchochois. Certes, les quatre accusés ayant avoué des viols ou des attouchements ont été condamnés : à 20 ans de réclusion pour Thierry Delay, mais à 15 ans seulement pour Myriam Delay. David Delplanque écope de 6 ans, Aurélie Grenon de 4 ans. Mais que penser des condamnations à des peines allant de 18 mois de prison avec sursis à 7 ans fermes contre les six autres accusés que Myriam Delay avait innocentés ? L'avocat général lui-même, Gérald Lesigne, est perplexe.

Zoom sur

HONG KONG

Cédée à perpétuité à la Grande-Bretagne par la Chine en 1842, l'île de Hong Kong, augmentée de Kowloon puis des Nouveaux Territoires, a vu son statut modifié en 1898 : la cession devenait une location pour 99 ans. Et au terme du bail, la colonie britannique est revenue à la Chine : le 30 juin 1997, l'Union Jack était abaissé. Hong Kong devint une « région autonome spéciale » au sein de la République populaire de Chine, conservant le multipartisme et l'économie capitaliste, en vertu de la formule « un pays, deux systèmes ». Une formule qui n'est valable que pour 50 ans, et que Pékin a proposée à Taïwan en vue d'une réunification.

Manifestation monstre pour la démocratie à Hong Kong

Hong Kong, jeudi 1er
Le septième anniversaire du retour de Hong Kong à la Chine n'a pas été fêté dans le sens souhaité par Pékin, c'est le moins que l'on puisse dire. Comme l'année dernière à la même date, près de 500 000 habitants de l'ex-colonie britannique sont descendus dans les rues pour exiger le suffrage universel. Pas pour les législatives du 12 septembre prochain, les organisateurs de la manifestation étant réalistes, mais pour celles de 2008. Cette revendication concernait aussi la désignation du chef de l'exécutif en 2007. Dans le système actuel, le Conseil législatif de Hong Kong comprend 60 représentants dont seulement 30 seront élus au suffrage universel le 12 septembre, les autres l'étant par un collège socio-professionnel contrôlé par Pékin. Le chef de l'exécutif, lui, est désigné par un « comité de sélection » également soumis au pouvoir central.

Les manifestants ont réclamé la démission du chef de l'exécutif, Tung Chee-hwa.

prennent la présidence de l'Union européenne pour six mois.

Lisbonne, jeudi 1er
Le maire de la capitale portugaise, Pedro Santana Lopes, succède à José Manuel Durão Barroso comme président du Parti social-démocrate.

Pasadena (Californie), jeudi 1er
Après un périple de sept ans et de 3,5 milliards de kilomètres, la sonde américano-européenne Cassini-Huygens envoie des images spectaculaires des anneaux de la planète Saturne.

Linz (Autriche), samedi 3
Ursula Haubner, secrétaire d'État aux Affaires sociales et sœur du gouverneur de Carinthie, Jörg Haider, est élue à la présidence du parti populiste FPÖ.

Madrid, samedi 3
Le Premier ministre espagnol José Luis Zapatero est réélu (95,81 %) secrétaire général du Parti socialiste ouvrier espagnol (PSOE).

Ardennes, samedi 3
Les corps d'Élisabeth Brichet et Jeanne-Marie Desramault sont découverts dans le parc du château de Sautou, à Donchery, sur les indications de Michel Fourniret. Le « monstre des Ardennes » a reconnu trois autres meurtres en plus des six qu'il avait déjà avoués : ceux de Céline Saison, tuée le 16 mai 2000 à Charleville-Mézières ; de Mananya Thumpong, enlevée le 5 mai 2001 à Sedan ; et d'un automobiliste sur une aire de l'A6, crime au sujet duquel il est incapable de fournir d'autres précisions.

Le 3, la Russe Maria Sharapova remporte, à 17 ans, le tournoi de tennis de Wimbledon. Elle balaye (6-1, 6-4) la double tenante du titre, l'Américaine Serena Williams.

La petite Julie est retrouvée, morte

Nothalten (Bas-Rhin), samedi 3
Le corps de Julie Scharsch, 14 ans, qui avait disparu le 25 juin, a été retrouvé. Au pied d'un arbre, à moitié immergé dans une rivière, partiellement dévêtu, les parties génitales lardées de coups de couteaux. Arrêté le 30 juin, mis en examen le 1er juillet pour « enlèvement et séquestration suivis de mort », Pierre Bodein continue de nier. Des traces du sang de Julie ont pourtant été relevées dans sa Ford Escort blanche, et, sur le vélo de la fillette, c'est son propre sang qui a été décelé. Aurait-on affaire à un tueur en série ? Le lieutenant-colonel Sellier, qui dirige la section de recherches de la gendarmerie de Strasbourg, ne l'exclut pas, relevant une « proximité de temps et d'espace » avec deux autres crimes : ceux de Jeanne-Marie Kegelin et d'Hedwige Vallée.

Le 4, le Français Gaël Monfils remporte le titre junior du tournoi de tennis de Wimbledon face au Britannique Miles Kasiri (7-5, 7-6), décrochant ainsi son troisième titre du Grand Chelem de l'année après Melbourne et Roland-Garros. Le jeune Parisien (il est né le 1er septembre 1986), de père guadeloupéen et de mère martiniquaise, songe déjà à sa carrière pro.

Fini fait céder Silvio Berlusconi

Rome, samedi 3
La crise ne pouvait plus mal tomber. Deux jours avant la présentation par l'Italie, à Bruxelles, du plan de réduction de son déficit public, le ministre de l'Économie, Giulio Tremonti, a été contraint de quitter le gouvernement. Proche de Silvio Berlusconi, le libéral Tremonti voulait engager de profondes réformes en matière fiscale, réduire au minimum le champ d'intervention de l'État et restreindre les aides au Mezzogiorno (les régions pauvres du sud du pays). S'il avait le soutien de la Ligue du Nord, le ministre de l'Économie se heurtait, en revanche, à l'hostilité de l'Alliance nationale, dont l'électorat est resté sensible à la tradition jacobine et sociale. Patron de l'Alliance nationale, mais aussi vice-président du Conseil, Gianfranco Fini menaçait de quitter la coalition. Berlusconi assurera lui-même l'intérim de Tremonti.

La Grèce entre au panthéon des grandes nations du football

Traianos Dellas, Georgios Karagounis et Zisis Vryzas, trois des onze héros grecs.

Lisbonne, dimanche 4
Au commencement de cet Euro 2004, nul n'aurait parié un centime sur cette équipe de Grèce. Sauf, peut-être, son entraîneur, l'Allemand Otto Rehhagel. « Dictateur démocrate dans le berceau de la démocratie », ainsi qu'il aime à se définir, il a inculqué à ses joueurs une discipline collective et individuelle qui a fait merveille en défense : quatre buts encaissés seulement lors des matches de poule, aucun en phase finale. Pour l'attaque, ce fut peu flamboyant. Mais l'essentiel n'est-il pas de gagner ? À ce jeu-là, la Grèce a justement battu ceux qui étaient les favoris : la France (1-0), en quart ; la République tchèque (1-0), en demi ; et le Portugal de Luis Figo, ce soir, au stade de la Luz (1-0 toujours), sur une tête d'Angelos Charisteas lors de l'unique corner grec du match, à la 57e minute. Étouffer l'adversaire, tout faire pour l'empêcher de développer son jeu et profiter des contres, telle fut la recette de l'efficacité.

Bruxelles, dimanche 4
La chanteuse et comédienne Annie Cordy, 76 ans, est anoblie et élevée au rang de baronne par le roi des Belges, Albert II.

Paris, dimanche 4
Marcel Desailly, qui totalise 116 sélections dans l'équipe de France de football dont il a été le capitaine, annonce au cours de l'émission *Téléfoot*, sur TF1, qu'il met un terme à sa carrière internationale.

Wimbledon, dimanche 4
Le Suisse Roger Federer remporte la finale du tournoi de tennis face à l'Américain Andy Roddick (4-6, 7-5, 7-6, 6-4).

New York, dimanche 4
Pose de la première pierre de la Tour de la liberté, le gratte-ciel qui sera érigé à la place du World Trade Center, en présence des familles des quelque 2 800 victimes des attentats du 11 septembre 2001. D'une hauteur de 541 mètres, il doit être achevé en 2009.

DÉCÈS

Paris, jeudi 1er
Jacques Ruffié, biologiste, professeur honoraire au Collège de France (*22.11.1921).

Lisbonne, vendredi 2
Sophia de Mello Breyner Andresen, écrivain et poète (*6.11.1919).

Tcheboksary (Russie), samedi 3
Andrian Grigorievitch Nikolaïev, qui fut le troisième Soviétique à effectuer un vol spatial en 1962 (*5.9.1929).

Élection tranquille en Indonésie

Indonésie, lundi 5
Pour la première fois, les Indonésiens élisaient leur président au suffrage universel. Un scrutin qui, à la satisfaction des observateurs internationaux, dont l'ex-Président américain Jimmy Carter, s'est déroulé sans incident majeur. Au premier tour, Megawati Sukarnoputri, la présidente sortante, ne partait pas favorite, son mandat ayant été marqué par une stagnation politique et économique. Par contre, la popularité dont bénéficiait le général Susilo Bambang Yudhoyono (« SBY »), ancien ministre aux orientations à la fois sécuritaires et libérales, le plaçait en tête des sondages. Et de fait, pour ce premier tour, SBY obtient 33,57 % des voix, contre 26,60 % pour Megawati Sukarnoputri. Les deux candidats se retrouveront au second tour, le 20 septembre.

Jacques Chirac appelle à un sursaut face à l'antisémitisme

Le chef de l'État a choisi de s'adresser aux Français depuis l'école du village.

Le Chambon-sur-Lignon, jeudi 8
Parce que, durant la Seconde Guerre mondiale, les habitants de cette cité de 2800 habitants, dans la Haute-Loire, en terre cévenole, offrirent refuge à près de 5000 Juifs, Israël décerna en 1990 à la commune le titre de « Juste parmi les nations ». Il est donc très symbolique que le chef de l'État l'ait choisie pour lancer, accompagné de Simone Veil et de son conseiller Jérôme Monod, un « appel solennel [à la] vigilance et au sursaut » face à la montée « des actes de haine odieux et méprisables qui salissent notre pays ». Et de réclamer de chacun une « détermination sans faille », afin que la « cohésion nationale » soit préservée. Durant les six premiers mois de 2004, autant d'actes antisémites ont été notés que durant toute l'année 2003. Ceux-ci, ajoute Jacques Chirac, « reflètent la part la plus sombre de l'âme humaine » et « disent l'obscurantisme ».

La vie en jaune pour Thomas Voeckler

L'échappée victorieuse de la cinquième étape aura été longue de 185 kilomètres.

Chartres, jeudi 8
Sacré Ti-Blanc! Après avoir endossé le maillot tricolore le 27 juin dernier, le voilà qui se pare de jaune. Thomas Voeckler, l'une des personnalités les plus attachantes de l'équipe Brioches-La Boulangère, a su prendre la bonne échappée. Si la victoire d'étape revient à l'Australien Stuart O'Grady, le jeune coureur français découvert par Jean-René Bernaudeau s'installe en leader du Tour de France. Né le 22 juin 1979 à Schiltigheim, en Alsace, Voeckler a passé son enfance et son adolescence à la Martinique, d'où son surnom de Ti-Blanc. Professionnel depuis 2001, il avait l'an dernier justifié la confiance de son directeur sportif en s'adjugeant le Tour du Luxembourg, une fort jolie référence. Voeckler, c'est vraiment un coureur comme on les aime : nerveux, bagarreur et doué d'un vrai sens de la course. Et en plus, il sait se faire mal. Il le faudra pour rester en jaune le plus longtemps possible !

Jean Lefebvre au paradis des amuseurs

Il vivait à Marrakech depuis trois ans.

Marrakech, vendredi 9
Une crise cardiaque a emporté dans la nuit, à 84 ans (*3.10.1919), celui qui fut, avec son éternel air de chien battu, l'un des acteurs préférés des Français faute de l'avoir été des cinéphiles pour qui, parmi ses 130 films, peu méritaient de passer à la postérité. Il l'avait d'ailleurs avoué : « J'ai tellement tourné de navets que ma carrière est un potager. » Pour paraphraser Michel Audiard, qui écrivit ses plus belles répliques, on reconnaîtra néanmoins que son rôle d'amuseur ne fut pas sans noblesse. Dans la mémoire collective, Jean Lefebvre restera à tout jamais l'adjudant-chef Pitivier, dans la trilogie de la 7e *Compagnie*, de Robert Lamoureux ; ou le maréchal des logis Fougasse de la série des *Gendarmes*, de Jean Girault ; et Paul Volfoni, dans les *Tontons flingueurs*, de Georges Lautner. Sans oublier son personnage devenu culte : l'exaspérant Léonard Michalon, la tête à baffes de *Ne nous fâchons pas*, du même Lautner. Adieu Léonard !

Saint-Omer, mardi 6
Thierry Dausque, Daniel Legrand (fils), Franck et Sandrine Lavier font appel de leur condamnation dans l'affaire d'Outreau. Alain Marécaux et l'abbé Dominique Wiel avaient déjà fait de même vendredi.

Asie, mercredi 7
L'épizootie de grippe aviaire est de retour en Thaïlande et au Vietnam.

Houston (Texas), mercredi 7
Kenneth Lay, ex-p-dg d'Enron, est inculpé pour faillite frauduleuse.

Paris, jeudi 8
L'athlète Stéphane Diagana annonce qu'il met fin à sa carrière.

Limoges, jeudi 8
Basket : le CSP Limoges, le club le plus titré de France, est placé en liquidation judiciaire.

Berlin, vendredi 9
L'Allemagne adopte la première loi sur l'immigration de son histoire, qui facilite les expulsions et limite les admissions.

La Haye, vendredi 9
La Cour internationale de justice juge illégale la « clôture de sécurité » érigée par Israël et en demande le démantèlement.

DÉCÈS

Vienne, mardi 6
Thomas Klestil, chef de l'État autrichien depuis 1992. Son mandat expirait jeudi (*4.11.1932).

Neuilly-sur-Seine, dimanche 11
Renée Saint-Cyr, comédienne (*Raymonde-Renée Vittoret, 16.11.1907).

Une fausse agression antisémite met toute la France en émoi

Cergy-Pontoise, mardi 13
Un acte « ignoble » avait dit le ministre de l'Intérieur, samedi soir, juste avant que Jacques Chirac ne fasse part de son « effroi ». « Une histoire très française », titrait *Libération* hier. Sauf que Marie Leblanc vient d'avouer : elle avait tout inventé. Rien n'était vrai dans la plainte qu'elle a déposée, vendredi, devant les policiers d'Aubervilliers. Elle y détaillait comment, circulant dans le RER D, elle avait été agressée, peu avant Sarcelles, par six jeunes d'origine maghrébine et africaine qui, découvrant qu'elle avait habité dans le XVIe arrondissement de Paris, en avaient déduit qu'elle était juive, avaient lacéré ses vêtements, lui avaient peint trois croix gammées noires sur le ventre et coupé une mèche de cheveux, avant de renverser la poussette de Léa, sa fille de treize mois, le tout devant des voyageurs impassibles. La jeune femme de 23 ans risque d'être poursuivie pour « dénonciation de délit imaginaire ».

Le 26 juillet, Marie Leblanc, défendue par Me Christophe Deltombe, sera condamnée à quatre mois de prison avec sursis par le tribunal correctionnel de Pontoise.

Tony Blair mentait de bonne foi

Londres, mercredi 14
Saddam Hussein « ne possédait pas, à l'époque de l'invasion, d'armements chimiques et biologiques prêts à être mis en œuvre ». C'est ce que Tony Blair vient de reconnaître aux Communes, après qu'a été rendu public le rapport de la commission d'enquête multipartite dirigée par Lord Butler. Le rapport Butler est très sévère à l'égard du MI6, accusé de « négligence coupable ». Le MI6 aurait fourni au gouvernement des renseignements sur l'Irak fondés sur des informations peu fiables et, de plus, insuffisamment vérifiées. Cela dit, le rapport Butler ne met en évidence aucune « responsabilité personnelle » et ne parle que d'« erreur collective ». Et, surtout, il lave le Premier ministre de l'accusation selon laquelle il aurait délibérément trompé l'opinion de son pays pour attaquer l'Irak.

Arrestation de Bobby Fischer au Japon

Quoique juif par sa mère, Bobby Fischer a sombré dans un antisémitisme délirant.

Tokyo, mardi 13
Il était 17 h 30 (heure locale) lorsque les policiers des services d'immigration japonais ont empêché Bobby Fischer d'embarquer à bord d'un appareil de Japan Airlines à destination des Philippines et l'ont arrêté. La scène s'est déroulée à l'aéroport Narita de Tokyo. Les autorités ont justifié l'arrestation du champion d'échecs américain par le fait que la validité de son passeport avait expiré. Mais ce n'était en réalité là qu'un prétexte pour le mettre sous les verrous. En effet, l'extradition de Fischer a été demandée au Japon par la justice américaine : le vainqueur de Boris Spassky aurait violé l'embargo économique sur l'ex-Yougoslavie en s'y rendant pour un match, en 1992. S'il est extradé, ce dont la justice japonaise devra décider, il risque dix années de prison. Il faut préciser qu'il a exaspéré ses compatriotes en applaudissant aux attaques du 11 septembre…

Le 17, les XXes Francofolies s'achèvent à La Rochelle (Charente-Maritime), avec un concert en hommage à leur fondateur, Jean-Louis Foulquier (ici avec Patricia Kaas), qui va laisser la direction du festival à Didier Varrod. Annulées l'an passé en raison de la grève des intermittents, les Francofolies, qui ont accordé une large place à la nouvelle scène française (Cali, Bénabar, M, Sanseverino, etc.) ont attiré cette année 122 000 spectateurs.

Charleville-Mézières, lundi 12
Le parquet lance un mandat d'arrêt européen contre Michel Fourniret pour deux de ses meurtres commis en France.

Paris, lundi 12
Raymond Domenech succède à Jacques Santini au poste de sélectionneur de l'équipe de France de football.

Portugal, lundi 12
Pedro Santana Lopes est nommé Premier ministre pour succéder à José Manuel Durão Barroso.

New York, lundi 12
Kofi Annan, secrétaire général de l'ONU, nomme l'avocat argentin Juan Mendez conseiller spécial chargé de la prévention des génocides.

Brest, mardi 13
Arrivée de l'épave du chalutier *Bugaled Breizh*, qui sera expertisée.

Paris, mardi 13
L'ancien secrétaire d'État allemand à la Défense sous Helmut Kohl, Holger Pfahls, est arrêté. Il était recherché depuis cinq ans par la justice de son pays pour corruption et fraude fiscale.

France, mercredi 14
Sortie en salle de *Spider Man 2*.

Tloul al-Baj (Irak), mercredi 14
Oussama Kachmoula, gouverneur de Mossoul, est assassiné.

Washington, mercredi 14
Le Sénat rejette un amendement constitutionnel, présenté par George W. Bush, visant à interdire les mariages homosexuels.

Jacques Chirac promet un référendum et se pose en patron

Pour le centenaire de l'Entente cordiale, des troupes britanniques ont défilé sur les Champs-Élysées, dont 102 hommes de la Queen's Company of the Grenadier Guards.

Paris, mercredi 14
Le chef de l'État a tranché: les Français seront appelés aux urnes l'an prochain. Ils se prononceront, par référendum, sur la ratification de la Constitution européenne. Jacques Chirac l'a promis au cours de sa traditionnelle interview du 14-Juillet, assurant qu'il pèserait de tout son poids en faveur du oui, car il s'agit d'un « bon texte » et le repousser ferait « revenir la France cinquante ans en arrière ». Puis, face à Arlette Chabot (France 2) et à Patrick Poivre d'Arvor (TF1) médusés, il a rappelé à l'ordre le ministre des Finances, qui envisageait de réduire les crédits de la Défense. Il ne saurait en être question. « Je décide et il exécute », a asséné Jacques Chirac, ajoutant: « Personne n'est obligé d'être ministre. » Et si Nicolas Sarkozy veut être élu président de l'UMP, il lui faudra, et cela vaut pour tout ministre, quitter le gouvernement. S'il ne le fait pas? « Je mettrai fin à ses fonctions. »

Alain Juppé quitte la tête de l'UMP

Paris, vendredi 16
Comme il l'avait laissé entendre après sa condamnation, Alain Juppé quitte la présidence de l'UMP (Union pour un mouvement populaire). Il y avait été élu le 17 novembre 2002, lors du congrès fondateur du parti chiraquien. C'est par une lettre aux militants qu'il en a fait l'annonce, disant s'éloigner « de la vie politique pour faire la paix avec moi-même après la tourmente que je viens de traverser ». Afin, aussi, de préparer son procès en appel qui se déroulera en octobre. Tous les regards se tournent vers Nicolas Sarkozy qui, aujourd'hui à La Baule, répondant aux critiques de Jacques Chirac, a assuré qu'il ne serait « pas l'homme qui divisera la droite » et a jugé urgent de faire de l'UMP « une formation politique rénovée pour les 20 ou 30 prochaines années ». Avec lui à sa tête? Il ne l'a pas dit…

Ariel Sharon accuse la France

Jérusalem, dimanche 18
Parlant devant une délégation de juifs américains, Ariel Sharon s'est lancé (en anglais) dans une très violente diatribe contre la France, pays qui, en raison de sa forte communauté musulmane, est selon lui le théâtre de « l'antisémitisme le plus sauvage ». En conséquence, il a invité les Français de confession juive à « partir immédiatement » pour venir s'installer en Israël. Dès ce soir, Michel Barnier, ministre français des Affaires étrangères, a demandé des explications aux autorités israéliennes sur ces « propos inacceptables ». Le même adjectif a été employé par le Conseil représentatif des institutions juives de France (Crif), tandis que l'Union des étudiants juifs de France (UEJF) regrettait « un décalage de point de vue entre les juifs de France et les juifs d'Israël sur la question de l'antisémitisme ».

Quand André Castelot contait l'histoire

Neuilly-sur-Seine, dimanche 18
Pour des millions de Français, André Castelot aura personnifié, avec Alain Decaux qui était son *alter ego* depuis un demi-siècle, l'histoire vivante. De son vrai nom André Storms (Castelot était celui de sa mère), il s'est éteint à l'Hôpital américain de Neuilly à l'âge de 93 ans (*23.1.1911). Alliant l'esprit du journaliste au talent du conteur, il fut avec Alain Decaux l'un des piliers de la télévision française, quand celle-ci avait à cœur d'« informer, éduquer et distraire », ainsi que le voulait son cahier des charges. Après avoir créé en 1951 *La Tribune de l'histoire* à la radio, Castelot et Decaux s'associeront au réalisateur Stellio Lorenzi afin de lancer l'une des plus belles émissions de toute l'histoire de la télévision, *La Caméra explore le temps*, en 1957. Les livres de Castelot avaient exactement les mêmes qualités: leur succès, tout à fait mérité, fut considérable.

D'origine belge, André Castelot n'acquit la nationalité française qu'en 1961.

Le gaz bolivien en cinq questions

La Paz, dimanche 18
La crise du gaz naturel, qui a provoqué des émeutes dramatiques en octobre 2003, est-elle résolue par le référendum d'aujourd'hui? On peut craindre que non. Le président Carlos Mesa invitait les Boliviens à se prononcer, à travers cinq questions particulières, sur deux grandes questions d'intérêt national: l'État doit-il se réinvestir dans l'exploitation des hydrocarbures, confiée à de grands groupes étrangers (dont Total), et doit-il les utiliser comme monnaie d'échange pour négocier avec le Chili (qui n'était pas nommé, mais tous les Boliviens avaient compris) une restitution de son accès à la mer, dont il fut privé par Santiago en 1883? Le oui est moins massif qu'espéré. Il est vrai que le ressentiment historique à l'égard du Chili reste très vif et que les Boliviens ne croient guère en cette négociation.

Paris, jeudi 15
L'Opéra de Paris annonce avoir retrouvé la partition manuscrite des *Contes d'Hoffmann* de Jacques Offenbach. On l'avait cru détruite lors de l'incendie de la salle Favart le 25 mai 1887.

Arusha (Tanzanie), jeudi 15
Emmanuel Ndindabahizi, ancien ministre rwandais des Finances, est condamné à la prison à vie par le TPI-R pour « génocide et crimes contre l'humanité ».

Irak, vendredi 16
Les Philippines engagent le retrait de leur contingent d'Irak pour sauver la vie de leur otage, Angelo de la Cruz, s'attirant les critiques de George W. Bush. C'est le cinquième pays à quitter la coalition, après l'Espagne, le Honduras, le Nicaragua et la République dominicaine.

Italie, vendredi 16
Domenico Siniscalco est nommé ministre de l'Économie, poste dont Silvio Berlusconi assurait l'intérim.

Avignon, samedi 17
Romain Benavent, 15 ans, est tué à coups de hachette devant son amie Marion, 13 ans, par un déséquilibré.

DÉCÈS

Konjsica (Slovénie), mardi 13
Carlos Kleiber, chef d'orchestre autrichien (*3.7.1930).

Bénévent-l'Abbaye (Creuse), mercredi 14
Nelly Borgeaud, comédienne, actrice et metteur en scène (*29.11.1931).

L'Autorité palestinienne est fragilisée par la contestation

Ramallah, lundi 19
L'Autorité palestinienne a connu tout au long de ce week-end la crise la plus grave de toute son histoire. Un vent de contestation a soufflé dans les territoires, la bande de Gaza en particulier. Et c'est Yasser Arafat lui-même qui était visé, directement ou non. Les services de sécurité, contrôlés par Arafat et dont l'opacité exaspère les Palestiniens, ont été au centre des événements. Arafat avait fait l'erreur, samedi, de mettre à leur tête son cousin Moussa Arafat, que la rue appelle « le corrompu ». Il en est résulté des affrontements, à Gaza et à Khan Younès, entre des membres des Brigades des martyrs d'Al-Aqsa et des policiers fidèles à Moussa Arafat. Le président de l'Autorité palestinienne a dû aujourd'hui réintégrer Abdel Razek al-Majaïda, qu'il avait limogé au profit de son cousin. Samedi, Ahmed Qoreï, le Premier ministre, avait démissionné. Démission refusée par Arafat...

À Gaza, le général Abdel Razek al-Majaïda réintègre le poste d'où il avait été évincé.

La chasse au loup est rouverte

Paris, lundi 19
La pression a été trop forte. Ministre de l'Écologie, Serge Lepeltier a donné l'autorisation d'abattre quatre loups dans les Alpes-de-Haute-Provence, les Hautes-Alpes et les Alpes-Maritimes. Malgré la protection que la directive européenne Habitats et la Convention de Berne donnent au *Canis lupus*, que la France a réintroduit en 1992 dans le Mercantour. Les loups, qui seraient au nombre de 39, sont accusés d'avoir provoqué la chute d'une centaine de brebis dans un ravin, dans la nuit du 17 au 18. La décision du ministre est jugée insuffisante par les éleveurs, et scandaleuse par les écologistes. Ceux-ci admettent cependant que le « pire » a été évité. Hervé Gaymard, ministre de l'Agriculture, est en effet partisan d'une éradication totale : il faut « tous les tuer », a-t-il déclaré.

Jeudi 22, à Rayol-Canadel-sur-Mer (Var), décès de Sacha Distel (*29.1.1933). Chanteur lancé en 1958 avec *Scoubidou*, il fut aussi un très grand guitariste de jazz.

BMG se marie avec Sony Music

Bruxelles, mardi 20
C'est pour éviter des dépôts de bilan catastrophiques que la Commission a autorisé la fusion de deux géants du disque en perte de vitesse, Sony Music et BMG (groupe Bertelsmann). Une fusion qui fera de l'entité Sony-BMG le n° 1 mondial d'un secteur sinistré, avec 25,1 % de parts de marché, juste devant Universal (23,5 %). Mais tout le monde ne partage pas l'optimisme affiché par Andrew Lack, le patron de Sony-BMG : l'opération sauvetage ne manquera pas d'avoir un prix. Il est en effet question de sacrifier quelque 3 000 emplois, et nombre d'artistes se sentent menacés. Déjà, avant même la fusion, BMG avait remercié 60 % des chanteurs allemands. L'inquiétude est grande, aussi, chez les indépendants, qui jugent cette fusion incompatible avec les règles européennes.

Pierre Bodein n'aurait pas dû être libre

Strasbourg, mercredi 21
Que s'est-il vraiment passé, le 18 juin à Rhinau, dans le Bas-Rhin, jour où Jeanne-Marie Kegelin, 11 ans, a disparu à proximité du domicile familial ? Les dix mises en examen qui ont déjà été prononcées depuis le début du mois à l'égard de « Tziganes sédentarisés » (trois pour enlèvement suivi de mort, les autres pour non-assistance à personne en danger) laissaient penser à un accident qui aurait mal tourné. Elle aurait été percutée par une voiture dont le chauffeur, prenant peur, par défaut de permis peut-être, l'aurait chargée dans le coffre et amenée à son domicile d'Artolsheim avant de se débarrasser du corps. Sauf que le corps de Jeanne-Marie présente des traces comparables à celles trouvées sur le cadavre de Julie Scharsch. Que du sang de la fillette a été décelé dans le véhicule de Pierre Bodein. Lequel a été vu à Artolsheim. Mis en examen dans cette affaire, il nie y être mêlé. « Pierrot le fou » était sorti de prison en mars. Sur remise de peine. Il avait été condamné à 20 ans de prison en 1996 et était jugé « dément ».

Jeanne-Marie, 11 ans, était la septième d'une famille catholique de huit enfants.

Bruxelles, lundi 19
La Commission européenne décide de renvoyer l'ex-commissaire Édith Cresson devant la Cour européenne de justice pour « favoritisme ».

Dordogne, lundi 19
Le ministre de la Culture, Renaud Donnedieu de Vabres, inaugure le musée national de la Préhistoire aux Eyzies-de-Tayac.

Saint-Malo, lundi 19
Karine Fauconnier remporte la transat en équipage Québec-Saint-Malo à bord du trimaran *Sergio Tacchini*.

Limoges, lundi 19
Basket : le CSP Limoges est repris par Frédéric Porte.

Londres, lundi 19
Football : Didier Drogba, attaquant vedette de l'OM, signe pour quatre ans avec le club de Chelsea pour « 35 à 40 millions d'euros ».

New Delhi, lundi 19
La Cour suprême indienne ordonne à la Banque centrale de verser aux 550 000 victimes de la catastrophe survenue à Bhopal en décembre 1984 les 326 millions de dollars dont Union Carbide s'est acquittée en 1989 et que le gouvernement indien conservait dans ses caisses.

Irak, lundi 19
L'otage égyptien Sayed Mohammad al-Gharbaoui, enlevé début juillet, est libéré.

Italie, lundi 19
Umberto Bossi, leader de la Ligue du Nord et ministre des Réformes, démissionne du gouvernement de

Recep Tayyip Erdogan plaide la cause de la Turquie à Paris

Hier, à l'Élysée, Jacques Chirac avait reçu à déjeuner le Premier ministre turc.

Paris, mercredi 21
S'il est un pays où le Premier ministre turc se devait de plaider pour l'entrée dans l'Union européenne de son pays, c'est bien la France. Arrivé avant-hier à Paris, Recep Tayyip Erdogan a été à même de constater, à l'occasion de ses entretiens avec les leaders de l'UMP, de l'UDF ou du PS, que sa cause était loin d'être gagnée. Si François Bayrou ne lui a pas caché sa franche hostilité, François Hollande, lui, a subordonné l accord du PS à des conditions draconiennes, telle la reconnaissance du génocide arménien. Seul le président de la République lui aura finalement confirmé son ferme soutien : ce n'est certes pas rien ! Au terme de sa visite, Recep Tayyip Erdogan a manifesté sa volonté d'ouverture au marché européen : avec Jacques Chirac, il a assisté ce matin à la signature d'un protocole d'accord sur l'achat de 36 Airbus par la compagnie Turkish Airlines.

Un nouveau statut pour EDF et GDF

Paris, jeudi 22
Ni les manifestations, ni les grèves, ni les coupures de courant, ni la discussion de 2000 amendements n'auront réussi à faire plier les parlementaires. L'UMP et l'UDF ont adopté le nouveau statut d'EDF et de GDF. Les socialistes et les communistes ont voté contre ce qu'ils tiennent pour une « atteinte intolérable au patrimoine de la nation ». EDF et GDF, qui étaient jusqu'alors des épic, des établissements publics à caractère industriel et commercial, deviennent des sociétés anonymes. Seule concession à l'opposition : l'État gardera 70 % des parts et non 50 % comme cela avait été annoncé. Lors de l'ouverture du capital, les salariés pourront en acquérir 15 %. La réforme, qui porte également sur les retraites des agents, va bénéficier aux finances publiques : l'État devrait y gagner dix milliards d'euros.

Remises en cause des 35 heures

Châteaulin (Finistère), jeudi 22
Le volailler breton Doux annonce son intention de mettre en cause l'accord de 1999 sur la réduction du temps de travail : la suppression de 23 jours de RTT ferait passer sans compensation les 32,83 heures de travail hebdomadaires à 35 heures, à quoi s'ajouterait le non-paiement des 2 h 30 de pause par semaine. Si les syndicats semblent décidés à faire front, ce n'est pas toujours le cas ailleurs. Notamment chez Bosch où, lundi, la direction du site de Vénissieux a annoncé que, suite à un référendum interne où la CFDT et la CGT se sont opposées, les salariés passeraient de 35 à 36 heures pour le même salaire. En échange de quoi, le site ne serait pas délocalisé. Hier, chez Cattinair, dans le Doubs, ce sont aussi des RTT qui ont été réduites ou supprimées, selon les catégories.

Pourquoi Clinton a raté Ben Laden

Washington, jeudi 22
Mise en place au mois de novembre 2002, la commission d'enquête sur les attentats du 11 septembre 2001 vient de rendre son rapport. Composée de cinq démocrates et de cinq républicains, la commission a fait montre à la fois de prudence et d'équité. Ainsi, au sujet de l'islamisme, elle reconnaît à l'administration Clinton une lucidité qui a manqué à l'administration Bush. En revanche, celle-ci a donné la preuve d'une audace dont aura été dépourvue la première : sous Clinton, des occasions d'éliminer Ben Laden ont été manquées par incohérence, par négligence ou par timidité. Mais le rapport veut aussi tirer les leçons des erreurs du passé. Il préconise la refonte des services de renseignement et un traitement moins unilatéral de la menace islamiste.

Ouvrez-lui, ouvrez la porte à Reggiani

En février, âgé de 81 ans, il était encore sur la scène de l'Olympia (ici en 1991).

Paris, vendredi 23
Cessez de rire, charmante Elvire, c'est bien lui, c'est bien l'Italien, qui est mort cette nuit à Paris, dans son lit, d'un arrêt cardiaque. Il avait 82 ans (*2.5.1922). Il en avait déjà plus de cinquante quand il avait enregistré son premier disque, des chansons de Boris Vian, en 1964. Jusque-là, Reggiani, c'était l'acteur : la petite frappe des *Portes de la nuit* de Marcel Carné (1946) ; Manda, l'amant de Simone Signoret dans *Casque d'or* de Jacques Becker (1952) ; le créateur, sur scène, du rôle de Franz von Gerlach dans *Les Séquestrés d'Altona* (1959) de Jean-Paul Sartre. Puis la chanson avait happé le baryton, sans qu'il délaisse le cinéma, tournant avec Melville, Sautet, Visconti, etc. Naturalisé français en 1948, il reste comme le plus émouvant interprète des textes de Georges Moustaki *(Ma liberté)*, d'Albert Vidalie *(Les loups sont entrés dans Paris)* et, bien sûr, de Jean-Loup Dabadie *(L'Italien)*.

Silvio Berlusconi et du Parlement pour raisons de santé. Il avait été victime le 11 mars d'un accident cardiaque qui l'avait plongé dans le coma.

Pékin, mardi 20
Le docteur Jiang Yanyong, qui avait révélé en 2003 l'existence de cas de sras en Chine, est libéré après avoir dû subir 45 jours de « rééducation politique » et est astreint au silence. Il avait réclamé que le mouvement de Tienanmen, en 1989, soit reconnu comme « patriotique ».

Paris, mardi 20
Cyclisme : David Millar est licencié par l'équipe Cofidis.

Pas-de-Calais, mardi 20
Dominique Wiel est remis en liberté et placé sous contrôle judiciaire.

Strasbourg, mardi 20
Le socialiste espagnol Josep Borrell est élu président du Parlement européen. Selon un accord signé le 5 juillet entre les deux principaux groupes politiques, il devrait céder sa place en 2006 à un conservateur du Parti populaire européen (PPE).

Irak, mardi 20
Au lendemain du retrait complet du contingent philippin, l'otage Angelo de la Cruz est libéré.

New York, mardi 20
L'Assemblée générale de l'ONU adopte une résolution exigeant d'Israël la destruction d'une partie de sa « clôture de sécurité ».

Paris, mercredi 21
Philippe Séguin est nommé président de la Cour des comptes.

Fourniret avait un pactole en lingots

Paris, samedi 24
La façon dont Michel Fourniret avait pu acquérir le château de Sautou, avec son parc de 15 hectares, sur la commune ardennaise de Donchery, près de Sedan, alors qu'il était sans revenus fixes, était un mystère. Le quotidien *Libération* le lève ce matin : Fourniret s'était emparé du trésor du « gang des postiches » ! De 1981 à 1986, ces braqueurs dévalisèrent des coffres de banques dans les quartiers huppés avant d'être arrêtés. C'est lors de son incarcération à Fleury-Mérogis que Fourniret fait la connaissance de Jean-Pierre Hellegouarch, un braqueur, qui a connaissance du trésor. Après sa sortie, en 1988, Fourniret est contacté par l'amie de celui-ci, Farida Hamiche, pour l'aider à récupérer le pactole, qui est enfoui dans un cimetière. Il accepte, l'aide… et la tue deux semaines plus tard, l'enterrant il ne sait plus où. Quant au château, il le revendra en 1991 et fuira en Belgique. Hellegouarch, libéré, avait compris qu'il s'était fait doubler. Envolés les 8 millions de francs en or…

Lance Armstrong est resté le plus fort

France, dimanche 25
1999, 2000, 2001, 2002, 2003, 2004 : et de six ! L'Américain Lance Armstrong a battu le record des cinq victoires dans le Tour de France, record détenu par Anquetil, Merckx, Hinault, Indurain et Lance Armstrong lui-même bien sûr. Le coureur et ses équipiers de la formation US Postal ont dominé de bout en bout l'épreuve, avec cinq victoires d'étape pour Armstrong (dont les trois dans les Alpes) et le contre-la-montre par équipe. Le Texan n'a laissé que des miettes à ses adversaires, reléguant Jan Ullrich au chapitre des espoirs révolus. L'Allemand Andreas Klöden et l'Italien Ivan Basso (deuxième et troisième au classement général) sont pratiquement les seuls à avoir fait bonne figure. Du côté des Français, on n'oubliera pas la chevauchée en jaune du jeune Thomas Voeckler, en début de Tour, et le beau septième maillot de meilleur grimpeur ramené par Richard Virenque.

Le sextuple vainqueur n'a été aucunement déstabilisé par les soupçons de dopage révélés par Pierre Ballester dans son livre L.A. Confidentiel, *paru le 15 juin dernier.*

Des « Faucheurs volontaires » détruisent des plants d'OGM

Avec José Bové (à g.) et Noël Mamère (à dr.) se trouve Jean-Baptiste Libouban (à l'ext. dr., barbe blanche), responsable de la communauté de l'Arche de Lanza del Vasto.

Haute-Garonne, dimanche 25
La France est loin d'être submergée par les cultures transgéniques : pas plus de 50 hectares dans tout le pays, répartis en une quarantaine de sites. Mais pour ces « Faucheurs volontaires », c'est déjà trop. Un millier de personnes se sont retrouvées à Menville pour faucher, épi après épi, un champ d'un demi-hectare de maïs transgénique, dissimulé (mal) derrière des rangées de tournesols par la société Pioneer à l'initiative de cette culture expérimentale. José Bové, qui est récidiviste en la matière, a parlé de « désobéissance civile en nombre et non violente, illégale mais légitime ». Trois cents personnes ont été photographiées par les gendarmes « dans l'action », ce qui risque de leur valoir des poursuites pour « destruction grave de bien privé en réunion », délit passible de cinq ans de prison et de 75 000 euros d'amende. Tous assument leurs actes.

Pas-de-Calais, jeudi 22
Franck Lavier, le dernier des accusés d'Outreau se disant innocent à être incarcéré, est remis en liberté et placé sous contrôle judiciaire.

Strasbourg, jeudi 22
José Manuel Durão Barroso est investi par le Parlement européen.

Turquie, jeudi 22
Le déraillement d'un train dans la province de Sakarya (nord-ouest) fait 36 morts et 81 blessés.

Washington, jeudi 22
Le Congrès adopte à l'unanimité une résolution qualifiant les crimes commis dans la province soudanaise du Darfour de « génocide ».

Paris, vendredi 23
Yves Guéna, ancien président du Conseil constitutionnel, est élu à la présidence de l'Institut du monde arabe (IMA).

Paris, vendredi 23
Philippe Douste-Blazy, ministre de la Santé, signe un arrêté autorisant l'interruption volontaire de grossesse (IVG) en dehors des hôpitaux, permettant ainsi l'avortement par voie médicamenteuse dans les cinq premières semaines de la grossesse.

Israël, dimanche 25
Plus de 70 000 colons israéliens forment une chaîne humaine entre Jérusalem et la bande de Gaza pour protester contre le plan Sharon.

DÉCÈS

Madrid, mardi 20
Antonio Gades, danseur (*Antonio Esteve Rodenas, 16.11.1936).

Ils sont revenus de Guantanamo

Paris, mardi 27
Mourad Benchellali, 23 ans, Brahim Yadel, 33 ans, Imad Kanouni, 27 ans, et Nizar Sassi, 25 ans, ont été placés en garde à vue dans les locaux de la DST. Ces quatre Français, incarcérés depuis plus de deux ans sans jugement par les Américains à Guantanamo, avaient été « expulsés » au terme d'une négociation entre Paris et Washington. Leur avion s'est posé vers 13 heures à la base d'Évreux. Bien que leur dossier soit à peu près vide, aux dires mêmes des enquêteurs, ils risquent d'être mis en examen et placés en détention. Trois autres Français sont restés prisonniers à Guantanamo. Le 9 mars dernier, ce sont cinq sujets britanniques que les Américains avaient renvoyés dans leur pays d'origine. Mais, dès le lendemain, ils avaient été remis en liberté.

Ces criquets pèlerins qui envahissent le Maghreb et le Sahel

Alger, mardi 27
Six millions d'hectares de culture ont déjà été détruits : la menace que font peser depuis le printemps les criquets pèlerins sur le sud du Maghreb et sur l'Afrique subsaharienne est en train de se réaliser, risquant de provoquer une gigantesque catastrophe économique et humanitaire. L'Algérie, la Libye, le Maroc, le Niger, le Tchad, la Tunisie, la Mauritanie, le Mali et le Sénégal se sont donc réunis à Alger pour organiser un front commun face à l'invasion, favorisée par une humidité exceptionnelle, notamment dans le Sahel. Pour anéantir ces essaims d'insectes, dont certains comptent jusqu'à 80 millions d'individus au kilomètre carré, seuls le Maroc et l'Algérie ont pu mettre en œuvre une riposte adéquate, à raison d'un litre de pesticide par hectare. Par contre, la situation est nettement plus préoccupante dans le Sahel.

Chaque essaim d'insectes peut dévorer environ 300 tonnes de végétaux par jour.

Solution chinoise pour Thomson

Shenzhen (Chine), jeudi 29
Thomson cherchait à se délester de sa branche téléviseurs, le groupe chinois TCL (11,7 millions d'appareils vendus en 2003) voulait percer sur le marché mondial. Résultat, Thomson et TCL ont créé à Shenzhen une coentreprise baptisée TTE (TCL Thomson Electronics), le partenaire chinois détenant 67 % du capital, le français 33 %. La nouvelle multinationale devient de ce fait le numéro 1 des téléviseurs et des lecteurs de DVD, avec une production estimée à 20 millions d'unités en 2004 (dont 18 millions de téléviseurs). La création de TTE implique le transfert sous direction chinoise de tous les sites de Thomson situés hors de l'Hexagone, ainsi que de ses centres de recherche et de développement, le site d'Angers, lui, devant être reconverti. Au total, ce sont quelque 9 000 salariés qui vont passer de Thomson à TTE.

John Kerry investi par les démocrates

Il aura 61 ans le 11 décembre prochain.

Boston, jeudi 29
Au terme de la convention démocrate qui l'a investi pour l'élection présidentielle, John Forbes Kerry a prononcé un discours offensif et musclé. Offensif à l'égard de George W. Bush, qui fait la guerre en Irak sans avoir de plan « pour gagner la paix » ou qui permet à John Ashcroft, son ministre de la Justice, de violer la Constitution, et musclé quant aux projets du candidat Kerry. En effet, le sénateur du Massachusetts a voulu montrer que, mieux que l'actuel Président des États-Unis, il saurait lutter contre le terrorisme, tout en restaurant l'image de son pays dans le monde. Il a eu beau jeu d'opposer implicitement ses brillants états de service pendant la guerre du Vietnam à la façon bien peu glorieuse dont son adversaire s'est débrouillé pour ne pas y aller… Mais le Kerry combatif et patriote n'a pas pour autant oublié la question sociale : il ne laissera pas sans assurance médicale 43 millions d'Américains.

Une réforme pour renflouer la Sécu

Paris, vendredi 30
La réforme de l'assurance-maladie est adoptée. Sans surprise, les députés de l'UMP et de l'UDF ont voté pour, les élus de gauche contre. Il y avait urgence à agir : le déficit prévisionnel pour 2007 est de 23 milliards d'euros. Cette année-là entrera en vigueur le DMP : dossier médical personnalisé, qui regroupera les éléments diagnostiques tout autant que thérapeutiques de chaque patient. Ceci afin d'assurer, selon le ministre de la Santé, Philippe Douste-Blazy, « une meilleure coordination des soins » : les doublons (du type analyses faites deux fois) devraient être évités. Au chapitre recettes nouvelles, le forfait hospitalier est relevé, la CSG est augmentée pour les salariés et les retraités, et les patients devront s'acquitter d'un euro à chaque consultation, y compris aux urgences. De quoi espérer économiser 16 milliards d'euros chaque année.

Paris, lundi 26
Eurotunnel annonce une perte nette de 119 millions d'euros pour le premier semestre 2004.

Bordeaux, mardi 27
Le tribunal de grande instance annule le mariage homosexuel célébré le 5 juin à Bègles.

Montpellier, mardi 27
Arrestation de Mohamed Kalaki, un sans-papiers de 17 ans, meurtrier présumé de Romain Benavent.

Kaboul, mercredi 28
Après l'assassinat de cinq de ses collaborateurs le 2 juin dans la province de Badghis, Médecins sans frontières se retire d'Afghanistan.

Séoul, mercredi 28
En deux jours, 450 Nord-Coréens ont trouvé refuge en Corée du Sud.

Nantes, mercredi 28
Presse-Océan révèle que Jonathan, retrouvé mort à Guérande le 19 mai dernier, a été séquestré un mois avant d'être tué.

Hainaut (Belgique), vendredi 30
L'explosion d'une conduite de gaz dans la zone industrielle de Ghislenghien, près d'Ath, fait 16 morts et 120 blessés.

DÉCÈS

San Diego (Californie), mer. 28
Francis Harry Compton Crick, biologiste britannique (*8.6.1916).

Paris, vendredi 30
Donald Cardwell, costumier américain, qui œuvra entre 1966 et 1984 sur 380 des 420 pièces d'*Au théâtre ce soir* (*1.9.1935).

On n'arrête pas le « progrès »

On a parlé de « culte de la performance » (Alain Erhenberg) et d'« obsession de la mesure » (Jean-Marie Brohm) pour expliquer la pratique récurrente du dopage dans le sport de haut niveau. Icône des temps hypermodernes au même titre que la pop star, le sportif est devenu le symbole de la réussite individuelle, sociale et financière. Pour lui, l'exploit est désormais une obligation. D'où la nécessité d'un surpassement de soi permanent, et d'un maintien artificiel de l'organisme dans ses conditions optimales de fonctionnement. Certaines performances sportives se mesurant désormais au centième, voire au millième de seconde, chaque parcelle supplémentaire d'oxygène ou de muscle peut faire la différence…

La veille de l'ouverture des Jeux olympiques d'Athènes, le 13 août 2004, les deux grands champions grecs Costas Kenteris (en haut) et Ekaterini Thanou faisaient la « une » de la presse mondiale en se dérobant à un contrôle antidopage. Ils seront exclus des JO.

L'expression dopage provient du mot « dope », d'origine afrikaner et désignant une boisson alcoolisée stimulante. Si elle entre dans le vocabulaire à la fin du XIXe siècle, la réalité qu'elle désigne est plus ancienne. Les Jeux olympiques de la Grèce antique connaissent déjà le phénomène. Lorsque les joutes sportives se professionnalisent, à partir du Ve siècle avant notre ère, et deviennent alors un fait social majeur attirant foules et mécènes, les athlètes ont recours à toutes sortes de substances pour améliorer leur puissance ou leur endurance : racines de plantes, champignons, sang de taureau, testicules de chien…

Le dopage moderne accompagne quant à lui les évolutions du sport au sein des sociétés industrielles. La fin du XIXe siècle connaît une mutation importante dans ce domaine. Le sport se trouve à la croisée du nationalisme, de l'hygiénisme et de la démocratisation. Il incarne tour à tour l'esprit de sacrifice, la réussite par l'effort et le mérite, la bonne santé des peuples et nations. Le dopage est alors une pratique courante, connue et acceptée. En 1886, le cycliste anglais Arthur Linton meurt d'une surdose de triméthyl : ce dopage fatal est le premier cas répertorié dans l'histoire du sport moderne. En 1904, le marathonien Thomas Hicks échappe de peu à la mort après avoir absorbé à plusieurs reprises un cocktail de brandy et de strychnine. Les frères Francis et Henri Pélissier sont contraints à l'abandon au Tour de France de 1924, après avoir consommé en excès de l'American Coffee, mélange de noix de cola, de strychnine, de caféine et d'arsenic. Albert Londres annonce à travers eux, de manière prémonitoire, l'ère des « forçats de la route ».

Le dopage va profiter tout au long du XXe siècle des progrès de la pharmacologie. Les anciennes drogues naturelles sont remplacées par des produits synthétiques ou semi-synthétiques, comme les amphétamines, produites pour la première fois en 1930. En 1935, Ernst Laqueur et Adolf Butenandt synthétisent l'androstérone, puis la testostérone : ces hormones sexuelles mâles seront largement utilisées par la suite pour leur effet bénéfique sur la croissance musculaire et osseuse (effet anabolisant).

Les guerres sont comme toujours des accélératrices de progrès techniques et scientifiques : les Alliés comme les forces de l'Axe recourent à des produits dopants pour galvaniser leurs troupes. Le « pot d'Adolf », connu sous le nom de D-IX, mis au point en 1944, composé de cocaïne, de métamphétamine (pervitine) et d'un antalgique à base de morphine, est ainsi l'ancêtre du « pot belge », d'usage courant dans les pelotons cyclistes jusque dans les années 2000. La guerre froide ne ralentit pas le phénomène, bien au contraire : la course aux podiums fut un enjeu symbolique majeur de la lutte entre les Blocs. Des générations d'athlètes est-européens et soviétiques devinrent ainsi les vitrines de la réussite communiste… et les cobayes de la croissance artificielle.

LA LUTTE CONTRE LE DOPAGE

Au cours de la seconde moitié du XXe siècle, les premiers stimulants « artisanaux » cèdèrent la place à des peptides et protéines de plus en plus efficaces, souvent de nature hormonale, synthétisés grâce aux progrès rapide de la biologie moléculaire. L'EPO ou érythropoïétine, une hormone accélérant l'oxygénation sanguine, est ainsi purifiée pour la première fois en 1977 par Eugène Goldwasser, son gène est cloné en 1983 par l'équipe de Fu-Kuen Li et sa mise sur le marché est annoncée en 1988 (Europe) et 1989 (États-Unis). Elle est rapidement détournée de son usage médical initial, tout comme le sont les hémoglo-bines synthétiques ou leurs précurseurs obtenus par le génie génétique (PHB, RSR 13, AHSP).

Les hormones de croissance humaine (HGH) et synthétique (GH), ainsi que diverses autres protéines augmentant la croissance des cartilages, os et muscles ou maximisant la résistance au stress de l'effort (somatoréline, gonadoréline, ACTH), figurent aussi dans la pharmacopée des dopeurs. Originellement destinées à traiter le retard de croissance (nanisme, rachitisme) chez les enfants, elles ont d'abord été utilisées par les body-builders californiens au cours des années 1980, puis dans les milieux sportifs à l'aube des années 1990. Les testeurs sont ici confrontés à la difficulté de définir un seuil de positivité, car la production de ces facteurs de croissance peut varier naturellement entre les individus.

Ces nouvelles substances issues du génie biotechnologique sont mieux maîtrisées que les anciens produits dopants, mais leurs effets sont aussi nettement plus puissants, mettant en danger la vie des sportifs. Les instances officielles ont donc progressivement réagi. Côté dépistage et répression, tout commence dans les années 1960. Les Jeux olympiques d'Helsinki (1952) et de Melbourne (1956) sont les derniers où l'on rapporte des cas de dopage mani-

en matière de dopage !

feste non assorti de sanctions. En 1960, les 21 nations du Conseil de l'Europe votent une résolution contre l'usage de substances dopantes dans les compétitions officielles. La France (1963) puis la Belgique (1965) se dotent de législations répressives. La mort « en direct » de Tom Simpson, lors de l'ascension du mont Ventoux (Tour de France, 13 juillet 1967), bouleverse les esprits et conduit le Comité international olympique à accélérer la mise en place d'une politique systématique de dépistage, qui commence l'année suivante, aux Jeux olympiques de Mexico.

Les sportifs et leurs médecins peu scrupuleux usent de chaque nouveau progrès de la science et de la médecine ; mais les techniques de dépistage suivent le même rythme, avec certes un léger décalage favorable aux tricheurs. La mise au point de la spectrométrie de masse et de la chromatographie gaz au début des années 1980 aboutit ainsi au scandale des Jeux panaméricains de Caracas : de nombreux athlètes sont contrôlés positifs… quand ils n'ont pas purement et simplement rebroussé chemin à l'annonce de tests de nouvelle génération ! Une quinzaine d'années plus tard, le retentissant scandale du Tour de France (1998) aboutit à la création de l'Agence mondiale antidopage (1999). En 2003, la déclaration de Copenhague signée par 73 gouvernements et la plupart des fédérations sportives reconnaît son Code international antidopage comme la base de la lutte future contre l'usage des substances illicites dans le sport professionnel.

LE DOPAGE GÉNÉTIQUE

À quoi faut-il s'attendre dans les années à venir ? Le dopage génétique est l'innovation la plus attendue. Il est interdit depuis le 1er janvier 2003 par le Code antidopage du mouvement olympique, qui le définit comme « l'usage non thérapeutique de gènes, d'éléments génétiques et/ou de cellules qui ont la capacité d'augmenter la performance sportive ».

Comment pourrait fonctionner le dopage génétique ? Pour répondre à cette question, il suffit d'observer le cas réel d'un « mutant » du sport, le champion de ski de fond finlandais Eero Mäntyranta, double médaille d'or aux Jeux olympiques d'Innsbruck (1964). Le secret de ce champion exceptionnel ne résidait pas dans un entraînement particulier, mais dans une dotation génétique rarissime : la mutation d'un gène codant pour les récepteurs de l'hormone érythropoïétine (EPO) permettait à Mäntyranta d'augmenter de 25 à 50 % la teneur en globules rouges de son sang. L'EPO est une hormone normalement fabriquée par les reins et permettant le transport de l'oxygène vers les fibres musculaires.

Le dopage génétique consisterait donc à injecter dans certains tissus le gène de l'EPO. Science-fiction ? Pas vraiment : l'expérience a déjà été réalisée en 1997, par l'équipe de Jeffrey Linden (université de Chicago), sur des souris et des singes. Les hématocrites (proportion de globules rouges dans le sang) des rongeurs ont augmenté de 49 à 81 %, celles des primates de 40 à 70 %. Une simple injection a suffi pour obtenir le résultat une année durant chez la souris, 12 semaines chez le singe. En 1998, la société commerciale Chiron a rapporté des résultats similaires chez le babouin. Theodore Friedmann, qui dirige le programme de thérapie génique humaine de l'université de Californie (San Diego), ne se fait donc guère d'illusion sur la probable utilisation des découvertes biomédicales par le milieu sportif : « Les gènes sont disponibles ou on peut les fabriquer. Les vecteurs viraux sont connus et publiés. Tout ce que cela demande, c'est trois ou quatre postdoctorants assez habiles et un ou deux millions de dollars. » Quand on connaît les sommes investies dans la fabrique des champions, on se doute que les capitaux ne manqueront pas.

Le gène de l'EPO n'est pas la seule cible potentielle du dopage moléculaire. Les chercheurs travaillent aussi sur

Médaille d'or au marteau aux Jeux d'Athènes, le Hongrois Adrian Hannus sera finalement disqualifié après avoir été convaincu de dopage.

les gènes de l'IGF-1, *Insulin-like Growth Factor 1*, une protéine impliquée dans la croissance des muscles. Leur but est de traiter certaines maladies dégénératives comme la dystrophie musculaire. Dès 1998, des souris ayant reçu les gènes IGF-1 ont connu une croissance musculaire de 15 % supérieure à celle de leurs congénères, sans exercice particulier. Mieux encore, la protéine IGF-1 obtenue par induction du transgène ne circulait pas dans le sang des animaux et semblait localisée dans les tissus cibles. L'intervention sur d'autres hormones de croissance, comme la MGF, permettrait de doubler, voire tripler cet effet dopant selon H. Lee Sweeney, spécialiste de ces interventions (université de Pennsylvanie).

Le dopage génétique serait-il facilement dépisté ? Cela n'est pas évident. À la différence des produits de synthèse ingérés par les sportifs dopés, les protéines produites en surnombre par le transgène sont ici naturelles… La fabrique des surhommes a de beaux jours devant elle !

Charles Muller

La mort attendait les chrétiens d'Irak à l'heure des vêpres

Une religieuse dominicaine après l'attentat perpétré devant une église de Bagdad.

Irak, dimanche 1er
Relativement protégée sous le régime de Saddam Hussein, la petite minorité chrétienne d'Irak faisait l'objet, depuis l'occupation américaine, de multiples vexations et parfois d'agressions de la part de certains islamistes. Mais ce qui s'est passé aujourd'hui, nul n'avait osé l'imaginer : à l'heure de l'office du soir, cinq voitures piégées ont explosé quasi simultanément devant des églises ou des couvents (quatre à Bagdad et une à Mossoul). Onze morts et 55 blessés, tel est le bilan de ces attentats, qui ont été condamnés au plus haut niveau par les autorités chiites et sunnites, ceci au nom de l'unité du peuple irakien. Bien qu'ayant toujours fermement dénoncé l'invasion de l'Irak, en particulier par la voix de Mgr Mar Emmanuel Delly, auxiliaire patriarcal chaldéen, les chrétiens de Bagdad et de Mossoul payent au prix fort le mot « croisade » employé par George W. Bush en 2003.

Johnny Hallyday quittera Universal

Paris, lundi 2
Plus de mille chansons, c'est le capital que Jean-Philippe Smet, alias Johnny Hallyday, va récupérer sur décision du conseil des prud'hommes. Désireux de rompre le contrat qui le liait à Universal Music France, le chanteur a obtenu gain de cause. Universal lui restituera donc ses enregistrements, il reprendra sa liberté le 31 décembre prochain, et il devra seulement enregistrer avant un dernier album (sur les six prévus à son contrat). Toutefois, cette victoire est assortie de contraintes assez lourdes. Johnny Hallyday ne pourra rééditer les enregistrements récupérés sans avoir l'accord des différents ayants droit des chansons, dont Universal… Enfin, la rupture de son contrat implique qu'il ne pourra enregistrer de nouvel album avant 18 mois, ni réenregistrer de chansons anciennes avant cinq ans.

Zoom sur

LES CHRÉTIENS D'IRAK

Au nombre de 1,4 million lors du recensement de 1987, ils ne sont plus aujourd'hui que 600 000, en raison d'une émigration de plus en plus forte, le plus souvent vers la Syrie. Surtout concentrés dans la capitale, à Mossoul et à Bassora, les chrétiens sont en majorité des catholiques chaldéens, rattachés au Vatican depuis 1553 (83 %). Il existe aussi des communautés catholiques latine, arménienne, syriaque et melkite, ainsi que des Églises orthodoxes. On compte par ailleurs quelque 6 000 protestants et anglicans. Dans les deux semaines qui ont suivi les attentats du 1er août, 40 000 chrétiens auraient rejoint leurs coreligionnaires dans l'émigration.

Les clients du Botánico ont été enfermés dans la fournaise

Asunción, dimanche 1er
« Fermez les portes ! Que personne ne sorte sans payer ! » C'est l'ordre qui a été donné par la direction du Botánico, un supermarché d'Asunción appartenant à la chaîne Ycua Bolaños, quand l'incendie s'est déclaré, en fin de cette matinée. Ordre parfaitement exécuté, et même au-delà : lorsque les pompiers sont arrivés, les vigiles les ont accueillis à coups de pistolet. Le résultat est tout simplement épouvantable : le bilan que donnera mercredi la justice d'Asunción fera état de 427 morts, 523 blessés et 153 disparus. Hommes, femmes et enfants. Le sinistre serait dû à une fuite de gaz. Nicanor Duarte Frutos, le président du Paraguay, a décrété un deuil de trois jours. Quant à Juan Pío Paiva, patron du Botánico, il a été arrêté, ainsi que son fils Daniel. Ils seront inculpés dès mardi pour homicide volontaire (« homicidio culposo »). Ils risquent 25 années de prison chacun.

Les hôpitaux de la capitale du Paraguay étant débordés, des dizaines de blessés ont été évacués vers des hôpitaux argentins de la province frontalière de Formosa.

Paris, dimanche 1er
Les quatre Français de Guantanamo sont incarcérés. Ils sont mis en examen pour « association de malfaiteurs en relation avec une entreprise terroriste ».

Varsovie, dimanche 1er
Le chancelier allemand Gerhard Schröder assiste aux cérémonies commémorant le 60e anniversaire de l'insurrection de la ville contre les nazis.

Paris, lundi 2
Jean-Charles Marchiani, ancien préfet, mis en examen dans trois scandales, est incarcéré.

Irak, lundi 2
Le gouvernement attribue à Abou Moussab al-Zarqaoui les attentats d'hier contre des édifices chrétiens.

Tokyo, lundi 2
Bobby Fisher demande l'asile politique au Japon.

Bruxelles, mardi 3
La Commission européenne donne son aval à la reprise des actifs d'Éditis par Wendel Investissement, dirigé par Ernest-Antoine Seillière.

New York, mardi 3
La statue de la Liberté est rouverte au public après que son système de sécurité a été renforcé. Elle avait été fermée après le 11 septembre 2001.

Washington, mardi 3
Le Fonds monétaire international préconise le rallongement de la durée hebdomadaire de travail dans la zone euro.

Asie du Sud-Est, jeudi 5
En six semaines, la mousson a fait

Gibraltar, mercredi 4. Le 300e anniversaire de l'annexion de Gibraltar par la Grande-Bretagne suscite une protestation de Madrid, en raison de la présence sur le rocher du ministre britannique de la Défense, Geoff Hoon. Mais les habitants marquent leur attachement à la couronne britannique en formant une immense chaîne humaine tout autour du territoire.

Cartier-Bresson savait fixer les instants

Céreste, mardi 3
C'est dans un petit village des Alpes-de-Haute-Provence qu'est décédé l'un des maîtres du photoreportage, Henri Cartier-Bresson. Né le 22 août 1908 à Chanteloup-en-Brie, il fut le disciple du peintre et théoricien cubiste André Lhote, à qui il doit cette obsession de la rigueur géométrique qui caractérise ses instantanés. Son œuvre, également influencée par le surréalisme, est une quête de ce qu'il a qualifié lui-même d'« instant décisif », celui où le sujet, pris dans le mouvement même de la vie, délivre tout son sens. Cartier-Bresson était à cet égard un moraliste, ce dont témoignent autant ses reportages sur le vif (lors de la révolution chinoise, par exemple) que ses admirables portraits d'écrivains ou d'artistes (de Matisse à Jean-Paul Sartre). Fondateur de l'agence Magnum avec Robert Capa (1947), il était revenu au dessin dans la dernière partie d'une vie richement créatrice.

Cartier-Bresson photographié à Paris lors d'une exposition, le 21 janvier 2000.

Les marines à l'assaut de Nadjaf

Irak, jeudi 5
La trêve observée dans la cité sainte de Nadjaf entre l'« armée du Mahdi » et la coalition a volé en éclats. Selon les sources officielles, c'est en réplique à une attaque d'un important commissariat de police, et avec l'assentiment d'Iyad Allaoui, le Premier ministre du gouvernement intérimaire, qu'environ 5 000 marines et soldats irakiens sont passés à l'offensive, appuyés par des chasseurs-bombardiers, des hélicoptères d'attaque et des tirs d'artillerie. L'un des trois minarets du mausolée d'Ali aurait été touché : « Pas de sanctuaire pour les voyous et pour les criminels de Nadjaf », devait préciser le colonel Anthony M. Haslam, le commandant de la 11th Marine Expeditory Unit. On estime à 2 000 le nombre de miliciens chiites retranchés dans le centre-ville et dans l'immense cimetière.

La tragédie durant le stage d'équitation

Lescheraines, jeudi 5
Du centre équestre des Bauges, sur les hauteurs du village de Lescheraines, en Savoie, à une trentaine de kilomètres de Chambéry, il ne reste que des ruines. Le feu, dont les pompiers ont été alertés à 3 h 43 la nuit dernière, s'est propagé avec une rapidité exceptionnelle, en raison peut-être d'un grand nombre de bottes de foin. Les flammes ont atteint vingt mètres de hauteur. Les adolescents, qui y faisaient un stage, ont été surpris dans leur sommeil. Six d'entre eux (cinq filles et un garçon), âgés de 12 à 15 ans, sont morts carbonisés, ainsi que la monitrice, une étudiante grenobloise de 24 ans, et un jeune homme de 22 ans. Procureur adjoint de Chambéry, Caroline Gontron a ouvert une enquête judiciaire. Arrivés par hélicoptère de Rosny-sous-Bois, les enquêteurs de l'IRCGN, l'Institut de recherche criminelle de la gendarmerie nationale, vont s'efforcer de déterminer la cause de cette tragédie.

Les 45 pompiers mobilisés ont mis plus de deux heures pour circonscrire l'incendie.

Un faux otage sur une vidéo truquée

San Francisco, samedi 7
Benjamin Vanderford s'est bien amusé. En mai dernier, avec deux amis, il s'est fait filmer en train d'être égorgé par des terroristes en Irak, scène tournée dans une cuisine de Californie… Sur fond de psalmodie de versets du Coran, le jeune homme, âgé de 22 ans, assis sur une chaise, les mains liées dans le dos, déclarait : « Nous devons quitter ce pays maintenant. Si nous ne le faisons pas, on risque d'être tués de cette façon. » Sur le plan suivant, il était allongé par terre, gisant dans son sang. Placé sur un site d'échanges de vidéos, ce film, qui dure 55 secondes, a été repris cette semaine par un site islamique, puis diffusé par Al-Jezira et Al-Arabiya. Face au FBI, qui l'a trouvé chez lui, Benjamin a expliqué qu'il avait voulu montrer que, grâce à Internet, « on peut convaincre le monde entier de n'importe quoi ». En effet…

1 861 morts dont 1 102 en Inde, 641 au Bangladesh et 113 au Népal.

Paris, jeudi 5
Le tribunal de commerce prononce la cession du groupe Tati à Vetura-Fabio Lucci, une filiale d'Eram. La dynastie Ouaki s'achève.

Pékin, samedi 7
Football : le Japon remporte la Coupe d'Asie face à la Chine (3-1).

Saint-Savin (Isère), samedi 7
Marc Cécillon, ancien capitaine de l'équipe de France de rugby, abat sa femme de cinq coups de feu.

Irak, dimanche 8
La peine de mort est rétablie.

Irak, dimanche 8
Un mandat d'arrêt est lancé contre Ahmed Chalabi, chef du Parti du Congrès national irakien.

DÉCÈS

Lausanne (Suisse), dimanche 1er
Madeleine Robinson, actrice française (*Madeleine Svoboda, 5.11.1917).

Montpellier, lundi 2
François Craenhals, dessinateur et scénariste belge de bande dessinée (*15.11.1926).

Paris, samedi 7
Jacques Douai, chanteur, qualifié de « troubadour des temps modernes » (*Gaston Tanchon, 11.12.1920).

Houston (Texas), samedi 7
Paul « Red » Adair, le « pompier volant » (*18.6.1915).

New York, dimanche 8
Fay Wray, actrice, célèbre pour son rôle dans *King Kong* (*15.9.1907).

Le diabète vaincu par le clonage ?

Londres, mercredi 11
La plus haute autorité britannique en matière de recherche embryologique, la Human Fertilisation & Embryology Authority (HFEA), vient de donner à un groupe de scientifiques de l'université de Newcastle l'autorisation, pour un an, de créer des embryons humains par clonage, à des fins exclusivement médicales. Les chercheurs dirigés par le docteur Miodrag Stjkovic comptent notamment réaliser des avancées dans le traitement du diabète, en extrayant de ces embryons des cellules souches, à partir desquelles seraient obtenues des cellules productrices d'insuline. Celles-ci seraient ensuite greffées sur les malades. La décision de la HFEA ne fait toutefois pas l'unanimité dans la communauté médicale, en Grande-Bretagne et à l'étranger. Le Vatican, de son côté, a rappelé son hostilité à toute forme de clonage humain.

Les JO ont retrouvé leur terre natale

Après plus d'un siècle, Athènes rallume la flamme… Les premiers JO modernes, créés par le baron Pierre de Coubertin, avaient eu lieu dans la capitale grecque en 1896.

Athènes, vendredi 13
La préparation avait pris beaucoup de retard, et certains prédisaient pour la Grèce un gigantesque fiasco. Mais tout était prêt à temps, ou presque, grâce à l'énergie de Gianna Angelopoulos, la présidente du comité d'organisation, et aux 60 000 volontaires qui se sont mis à son service. Résultat : le président du Comité international olympique (CIO), Jacques Rogge, a pu déclarer ouverts les XXVes Jeux olympiques au terme d'une spectaculaire cérémonie réglée par le danseur et chorégraphe grec Dimitris Papaioannou, devant les 72 000 spectateurs du stade olympique d'Athènes. Mais le spectre du dopage a malheureusement un peu gâché la fête. Hier, les deux grands sprinteurs grecs Ekaterini Thanou et Costas Kenteris ont échappé à un contrôle antidopage, sous le prétexte d'un plus que mystérieux accident de moto. Ils sont menacés d'exclusion.

Le 15, le pape Jean-Paul II achève sa visite de deux jours à Lourdes à l'occasion du 150e anniversaire de la proclamation du dogme de l'Immaculée Conception.

En l'honneur des troupes coloniales

Toulon, dimanche 15
Le 15 août 1944 au matin, la 7e armée américaine commandée par le général Patch et l'armée B placée sous les ordres du général de Lattre de Tassigny, soit 400 000 hommes, débarquaient sur les plages de Provence, de Saint-Tropez à Saint-Raphaël, dont 100 000 membres des troupes coloniales françaises. C'est à ceux-ci que Jacques Chirac a tenu à rendre un hommage tout particulier sur le pont du *Charles-de-Gaulle* amarré en rade de Toulon. En présence de 15 chefs d'État et de gouvernement africains, le président de la République a décoré de la Légion d'honneur vingt et un anciens combattants issus de chacun des pays ayant lutté contre les forces allemandes en Provence. Et il a conféré la croix de la Légion d'honneur à la ville d'Alger, « capitale de la France combattante ».

Les Vénézuéliens plébiscitent Chávez

Caracas, dimanche 15
Deux observateurs de poids, l'ancien Président américain Jimmy Carter et le secrétaire général de l'Organisation des États américains, César Gaviria, ont entériné les résultats du « référendum révocatoire » où Hugo Chávez jouait sa tête. Au terme d'un long processus politique et juridique, les Vénézuéliens étaient appelés à répondre oui ou non à la question de savoir si le président de la République bolivarienne devait être révoqué. L'opposition libérale, qui l'avait suscité pour en finir une bonne fois pour toutes avec les orientations sociales et nationales de Chávez, avait bon espoir de l'emporter. Les électeurs lui ont infligé une cuisante défaite. Dès ce soir, en effet, le non était largement assuré. Quant aux résultats définitifs, ils seront sans appel, avec 59,25 % des voix pour le non (donc pour Chávez) et 40,47 % pour le oui.

Les programmes sociaux de Chávez lui ont assuré un large soutien populaire.

Kaboul, lundi 9
L'Eurocorps, commandé par le général français Jean-Louis Py, prend le commandement de l'Isaf.

Abidjan, lundi 9
Première réunion depuis le 25 mars du gouvernement de réconciliation nationale ivoirien, y compris les ministres limogés le 19 mai par le président Laurent Gbagbo.

Mihama (Japon), lundi 9
Une fuite de vapeur non radioactive dans une centrale nucléaire fait 4 morts et 7 blessés graves.

Washington, mardi 10
George W. Bush nomme Porter Goss directeur de la CIA.

Grèce, mercredi 11
Inauguration du pont de Rion-Antirion, le plus grand ouvrage à haubans du monde. Réalisé par le groupe français Vinci, il relie la Grèce continentale au Péloponnèse.

Paris, jeudi 12
Football : Zinédine Zidane met fin à sa carrière internationale.

San Francisco, jeudi 12
La Cour suprême de Californie annule les 4 167 mariages gays célébrés dans la ville.

Paris, samedi 14
Michaël Tronchon, alias « Phinéas », 25 ans, recherché pour avoir profané 60 tombes dans le cimetière juif de Lyon, lundi, et agressé le 5 août à coups de hachette un Maghrébin à Villeurbanne, se rend à la police.

DÉCÈS

Cracovie, samedi 14
Czeslaw Milosz, poète (*30.6.1911).

Oslo, dimanche 22, vers 11 h 30, deux hommes cagoulés et armés d'un pistolet dérobent au Munch Museet deux œuvres majeures du peintre norvégien Edvard Munch (1863-1944), *Le Cri* (ci-dessus) et *La Madone*. Le système de sécurité était quasi inexistant.

La rue allemande contre Hartz IV

Allemagne, lundi 16
Peter Hartz, l'ancien chef du personnel de Volkswagen, est l'un des hommes les plus haïs d'Allemagne. C'est lui qui a conçu la réforme sociale adoptée par le Bundestag le 19 décembre 2003, et qui prévoit une diminution drastique des allocations aux chômeurs de longue durée par la fusion des indemnités de chômage et des aides sociales, celles-ci étant notamment proportionnelles aux économies réalisées par les enfants des allocataires... Baptisée Hartz IV, cette réforme a suscité une indignation dans l'ancienne partie communiste du pays, où le taux de chômage dépasse les 20 %. Chaque lundi, des manifestations de protestation s'y déroulaient dans les principales villes. Aujourd'hui, elles ont connu une ampleur qui n'est pas rassurante pour Gerhard Schröder : ils étaient au moins 15 000 à défiler à Berlin, peut-être 90 000 au total. Et les grands bénéficiaires devraient être les ex-communistes du PDS.

Ariel Sharon est désavoué par son parti

Ariel Sharon a mesuré l'importance de l'influence des colons au sein du Likoud.

Tel-Aviv, mercredi 18
Par 843 voix contre 612, les membres de la convention du Likoud ont rejeté le plan de retrait de la bande de Gaza, que voulait leur faire entériner Ariel Sharon. Les ultras de son propre parti avaient en effet présenté une motion lui interdisant de faire entrer dans son gouvernement des travaillistes. Or, le Premier ministre israélien ne peut plus guère espérer mettre en application ce plan sans le soutien de ces derniers à la Knesset : lâché par l'extrême droite, il risque en effet de voir une partie des élus du Likoud se retourner contre lui. La marge de manœuvre de Sharon est désormais d'autant plus étroite que la rébellion des siens a été conduite par deux de ses ministres, Uzi Landau (sans portefeuille) et le ministre des Affaires étrangères, Sylvan Shalom. Manifestement déterminé à aller jusqu'au bout de ses intentions, le Premier ministre pourrait être contraint, au cas où il ne pourrait s'appuyer sur une majorité à la Knesset, de procéder à des élections législatives anticipées.

Yasser Arafat fait son autocritique

Ramallah, mercredi 18
Le mouvement de contestation qui a agité la bande de Gaza le mois dernier a trouvé son écho au Conseil législatif palestinien (CLP). Une fronde s'est en effet organisée parmi les députés, qui ont demandé à Yasser Arafat d'engager des réformes profondes, notamment en matière de sécurité. Le président de l'Autorité palestinienne a été contraint de reconnaître que certains organismes « avaient abusé de leur pouvoir », que « nul n'est à l'abri d'erreurs, y compris moi-même » et qu'il ne fallait pas tout mettre sur le dos d'Israël, l'occupation n'étant pas « la seule raison » des maux dont souffre la Palestine. Reste toutefois à savoir si l'autocritique du Raïs sera suivie d'effets. Certains membres du CLP n'ont pas dissimulé à cet égard un profond scepticisme.

Une nouvelle Commission européenne à dominante libérale

Le Portugais José Manuel Durão Barroso (au centre) s'est entouré de 24 commissaires, dont huit femmes, issus de tous les autres pays de l'UE. Le Français Jacques Barrot (premier rang, cravate jaune) devient commissaire européen aux Transports.

Bruxelles, vendredi 20
Les « petits pays » ne se plaindront pas, les autres font contre mauvaise fortune bon visage... Parmi les 25 membres de la Commission européenne présentée le 12 août par José Manuel Barroso et qui se réunit pour la première fois ce jour, les postes les plus importants ont échappé à la France et à l'Allemagne. Et ils ont été confiés à des libéraux. La Concurrence échoit à la Néerlandaise Neelie Kroes-Smit, qui fut consultante de la société américaine d'armement Lockheed-Martin. L'Irlandais Charlie McCreevy prend en charge le Marché intérieur et les services. Le Britannique Peter Mandelson, proche de Tony Blair et impliqué dans plusieurs scandales, reçoit le Commerce. La Commission est dotée de cinq vice-présidents, contre deux dans l'équipe sortante.

Roissy, mardi 17
Le terminal 2E est partiellement rouvert au public.

Jérusalem, mardi 17
Ariel Sharon lance la construction d'un millier de logements dans sept colonies juives de Cisjordanie.

Berlin, mercredi 18
Gerhard Schröder affirme que la réforme Hartz IV entrera en vigueur le 1er janvier 2005 sans être modifiée.

France, jeudi 19
En trois jours, de violents orages font onze morts et trois disparus dans le sud et le centre du pays.

New York, jeudi 19
Première cotation en Bourse (au Nasdaq) de l'action Google. Introduite à 85 dollars, elle vaut 100,33 dollars en fin de séance.

Paris, vendredi 20
Fin de Paris-Plage, qui a attiré 3,8 millions de visiteurs.

Paris, vendredi 20
La Bibliothèque nationale de France révèle que 25 manuscrits précieux et 121 imprimés lui ont été volés.

Londres, vendredi 20
Emilie Delagrange, une Française de 22 ans agressée hier soir dans un parc de Twickenham par un inconnu, décède de ses blessures.

DÉCÈS

Antibes, mardi 17
Gérard Souzay, baryton (*8.12.1918).

Ojai (Californie), mercredi 18
Elmer Bernstein, compositeur de musiques de films (*4.4.1922).

Deux Tupolev explosent en plein vol au-dessus de la Russie

Mercredi matin, les débris du Tupolev 134 sont passés au peigne fin à Boutchalki.

Russie, mardi 24
Partis de l'aéroport Domodedovo de Moscou, le Tupolev 134 de Volga-Avia-express et le Tupolev 154 de Sibir se sont écrasés pratiquement à la même heure (22 h 56 et 22 h 59), le premier près de Toula, au sud de Moscou, le second près de Rostov-sur-le-Don. Les passagers et membres d'équipage ont été tués, soit 89 personnes. Ce soir, les enquêteurs n'écartent pas l'hypothèse de l'accident, bien que la simultanéité de ces deux catastrophes fasse songer à une action terroriste. C'est d'ailleurs la piste qui sera privilégiée par le FSB (l'ex-KGB). Elle sera confirmée quand on retrouvera des résidus d'explosifs dans le Tu 154 et quand on découvrira que les corps de deux femmes tchétchènes embarquées à bord des deux appareils n'ont pas été réclamés. Enfin le 27, ce double crash sera revendiqué par un groupe islamiste tchétchène, les Brigades Islambouli.

Le fils Thatcher et les mercenaires

Le Cap, mercredi 25
Arrêté ce matin à son domicile du Cap, en Afrique du Sud, alors que, selon la police, il s'apprêtait à partir aux États-Unis avec sa famille, Mark Thatcher n'a été libéré que contre le versement d'une caution de 250 000 euros. Inculpé pour infraction à la loi sur les mercenaires, le fils de Margaret Thatcher est assigné à résidence. Il est accusé d'être l'un des financiers d'un projet de coup d'État ayant visé, en mars dernier, à renverser Teodoro Obiang Nguema, président de la Guinée équatoriale, le troisième pays producteur de pétrole du continent, au profit de son opposant, Severo Moto, réfugié en Espagne. Niant être impliqué, Mark Thatcher est néanmoins proche du Britannique Simon Mann, chef de l'opération, jugé au Zimbabwe, et lié au Sud-Africain Nick Du Toit, poursuivi par la justice guinéenne.

Un procès spécial à Guantanamo

Guantanamo, mardi 24
Il s'appelle Salim Ahmed Hamdan, il est yéménite et il a 34 ans. Prisonnier des forces armées américaines depuis novembre 2001, d'abord en Afghanistan, puis à la base de Guantanamo, il a été le chauffeur et le garde du corps de Ben Laden pour ses geôliers, mais un simple domestique selon lui. Il est le premier des quelque 600 détenus de Guantanamo à comparaître devant la commission militaire spéciale, créée en vertu d'une ordonnance présidentielle signée le 13 novembre 2001. Une commission qui ne laisse en pratique aucun droit à l'accusé et à la défense. Lors de cette audience préliminaire, l'avocat militaire désigné pour défendre Hamdan, le commander Charles Swift (de l'US Navy), a annoncé qu'il contesterait devant un tribunal civil la légalité de la commission.

Accord italo-libyen sur l'immigration

Syrte, mercredi 25
Rien que pour les cinq premiers mois de l'année, 46 000 clandestins ont été arrêtés par les policiers italiens. Dans la nuit de lundi à mardi, une barque où s'entassaient 275 immigrés sans visa a été arraisonnée. Sa destination : l'île de Lampedusa, bout de territoire italien le plus proche des côtes libyennes, où 1 500 clandestins ont débarqué depuis le 1er juillet. Silvio Berlusconi, président du Conseil italien, s'est rendu à Syrte où il a demandé au président Kadhafi l'application d'un accord de juillet 2003. Il prévoit l'installation de patrouilles mixtes italo-libyennes pour surveiller les 2 000 kilomètres de côtes libyennes et l'ouverture de centres d'accueil pour les réfugiés d'Afrique subsaharienne. Ceux-ci, auxquels la Libye n'exige pas de visa, seraient deux millions à espérer traverser le canal de Sicile.

Le mercredi 25, Paris fête le soixantième anniversaire de sa libération par la 2e DB du général Leclerc et les FFI du colonel Rol-Tanguy. Après plusieurs cérémonies, une grande soirée est organisée à la Bastille, avec une représentation de la comédie musicale *Zazou* de Jérôme Savary, suivie d'un bal musette avec notamment Mireille Mathieu et Marcel Azzola.

Corse, lundi 23
Christian Lambert, ancien patron du Raid et maître-d'œuvre de l'arrestation d'Yvan Colonna, prend la fonction de préfet adjoint pour la sécurité auprès des préfets de Haute-Corse et de Corse-du-Sud.

Jérusalem, lundi 23
Ariel Sharon donne son accord à la construction de 301 logements dans deux autres colonies juives de Cisjordanie (Har Gilo et Haradar).

Paris, mardi 24
Le collectif Chirurgiens de France, qui menaçait d'organiser un exil symbolique de 2 000 spécialistes à Londres, renonce à son projet. Le ministère de la Santé a présenté un plan de sauvegarde de la chirurgie d'un coût de 113 millions d'euros.

Bagdad, mardi 24
Les ministres irakiens de l'Éducation et de l'Environnement échappent à des attentats-suicides.

Washington, mardi 24
Le *Chicago Tribune* révèle que les États-Unis ont révoqué le visa de travail et de séjour qu'ils avaient accordé à l'intellectuel suisse musulman Tariq Ramadan.

Japon, mercredi 25
Un cinquième employé de la centrale nucléaire de Mihama décède de ses blessures.

Strasbourg, mercredi 25
Deux nouveaux cas de légionellose sont détectés dans l'agglomération strasbourgeoise, portant le total de malades avérés à neuf. Depuis début 2004, 550 cas de légionellose

L'armée du Mahdi se retire de Nadjaf

Le grand ayatollah Sayyid Ali al-Sistani.

Nadjaf, vendredi 27
Lui seul pouvait sans doute empêcher la destruction de Nadjaf et la profanation du mausolée d'Ali. Il était arrivé hier à Bassora, venant de Londres où il avait subi une angioplastie. Âgé de 73 ans, d'origine iranienne, le grand ayatollah Ali al-Sistani est le dignitaire le plus respecté du clergé chiite d'Irak. Fin politicien, refusant de cautionner les nouvelles autorités de Bagdad sans pour autant encourager les extrémistes de l'« armée du Mahdi », il s'est rendu aujourd'hui à Nadjaf où il a obtenu de Moqtada al-Sadr l'engagement signé de déposer les armes et de se retirer de la ville. Le texte ne laisse toutefois pas d'être ambigu : il ne précise pas à qui les armes doivent être rendues… Cet accord concerne aussi la cité voisine de Koufa. Les militaires américains sont restés discrets. Ils ont laissé une foule immense converger en liesse vers le sanctuaire enfin pacifié.

Le 28, à Moscou, dans la cathédrale de la Dormition du Kremlin, le cardinal Walter Kasper, président du Conseil pontifical pour la promotion de l'unité des chrétiens, remet au patriarche orthodoxe Alexis II l'icône de Notre-Dame de Kazan. Elle avait disparu de Russie en 1917, avait été vendue à des Américains et s'était retrouvée à Fatima où le pape l'avait récupérée en 1991. Un geste de « réconciliation » voulu par Jean-Paul II, qui aurait aimé la rapporter lui-même en Russie, où il n'a jamais pu se rendre.

Alerte à la rage après la mort de Tiki

Bordeaux, samedi 28
Après la France hier, la Commission européenne diffuse une alerte à la rage auprès de tous les États membres de l'UE pour inciter toute personne ayant été en contact avec Tiki à se manifester au plus vite. Recueilli à Agadir (Maroc) le 11 juillet, le chiot, importé en France illégalement par un Bordelais, est mort le 21 août. Un cas de rage, a diagnostiqué jeudi l'Institut Pasteur. D'où la course contre la montre qui s'est engagée pour retrouver tous ceux qui l'ont côtoyé : la maladie peut être traitée pendant la période d'incubation (de deux à huit semaines chez l'homme) ; après, elle est mortelle à 100 %. Or son propriétaire a fréquenté, au mois d'août, plusieurs festivals de la région Aquitaine, dans le Lot-et-Garonne, en Dordogne et en Gironde. Et la maladie se transmet par la salive… L'inconscient risque, quant à lui, cinq ans de prison et une amende de 75 000 euros.

Tiki a au moins mordu un homme, un cycliste, le 18 ou le 19 août à Bordeaux.

La Syrie impose sa loi au Liban

Beyrouth, samedi 28
Le 24 novembre prochain, les députés libanais devaient élire le président de la République. Le mandat présidentiel (de six ans) n'étant pas renouvelable, Émile Lahoud, le président actuel, ne pouvait donc constitutionnellement se représenter. Ce qui embarrassait fort les Syriens, qui occupent militairement le Liban : Lahoud était leur homme et leur apportait toute satisfaction. C'est pourquoi le Premier ministre libanais, Rafic Hariri, a été « convoqué » jeudi dernier à Damas, où Bachar al-Assad lui a tout simplement intimé l'ordre de permettre à Lahoud de se succéder à lui-même pour trois années supplémentaires, en amendant la Constitution. Bien qu'hostile à la Syrie, Hariri s'est incliné. Le Conseil des ministres a entériné l'amendement, qui doit être voté par l'Assemblée libanaise.

Zoom sur

L'ORIGINE DU CHIISME

Le chiisme désigne étymologiquement le « parti d'Ali », cousin, gendre, fils adoptif et successeur légitime de Mahomet (du moins selon les chiites). Ali n'accédera au califat qu'après les trois règnes d'Abu Bakr, Omar et Othman, et sera tué en 661 par les Omeyades. Ses héritiers subiront également un sort tragique, et en particulier son fils Hussein, assassiné en 680 à Kerbala. Les fidèles de la dynastie d'Ali se sépareront alors du courant majoritaire de l'islam (le sunnisme). Mais pour les chiites, la succession du prophète reste vacante depuis la disparition, en 874, du dernier héritier d'Ali, le Mahdi, qui reviendra à la fin des temps pour rétablir son règne.

ont été répertoriés en France, contre 597 pour la même période en 2003.

New York, mercredi 25
Un compteur électronique géant est installé à Time Square (Manhattan) par une association opposée à la guerre en Irak afin d'en indiquer le coût. Affichant à sa mise en route 134,5 milliards de dollars, il croît de 122 820 dollars par minute.

Santiago, jeudi 26
La Cour suprême du Chili lève l'immunité d'Augusto Pinochet. L'ancien chef de l'État (1973-1990), âgé de 88 ans, pourra être poursuivi pour sa participation à l'opération Condor, plan mis en place par les États-Unis pour éliminer des opposants de gauche dans plusieurs pays d'Amérique du sud (Argentine, Bolivie, Brésil, Uruguay, Paraguay).

La Havane, jeudi 26
Cuba rompt ses relations diplomatiques avec le Panama en raison de l'amnistie accordée à quatre militants anticastristes, dont Luis Posada Carriles, qui avaient projeté d'assassiner Fidel Castro lors d'un voyage à Panama en 2000.

Haute-Corse, jeudi 26
Un hélicoptère bombardier d'eau s'écrase près de la base de Solenzara, entraînant la mort de ses deux pilotes, un Français et un Canadien.

Ukraine, jeudi 26
Le président Leonid Koutchma inaugure le premier tronçon du canal en construction dans le delta du Danube qui permettra en 2005 à son pays d'avoir un accès navigable entre le fleuve et la mer Noire.

Deux journalistes français sont prisonniers en Irak

Seule certitude : Christian Chesnot (à gauche) et Georges Malbrunot sont vivants, ainsi qu'en témoigne ce deuxième enregistrement vidéo diffusé le 30 par Al-Jezira. Tous deux, s'exprimant en anglais, appellent la France à céder aux ravisseurs.

Irak, lundi 30
Portés disparus depuis le 20 août alors qu'ils tentaient de gagner Nadjaf, où se déroulaient de violents combats entre les forces américaines et l'« armée du Mahdi », les deux journalistes français Christian Chesnot, correspondant de Radio France Internationale, et Georges Malbrunot, grand reporter au *Figaro*, ont bien été enlevés en compagnie de leur chauffeur syrien, Mohammed al-Joundi. Dans une vidéo parvenue à la chaîne qatarie Al-Jezira samedi, ce rapt a été revendiqué par l'Armée islamique en Irak, mouvement apparu en février. Elle donnait 48 heures à la France pour abroger sa loi limitant le port du voile islamique, faute de quoi les deux otages seraient tués. L'ultimatum, qui expirait ce soir à 21 heures, a été prorogé dans une nouvelle vidéo diffusée aujourd'hui par Al-Jezira. Les ravisseurs accordent à la France un délai de 24 heures. Sur l'esplanade du Trocadéro, à l'appel des présidents de l'Assemblée nationale et du Sénat, trois mille personnes se sont réunies pour réclamer leur libération, tandis que Jean-François Copé, porte-parole du gouvernement, faisait savoir qu'il n'était pas question de céder, et que Michel Barnier, le ministre des Affaires étrangères, lançait depuis Le Caire un appel à la raison. Les chefs religieux les plus radicaux, comme le guide suprême des Frères musulmans égyptiens ou le chef du Hezbollah libanais, se sont joints à l'ensemble des responsables de l'islam pour demander à l'Armée islamique en Irak d'épargner aux deux Français le sort qu'elle a réservé à Enzo Baldoni. Enlevé le 19, ce journaliste italien a été assassiné après que l'Italie a refusé de retirer d'Irak son contingent de 3 000 hommes dans les 48 heures imparties. Depuis mi-avril, quatorze otages étrangers ont déjà été assassinés en Irak.

À Spa-Francorchamps, dimanche 29, Michael Schumacher assure son septième titre de champion du monde de F1 au Grand Prix de Belgique en faisant deuxième derrière Kimi Raikkonen.

Deux kamikazes du Hamas se font sauter dans des autobus

Israël, mardi 31
Il était près de 15 heures (heure locale) lorsque deux kamikazes du Hamas se sont fait sauter à Beersheba, au sud de la Cisjordanie, dans deux autobus des lignes 63 et 12. Les deux véhicules, qui avaient quitté la station centrale trois minutes avant, se suivaient, séparés par une cinquantaine de mètres. Ce soir, le bilan s'élève à 16 tués (dont les deux kamikazes) et 94 blessés. Le Hamas a revendiqué ce double attentat suicide en le présentant comme une réplique aux assassinats par l'armée israélienne de son chef historique, cheikh Ahmed Yassine (le 22 mars), et de son successeur, Abdelaziz al-Rantissi (le 17 avril). L'Autorité palestinienne a fermement condamné cette attaque, en rappelant que « tuer des civils, tant palestiniens qu'israéliens, ne peut conduire qu'à la haine et à plus d'hostilité ». Le bouclage d'Hébron, d'où venaient les terroristes, a été ordonné par Ariel Sharon.

C'est le plus grave attentat commis dans l'État hébreu depuis un an.

États-Unis, jeudi 26
Selon le Bureau américain du recensement, 12,5 % des habitants vivaient sous le seuil de pauvreté en 2003, soit 35,9 millions de personnes (1,3 million de plus qu'en 2002).

Paris, vendredi 27
Le président du Medef, Ernest-Antoine Seillière, dénonce la « sacralisation » des 35 heures.

Versailles, samedi 28
Présentation, aux Fêtes de nuit du château de Versailles, du *Chevalier de Saint-Georges, un Africain à la cour*, par l'Académie du spectacle équestre de Bartabas.

Tel-Aviv, dimanche 29
Le gouvernement israélien dément avoir placé un espion au ministère américain de la Défense. Vendredi, la chaîne CBS avait révélé que le FBI enquêtait sur la transmission d'informations sensibles, portant notamment sur l'Iran, à Israël, information confirmée hier par le *Washington Post*, qui met en cause un collaborateur du sous-secrétaire d'État à la Défense.

Kaboul, dimanche 29
Un attentat à la voiture piégée, devant les locaux d'une société de sécurité américaine assurant la protection du président Hamid Karzaï, fait sept morts.

Sangatte, dimanche 29
Un Américain de 70 ans, George Brunstad, oncle de l'acteur Matt Damon, effectue la traversée de la Manche à la nage depuis Douvres en 15 h 59 min.

On se reverra tous en 2008 à Pékin

Cérémonie de clôture : Wang Qishan, le maire de Pékin, brandit le drapeau olympique, applaudi par Jacques Rogge, le président du Comité international olympique.

Athènes, dimanche 29
Tout le monde respire, à commencer par les Grecs qui peuvent savourer la réussite de ces XXVes Jeux olympiques. Il est vrai que les grands moyens ont été employés pour assurer la sécurité : 70 000 soldats et policiers mobilisés, des Mirage 2000 patrouillant dans le ciel avec des avions Awacs de l'Otan, 1 500 caméras placées dans Athènes et reliées à un central, 400 hommes des forces spéciales américaines pour protéger la délégation des États-Unis, le tout pour un coût de 1,2 milliard d'euros. Le coût des JO, c'est malheureusement pour la Grèce le point noir de l'opération : estimé aujourd'hui à 7 milliards d'euros, il a en fait doublé par rapport aux prévisions. Le budget du pays devrait s'en ressentir durant de longues années. L'une des raisons de ce dépassement, mais ce n'est pas la seule, tient à une affluence plutôt décevante, qui a contraint les organisateurs à casser en dernière minute les prix des billets. Par ailleurs, on redoutait une envolée du dopage, et ce fut hélas le cas : 21 contrôles positifs, avec la destitution de trois médaillés d'or, les Hongrois Robert Fazekas (disque) et Adrian Annus (marteau), ainsi que la Russe Irina Korjanenko (poids). Ils ont un peu gâché la fête, qui aura été riche d'enseignements. Si la France a marqué le pas en cyclisme et en judo, deux disciplines où elle a pourtant si souvent brillé, si les basketteurs américains sont tombés de haut au profit des Argentins, on aura vu l'émergence plus que prometteuse de la Chine en athlétisme – médailles d'or pour Liu Xiang (110 m haies) et Xing Huina (10 000 m) –, ceci dans la perspective des JO de Pékin, en 2008. Toutefois, les téléspectateurs au cœur tricolore auront épinglé deux Françaises en or dans leur album de souvenirs : Laure Manaudou (400 m nage libre) et la si gracieuse Émilie Le Pennec, 16 ans, qui a enchanté les Jeux en s'imposant aux barres asymétriques.

Les records du monde battus

Athlétisme femmes
- Saut à la perche
Yelena Isibayeva
Russie
4,91m

Cyclisme femmes
- 500 m sur piste
Anna Meares
Australie
33, 952 s
- Poursuite individuelle (3 km)
Sarah Ulmer
Nouvelle-Zélande
3 min 24, 537 s

Cyclisme hommes
- Poursuite par équipe (4 km)
Australie
3 min 56, 610 s
(Graeme Brown, Brett Lancaster, Luke Roberts, Bradley McGee)

Haltérophilie femmes
- Moins de 48 kg
Nurcan Taylan
Turquie
210,0 kg
- Moins de 69 kg
Chunhong Liu
Chine
275,0 kg
- Moins de 75 kg
Natalia Zabolotnaia
Russie
272,5 kg
- Plus de 75 kg
Gonghong Tang
Chine
305,0 kg

Natation femmes
- 100 m nage libre
Jodie Henry
Australie
53, 52 s
- Relais 4 x 100 m nage libre
Australie
3 min 35, 94 s
(Alice Mills, Lisbeth Lenton, Petria Thomas, Jodie Henry)
- Relais 4 x 200 m nage libre
États-Unis
7 min 53, 42 s
(Dana Vollmer, Kaitlin Sandeno, Natalie Coughlin, Carly Piper)
- Relais 4 x 100 m 4 nages
Australie
3 min 57, 32 s
(Giaan Rooney, Leisel Jones, Petria Thomas, Jodie Henry)

Natation hommes
- 100 m dos
Aaron Peirsol
53, 45 s
- 400 m 4 nages
Michael Phelps
4 min 08, 26 s
- Relais 4 x 100 m nage libre
Afrique du Sud
3 min 13, 17 s
(Roland Mark Schoeman, Lyndon Ferns, Darian Townsend, Ryk Neethling)
- Relais 4 x 100 m 4 nages
États-Unis
3 min 30, 68 s
(Aaron Peirsol, Brendan Hansen, Ian Crocker, Jason Lezak)

Tir hommes
- Carabine air comprimé à 10 m
Qinan Zhu
Chine
599 pts
- Carabine cible mobile à 10 m
Manfred Kurzer
Allemagne
590 pts

Tir à l'arc femmes
- Individuel
Sung Hyun Park
Corée du Sud
682 pts
- Par équipe
Corée du Sud
2030 pts
(Sung-Jin Lee, Sung-Hyung Park, Mi-Jin Yun)

Les médailles

PAYS	OR	ARGENT	BRONZE	TOTAL
États-Unis	35	39	29	103
Chine	32	17	14	63
Russie	27	27	38	92
Australie	17	16	16	49
Japon	16	9	12	37
Allemagne	14	16	18	48
France	11	9	13	33
Italie	10	11	11	32
Corée du Sud	9	12	9	30
Grande-Bretagne	9	9	12	30
Cuba	9	7	11	27
Ukraine	9	5	9	23
Hongrie	8	6	3	17
Roumanie	8	5	6	19
Grèce	6	6	4	16
Norvège	5	0	1	6
Pays-Bas	4	9	9	22
Brésil	4	3	3	10
Suède	4	1	2	7
Espagne	3	11	5	19
Canada	3	6	3	12
Turquie	3	3	4	10
Pologne	3	2	5	10
Nouvelle-Zélande	3	2	0	5
Thaïlande	3	1	4	8
Biélorussie	2	6	7	15
Autriche	2	4	1	7
Éthiopie	2	3	2	7
Slovaquie	2	2	2	6
Iran	2	2	2	6
Taïwan	2	2	1	5
Géorgie	2	2	0	4
Bulgarie	2	1	9	12
Jamaïque	2	1	2	5
Ouzbékistan	2	1	2	5
Maroc	2	1	0	3
Danemark	2	0	6	8
Argentine	2	0	4	6
Chili	2	0	1	3
Kazakhstan	1	4	3	8
Kenya	1	4	2	7
République tchèque	1	3	4	8
Afrique du Sud	1	3	2	6
Croatie	1	2	2	5
Lituanie	1	2	0	3
Suisse	1	1	3	5
Égypte	1	1	3	5
Indonésie	1	1	2	4
Zimbabwe	1	1	1	3
Azerbaïdjan	1	0	4	5
Belgique	1	0	2	3
Israël	1	0	1	2
Bahamas	1	0	1	2
Emirats arabes unis	1	0	0	1
Irlande	1	0	0	1
République dominicaine	1	0	0	1
Cameroun	1	0	0	1
Corée du Nord	0	4	1	5
Lettonie	0	4	0	4
Mexique	0	3	1	4
Portugal	0	2	1	3
Serbie-Monténégro	0	2	0	2
Finlande	0	2	0	2
Slovénie	0	1	3	4
Estonie	0	1	2	3
Inde	0	1	0	1
Hong Kong, Chine	0	1	0	1
Paraguay	0	1	0	1
Venezuela	0	0	2	2
Nigeria	0	0	2	2
Mongolie	0	0	1	1
Trinidad et Tobago	0	0	1	1
Érythrée	0	0	1	1
Syrie	0	0	1	1
Colombie	0	0	1	1
				929

Tchétchénie, dimanche 29
Alou Alkhanov, le candidat de Moscou, est élu président de la République tchétchène.

Paris, lundi 30
La cour d'appel lance un mandat d'arrêt contre Cesare Battisti qui s'est soustrait depuis le 21 août à son contrôle judiciaire et se trouve en fuite.

Ouessant, lundi 30
La Bretonne Anne Quéméré, partie de Cape Cod (Massachusetts), boucle la traversée de l'Atlantique nord à la rame à bord du canot *Connétable* en 87 j 12 h 15 min.

Mont-de-Marsan, lundi 30
EDF est reconnue coupable de « faute inexcusable » par le tribunal des affaires de sécurité sociale dans le procès qui l'oppose aux familles de vingt-trois de ses agents victimes de l'amiante, dont dix sont décédés, et condamnée à leur verser au total 3 millions d'euros d'indemnités.

La Haye, mardi 31
Devant le TPI-Y, le tribunal pénal international pour l'ex-Yougoslavie, l'ancien président yougoslave Slobodan Milosevic qualifie les accusations portées contre lui de « mensonges sans scrupule » et de « distorsion traîtresse de l'histoire », et dénonce une opération visant à « effacer la Serbie de la carte de l'Europe ».

Moscou, mardi 31
Un attentat-suicide, attribué à une Tchétchène, fait 10 morts et plus de 50 blessés dans la capitale russe.

Résultats

Athlétisme hommes

100 m
1- Justin Gatlin USA
2- Francis Obikwelu POR
3- Maurice Greene USA
200 m
1- Shawn Crawford USA
2- Bernard Williams USA
3- Justin Gatlin USA
400 m
1- Jeremy Wariner USA
2- Otis Harris USA
3- Derrick Brew USA
800 m
1- Yuriy Borzakovskiy RUS
2- Mbulaeni Mulaudzi RSA
3- Wilson Kipketer DEN
1 500 m
1- Hicham el Guerrouj MAR
2- Bernard Lagat KEN
3- Rui Silva POR
5 000 m
1- Hicham el Guerrouj MAR
2- Kenenisa Bekele ETH
3- Eliud Kipchoge KEN
10 000 m
1- Kenenisa Bekele ETH
2- Sileshi Sihine ETH
3- Zresenay Tadesse ERY
110 m haies
1- Xiang Liu CHN
2- Terrence Trammell USA
3- Anier Garcia CUB
400 m haies
1- Felix Sanchez DOM
2- Danny McFarlane JAM
3- Naman Keita FRA
3 000 steeple
1- Ezekiel Kemboi KEN
2- Brimin Kipruto KEN
3- Paul Kipsiel Koech KEN
Hauteur
1- Stefan Holm SWE
2- Matt Hemingway USA
3- Jaroslav Baba CZE
Longueur
1- Dwight Phillips USA
2- John Moffitt USA
3- Joan Lino Martinez ESP
Triple saut
1- Christian Olsson SWE
2- Marian Oprea ROM
3- Danila Burkenya RUS
Perche
1- Timothy Mack USA
2- Toby Stevenson USA
3- Giuseppe Gibilisco ITA
Poids
1- Yuriy Bilonog UKR
2- Adam Nelson USA
3- Joachim Olsen DEN
Marteau
1- Koji Murofushi JPN
2- Ivan Tikhon BLR
3- Esref Apak TUR
Disque
1- Virgilijus Alekna LTU
2- Zoltan Kovago HUN
3- Aleksander Tammert EST
Javelot
1- Andreas Thorkildsen NOR
2- Vadims Vasilevskis LAT
3- Sergey Makarov RUS
Décathlon
1- Roman Sebrle CZE
2- Bryan Clay USA
3- Dmitriy Karpov KAZ
Marathon
1- Stefano Baldini ITA
2- Mebrahtom Keflezighi USA
3- Vanderlei Lima BRA
Relais 4 x 100 m
1- Grande-Bretagne (Marlon Devonish, Mark Lewis-Francis, Jason Gardener, Darren Campbell)
2- États-Unis (Maurice Greene, Shawn Crawford, Coby Miller, Justin Gatlin)
3- Nigeria (Uchenna Emedolu, Aaron Egbele, Olusoji Fasuba, Deji Aliu)
Relais 4 x 400 m
1- États-Unis (Otis Harris, Derrick Brew, Darold Williamson, Jeremy Wariner)
2- Australie (John Steffensen, Mark Ormrod, Clinton Hill, Patrick Dwyer)
3- Nigeria (James Godday, Musa Audu, Enefiok Udo-Obong, Saul Weigopwa)
20 km marche
1- Ivano Brugnetti ITA
2- Francisco Fernandez ESP
3- Nathan Deakes AUS
50 km marche
1- Robert Korzeniowski POL
2- Denis Nizhegorodov RUS
3- Aleksey Voyevodin RUS

Athlétisme femmes

100 m
1- Yuliya Nesterenko BLR
2- Lauryn Williams USA
3- Veronica Campbell JAM
200 m
1- Veronica Campbell JAM
2- Allyson Felix USA
3- Debbie Fergusson BAH
400 m
1- Tonique Williams-Darling BAH
2- Ana Guevara MEX
3- Natalya Antyukh RUS
800 m
1- Kelly Holmes GBR
2- Hasna Benhassi MAR
3- Jolanda Ceplak SLO
1 500 m
1- Kelly Holmes GBR
2- Tatyana Tomashova RUS
3- Maria Cioncan ROM
5 000 m
1- Meseret Defar ETH
2- Isabella Ochichi KEN
3- Tirunesh Dibaba ETH
10 000 m
1- Huina Xing CHN
2- Ejegayehu Dibaba ETH
3- Derartu Tulu ETH
100 m haies
1- Joanna Hayes USA
2- Olena Krasovska UKR
3- Melissa Morrison USA
400 m haies
1- Fani Halkia GRE
2- Ionela Tirlea ROM
3- Tetiana Tereshchuk UKR
Hauteur
1- Yelena Slesarenko RUS
2- Hestrie Cloete RSA
3- Viktoriya Styopina UKR
Longueur
1- Tatyana Lebedeva RUS
2- Irina Simagina RUS
3- Tatyana Kotova RUS
Triple saut
1- Françoise Mbango Etone CMR
2- Hrysopiyi Devetzi GRE
3- Tatyana Lebedeva RUS
Perche
1- Yelena Isinbayeva RUS
2- Svetlana Feofanova RUS
3- Anna Rogowska POL
Poids
1- Yumileidi Cumba CUB
2- Nadine Kleinert GER
3- Svetlana Krivelyova RUS
Marteau
1- Olga Kuzenkova RUS
2- Yipsi Moreno CUB
3- Yunakai Crawford CUB
Disque
1- Natalya Sadova RUS
2- Anastasia Kelesidou GRE
3- Irina Yatchenko BLR
Javelot
1- Osleidys Menendez CUB
2- Steffi Nerius GER
3- Mirela Manjani GRE
Heptathlon
1- Carolina Klüft SWE
2- Austra Skujyte LTU
3- Kelly Sotherton GBR
Marathon
1- Mizuki Noguchi JPN
2- Catherine Ndereba KEN
3- Deena Kastor USA
Relais 4 x 100 m
1- Jamaïque (Aleen Bailey, Veronica Campbell, Tayna Lawrence, Sherone Simpson)
2- Russie (Olga Fedorova, Irina Khabarova, Larisa Kruglova, Yulia Tabakova)
3- France (Muriel Hurtis, Christine Aaron, Sylviane Félix, Véronique Mang)
Relais 4 x 400 m
1- États-Unis (Sanya Richards, Monique Henderson, DeeDee Trotter, Monique Hennagan)
2- Russie (Natalya Nazarova, Olesya Zykina, Olesya Krasnomovets, Natalia Antyukh)
3- Jamaïque (Nadia Davy, Novlene Williams, Michelle Burgher, Sandie Richards)
20 km marche
1- Athanasia Tsoumeleka GRE
2- Olimpiada Ivanova RUS
3- Jane Saville AUS

Aviron hommes

Skiff
1- Olaf Tufte NOR
2- Jueri Jaanson EST
3- Ivo Yanakiev BUL
Deux sans barreur
1- Australie (Drew Ginn, James Tomkins)
2- Croatie (Sinisa Skelin, Niksa Skelin)
3- Afrique du Sud (Donovan Cech, Ramon Di Clemente)
Deux de couple
1- France (Adrien Hardy, Sébastien Vieilledent)
2- Slovénie (Luka Spik, Iztok Cop)
3- Italie (Rossano Galtarossa, Alessio Sartori)
Quatre sans barreur
1- Grande-Bretagne (Steve Williams, Matthew Pinsent, James Cracknell, Edward Coode)
2- Canada (Cameron Baerg, Jake Wetzel, Barney Williams, Tom Herschmiller)
3- Italie (Lorenzo Porzio, Dario Dentale, Raffaello Leonardo, Luca Agamennoni)
Quatre de couple
1- Russie (Sergei Fedorovtsev, Igor Kravtsov, Aleksei Svirin, Nikolai Spinev)
2- République tchèque (Tomas Karas, David Jirka, Jakub Hanak, David Kopriva)
3- Ukraine (Oleg Likov, Leonid Shaposhnikov, Sergiy Biloushchenko, Sergij Grin)
Huit
1- États-Unis (Joseph Hansen, Wyatt Allen, Bryan Volpenhein, Beau Hoopman, Pete Cipollone, Chris Ahrens, Jason Read, Matthew Deakin, Dan Beery)
2- Pays-Bas (Michiel Bartman, Chun Wei Cheung, Diederik Simon, Geert Jan Derksen, Matthijs Vellenga, Gijs Vermeulen, Jan-Willem Gabriels, Daniel Mensch, Gerritjan Eggenkamp)
3- Australie (Stuart Reside, Stuart Welch, Michael Toon, James Stewart, Mike McKay, Stefan Szczurowski, Stephen Stewart, Bo Hanson, Geoff Stewart)
Deux de couple poids légers
1- Pologne (Tomasz Kucharski, Robert Sycz)
2- France (Frédéric Dufour, Pascal Touron)
3- Grèce (Vasileios Polymeros, Nikolaos Skiathitis)
Quatre sans barreur poids légers
1- Danemark (Eskild Ebbesen, Stephan Molvig, Hans Thor Kristensen, Thomas Ebert)
2- Australie (Glen Loftus, Anthony Edwards, Ben Cureton, Simon Burgess)
3- Italie (Salvatore Amitrano, Catello Amarante, Lorenzo Bertini, Bruno Mascarenhas)

Aviron femmes

Skiff
1- Katrin Rutschow GER
2- Ekaterina Karsten BLR
3- Rumyana Neykova BUL
Deux sans barreuse
1- Roumanie (Georgeta Andrunache, Viorica Susanu)
2- Grande-Bretagne (Cath Bishop, Katherine Grainger)
3- Bulgarie (Yulia Bichik, Natallia Helak)
Deux de couple
1- Nouvelle-Zélande (Caroline et Georgine Evers-Swindell)
2- Allemagne (Peggy Waleska, Britta Oppelt)
3- Grande-Bretagne (Sarah Winckless, Elise Laverick)
Quatre de couple
1- Allemagne (Kerstin El Qalqili, Meike Evers, Manuela Lutze, Kathrin Boron)
2- Grande-Bretagne (Deborah Flood, Alison Mowbray, Frances Houghton, Rebecca Romero)
3- Australie (Amber Bradley, Dana Faletic, Rebecca Sattin, Kerry Hore)
Huit
1- Roumanie (Liliana Gafencu, Aurica Barascu, Elena Georgescu, Elisabeta Lipa, Rodica Florea, Georgeta Andrunache, Doina Ignat, Ioana Papuc, Viorica Susanu)
2- États-Unis (Alison Cox, Laurel Korholz, Anna Mickelson, Lianne Nelson, Samantha Magee, Mary Whipple, Megan Dirkmaat, Kate Johnson, Caryn Davies)
3- Pays-Bas (Nienke Hommes, Helen Tanger, Sarah Siegelaar, Hurnet Dekkers, Froukje Wegman, Marlies Smulders, Annemarieke Van Rumpt, Ester Workel, Annemiek De Haan)
Deux de couple poids légers
1- Roumanie (Angela Alupei, Constanta Burcica)
2- Allemagne (Daniela Reimer, Claudia Blasberg)
3- Pays-Bas (Kirsten Van der Kolk, Marit Van Eupen)

Badminton

Simple hommes
1- Taufik Hidayat INA
2- Seung Mo Shon KOR
3- Soni Dwi Kuncoro INA
Double hommes
1- Corée du Sud (Dong-Moon Kim, Tae Kwon Ha)
2- Corée du Sud (Yong Sung Yoo, Dong-Soo Lee)
3- Indonésie (Flandi Limpele, Eng Hian)
Simple femmes
1- Ning Zhang CHN
2- Mia Audina NED
3- Mi Zhou CHN
Double femmes
1- Chine (Wei Yang, Jiewen Zhang)
2- Chine (Ling Gao, Sui Huang)
3- Corée du Sud (Kyung Won Lee, Jyung Min Ra)
Double mixte
1- Chine (Ling Gao, Jun Zhang)
2- Grande-Bretagne (Gail Emms, Nathan Robertson)
3- Danemark (Jens Eriksen, Mette Schjoldager)

Base-Ball

Hommes
1- CUB 2- AUS 3- JPN

Basket-Ball

Hommes
1- ARG 2- ITA 3- USA
Femmes
1- USA 2- AUS 3- RUS

Beach-Volley

Hommes
1- Brésil (Emanuel Greco, Alex Santos Ricardo)
2- Espagne (Javier Bosma, Pablo Herrera)
3- Suisse (Patrick Heuscher, Stefan Kobel)
Femmes
1- États-Unis (Misty May, Kerri Walsh)
2- Brésil (Shelda Bede, Adriana Behar)
3- États-Unis (Holly McPeak, Elaine Youngs)

Boxe

48 kg (mi-mouche)
1- Yan Bhartelemy Varela CUB
2- Atagun Yalcinkaya TUR
3- Shiming Zou CHN
3- Sergey Kazakov RUS
51 kg (mouche)
1- Yuriorkis Gamboa CUB
2- Jérôme Thomas FRA
3- Rustamhodza Rahimov GER
3- Fuad Aslanov AZE
54 kg (coq)
1- Guillermo Ortiz CUB
2- Worapoj Petchkoom THA
3- Bahodirjon Sooltonov UZB
3- Aghasi Mammadov AZE
57 kg (plume)
1- Alexei Tichtchenko RUS
2- Song Guk Kim PRK
3- Seok Hwan Jo KOR
3- Vitali Tajbert GER
60 kg (légers)
1- Mario Kindelan Mesa CUB
2- Amir Khan GBR
3- Murat Khrachev RUS
3- Serik Yeleuov KAZ
64 kg (super-légers)
1- Manus Boonjumnong THA
2- Yudel Johnson Cedeno CUB
3- Ionut Gheorghe ROM
3- Boris Georgiev BUL
69 kg (welters)
1- Bakhtiyar Artayev KAZ
2- Lorenzo Armenteros CUB
3- Oleg Saitov RUS
3- Jung Joo Kim KOR
75 kg (moyens)
1- G. Gaydarbekov RUS
2- Gennadiy Golovkin KAZ
3- Suriya Prasathinphimai THA
3- Andre Dirrell USA
81 kg (mi-lourds)
1- Andre Ward USA
2- Magomed Aripgadjiev BLR
3- Utkirbek Haydarov UZB
3- Ahmed Ismail EGY
91 kg (lourds)
1- Odlanier Solis Fonte CUB
2- Viktar Zuyev BLR
3- Naser Al Shami SYR
3- Mohamed Elsayed EGY
Plus de 91 kg (super-lourds)
1- Alexander Povetkin RUS
2- Mohamed Aly EGY
3- Roberto Cammarelle ITA
3- Michel Lopez Nunez CUB

Canoë-Kayak

Course en ligne hommes
Canoë-C1 - 500 m
1- Andreas Dittmer GER
2- David Cal ESP
3- Maxim Opalev RUS
Canoë-C1 - 1 000 m
1- David Cal ESP
2- Andreas Dittmer GER
3- Attila Vajda HUN
Canoë-C2 - 500 m
1- Chine (Guanliang Meng, Wenjun Yang)
2- Cuba (Rojas Blanco, Balceiro Pajon)
3- Russie (Alexandre Kovalev, Alexandre Kostoglod)
Canoë-C2 - 1 000 m
1- Allemagne (Tomasz Wylenzek, Christian Gille)
2- Russie (Alexandre Kovalev, Alexandre Kostoglod)
3- Hongrie (György Kolonics, György Kozmann)
Kayak-K1 - 500 m
1- Adam Van Koeverden CAN
2- Nathan Baggaley AUS
3- Ian Wynne GBR
Kayak-K1 - 1 000 m
1- Eirik Veraas Larsen NOR
2- Ben Fouhy NZL
3- Adam Van Koeverden CAN
Kayak-K2 - 500 m
1- Allemagne (Tim Wieskötter, Ronald Rauhe)
2- Australie (Clint Robinson, Nathan Baggaley)
3- Bulgarie (Vadzim Makhneu, Raman Piatrushenka)
Kayak-K2 - 1 000 m
1- Suède (Henrik Nilsson, Markus Oscarsson)
2- Italie (Beniamino Bonomi, Antonio Rossi)
3- Norvège (Nils Olav Fjeldheim, Eirik Veraas Larsen)
Kayak-K4 - 1 000 m
1- Hongrie (Zoltan Kammerer, Botond Storcz, Gabor Horvath, Akos Vereckei)
2- Allemagne (Stefan Ulm, Andreas Ihle, Mark Zabel, Björn Bach)
3- Slovaquie (Richard Riszdorfer, Erik Vlcek, Michal Riszdorfer, Juraj Baca)

Course en ligne femmes
Kayak-K1 - 500 m
1- Natasa Janics HUN
2- Josefa Idem ITA
3- Caroline Brunet CAN
Kayak-K2 - 500 m
1- Hongrie (Katalin Kovacs, Natasa Janic)
2- Allemagne (Birgit Fischer, Carolin Leonhardt)
3- Pologne (Aneta Pastuszka, Beata Sokolowska-Kulesza)
Kayak-K4 - 500 m
1- Allemagne (Maike Nollen, Katrin Wagner, Birgit Fischer, Carolin Leonhardt)
2- Hongrie (Szilvia Szabo, Katalin Kovacs, Erzsebet Viski, Kinga Bota)
3- Ukraine (Tetyana Semykina, Olena Cherevatova, Hanna Balabanova, Inna Osypenko)

Slalom eaux vives hommes
Canoë-C1 slalom
1- Tony Estanguet FRA
2- Michal Martikan SVK
3- Stefan Pfannmoeller GER
Canoë-C2 slalom
1- Slovaquie (Pavol Hochschorner, Peter Hochschorner)
2- Allemagne (Marcus Becker, Stefan Henze)
3- République tchèque (Jaroslav Volf, Ondrej Stepanek)
Kayak-K1 slalom
1- Benoît Peschier FRA
2- Campbell Walsh GBR
3- Fabien Lefèvre FRA

Slalom eaux vives femmes
Kayak-K1 slalom
1- Elena Kaliska SVK
2- Rebecca Giddens USA
3- Helen Reeves GBR

Cyclisme hommes

Course sur route individuelle
1- Paolo Bettini ITA
2- Sergio Paulinho POR
3- Axel Merckx BEL
Contre-la-montre sur route
1- Tyler Hamilton USA
2- Viatcheslav Ekimov RUS
3- Bobby Julich USA
Kilomètre sur piste
1- Chris Hoy GBR
2- Arnaud Tournant FRA
3- Stefan Nimke GER
Vitesse individuelle
1- Ryan Bayley AUS
2- Theo Bos NED
3- Rene Wolff GER
Vitesse par équipes
1- Allemagne (Jens Fiedler, Stefan Nimke, René Wolff)
2- Japon (Toshiaki Fushimi, Tomohiro Nagatsuka, Masaki Inoue)
3- France (Arnaud Tournant, Mickaël Bourgain, Laurent Gané)
Course aux points
1- Mikhail Ignatyev RUS
2- Joan Llaneras ESP
3- Guido Fulst GER
Poursuite individuelle
1- Bradley Wiggins GBR
2- Brad McGee AUS
3- Sergi Escobar ESP
Poursuite par équipes
1- Australie (Graeme Brown, Brett Lancaster, Luke Roberts, Bradley McGee)
2- Grande-Bretagne (Bradley Wiggins, Steven Cummings, Paul Manning, Rob Hayles)
3- Espagne (Carlos Torrent, Asier Maeztu, Carlos Castano, Sergi Escobar)
Course à l'américaine
1- Australie (Graeme Brown, Stuart O'Grady)
2- Suisse (Franco Marvulli, Bruno Risi)
3- Grande-Bretagne (Rob Hayles, Bradley Wiggins)
Keirin
1- Ryan Bayley AUS
2- José Escuredo ESP
3- Shane Kelly AUS
VTT Cross-Country
1- Julien Absalon FRA
2- José Antonio Hermida ESP
3- Bart Brentjens NED

Cyclisme femmes

Course sur route individuelle
1- Sara Carrigan AUS
2- Judith Arndt GER
3- Olga Slyusareva RUS
Contre-la-montre sur route
1- Leontien Zijlaard Van Moorsel NED
2- Deirdre Demet-Barry USA
3- Karin Thuerig SUI
500 m sur piste
1- Anna Meares AUS
2- Yong Hua Jiang CHN
3- Natalia Tzilinskaya BLR
Vitesse individuelle
1- Lori-Ann Muenzer CAN
2- Tamilla Abassova RUS
3- Anna Meares AUS
Course aux points
1- Olga Slyusareva RUS
2- Belem Guerrero MEX
3- Erin Mirabella USA
Poursuite individuelle
1- Sarah Ulmer NZL
2- Katie Mactier AUS
3- Leontien Zijlaard Van Moorsel NED
VTT Cross-Country
1- Gunn-Rita Dahle NOR
2- Marie-Hélène Premont CAN
3- Sabine Spitz GER

Equitation

Concours complet individuel
1- Leslie Law (Shear l'Eau) GBR
2- Kimberly Severson (Winsome Adante) USA
3- Philippa Funnell (Primmore's Pride) GBR
Concours complet par équipes
1- France (Arnaud Boiteau (Expo du Moulin), Cédric Lyard (Fine Merveille), Didier Courrèges (Débat d'Estruval), Jean Teulère (Espoir de la Mare), Nicolas Touzaint (Galan de Sauvagère)
2- Grande-Bretagne (Jeanette Brakewell (Over to You), Mary King (King Solomon III), Leslie Law (Shear l'Eau), Philippa Funnel (Primmore's Pride), William Fox-Pitt (Tamarill))
3- États-Unis (Julie Richard (Jacob Two Two), Amy Tryon (Poggio II), John Williams (Carrick), Darren Chiocchia (Windfall), Kimberly Severson (Winsome Adante))
Dressage individuel
1- Anky Van Grunsven (Salinero) NED
2- Ulla Salzgeber (Rusty) GER
3- Beatriz Ferrer-Salat (Beauvalais) ESP
Dressage par équipes
1- Allemagne (Hubertus Schmidt (Wansuela Suerte), Heike Kemmer (Bonaparte), Ulla Salzgeber (Rusty), Martin Schaudt (Weltall))
2- Espagne (Beatriz Ferrer-Salat (Beauvalais), Juan Antonio Jimenez (Guizo), Rafael Soto (Invasor), Ignacio Rambla (Oleaje))
3- États-Unis (Debbie McDonald (Brentina), Lisa Wilcox (Relevant), Günther Seidel (Aragon), Robert Dover (Kennedy))
Saut d'obstacles individuel
1- Cian O'Connor (Waterford Crystal) IRL
2- Rodrigo Pessoa (Baloubet du Rouet) BRA
3- Chris Kappler (Royal Kaliber) USA
Saut d'obstacles par équipes
1- Allemagne (Christian Ahlmann (Cöster), Marco Kutscher (Montender), Otto Becker (Dobel's Cento), Ludger Beerbaum (Goldfever))
2- États-Unis (Peter Wylde (Fein Cera), McLain Ward (Sapphire), Chris Kappler (Royal Kaliber), Beezie Madden-Patton (Authentic))
3- Suède (Peter Eriksson (Cardento), Peder Fredericson (Magic Bengtsson), Malin Baryard (Butterfly Flip), Rolf-Göran Begntsson (Mac Kinley))

Escrime hommes

Epée individuelle
1- Marcel Fischer SUI
2- Lei Wang CHN
3- Pavel Kolobkov RUS
Epée par équipes
1- France (Hugues Obry, Fabrice Jeannet, Jérôme Jeannet)
2- Hongrie (Gabor Boczko, Ivan Kovacs, Krisztian Kulcsar)
3- Allemagne (Jörg Fiedler, Sven Schmid, Daniel Strigel)
Fleuret individuel
1- Brice Guyart FRA
2- Salvatore Sanzo ITA
3- Andrea Cassara ITA
Fleuret par équipes
1- Italie (Andrea Cassara, Salvatore Sanzo, Matteo Zennaro, Simone Vanni)
2- Chine (Chong Ye, Zhaozi Dong, Haibin Wang, Hanxiong Wu)
3- Russie (Renal Ganeev, Rouslan Nassiboulline, Viatcheslav Pozdniakov, Youri Moltchan)
Sabre individuel
1- Aldo Montano ITA
2- Zsolt Nemcsik HUN
3- Vladislav Tretiak UKR
Sabre par équipes
1- France (Julien Pillet, Boris Sanson, Damien Touya, Gaël Touya)
2- Italie (Aldo Montano, Gianpiero Pastore, Luigi Tarantino, Tonhi Terenzi)
3- Russie (Serguei Charikov, Alexey Diatchenko, Stanislav Pozdniakov, Alexey Yakimenko)

Escrime femmes

Epée individuelle
1- Timea Nagy HUN
2- Laura Flessel-Colovic FRA
3- Maureen Nisima FRA
Epée par équipes
1- Russie (Karina Aznavourian, Oksana Ermakova, Tatiana Logounova, Anna Sivkova)
2- Allemagne (Claudia Bokel, Imke Duplitzer, Britta Heidemann, Marijana Markovic)
3- France (Sarah Daninthe, Laura Flessel-Colovic, Maureen Nisima, Hajnalka Kiraly-Picot)
Fleuret individuel
1- Valentina Vezzali ITA
2- Giovanna Trillini ITA
3- Sylwia Gruchala POL
Sabre individuel
1- Mariel Zagunis USA
2- Xue Tan CHN
3- Sada Jacobson USA

Football

Hommes
1- ARG 2- PAR 3- ITA
Femmes
1- USA 2- BRA 3- GER

Gymnastique hommes

Concours général individuel
1- Paul Hamm USA
2- Dae Eun Kim KOR
3- Tae Young Yang KOR
Concours général par équipes
1- Japon (Takehiro Kashima, Hisashi Mizutori, Daisuke Nakano, Hiroyuki Tomita, Naoya Tsukahara, Isao Yoneda)
2- États-Unis (Blaine Wilson, Guard Young, Jason Gatson, Paul Hamm, Morgan Hamm, Brett McClure)
3- Roumanie (Marian Dragulescu, Razvan Selariu, Ioan Suciu, Marius Urzica, Ilie Daniel Popescu, Dan Potra)
Sol
1- Kyle Shewfelt CAN
2- Marian Dragulescu ROM
3- Jordan Jovtchev BUL
Cheval-d'arçons
1- Haibin Teng CHN
2- Marius Daniel Urzica ROM
3- Takehiro Kashima JPN
Anneaux
1- Dimosthenis Tampakos GRE
2- Jordan Jovtchev BUL
3- Yuri Chechi ITA
Saut de cheval
1- Gervasio Deferr ESP
2- Evgeni Sapronenko LAT
3- Marian Dragulescu ROM
Barres parallèles
1- Valeri Goncharov UKR
2- Hiroyuki Tomita JPN
3- Xiaopeng Li CHN
Barre fixe
1- Igor Cassina ITA
2- Paul Hamm USA
3- Isao Yoneda JPN

Gymnastique femmes

Concours général individuel
1- Carly Patterson USA
2- Svetlana Khorkina RUS
3- Nan Zhang CHN
Concours général par équipes
1- Roumanie (Oana Mihaela Ban, Alexandra Eremia, Catalina Ponor, Silvia Stroescu, Nicoleta Daniela Sofronie, Monica Rosu)

2- États-Unis
(Courtney McCool, Annia Hatch, Courtney Kupets, Terin Humphrey, Mohini Bhardwaj, Carly Patterson)
3- Russie
(Liudmila Ezhova, Anna Pavlova, Elena Zamolodchilova, Maria Kriouchkova, Svetlana Khorkina, Natalia Ziganshina)

Sol
1- Catalina Ponor ROM
2- Nicoleta Sofronie ROM
3- Patricia Moreno ESP

Saut de cheval
1- Monica Rosu ROM
2- Annia Hatch USA
3- Anna Pavlova RUS

Barres asymétriques
1- Emilie Le Pennec FRA
2- Terin Humphrey USA
3- Courtney Kupets USA

Poutre
1- Catalina Ponor ROM
2- Carly Patterson USA
3- Alexandra Eremia ROM

Gymnastique rythmique

Concours individuel
1- Alina Kabaeva RUS
2- Irina Tchachina RUS
3- Anna Bessonova UKR

Ensembles
1- Russie
(Olga Glatskikh, Tatiana Kurbakova, Natalia Lavrova, Elena Posevina, Elena Murzina, Olessia Belouguina)
2- Italie
(Elisa Blanchi, Fabrizia D'Ottavio, Marinella Falca, Elisa Santoni, Laura Vernizzi, Daniela Masseroni)
3- Bulgarie
(Zhaneta Ilieva, Zornitsa Marinova, Galina Tancheva, Vladislava Tancheva, Kristina Ranguelova, Eleonara Kezhova)

Haltérophilie hommes

Moins de 56 kg
1- Halil Mutlu TUR
2- Maijin Wu CHN
3- Sedat Artuc TUR

Moins de 62 kg
1- Zhiyong Shi CHN
2- Maosheng Le CHN
3- Israel Jose Rubio VEN

Moins de 69 kg
1- Guozheng Zhang CHN
2- Bae Young Lee KOR
3- Nikolay Pechalov CRO

Moins de 77 kg
1- Taner Sagir TUR
2- Sergey Filimonov KAZ
3- Oleg Perepetchenov RUS

Moins de 85 kg
1- George Asanidze GEO
2- Andrei Rybakou BLR
3- Pyrros Dimas GRE

Moins de 94 kg
1- Milen Dobrev BUL
2- Khadjimourad Akkaev RUS
3- Eduard Tjukin RUS

Moins de 105 kg
1- Dmitri Berestov RUS
2- Igor Razoronov UKR
3- Gleb Pisarevskiy RUS

Plus de 105 kg
1- Hossein Reza Zadeh IRI
2- Viktors Scerbathis LAT
3- Velichko Cholakov BUL

Haltérophilie femmes

Moins de 48 kg
1- Nurcan Taylan TUR
2- Zhuo Li CHN
3- Aree Wiratthaworn THA

Moins de 53 kg
1- Udomporn Polsak THA
2- Raema Lisa Rumbewas INA
3- Mabel Mosquera COL

Moins de 58 kg
1- Yanqing Chen CHN
2- Song Hui Ri PRK
3- Wandee Kameaim THA

Moins de 63 kg
1- Nataliya Skakun UKR
2- Hanna Batsiushka BLR
3- Tatsiana Stukalava BLR

Moins de 69 kg
1- Chunhong Liu CHN
2- Eszter Krutzler HUN
3- Zarema Kasaeva RUS

Moins de 75 kg
1- Pawina Thongsuk THA
2- Natalia Zabolotnaia RUS
3- Valentina Popova RUS

Plus de 75 kg
1- Gonghong Tang CHN
2- Mi Ran Jang KOR
3- Agata Wrobel POL

Handball

Hommes
1- CRO 2- GER 3- RUS

Femmes
1- DEN 2- KOR 3- UKR

Hockey sur gazon

Hommes
1- AUS 2- NED 3- GER

Femmes
1- GER 2- NED 3- ARG

Judo hommes

Moins de 60 kg
1- Tadahiro Nomura JPN
2- Nestor Khergiani GEO
3- K. Tsagaabaatar MGL
3- Min Ho Choi KOR

Moins de 66 kg
1- Masato Uchishiba JPN
2- Jozef Krnac SVK
3- Georgi Georgiev BUL
3- Yordanis Arencibia CUB

Moins de 73 kg
1- Won Hee Lee KOR
2- Vitaliy Makarov RUS
3- Leandro Guilheiro BRA
3- James Pedro USA

Moins de 81 kg
1- Ilias Iliadis GRE
2- Roman Gontyuk UKR
3- Dmitri Nossov RUS
3- Flavio Canto BRA

Moins de 90 kg
1- Zurab Zviadauri GEO
2- Hiroshi Izumi JPN
3- Khasanbi Taov RUS
3- Mark Huizinga NED

Moins de 100 kg
1- Ihar Makarau BLR
2- Sung Ho Jang KOR
3- Michael Jurack GER
3- Ariel Zeevi ISR

Plus de 100 kg
1- Keiji Suzuki JPN
2- Tamerlan Tmenov RUS
3- Dennis Van der Geest NED
3- Indrek Pertelson EST

Judo femmes

Moins de 48 kg
1- Ryoko Tamura-Tani JPN
2- Frédérique Jossinet FRA
3- Julia Matijass GER
3- Feng Gao CHN

Moins de 52 kg
1- Dongmei Xian CHN
2- Yuki Yokosawa JPN
3- Amarilys Savon CUB
3- Ilse Heylen BEL

Moins de 57 kg
1- Yvonne Boenisch GER
2- Sun Hui Kye PRK
3- Deborah Gravenstijn NED
3- Yurisleidy Lupetey CUB

Moins de 63 kg
1- Ayumi Tanimoto JPN
2- Claudia Heill AUT
3- Urska Zolnir SLO
3- Driulys Gonzalez CUB

Moins de 70 kg
1- Masae Ueno JPN
2- Edith Bosch NED
3- Dongya Qin CHN
3- Annett Boehm GER

Moins de 78 kg
1- Noriko Anno JPN
2- Xia Liu CHN
3- Lucia Morico ITA
3- Yurisel Laborde CUB

Plus de 78 kg
1- Maki Tsukada JPN
2- Dayma Beltran CUB
3- Tea Donguzashvili RUS
3- Sun Fuming CHN

Lutte gréco-romaine hommes

Moins de 55 kg
1- Istvan Majoros HUN
2- Gueidar Mamedaliev RUS
3- Artiom Kiouregkian GRE

Moins de 60 kg
1- Ji Hyun Jung KOR
2- Roberto Monzon CUB
3- Armen Nazarian BUL

Moins de 66 kg
1- Farid Mansurov AZE
2- Seref Eroglu TUR
3- Mkhitar Manukyan KAZ

Moins de 74 kg
1- Alexandr Dokturishivili UZB
2- Marko Yli-Hannuksela FIN
3- Varteres Samourgachev RUS

Moins de 84 kg
1- Alexei Michine RUS
2- Ara Abrahamian SWE
3- Viachaslau Makaranka BLR

Moins de 96 kg
1- Karam Ibrahim EGY
2- Ramaz Nozadze GEO
3- Mehmet Ozal TUR

Moins de 120 kg
1- Khasan Baroev RUS
2- Georgiy Tsurtsumia KAZ
3- Rulon Gardner USA

Lutte libre hommes

Moins de 55 kg
1- Mavlet Batirov RUS
2- Stephen Abas USA
3- Chikara Tanabe JPN

Moins de 60 kg
1- Yandro Miguel Quintana CUB
2- Masoud Jokar IRI
3- Kenji Inoue JPN

Moins de 66 kg
1- Elbrus Tedeyev UKR
2- Jamill Kelly USA
3- Makhach Murtazaliev RUS

Moins de 74 kg
1- Buvaysa Saytiev RUS
2- Gennadiy Laliyev KAZ
3- Ivan Fundora CUB

Moins de 84 kg
1- Cael Sanderson USA
2- Eui Jae Moon KOR
3- Sazhid Sazhidov RUS

Moins de 96 kg
1- Khadjimourat Gatsalov RUS
2- Magomed Ibragimov UZB
3- Alizera Heidari IRI

Moins de 120 kg
1- Artur Taymazov UZB
2- Alizera Rezaei IRI
3- Aydin Polatci TUR

Lutte libre femmes

Moins de 48 kg
1- Irini Merleni UKR
2- Chiharu Icho JPN
3- Patricia Miranda USA

Moins de 55 kg
1- Saori Yoshida JPN
2- Tonya Verbeek CAN
3- Anna Gomis FRA

Moins de 63 kg
1- Kaori Icho JPN
2- Sara McMann USA
3- Lise Legrand FRA

Moins de 72 kg
1- Xu Wang CHN
2- Gouzel Maniourova RUS
3- Kyoko Hamaguchi JPN

Natation hommes

50 m nage libre
1- Gary Hall USA
2- Duje Draganja CRO
3- Roland Schoeman RSA

100 m nage libre
1- Pieter Van den Hoogenband NED
2- Roland Schoeman RSA
3- Ian Thorpe AUS

200 m nage libre
1- Ian Thorpe AUS
2- Pieter Van den Hoogenband NED
3- Michael Phelps USA

400 m nage libre
1- Ian Thorpe AUS
2- Grant Hackett AUS
3- Klete Keller USA

1 500 m nage libre
1- Grant Hackett AUS
2- Larsen Jensen USA
3- David Davies GBR

100 m brasse
1- Kosuke Kitajima JPN
2- Brendan Hansen USA
3- Hugues Duboscq FRA

200 m brasse
1- Kosuke Kitajima JPN
2- Daniel Gyurta HUN
3- Brendan Hansen USA

100 m dos
1- Aaron Peirsol USA
2- Markus Rogan AUT
3- Tomomi Morita JPN

200 m dos
1- Aaron Peirsol USA
2- Markus Rogan AUT
3- Razvan Florea ROM

100 m papillon
1- Michael Phelps USA
2- Ian Crocker USA
3- Andriy Serdinov UKR

200 m papillon
1- Michael Phelps USA
2- Takashi Yamamoto JPN
3- Stephen Parry GBR

200 m 4 nages
1- Michael Phelps USA
2- Ryan Lochte USA
3- George Bovell TRI

400 m 4 nages
1- Michael Phelps USA
2- Erik Vendt USA
3- Laszlo Cseh HUN

Relais 4 x 100 m nage libre
1- Afrique du Sud
(Roland Mark Schoeman, Lyndon Ferns, Darian Townsend, Ryk Neethling)
2- Pays-Bas
(Johan Kenkhuis, Mitja Zastrow, Klaas-Erik Zwering, Pieter Van den Hoogenband)
3- États-Unis
(Ian Crocker, Michael Phelps, Jason Lezak, Neil Walker)

Relais 4 x 200 m nage libre
1- États-Unis
(Michael Phelps, Ryan Lochte, Peter Vanderkaay, Klete Keller)
2- Australie
(Grant Hackett, Michael Klim, Nicholas Sprenger, Ian Thorpe)
3- Italie
(Emiliano Brembilla, Massimiliano Rosolino, Simone Carcato, Filippo Magnini)

Relais 4 x 100 m 4 nages
1- États-Unis
(Aaron Peirsol, Brendan Hansen, Ian Crocker, Jason Lezak)
2- Allemagne
(Steffen Driesen, Jens Kruppa, Thomas Rupprath, Lars Conrad)
3- Japon
(Tomomi Morita, Kosuke Kitajima, Takashi Yamamoto, Yoshiro Okumura)

Natation femmes

50 m nage libre
1- Inge de Bruijn NED
2- Malia Metella FRA
3- Lisbeth Lenton AUS

100 m nage libre
1- Jodie Henry AUS
2- Inge de Bruijn NED
3- Natalie Coughlin USA

200 m nage libre
1- Camelia Potec ROM
2- Federica Pellegrini ITA
3- Solenne Figues FRA

400 m nage libre
1- Laure Manaudou FRA
2- Otylia Jedrzejczak POL
3- Kaitlin Sandeno USA

800 nage libre
1- Ai Shibata JPN
2- Laure Manaudou FRA
3- Diana Munz USA

100 m brasse
1- Xuejuan Luo CHN
2- Brooke Hanson AUS
3- Leisel Jones AUS

200 m brasse
1- Amanda Beard USA
2- Leisel Jones AUS
3- Anne Poleska GER

100 m dos
1- Natalie Coughlin USA
2- Kirsty Coventry ZIM
3- Laure Manaudou FRA

200 m dos
1- Kirsty Coventry ZIM
2- Stanislava Komarova RUS
3- Reiko Nakamura JPN
3- Antje Buschschulte GER

100 m papillon
1- Petria Thomas AUS
2- Otylia Jedrzejczak POL
3- Inge de Bruijn NED

200 m papillon
1- Otylia Jedrzejczak POL
2- Petria Thomas AUS
3- Yuko Nakanishi JPN

200 m 4 nages
1- Yana Klochkova UKR
2- Amanda Beard USA
3- Kirsty Coventry ZIM

400 m 4 nages
1- Yana Klochkova UKR
2- Kaitlin Sandeno USA
3- Georgina Bardach ARG

Relais 4 x 100 m nage libre
1- Australie
(Alice Mills, Lisbeth Lenton, Petria Thomas, Jodie Henry)
2- États-Unis
(Kara Lynn Joyce, Natalie Coughlin, Amanda Weir, Jenny Thompson)
3- Pays-Bas
(Chantal Groot, Marleen Veldhuis, Inge de Bruijn, Inge Dekker)

Relais 4 x 200 m nage libre
1- États-Unis
(Dana Vollmer, Kaitlin Sandeno, Natalie Coughlin, Carly Piper)
2- Chine
(Yingwen Zhu, Xu Yanwei, Pang Jiaying, Yang Yu)
3- Allemagne
(Franziska Van Almsick, Antje Buschschulte, Hannah Stockbauer, Petra Dallmann)

Relais 4 x 100 m 4 nages
1- Australie
(Giaan Rooney, Leisel Jones, Petria Thomas, Jodie Henry)
2- États-Unis
(Natalie Coughlin, Amanda Beard, Jennifer Thompson, Kara Lynn Joyce)
3- Allemagne
(Antje Buschschulte, Sarah Poewe, Franziska Van Almsick, Daniela Gotz)

Natation synchronisée

Duo
1- Russie
(Anastasia Davydova, Anastasia Ermakova)
2- Japon
(Miya Tachibana, Miho Takeda)
3- États-Unis
(Alison Bartosik, Anna Kozlova)

Ballet d'équipes
1- Russie
(Elena Azarova, Olga Brusnikina, Anastasia Davydova, Anastasia Ermakova, Elvira Khasyanova, Maria Kiseleva, Olga Novokshchenova, Anna Shorina, Maria Gromova)
2- Japon
(Michiyo Fujimaru, Saho Harada, Kanako Kitao, Emiko Suzuki, Miya Tachibana, Miho Takeda, Juri Tatsumi, Yoko Yoneda, Naoko Kawashima)
3- États-Unis
(Alison Bartosik, Tamara Crow, Rebecca Jasontek, Anna Kozlova, Sara Lowe, Lauren McFall, Stephanie Nesbitt, Kendra Zanotto, Erin Dobratz)

Plongeon hommes

Tremplin (3 m) individuel
1- Bo Peng CHN
2- Alexandre Despatie CAN
3- Dmitri Sautin RUS

Haut vol (10 m) individuel
1- Jia Hu CHN
2- Mathew Helm AUS
3- Liang Tian CHN

Tremplin (3 m) synchronisé
1- Grèce
(Thomas Bimis, Nikos Siranidis)
2- Allemagne
(Andreas Wels, Tobias Schellenberg)
3- Australie
(Steven Barnett, Robert Newbery)

Haut vol (10 m) synchronisé
1- Chine
(Liang Tian, Jinghui Yang)
2- Grande-Bretagne
(Peter Waterfield, Leon Taylor)
3- Australie
(Mathew Helm, Robert Newbery)

Plongeon femmes

Tremplin (3 m) individuel
1- Jingjing Guo CHN
2- Minxia Wu CHN
3- Yulia Pakhalina RUS

Haut vol (10 m) individuel
1- Chantelle Newbery AUS
2- Lishi Lao CHN
3- Loudy Tourky AUS

Tremplin (3 m) synchronisé
1- Chine
(Minxia Wu, Jingjing Guo)
2- Russie
(Vera Ilina, Yulia Pakhalina)
3- Australie
(Irina Lashko, Chantelle Newberry)

Haut vol (10 m) synchronisé
1- Chine
(Lishi Lao, Ting Li)
2- Russie
(Natalia Goncharova, Yulia Koltunova)
3- Canada
(Blythe Hartley, Emilie Heymans)

Pentathlon moderne

Hommes
1- Andrey Moiseev RUS
2- Andrejus Zadneprovskis LTU
3- Libor Capalini CZE

Femmes
1- Zsuzsanna Voros HUN
2- Jelena Rublevska LAT
3- Georgina Harland GBR

Softball
1- USA 2- AUS 3- JPN

Taekwondo hommes

58 kg
1- Mu Yen Chu TPE
2- Oscar Salazar Blanco MEX
3- Tamer Bayoumi EGY

68 kg
1- Hadi Saei Bonehkohal RI
2- Chih Hsiung Huang TPE
3- Myeong Seob Song KOR

80 kg
1- Steven Lopez USA
2- Bahri Tanrikulu TUR
3- Yossef Karami IRI

Plus de 80 kg
1- Dae Sung Moon KOR
2- Alexandros Nikolaidis GRE
3- Pascal Gentil FRA

Taekwondo femmes

49 kg
1- Shih Hsin Chen TPE
2- Yanelis Labrada Diaz CUB
3- Yaowapa Boorapolchai THA

57 kg
1- Ji Won Jang KOR
2- Nia Abdallah USA
3- Iridia Salazar Blanco MEX

67 kg
1- Wei Luo CHN
2- Elisavet Mystakidou GRE
3- Kyung Sun Hwang KOR

Plus de 67 kg
1- Zhong Chen CHN
2- Myriam Baverel FRA
3- Adriana Carmona VEN

Tennis

Simple hommes
1- Nicolas Massu CHI
2- Mardy Fish USA
3- Fernando Gonzalez CHI

Double hommes
1- Chine
(Fernando Gonzalez, Nicolas Massu)
2- Allemagne
(Nicolas Kiefer, Rainer Schuettler)
3- Croatie
(Mario Ancic, Ivan Ljubicic)

Simple femmes
1- Justine Henin-Hardenne BEL
2- Amélie Mauresmo FRA
3- Alicia Molik AUS

Double femmes
1- Chine
(Ting Li, Tian Tian Sun)
2- Espagne
(Conchita Martinez, Virginia Ruano Pascual)
3- Argentine
(Paola Suarez, Patricia Tarabini)

Tennis de table

Simple hommes
1- Seung Min Ryu KOR
2- Hao Wang CHN
3- Liqin Wang CHN

Double hommes
1- Chine
(Qi Chen, Lin Ma)
2- Hong Kong
(Lai Chak Ko, Ching Li)
3- Danemark
(Michael Maze, Finn Tugwell)

Simple femmes
1- Yining Zhang CHN
2- Hyang Mi Kim PRK
3- Kyung Ah Kim KOR

Double femmes
1- Chine
(Nan Wang, Yining Zhang)
2- Corée du Sud
(Eun-Sil Lee, Eun-Mi Seok)
3- Chine
(Yue Guo, Niu Jianfeng)

Tir hommes

Pistolet à 10 m
1- Wang Yifu CHN
2- Mikhail Nestruev RUS
3- Vladimir Isakov RUS

Pistolet libre à 50 m
1- Mikhail Nestruev RUS
2- Jong Oh Jin KOR
3- Jong Su Kim PRK

Pistolet vitesse olympique (25 m)
1- Ralf Schumann GER
2- Sergei Poliakov RUS
3- Sergei Alifirenko RUS

Carabine air comprimé à 10 m
1- Qinan Zhu CHN
2- Jie Li CHN
3- Jozef Gonci SVK

Carabine cible mobile à 10 m
1- Manfred Kurzer GER
2- Alexander Blinov RUS
3- Dimitri Lykin RUS

Carabine à 50 m 3 positions
1- Zhanbo Jia CHN
2- Michael Anti USA
3- Christian Planer AUT

Carabine à 50 m position couchée
1- Matthew Emmons USA
2- Christian Lusch GER
3- Serguei Martinov BLR

Skeet olympique
1- Andrea Benelli ITA
2- Marko Kemppainen FIN
3- Juan Miguel Rodriguez CUB

Fosse olympique
1- Alexei Alipov RUS
2- Giovanni Pellielo ITA
3- Adam Vella AUS

Double trap
1- Ahmed Almaktoum UAE
2- Rajyavardhan Rathore IND
3- Zheng Wang CHN

Tir femmes

Pistolet à 10 m
1- Olena Kostevych UKR
2- Jasna Sekaric SCG
3- Maria Grozdeva BUL

Pistolet libre à 25 m
1- Maria Grozdeva BUL
2- Lenka Hykova CZE
3- Irada Ashumova AZE

Carabine à 10 m
1- Du Li CHN
2- Lioubov Galkina RUS
3- Katerina Kurkova CZE

Carabine à 50 m 3 positions
1- Lioubov Galkina RUS
2- Valentina Turisini ITA
3- Chengyi Wang CHN

Skeet olympique
1- Diana Igaly HUN
2- Ning Wei CHN
3- Z. Meftakhetdinova AZE

Fosse olympique
1- Suzanne Balogh AUS
2- Maria Quintanal ESP
3- Bo Na Lee KOR

Double trap
1- Kimberly Rhode USA
2- Bo Na Lee KOR
3- E Gao CHN

Tir à l'arc

Individuel hommes
1- Marco Galiazzo ITA
2- Hiroshi Yamamoto JPN
3- Tim Cuddihy AUS

Par équipes hommes
1- Corée du Sud
(Yong-Ho Jang, Dong-Hyun Im, Kyung-Mo Park)
2- Taïwan
(Szu Yuan Chen, Ming Huang Liu, Cheng-Pang Wang)
3- Ukraine
(Dmytro Hrachov, Viktor Ruban, Oleksander Serdyuk)

Individuel femmes
1- Sung-Hyun Park KOR
2- Sung-Jin Lee KOR
3- Alison Williamson GBR

Par équipes femmes
1- Corée du Sud
(Sung-Jin Lee, Sung-Hyung Park, Mi-Jin Yun)
2- Chine
(Sang Lin, Juanjuan Zhang, Yinh He)
3- Taïwan
(Li Ju Chen, Shu Chi Yuan, Hui Ju Wu)

Trampoline

Hommes
1- Yuri Nikitin UKR
2- Alexander Moskalenko RUS
3- Henrik Stehlik GER

Femmes
1- Anna Dogonadze GER
2- Karen Cockburn CAN
3- Shanshan Huang CHN

Triathlon

Hommes
1- Hamish Carter NZL
2- Bevan Docherty NZL
3- Sven Riederer SUI

Femmes
1- Kate Allen AUT
2- Loretta Harrop AUS
3- Susan Williams USA

Voile hommes

Planche à voile (Mistral)
1- Gal Fridman ISR
2- Nikolaos Kaklamanakis GRE
3- Nick Dempsey GBR

Finn
1- Ben Ainslie GBR
2- Rafael Trujillo ESP
3- Mateusz Kusznierewicz POL

Laser
1- Robert Scheidt BRA
2- Andreas Geritzer AUT
3- Vasilij Zbogar SLO

49er
1- Espagne
(Xabier Fernandez, Iker Martinez)
2- Ukraine
(Rodion Luka, George Leonvhuk)
3- Grande-Bretagne
(Chris Draper, Simon Hiscocks)

470
1- États-Unis
(Paul Foerster, Kevin Burnham)
2- Grande-Bretagne
(Joe Glanfield, Nick Rogers)
3- Japon
(Kazuto Seki, Kenjiro Todoroki)

Star
1- Brésil
(Torben Grael, Marcelo Ferreira)
2- Canada
(Ross MacDonald, Mike Wolfs)
3- France
(Xavier Rohart, Pascal Rambeau)

Tornado
1- Autriche
(Roman Hagara, Hans Peter Steinacher)
2- États-Unis
(John Lovell, Charlie Ogletree)
3- Argentine
(Santiago Lange, Carlos Espinola)

Voile femmes

Planche à voile (Mistral)
1- Faustine Merret FRA
2- Jian Yin CHN
3- Alessandra Sensini ITA

Europe
1- Siren Sundby NOR
2- Lenka Smidova CZE
3- Signe Livbjerg DEN

470
1- Grèce
(Emilia Tsoulfa, Sofia Bekatorou)
2- Espagne
(Natalia Via Dufresne, Sandra Azon)
3- Suède
(Vendela Zachrisson, Therese Torgersson)

Yngling
1- Grande-Bretagne
(Sarah Webb, Shirley Robertson, Sarah Ayton)
2- Ukraine
(Ruslana Taran, Ganna Kalinina, Svitlana Matevusheva)
3- Danemark
(Christina Otzen, Dorte Jensen, Helle Jespersen)

Volley-Ball

Hommes
1- BRA 2- ITA 3- RUS

Femmes
1- CHN 2- RUS 3- CUB

Water-Polo

Hommes
1- HUN 2- SCG 3- RUS

Femmes
1- ITA 2- GRE 3- USA

Les Jeux olympiques d'Athènes :

1 La victoire au bout de l'effort pour Benoît Peschier en kayak individuel slalom, le vendredi 18 août. Une médaille d'or de plus sur l'eau pour la France, après celle de Tony Estanguet, mercredi 18, en canoë monoplace slalom. Sébastien Vieilledent et Adrien Hardy seront aussi en or en aviron, le samedi 21. 2 Julien Pillet, Damien Touya et Gaël Touya ont remporté de haute lutte la finale de sabre par équipe, jeudi 19 août, contre l'Italie. Damien Touya a en effet tiré, bien qu'ayant eu la main droite transpercée en demi-finale ! Un exploit collectif que complétera l'or des épéistes le mercredi 22, contre la Hongrie. L'escrime française ne se porte pas si mal ! 3 C'était le sourire de la France aux dieux du stade : une petite Bretonne de 16 ans, Émilie Le Pennec, décroche l'or aux barres asymétriques le dimanche 22 août. Les juges ont été subjugués par sa réussite au salto arrière avec vrille complète, qui a donné des frissons à tout le monde, à commencer par son entraîneur, Yves Kieffer. Un seul gymnaste français avait jusqu'alors décroché l'or : c'était il y a très exactement quatre-vingts ans, en 1924, avec Albert Seguin au saut de cheval en longueur. 4 Elle a 21 ans, et elle est belle, grande, gracieuse et élancée comme une statue de son voisin norvégien Gustav Vigeland. Carolina Klüft est en effet suédoise, et c'est en athlète vraiment complet qu'elle a triomphé à l'heptathlon, devant la Lituanienne Austra Skujyte, le samedi 21 août. 5 Les Français pleurent de bonheur avec Laure Manaudou, qui décroche le titre olympique au 400 m nage libre le dimanche 15 août. La dernière médaille d'or française en natation remonte à 1952, avec Jean Boiteux. Mais Laure n'en restera pas là : médaille de bronze au 100 m dos le lundi 16, médaille d'argent au 800 m nage libre le vendredi 20 ! 6 Terrible déception, en revanche, pour Christine Arron, sortie en demi-finales du 100 m (samedi 21 août) et du 200 m (mardi 24).

ses victoires et ses défaites

7 Il la voulait, il l'a eue, et tout le peloton s'en est réjoui. Merveilleux coureur de classiques et très bon camarade, l'Italien Paolo Bettini s'est imposé en cyclisme sur route le samedi 14 août, emmenant dans sa roue un inconnu, le jeune Portugais Sergio Paulinho, qui n'en est pas encore revenu… Le Belge Axel Merckx, le fils du grand Eddy, n'est pas malheureux non plus, avec une médaille de bronze qu'il n'a pas volée. 8 Le public et les spécialistes attendaient Maurice Greene au 100 m, mais c'est un autre Américain, Justin Gatlin, qui a gagné sur le fil, le dimanche 22 août. Maurice Greene ne fait même que troisième, le Portugais Francis Obikwelu lui ayant fait l'affront de lui souffler la médaille d'argent ! 9 Bravo « Faufau » ! Brestoise et bien dans sa peau, la seasailsurfeuse Faustine Merret n'avait pas pu tenter sa chance à Sydney. Elle ne l'a pas laissé passer à Athènes, le mercredi 25 août : médaille d'or en planche à voile catégorie Mistral. 10 Le Marocain Hicham el-Guerrouj entre dans l'histoire. Le mardi 24 août, il avait remporté le 1 500 m. Quatre jours plus tard, et de deux : il s'adjuge le 5 000 m ! Il réussit le fabuleux doublé que, seul, le Finlandais Paavo Numi avait accompli en 1924, aux Jeux olympiques de Paris. 11 Pas de chance pour le Français Ladji Doucouré au 110 m haies : il se prend les pieds dans la dernière haie, laissant le champ libre au Chinois Liu Xiang. C'était le vendredi 27 août. Avertissement : la Chine est deuxième en nombre de médailles remportées à Athènes, derrière les États-Unis, et les prochains JO auront lieu à Pékin, en 2008. Les Américains ont bien du souci à se faire…

7

8

9

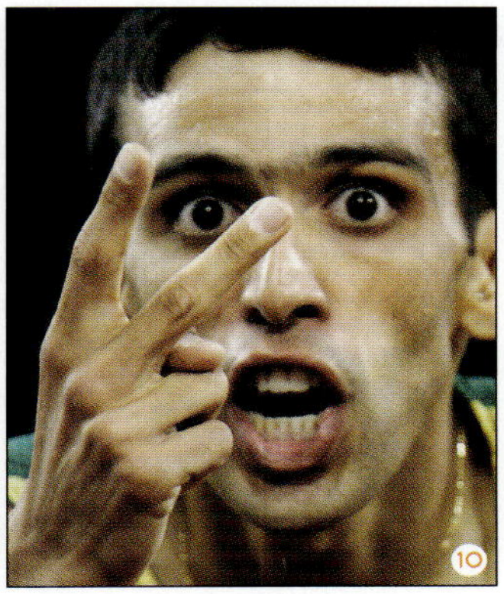
10

11

Polémiques sur la grande pyramide

France, mercredi 1er
Architecte et passionné d'égyptologie, Gilles Dormion est convaincu qu'il y a, dans les entrailles de la pyramide de Chéops, une chambre restée secrète où pourrait se trouver le sarcophage du pharaon. Pour étayer son hypothèse, il se base sur certaines anomalies dans la structure du célèbre monument. Il s'en explique dans un livre, *La Chambre de Chéops*, qui paraît aujourd'hui chez Fayard. Mais, pour en avoir le cœur net, il faudrait effectuer un sondage avec un endoscope. Or, Gilles Dormion s'est heurté à un refus de Zahi Hawass, le secrétaire général du Conseil suprême des antiquités égyptien. Zahi Hawass estime qu'il serait bien trop risqué de creuser dans la pyramide pour vérifier une hypothèse purement conjecturale. Un principe de précaution approuvé par nombre d'égyptologues reconnus, tant français qu'étrangers.

Dimanche 5, dernier des quatre concerts de Madonna au palais omnisports de Paris-Bercy. Un mélange de pacifisme anti-Bush, de mystique kabbalistique et de sexe pour la chanteuse (46 ans).

Deux inspecteurs tués dans la ferme

Saussignac (Dordogne), jeudi 2
De l'avis de tous ceux qui le côtoyaient, Claude Duviau était à bout de nerfs. Aussi quand les inspecteurs de la MSA, la Mutualité sociale agricole, et de la DDAF, la direction départementale de l'agriculture et de la forêt, sont arrivés dans la cour de son exploitation pour un contrôle inopiné des certificats de travail de ses ramasseurs de prunes, il n'a pas cherché à discuter. Il a sorti le fusil et a tiré. Daniel Buffière, atteint d'une balle à l'abdomen, est décédé en fin d'après-midi à l'hôpital de Bergerac. Sylvie Trémouille, touchée dans le dos alors qu'elle tentait de s'enfuir, est morte sur le coup. Quand les gendarmes sont arrivés, le cultivateur gisait inanimé : il s'était tiré une balle dans la mâchoire. Transporté à Bordeaux, il est hors de danger. Il sera poursuivi pour homicides volontaires sur personnes chargées d'une mission de service public.

Les Syriens priés de quitter le Liban

Beyrouth, vendredi 3
Ce n'est pas une surprise. Les députés libanais ont autorisé le président de la République, Émile Lahoud, à se représenter pour trois ans supplémentaires. Par 96 voix contre 29. La pression des Syriens a donc été plus forte que celle de la communauté internationale. En effet, quelques heures avant le scrutin, le Conseil de sécurité de l'ONU votait, à la demande de la France et des États-Unis, la résolution 1559, appelant à un « strict respect de la souveraineté, de l'intégrité territoriale, de l'unité et de l'indépendance politique du Liban », ainsi qu'au retrait de « toutes les forces étrangères restantes ». L'avertissement visait bien sûr Damas, qui maintient quelque 15 000 hommes au pays du cèdre, principalement dans la plaine de la Bekaa. Selon le vœu des Libanais eux-mêmes, comme le rappellent les Syriens. Mais c'était en 1976…

Massacre des innocents dans une école du Caucase

Beslan, samedi 4
Les chiffres du massacre n'ont cessé de gonfler : 200, 300, 400, 500 morts ? Le 7 septembre, un nouveau bilan officiel fera état de 366 tués, dont 156 enfants et 31 terroristes. Un bilan provisoire. Mercredi dernier, c'était jour de rentrée scolaire à Beslan, une ville d'Ossétie du Nord à la frontière de l'Ingouchie. Il y avait plus de 1 100 enfants, parents et enseignants dans l'école N° 1, et tous étaient endimanchés, avec souvent un bouquet de fleurs à la main. C'était la fête. Une fête qui fut de courte durée. Un commando de plusieurs dizaines d'hommes armés a surgi, prenant tout le monde en otage et minant les murs de l'école, dont ceux du gymnase où les otages ont été rassemblés. Le coup de force était signé. Les négociations que les terroristes engageront jusqu'à vendredi ne laisseront aucun doute sur leur origine : ils exigeront le départ des Russes de Tchétchénie. Le scénario de la meurtrière prise d'otages dans un théâtre de Moscou, en octobre 2002, était en train de se reproduire dans la petite Ossétie du Nord, une république à majorité chrétienne de la Fédération de Russie, au cœur du Caucase. Et hier, comme à Moscou, ce fut le drame. Les islamistes tchétchènes ont fait sauter le gymnase, entraînant la riposte des forces de sécurité locales, visiblement débordées malgré le soutien d'unités d'élite russes. Et ce fut alors le carnage, les terroristes abattant les otages qui tentaient de s'enfuir et les Russes tirant au canon. Aujourd'hui, à la télévision, Vladimir Poutine a dit que le terrorisme international avait déclaré à la Russie « une guerre totale, cruelle, à grande échelle ». Il a fait aussi cet aveu : « Nous avons fait preuve de faiblesse. »

À gauche : l'angoisse des familles des otages de Beslan, dans l'attente du dénouement. À droite : une écolière blessée, rescapée de la tuerie, est mise à l'abri par un policier.

Paris, mercredi 1er
Nicolas Sarkozy se déclare candidat à la présidence de l'UMP.

Paris, mercredi 1er
L'État met en vente 10,85 % du capital de France Télécom, ce qui ramène sa participation à 42,25 %.

Irak, mercredi 1er
Le Kurde Fouad Maassoum est élu président du Parlement.

Irak, jeudi 2
Le groupe de Zarqaoui revendique l'assassinat de trois otages turcs.

Bruxelles, vendredi 3
Romano Prodi, président de la Commission européenne, estime que le Pacte de stabilité doit être « plus intelligent ».

Tripoli, vendredi 3
La Fondation Kadhafi s'engage à verser 35 millions de dollars aux 168 victimes non américaines d'un attentat commis en 1986 à Berlin.

Roissy, samedi 4
Retour d'Irak d'une délégation du Conseil français du culte musulman qui a tenté d'obtenir la libération des deux otages français.

France, mercredi 8
Entrée en vigueur du décret interdisant la vente de cigarettes aux mineurs de moins de 16 ans.

Utah (États-Unis), mercredi 8
À l'issue d'un voyage de trois ans et de 32 millions de kilomètres, une capsule de la mission américaine Genesis contenant des particules solaires s'écrase dans le désert.

Paris, jeudi 9
Philippe Douste-Blazy, ministre de

Samedi 11, à New York, Svetlana Kuznetsova remporte l'US Open de tennis face à une autre Russe, Elena Dementieva (6-3, 7-5). Elle n'est âgée que de 19 ans.

Une menace pèse sur l'homéopathie

Paris, lundi 6
Verdict de l'Académie de médecine très net : « L'homéopathie est une méthode imaginée il y a deux siècles à partir d'a priori conceptuels dénués de fondement scientifique. » En conséquence de quoi, elle recommande le déremboursement total de ces produits. Qui, rappelons-le, avaient déjà vu en 2003 leur taux de remboursement passer de 65 à 35 %. Cette offensive ne manque pas de surprendre les 25 000 à 30 000 médecins qui, en France, prescrivent des médicaments thérapeutiques. L'un des arguments invoqués par l'Académie est que l'homéopathie ne ferait pas l'objet de recherches dignes de ce nom. Une accusation que les laboratoires Boiron, le leader mondial du secteur, repoussent formellement.

Qui n'a pas encore lu *Da Vinci Code* ?

France, mardi 7
500 000 exemplaires de *Da Vinci Code* vendus à ce jour en France ! L'éditeur, Jean-Claude Lattès, n'en espérait pas plus de 50 000 : c'est le succès de l'été. Il faut dire que ce roman d'aventures ésotériques, dû à l'écrivain américain Dan Brown, avait de quoi le susciter… Dan Brown raconte en effet la lutte à mort que se livrent l'Opus Dei et une mystérieuse société secrète, le Prieuré de Sion, pour la possession du Graal – en fait un document qui remettrait en cause l'édifice théologique bâti par l'Église… L'un des épisodes clés a lieu dans l'église Saint-Sulpice, à Paris : les lecteurs les plus crédules de *Da Vinci Code* viennent la visiter par groupes entiers. À la surprise totale du clergé qui a dû mettre à l'entrée un placard précisant que tout ce qui était dans le livre était pure imagination !

Dan Brown : déjà environ 8 millions d'exemplaires vendus dans le monde.

Les Européens disent non à Bush

Washington, jeudi 9
Le German Marshall Fund, fondation américaine créée en 1972 pour favoriser les relations entre les États-Unis et l'Europe, publie une grande enquête qui révèle combien le fossé s'est creusé entre l'ancien continent et le nouveau. Un sondage effectué entre le 6 et le 24 juin dernier aux États-Unis, dans neuf pays de l'Union européenne (Allemagne, France, Grande-Bretagne, Italie, Espagne, Pays-Bas, Pologne, Portugal, Slovaquie) et en Turquie, fait en effet apparaître que 76 % des Européens sont hostiles à la politique étrangère de George W. Bush (alors que 51 % des Américains y sont favorables). L'une des questions concernait l'entrée de la Turquie dans l'UE : les résultats sont plutôt inquiétants pour Ankara, avec 30 % seulement d'opinions favorables dans les neuf pays de l'UE, 59 % aux États-Unis et, ce qui n'est pas surprenant, 73 % en Turquie même.

Laurent Fabius votera « non » à la Constitution européenne

Laurent Fabius se réfère à François Mitterrand qui, « comme tout homme d'État, pouvait aussi dire non », et juge que « la question prioritaire est celle de l'emploi ».

Paris, dimanche 12
Jeudi soir, c'était « non sauf si ». Ce soir, c'est « non » tout court. À *Questions ouvertes*, sur France 2, le numéro 2 du Parti socialiste avait posé à Jacques Chirac quatre conditions. Si le chef de l'État parvenait à obtenir une réforme du Pacte de stabilité, une augmentation du budget européen, une harmonisation fiscale et une directive-cadre en faveur des services publics, Laurent Fabius se disait prêt à entériner la Constitution européenne. Trois jours plus tard, sans réponse de l'Élysée et conscient que sa position n'était pas assez tranchée, il a opté pour le « non ». Invité du *Grand Jury-RTL-Le Monde-LCI*, il a réclamé « une Europe beaucoup plus sociale » que celle prévue dans le traité. Selon l'ancien Premier ministre, l'objectif de parvenir à une « économie sociale de marché hautement compétitive » ouvre la voie aux interprétations les plus libérales. Et que l'on ne vienne pas lui parler de chaos si le non l'emporte : « L'Europe continuera d'exister. »

la Santé, écarte l'idée de ne plus rembourser l'homéopathie.

Jakarta (Indonésie), jeudi 9
Un attentat à la voiture piégée fait neuf morts et au moins 182 blessés devant l'ambassade d'Australie.

Roumanie, jeudi 9
Mise en vente de la Logan de Dacia, filiale de Renault. Dix mille commandes ont déjà été passées.

Harare (Zimbabwe), vendredi 10
Le mercenaire Simon Mann est condamné à 10 ans de prison.

Magny-Cours, dimanche 12
Le 68e Bol d'or est remporté par les Français Vincent Philippe et Mathieu Lagrive et le Japonais Keiichi Kitagawa sur Suzuki.

New York, dimanche 12
Tennis : le Suisse Roger Federer remporte la finale de l'US Open face à l'Australien Lleyton Hewitt (6-0, 7-6, 6-0).

New York, dimanche 12
US Airways se place sous la protection de la loi sur les faillites.

DÉCÈS

Camelas (Pyr.-Orientales.), vend. 3
André Stil, écrivain (1.4.1921).

Paris, samedi 4
Serge Marquand, acteur, frère de Nadine Trintignant (*12.3.1930).

Paris, mercredi 8
Raymond Marcellin, ancien ministre de l'Intérieur (*19.8.1914).

Cadenet (Vaucluse), jeudi 9
Jean-Daniel Pollet, cinéaste (*20.6.1936).

Le Premier ministre turc a renoncé à criminaliser l'adultère

Ce matin encore, plusieurs centaines de femmes, voilées ou non, manifestaient devant le Parlement, à Ankara, pour exiger le droit de disposer librement de leur corps.

Ankara, mardi 14
Quelle mouche a donc piqué le Premier ministre turc, Recep Tayyip Erdogan ? Alors que son projet de loi réformant le Code pénal dans un sens « européen » devait être mis en discussion à partir d'aujourd'hui au Parlement, il a introduit au dernier moment un article qui criminalise l'adultère, les « coupables » encourant des peines allant de six mois à deux ans de prison. Cet article, qui fut immédiatement perçu comme une régression, tant en Turquie même que dans l'Union européenne, notamment par la voix du commissaire à l'élargissement Günter Verheugen, se trouvait en totale contradiction avec un projet apportant par ailleurs d'incontestables avancées démocratiques. Sans doute le Premier ministre a-t-il voulu donner satisfaction à la base conservatrice de son parti, l'AKP, communément qualifié d'« islamiste modéré ». La levée de bouclier fut toutefois telle que l'article a été subrepticement retiré.

Le 13, la joueuse de tennis Amélie Mauresmo, qui n'a jamais gagné de tournoi du Grand Chelem, réalise son « rêve de gosse » : elle devient la première Française à être classée numéro 1 mondial .

Le droit de mourir selon la loi belge

Bruxelles, vendredi 17
Deuxième pays de l'Union européenne (après les Pays-Bas) à avoir dépénalisé l'euthanasie en cas de maladies graves et incurables (et à la demande exclusive des malades), la Belgique fait un premier bilan de l'application de la loi, entrée en vigueur le 22 septembre 2002. Selon la commission fédérale chargée de son contrôle et de son évaluation, 259 cas d'euthanasie ont été déclarés jusqu'au 31 décembre 2003. Selon le rapport de la commission, 82,5 % des malades étaient atteints d'un cancer. Dans 48 % des cas, ils avaient entre 60 et 79 ans, et, dans 32 % des cas, entre 40 et 59 ans. L'un des huit médecins de cette commission, le professeur Marc Englert, dit que l'« on devrait compter dans l'avenir un nombre assez stable de 250 déclarations par an ».

Vote protestataire des Est-Allemands

Allemagne, dimanche 19
Les « Ossies » – le surnom donné aux habitants de l'ex-Allemagne de l'Est – du Brandebourg et de la Saxe étaient appelés à élire leurs représentants dans leurs parlements régionaux. Dans les deux cas, le SPD du chancelier Gerhard Schröder et l'opposition chrétienne-démocrate (CDU) ont été sanctionnés au profit des communistes du PDS, qui obtiennent des scores très élevés : 28 % dans le Brandebourg, 23,6 % en Saxe. En Saxe, les nationalistes du NPD, un parti classé à l'extrême droite que le gouvernement avait tenté, en vain, de faire interdire l'an dernier, réalisent une percée avec 9,2 % des voix, tandis que leur équivalent dans le Brandebourg (la DVU) recueille 6,1 %. Un vote dû au taux de chômage élevé et au refus de la réforme dite « Hartz IV ».

Inquiétude sur l'uranium enrichi iranien

Mohamed el-Baradei, directeur général de l'AIEA, lors de la réunion de Vienne.

Téhéran, dimanche 19
Le bras de fer engagé entre l'Iran et la communauté internationale continue. Téhéran a en effet rejeté la résolution adoptée hier à Vienne par le conseil des gouverneurs de l'Agence internationale de l'énergie atomique (AIEA). Résolution qui sommait l'Iran de suspendre tout enrichissement d'uranium. Il faut savoir que l'uranium enrichi peut être utilisé à des fins militaires, même si les Iraniens assurent qu'ils ne poursuivent cette activité que pour leur production d'électricité. Il faut savoir aussi que, le 21 octobre 2003, l'Iran s'était engagé à la suspendre auprès de la France, de la Grande-Bretagne et de l'Allemagne. Jackie Sanders, chef de la délégation américaine auprès de l'AIEA, va plus loin que la résolution : au cas où l'Iran ne respecterait pas ses engagements, la question pourrait être posée devant le Conseil de sécurité de l'ONU.

Caraïbes, lundi 13
Le bilan du passage du cyclone Ivan sur la Grenade, la Jamaïque, les îles Caïmans et Cuba est de 68 morts.

Los Angeles, lundi 13
Sony annonce le rachat de la MGM pour 2,93 milliards de dollars.

Paris, mardi 14
Renault annonce 14 000 embauches en 2005, dont 9 000 en France.

États-Unis, mardi 14
La loi signée par Bill Clinton en 1994, interdisant la vente d'armes de guerre, vient à expiration.

Paris, mercredi 15
Pierre Gadonneix succède à François Roussely à la présidence d'EDF.

Kaboul, jeudi 16
Le président afghan Hamid Karzaï échappe à un attentat à la roquette.

Paris, jeudi 16
La Cour des comptes chiffre à 11,5 milliards d'euros le déficit du régime général de la Sécurité sociale en 2003 (3,4 milliards en 2002).

Allemagne, jeudi 16
Sortie polémique de *Der Untergang (La Chute)*, d'Oliver Hirschbiegel, consacré aux derniers jours d'Adolf Hitler (Bruno Ganz) à Berlin.

États-Unis, jeudi 16
Le cyclone Ivan fait 24 morts.

DÉCÈS

New York, dimanche 19
Eddie Adams, photoreporter, prix Pulitzer 1968 pour la photo d'un colonel sud-vietnamien exécutant un prisonnier vietcong d'une balle dans la tête (*Edward Adams, 12.6.1933).

Les deux otages américains assassinés

Bagdad, mardi 21
Le groupe terroriste dirigé par Abou Moussab al-Zarqaoui a mis sa menace à exécution : après la décapitation, hier, d'Eugene Jack Armstrong, le groupe a annoncé sur un site islamiste la mise à mort de Jack Hensley. Son corps a été d'ailleurs retrouvé ce soir, à Bagdad. C'est jeudi dernier que ces deux ingénieurs américains avaient été enlevés, avec leur collègue britannique Kenneth Bigley. Leurs ravisseurs exigeaient, en échange de leur vie sauve, la libération de toutes les Irakiennes détenues par la coalition, mais qui ne sont plus qu'au nombre de deux selon les Américains : les scientifiques Rihab Taba et Houda Ammash. Après ces deux assassinats, le sort de Kenneth Bigley inspire les plus vives inquiétudes. D'autant que, malgré les supplications du fils et du frère de l'otage, Tony Blair se refuse à toute négociation. Hier, il a déclaré que la seule réponse à faire dans cette situation était de « rester fermes ».

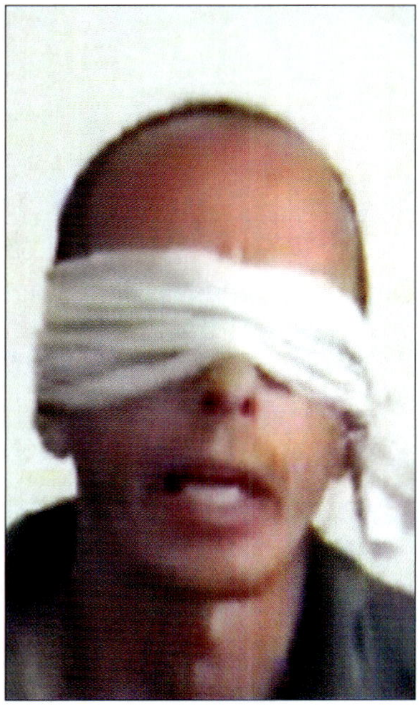
Cette image vidéo de Jack Hensley a été diffusée samedi sur un site islamiste.

La Grèce a caché son déficit public

Athènes, mercredi 22
Le « miracle grec » relevait du mirage. Et, peut-être, du trucage des comptes publics. Selon les premiers résultats de l'audit des finances publiques lancé par le gouvernement conservateur issu des législatives de mars dernier, le déficit du pays n'a jamais respecté les critères du Pacte de stabilité européen. Après avoir réintégré dans le budget de l'État des dépenses sociales et d'armement qui en avaient été soustraites, il ressort que le déficit public de la Grèce fut de 4,1 % du PIB en 2000, 3,7 % en 2001 et en 2002, 4,6 % en 2003, au lieu des 2 %, 1,4 % et 1,7 % annoncés. Eurostat, l'office européen des statistiques, fixe à 3,38 % le déficit en 1999, 4,13 % en 1998 et 6,44 % en 1997, ce qui aurait dû interdire à Athènes de rejoindre, le 1er janvier 2001, la zone euro… En 2004, en raison du surcoût des JO, le chiffre devrait être pire : 5,3 %.

La SNCM en voie de « corsisation » ?

Marseille, jeudi 23
La SNCM, la Société nationale Corse-Méditerranée, va pouvoir reprendre ses liaisons maritimes entre la Corse et le continent. Elle était paralysée depuis le 4 septembre par une grève lancée par le STC, Syndicat des travailleurs corses, qui avait débouché dimanche 19 sur un accord stipulant que la SNCM acceptait de rééquilibrer « les nouveaux recrutements de navigants résidant en Corse et dans les autres régions ». Dénonçant une « corsisation » des emplois, la CGT avait à son tour déclenché une grève. Elle prend fin par un nouvel accord : le rééquilibrage est maintenu mais ne concernera pas les salariés en CDD qui passeraient en CDI. Y a-t-il « discrimination basée sur des critères ethniques », ainsi que de nombreux politiques s'en sont émus ? Non, répond la loi, s'il s'agit seulement de favoriser les « résidents » de Corse, quels qu'ils soient.

Mardi 21, à Washington, 25 000 Indiens en costume traditionnel offrent une somptueuse parade sur le National Mall. Cette fête exceptionnelle marque l'inauguration du musée national des Indiens d'Amérique, dont la création est due aux efforts d'un sénateur républicain du Colorado, Ben Campbell, un Cheyenne également connu sous le nom de Nighthorse.

Haïti dévastée par la tempête Jeanne

Haïti, jeudi 23
Relativement épargnée au début de ce mois par le terrible cyclone Ivan, Haïti a été touchée de plein fouet, vendredi et samedi derniers, par la tempête tropicale Jeanne. Inondations, glissements de terrain et torrents de boue se sont abattus dans le nord-ouest du pays, la ville de Gonaïves étant particulièrement sinistrée. Ce soir, le gouvernement de Gérard Latortue annonce un bilan de 1 147 morts, 1 250 disparus et 901 blessés. Bilan qui est probablement appelé à s'alourdir, les moyens de communication étant chaotiques et les secours apportés par la communauté internationale (et distribués par la Minustah) peinant à parvenir aux quelque 300 000 sinistrés privés d'eau potable, de vivres et de médicaments. Ils seraient en effet largement détournés par les Chimères, les milices de l'ancien président Aristide.

Un véritable océan d'eau et de boue a ravagé Gonaïves (200 000 habitants).

Metz, lundi 20
Une information judiciaire est ouverte pour les meurtres de deux garçons de huit ans en septembre 1986 à Montigny-les-Metz, crimes pour lesquels Patrick Dils avait été condamné puis innocenté. La responsabilité du tueur en série Francis Heaulme, qui nie être impliqué, n'a jamais pu être établie.

New York, lundi 20
Jacques Chirac et Lula, le président brésilien, plaident pour la création d'un impôt mondial qui permettrait de récolter 50 milliards de dollars par an pour lutter contre la faim.

Bangor (Maine), mardi 21
Les États-Unis refusent l'entrée de leur territoire à Yusuf Islam, le chanteur britannique Cat Stevens converti à l'islam et placé depuis peu sur la liste des individus suspects.

Monde, mardi 21
Sortie en DVD de la trilogie *Star Wars*, de George Lucas.

Paris, mercredi 22
La justice accepte pour la première fois de confier l'autorité parentale partagée à un couple lesbien sur leurs trois filles de 5, 7 et 10 ans.

Bordeaux, jeudi 23
Alain Juppé annonce sa démission de son mandat de député de Gironde pour le 30 septembre.

Paris, jeudi 23
Dans *Le Nouvel Observateur*, l'ancien Premier ministre Lionel Jospin se prononce pour le oui à la Constitution européenne, qui est un « compromis acceptable ».

Vendredi 24, mort de Françoise Sagan à l'hôpital d'Honfleur. La romancière française a succombé à une embolie pulmonaire. De son vrai nom Françoise Quoirez, elle avait connu le succès dès son premier livre, *Bonjour tristesse*. Elle avait 69 ans (*21.6.1935).

Richard Virenque ne partira plus à la conquête des sommets

Paris, vendredi 24

Richard Virenque a choisi la scène de l'Olympia pour faire ses adieux à ses supporters. Le plus populaire de tous les coureurs cyclistes français a eu droit aux ovations que le public réserve aux véritables stars. Et une star, Virenque en est bien une, malgré la traversée du désert que devaient lui coûter en 1998 l'affaire Festina et la suspension de neuf mois qui en a découlé en 2000. Mais cet attaquant, spécialiste des chevauchées au long cours en montagne, a révélé alors des ressources morales que nul ne soupçonnait. Là où d'autres ont sombré, Virenque, lui, a su relever la tête et se reconstruire. Aussi est-ce avec un superbe palmarès qu'il renonce, à bientôt 35 ans, à la compétition : sept fois meilleur grimpeur dans le Tour de France (1994, 1995, 1996, 1997, 1999, 2003, 2004), il a battu le record détenu par ces purs grimpeurs qu'avaient été l'Espagnol Federico Bahamontes et le Belge Lucien Van Impe (six fois).

Départ en beauté pour Richard Virenque, accompagné de son épouse Stéphanie. Il s'est adjugé sept étapes de montagne dans le Tour de France, sa course favorite.

Devenir suisse ne va pas être plus facile

Berne, dimanche 26

À 57 % pour la première question et à 52 % pour la deuxième, les Suisses ont dit non. Non à une acquisition plus aisée de la nationalité suisse pour les étrangers ayant été scolarisés au moins cinq ans dans le pays. Non à l'octroi automatique de celle-ci aux enfants nés en Suisse dont l'un des deux parents aurait passé cinq ans sur les bancs d'une école helvétique. Si la Suisse francophone s'est montrée majoritairement favorable à ces deux réformes, la Suisse alémanique, en s'y opposant aux deux tiers des votants, les a fait échouer. Paradoxalement, c'est à Christoph Blocher, le leader de l'UDC, qu'avait échu la mission de présenter le texte, en qualité de ministre de la Justice. Or, si Blocher est resté neutre, l'UDC a été le seul parti à faire campagne pour le non. Le résultat renforce le poids de l'organisation populiste, devenue en 2003 le premier parti helvétique.

La campagne de l'Union démocratique du centre (UDC), jugée xénophobe, a été l'objet de très vives polémiques.

Deux diamants volés en un éclair

Paris, lundi 27

Ni vu, ni connu, ni entendu. Il faudra quelques heures aux enquêteurs de la brigade de répression du banditisme avant de comprendre comment a été perpétré le casse du stand du joaillier suisse Chopard, à la Biennale des antiquaires du Louvre. Ils étaient cinq ou six hommes qui, profitant de la cohue provoquée par la présence de l'épouse de Jean-Pierre Raffarin, ont fracturé un présentoir et dérobé un diamant blanc de 47 carats estimé à 6 millions d'euros, ainsi qu'un diamant bleu de 15,74 carats d'une valeur de 5,5 millions d'euros. Le « travail » a été si bien fait que les employés de Chopard ne constateront la disparition qu'après le départ de Mme Raffarin. Le stand ne disposait d'aucun système de sécurité particulier, vidéo ou alarme.

Zoom sur

LA LAÏCITÉ TURQUE

La Constitution turque de 1924 précise que la Turquie est un État « républicain, nationaliste, populiste, étatiste, laïque et révolutionnaire ». La religion n'est pas pour autant séparée de l'État. Mustafa Kemal Atatürk, tout au contraire, a cherché à limiter l'influence de l'islam dans la société turque en faisant des imams des fonctionnaires de l'État, privés de ce fait de toute liberté de parole et, bien entendu, d'action. Par ailleurs, la Constitution kémaliste garantit la liberté de conscience et de culte. Quant à l'actuelle Constitution, votée en 1982, elle réaffirme dans les mêmes termes les principes de laïcité et de liberté.

Bordeaux, vendredi 24
Des expertises ADN révèlent que Raoul Becquerel, remis en liberté par erreur le 15 juin alors qu'il devait être renvoyé devant les assises pour viol, aurait commis un nouveau viol fin août à Angoulême.

Bordeaux, vendredi 24
Le propriétaire de la chienne enragée Tiki est mis en examen.

Valvidienne (Vienne), samedi 25
Des affrontements entre « faucheurs volontaires » d'OGM et forces de l'ordre font quinze blessés légers.

France, samedi 25
Diffusion sur TF1 du premier volet de l'émission de téléréalité *Queer : cinq experts dans le vent.*

Arabie Saoudite, dimanche 26
Laurent Barbot, cadre français de Thales, est assassiné à Djedda au volant de sa voiture.

Shanghai, dimanche 26
Le Brésilien Rubens Barrichello, sur Ferrari, remporte le premier Grand Prix de F1 organisé en Chine.

Madrid, dimanche 26
Cyclisme : l'Espagnol Roberto Heras, déjà vainqueur des éditions 2000 et 2003, remporte le 59e Tour d'Espagne, égalant le record détenu par le Suisse Tony Rominger.

France, dimanche 26
L'UMP perd la majorité absolue au Sénat lors du renouvellement d'un tiers des élus. Le Parti socialiste gagne huit sièges, les Verts en gagnent trois et le PCF deux.

Nawabshah, dimanche 26
Amjad Farooqi, le terroriste islamiste

Simona et Simona retrouvent la liberté

Rome, mercredi 29
Depuis le retour à Rome, hier soir, de Simona Torretta et Simona Pari, c'est l'Italie entière qui exprime son soulagement. Membres de l'ONG Un pont pour Bagdad et très attachées au sort du peuple irakien, les deux Italiennes avaient été enlevées le 7 septembre à Bagdad, avec deux collègues irakiens, par un commando du groupe appelé « Armée islamique en Irak ». Celui-là même qui retiendrait les journalistes français Christian Chesnot et Georges Malbrunot. Soutenu par la totalité de la classe politique italienne et appuyé sur place par la Croix-Rouge, Silvio Berlusconi avait pu négocier avec les ravisseurs des « deux Simona », par l'intermédiaire d'un envoyé spécial. Au lieu des 5 millions de dollars exigés au départ, l'Italie aurait obtenu la libération de leurs ressortissantes et des deux Irakiens contre 1 million de dollars, chiffre confirmé aujourd'hui par un député de la majorité.

L'arrivée de Simona Torretta (à droite) et de Simona Pari à l'aéroport de Roma Ciampino. Toutes les deux ont 29 ans.

Le juge Borrel avait bien été assassiné

Versailles, jeudi 30
Convoqué par le juge Sophie Clément pour être auditionné comme témoin assisté, Djama Souleiman, procureur de la République de Djibouti, a fait savoir qu'il ne se présenterait pas. La justice le soupçonne d'avoir fait pression sur des témoins convaincus que la mort du juge français Bernard Borrel, dont le corps calciné fut retrouvé le 19 octobre 1995 à Djbouti, avait été décidée en haut lieu. La thèse du suicide du magistrat, détaché auprès du ministre de la Justice djiboutien, est en tout cas abandonnée. Dans une lettre adressée le 17 septembre aux ministres français de la Défense et de l'Intérieur, Sophie Clément écrit que les expertises techniques et médico-légales concluent à un assassinat. Elle leur demande de lui donner accès aux documents classifiés « secret défense ». L'actuel président de Djibouti, Ismaël Omar Guelleh, est mis en cause.

Le 29, le pilote français Richard Sainct, triple vainqueur en moto du Paris-Dakar, trouve la mort dans un accident survenu lors du rallye des Pharaons (Égypte). Il avait 34 ans (*14.4.1970).

Athènes, mardi 28. Fin des Jeux paralympiques, très largement dominés par la Chine (141 médailles, dont 63 d'or). La France prend la neuvième place (74 médailles, dont 18 d'or). Sur cette photographie : la médaille de bronze remportée aujourd'hui par l'équipe britannique de basket-ball.

Face-à-face télévisé pour Bush et Kerry

Coral Gables (Floride), jeudi 30
Le premier duel télévisé entre George W. Bush et John Kerry a eu lieu sur le campus de l'université de Miami. Une heure et demie durant, les deux candidats se sont affrontés sur la guerre en Irak et sur la lutte contre le terrorisme. Si, pour le candidat démocrate, ce fut une « erreur colossale » que d'attaquer l'Irak, alors qu'il eût fallu concentrer toutes les forces de l'Amérique contre Al-Qaida, le président des États-Unis a affirmé que le monde était « meilleur sans Saddam Hussein ». Et si Bush a répété que l'Amérique devait décider seule de sa politique étrangère, Kerry a cherché à démontrer que l'unilatéralisme était dangereux pour le pays, car il favorise selon lui la prolifération des armements nucléaires. Un duel qui a tourné au dialogue de sourds comme on pouvait s'y attendre, sans avantage décisif pour l'un ou l'autre.

George W. Bush (à droite) face à John Kerry. Le médiateur du débat était Jim Lehrer, un journaliste de la chaîne PBS.

le plus recherché du Pakistan, est abattu par les forces de sécurité. Il était considéré comme le cerveau des deux attentats organisés contre le président Pervez Mucharraf en décembre dernier.

Paris, lundi 27
Les sept acquittés du procès d'Outreau sont reçus par le garde des Sceaux, Dominique Perben.

Irak, lundi 27
L'Armée islamique en Irak libère le diplomate iranien Fereydoun Jahani qu'elle détenait depuis le 4 août.

Haute-Garonne, mardi 28
Bertrand Cantat est transféré de la prison de Vilnius (Lituanie) à la maison d'arrêt de Muret pour y purger sa peine. Il a été condamné à 18 ans de réclusion.

Israël, mardi 28
La deuxième Intifada entre dans sa cinquième année. Elle a déjà fait plus de 4 000 morts : 3 070 Palestiniens et 940 Israéliens.

Tours, jeudi 30
Arrestation de Raoul Becquerel.

Monde, jeudi 30
Al-Jezira diffuse un enregistrement vidéo montrant dix nouveaux otages qui seraient détenus par l'Armée islamique en Irak : six Irakiens, deux Libanais et deux Indonésiennes.

Moscou, jeudi 30
Le gouvernement russe décide de transmettre à la Douma le projet de ratification du protocole de Kyoto.

New York, jeudi 30
Merck annonce le retrait de la vente de l'anti-inflammatoire Vioxx.

Françoise Sagan, « charmant petit

Pour le *Dictionnaire des écrivains contemporains de langue française par eux-mêmes* de Jérôme Garcin, Françoise Sagan avait rédigé sa propre notice nécrologique : « Fit son apparition en 1954, avec un mince roman, *Bonjour tristesse*, qui fut un scandale mondial. Sa disparition, avec une vie et une œuvre agréable et bâclée, ne fut un scandale que pour elle-même. » Elle fut cependant un événement pour tous. Innombrables sont ceux qui lui ont rendu hommage, avec un pincement au cœur, comme si les sixties s'évanouissaient avec elle.

Le lendemain de la mort d'André Gide, en février 1951, François Mauriac recevait un curieux télégramme : « L'enfer n'existe pas. Stop. Tu peux te dissiper. Stop. Préviens Claudel. Stop. André Gide. » Françoise Sagan, à qui de graves accidents avaient donné une certaine expérience de l'au-delà, devait déclarer de son côté : « Je peux vous rassurer, derrière, il n'y a rien. C'est le noir, le néant total. Voir souvent la mort de si près lui enlève, croyez-moi, tout prestige. » On espère pourtant que ce n'est pas dans le néant que Françoise Sagan a sombré le 24 septembre 2004 à Honfleur, à l'âge de 69 ans. Il y a des femmes qui ne sont pas faites pour vieillir. Elle en faisait partie. Elle reçut d'ailleurs les derniers sacrements dès 1957, à 22 ans, quand son Aston Martin s'est retournée près de Milly-la-Forêt. Puis ce sera le coma à Bogota, au cours d'un voyage présidentiel avec François Mitterrand en 1985. Françoise Sagan allait au-devant de la mort par amour de la vie, et ce n'est pas le moindre des paradoxes de celle que François Mauriac, justement, appelait le « charmant petit monstre ».

Issue d'une famille de la bonne bourgeoisie industrielle, Françoise Quoirez est née à Cajarc, dans le Lot, le 21 juin 1935. Et, premier pas vers le défi envers une époque encore corsetée de règles et de valeurs, elle se fait rapidement renvoyer du couvent des Oiseaux où ses parents l'avaient placée, pour « manque de spiritualité ».

Jean Seberg (Cécile, à droite) et Mylène Demongeot (Elsa) dans Bonjour tristesse*, adapté à l'écran en 1957 par le cinéaste américain Otto Preminger, avec une musique de Georges Auric.*

Elle a une dizaine d'années quand sa famille emménage à Paris, dans les beaux quartiers de la rive droite. Et c'est cette mince jeune fille, têtue et pas très jolie qui, à 18 ans, amène un petit manuscrit aux éditions Julliard, en volant son pseudonyme à un personnage de Marcel Proust, son auteur fétiche. Nous sommes en 1954. Dix jours plus tard, le roman est accepté. Il paraîtra en mars et recevra le prix des critiques. Le 1er décembre, Julliard annonce qu'il tire son 200 000e exemplaire, et que le livre fera l'objet de seize traductions, d'une version cinématographique et d'une adaptation théâtrale à Broadway.

LE LIVRE QUI FAIT SCANDALE : BONJOUR TRISTESSE

Cécile, 17 ans, va passer ses vacances sur la Côte d'Azur avec son père. Un père veuf et léger, qui échange au cours de ce séjour une jeune maîtresse superficielle contre une femme mûre qu'il veut épouser. Anne Larsen est intelligente et autoritaire, elle exige de Cécile qu'elle étudie et mûrisse. Mais grandir ? Pas question. Cécile préfère prendre un amant et monter un vicieux stratagème pour séparer son père de cette femme. Ceci jusqu'à pousser Anne Larsen au suicide. À l'époque, le scandale, c'est cette jeune fille qui cède à toutes les tentations sans en payer les conséquences. Elle ne tombe pas enceinte et, après un temps de deuil, elle reprend avec son père sa vie passée, d'inconséquence, d'insouciance et d'éternelle adolescence. La morale ? Il n'y en a pas. Juste un sentiment qui en réchappe : la tristesse. Les critiques dénonceront l'immoralité de l'ouvrage mais verront dans Sagan « l'enfant de Laclos », « un Radiguet en jupon ».

Bonjour tristesse, c'est le tableau de la jeune bourgeoisie de l'après-guerre qui se dissipe, qui dépense son argent, qui peut se permettre de se moquer de tout. « La bourgeoisie s'encanaille en toute quiétude », écrivait Hervé Bazin de Sagan. Elle ne connaît pas le malheur car tout ce qu'elle possède se remplace, se rachète, se répare, s'échange. La guerre a fait place à la vie, au plaisir, au baby-boom, au progrès, à la libération, à l'insouciance, aux Trente Glorieuses. Les « hussards », de Roger Nimier à Antoine Blondin, en passant par Jacques Laurent, incarnent cette décompression, qui mène au déni de l'ordre établi. Et, bien loin de Sartre et Aragon qui bataillent au sein de l'intelligentsia communiste, Sagan fait la fête à Saint-Germain-des-Prés. Elle est déjà une légende.

UN SYMBOLE DES SIXTIES

Un vent de liberté se lève, qui explosera dans Mai-68. Un Mai-68 dont Françoise Sagan connaîtra l'ivresse, mais pas l'engagement. Elle fume, boit, traîne dans les bars à la

monstre » d'une époque

mode, écoute du jazz, flâne à Saint-Tropez, aime la vitesse et les voitures. Se drogue, se fait arrêter, et réclame au tribunal le droit à l'autodestruction. Elle divorce de Guy Schoeller, éditeur chez Hachette (deux ans de mariage) puis de Robert Westhoff, un an de mariage, le temps d'un fils, Denis. Sagan est définitivement femme des sixties.

Les jeunes filles envient cette Sagan qui défie, qui assume, qui vit dans l'excès. C'est une époque qui est pour les femmes celle de beaucoup de questions nouvelles: comment être épanouie, libre et mère de famille? Comment être respectable et profiter de la vie? La morale en prend un coup. À bas les lois de la famille, du couple, de la religion! Oui au dévergondage, à la contraception, à la vie de bohème! L'ère de la consommation, du plaisir gratuit et de l'épanouissement personnel commence.

Cependant, au milieu de toutes ses insouciances, Sagan s'engagera sur certaines questions: elle signe le Manifeste des 121 revendiquant le droit à l'insoumission en Algérie, appelle à voter de Gaulle avant d'admirer Mitterrand. Puis signe le Manifeste des 343 salopes pour le droit à l'avortement libre.

Mais derrière la légende, l'écrivain s'essouffle. Elle les étouffe, les cache, ses quarante-trois petits ouvrages. Bientôt, ses livres sont passés sous silence, et l'on ne retient plus d'elle qu'une star accumulant les aventures les plus invraisemblables. Pourtant, *Bonjour tristesse* s'est vendu à plusieurs millions d'exemplaires. Sagan est l'un des premiers écrivains à profiter de la société de consommation. C'est que malgré ses qualités littéraires, le succès de Sagan tient à des éléments extérieurs au livre lui-même. Après *Bonjour tristesse*, elle fera les unes de *Paris-Match*, et par là, distancera les auteurs de sa génération. Sagan se glisse entre son public et son œuvre. Phénomène nouveau qui sera ensuite rendu banal, grâce – ou à cause – de la télévision et de la publicité. Elle disait d'ailleurs: « S'il y a une calamité dont il faut se méfier aujourd'hui, à part la remontée du nazisme, c'est la télévision. » Le public qui ne lit pas contribue aux succès du jeune auteur. Françoise Sagan est un écrivain moderne.

UNE FEMME DE PARADOXES

Son œuvre a parfois été jugée superficielle et n'a jamais été couronnée par un grand prix littéraire. Pourtant, malgré des romans bâclés, un style qu'elle trouvait d'ailleurs médiocre, son talent est indiscutable. Ses livres, qui ont soulevé tant de scandales, n'ont pas vieilli, il n'est que de relire *Dans un mois, dans un an* ou *Aimez-vous Brahms* pour s'en convaincre. Ils reposent sur un mélange de sentimentalité, de cynisme, de snobisme et de mélancolie. Ce sont des livres plaisants écrits par une femme gourmande, véritable peintre des sentiments. Des livres aussi chaleureux que cyniques. Qui respirent la liberté autant que l'esclavage des sens du luxe et de la tranquillité. Ses héros sont mondains mais toujours seuls. Deux tranchants de personnages que la liberté séquestre dans l'égoïsme.

Si Sagan est une légende, c'est parce qu'elle personnifie une certaine idée de la liberté. Pour cela, elle est prête à tout. Pousser une femme au suicide dans *Bonjour tristesse*, avorter et quitter l'homme qu'elle aime dans *La Chamade*. Elle est sans foi ni loi. Déraisonnable au risque de sa vie. Son désir est sa règle. Et sa liberté est esclave de son désir. Elle est dangereuse, culottée, épanouie. Et puis triste. Chiffonnée.

C'est une femme de paradoxes. Qui reste mariée un an seulement à Robert Westhoff mais est inhumée à ses côtés à Seuzac, dans le Lot. Une femme hyperactive, mondaine et finalement seule. Qui incarne la liberté revendiquée par Mai-68, alors que son seul souvenir de cette époque, racontera-t-elle, est une bombe lacrymogène

lancée chez Régine. Elle milite pour le droit à l'avortement mais se rebellera contre le slogan « Notre ventre nous appartient », car, dira-t-elle, « mon ventre ne m'appartient pas. Il appartient évidemment à l'homme que j'aime et auquel j'appartiens ».

Sagan, c'est le contraire de Christine Angot ou Amélie Nothomb. Sagan faisait tomber les barrières d'une société bien réglée. Les écrivains contemporains ne connaissent plus ces interdits qui offraient des repères. Ils errent dans une liberté immense, dans un grand vide. Après la tristesse de Sagan, c'est le flou, la dépression. Sagan, c'est « le feu rouge d'une civilisation qui s'éloigne », écrit Christian Millau dans *Au galop des hussards*.

Et, finalement, une vie pour quoi? Pour la vie elle-même. Mais avec une vieillesse tragique, voire pathétique. Françoise Sagan fut privée de chéquier dès 1960, puis interdite de casino. Cinquante fois millionnaire à vingt ans, elle hypothéquera vingt fois le manoir du Breuil, à côté de Honfleur, qu'elle avait acheté au lendemain d'une nuit chanceuse à Deauville. Il sera mangé par les dettes, saisi par le fisc, repris, pour elle, par une amie. « Elle doit beaucoup d'argent à l'État, a reconnu l'écrivain et critique Bernard Frank, qui fut de son cercle d'intimes, mais la France lui doit beaucoup plus. »

Un mélange de sentimentalité, de cynisme, de snobisme et de mélancolie…

Bérengère Bocquillon

Le chef de l'ETA se cachait dans le sud-ouest de la France

Le 5, Mikel Albizu Iriarte est transféré vers Paris. Il doit être interrogé par la Direction nationale antiterroriste (DNAT) avant d'être présenté au juge Laurence Le Vert.

Pyrénées-Atlantiques, dimanche 3
Depuis douze ans, depuis précisément le 29 mars 1992, date à laquelle la police française avait démantelé, à Bidart, la direction de l'ETA, le Basque espagnol Mikel Albizu Iriarte, alias Antza, était l'homme le plus recherché d'Espagne. Chef présumé des indépendantistes de l'ETA, il a été arrêté à Salies-de-Béarn en compagnie de sa compagne, Soledad Iparraguirre Goenetxea, alias Anboto, accusée de gérer l'impôt révolutionnaire prélevé par les terroristes. Au total, dix-sept personnes ont été arrêtées dans le département au cours d'une opération ayant mobilisé 140 policiers. Sept cents kilos de dynamite, 500 kilos de chlorate de potassium, de nombreuses armes et même deux missiles portatifs sol-air ont été découverts dans sept caches. Selon le ministre espagnol de l'Intérieur, ce coup de filet, réalisé dans le cadre d'un accord antiterroriste signé en 1987 avec la France, est « historique ».

Charlotte ne sera pas réanimée

Londres, jeudi 7
Est-ce un pas vers l'euthanasie ? Pour la première fois, la justice britannique a donné à des médecins l'autorisation de ne pas réanimer un bébé de onze mois, contre le vœu de ses parents. La petite Charlotte Wyatt, prématurée de trois mois, ne survivait que grâce à de multiples ventilations et avait fait trois arrêts respiratoires. En cas de nouvel arrêt, l'hôpital St Mary de Plymouth ne sera pas tenu de la réanimer. Pour Daren et Debbie Wyatt, cette décision de la Haute Cour britannique met fin à leurs espoirs de voir leur fille vivre un jour normalement. Toutefois, ils ne feront pas appel. Sans doute ont-ils été sensibles aux arguments des médecins selon qui Charlotte ne ressentait plus qu'« une douleur continue », faisant valoir que, désormais, son état n'avait aucune chance d'être amélioré.

Didier Julia a essayé de libérer les otages français en Irak

Roissy, lundi 4
Didier Julia est de retour de Syrie. Sans les otages. Sans Georges Malbrunot et Christian Chesnot qu'il pensait pouvoir libérer. Le terme, peut-être provisoire, d'un périple rocambolesque dont on est loin de connaître tous les tenants et qui a commencé début septembre, quand le député de Seine-et-Marne est parti pour le Proche-Orient à bord d'un avion prêté par le président de la Côte d'Ivoire, Laurent Gbagbo, emmenant avec lui plusieurs négociateurs très au fait du monde arabo-musulman, dont Philippe Brett et Philippe Évano. L'élu UMP les laisse à Damas et rentre à Paris. Il ne les rejoindra que jeudi dernier, en pleine confusion. Deux jours plus tôt, sur la chaîne Al-Arabiya, Brett a affirmé avoir rencontré les deux otages et leurs ravisseurs ; ceux-ci rompent le même jour le contact qui avait été établi, depuis le 18 septembre, avec Paris. Le lendemain de l'arrivée de Julia, coup de théâtre ou coup de bluff : interrogé par Europe 1, Brett dit se trouver quelque part en Irak en compagnie des otages, lesquels sont en route pour Damas, la capitale de la Syrie, où ils n'arriveront jamais. Selon Julia, l'armée américaine a attaqué leur convoi, raison pour laquelle ils n'ont pu parvenir à destination, mais sont à l'abri. Le week-end se passe dans la plus grande confusion : l'Élysée reproche à Julia son « immixtion dans un processus délicat » ; Jean-François Copé, le porte-parole du gouvernement, condamne une initiative « totalement personnelle ». Ce soir, l'élu contre-attaque. S'il reconnaît n'avoir eu aucun mandat pour agir, il a, « depuis le départ », tenu informée la présidence de la République. Et il maintient que les deux Français ne sont plus aux mains de l'Armée islamique en Irak mais ont été récupérés par un autre groupe, avec lequel ils sont en sécurité. Mais toujours pas libres. Un groupe lié à la Syrie ? C'est maintenant ce qui se murmure.

À son arrivée à Roissy, le député UMP Didier Julia est assailli par la presse.

Chirac s'en prend à la sous-culture

Hanoi, jeudi 7
L'étape vietnamienne de son voyage en Asie a donné à Jacques Chirac une nouvelle occasion de fustiger les États-Unis. Il ne s'agissait pas, cette fois, de politique étrangère, mais de culture. Au Centre culturel français de Hanoi, il a averti de la « véritable catastrophe » que serait « un monde où il y aurait une seule langue, une seule culture », qui serait en fait « une espèce de sous-culture générale ». Tout le monde aura évidemment compris que l'anglais et la culture américaine étaient visés, et à commencer par Nicolas Sarkozy qui, lundi dernier, lors de son voyage aux États-Unis, avait déclaré le contraire à l'université de Colombia. Le ministre de l'Économie avait dit, notamment, que « le rêve des familles françaises, c'est que les jeunes aillent étudier dans les universités américaines »…

Paris, vendredi 1er
Christian Poncelet (UMP) est réélu président du Sénat pour trois ans.

Strasbourg, vendredi 1er
Jacques Chirac souhaite que les Français soient consultés par référendum sur tout nouvel élargissement de l'Union européenne, et notamment sur l'adhésion de la Turquie.

Union européenne, vendredi 1er
Entrée en vigueur du passeport obligatoire pour les chiens et les chats circulant dans l'UE.

New York, vendredi 1er
Le cours du baril de pétrole brut passe pour la première fois la barre des 50 dollars (50,12 dollars).

Madrid, samedi 2
Mariano Rajoy succède à José Maria Aznar à la présidence du Parti populaire espagnol.

Vérone (Italie), dimanche 3
L'Espagnol Oscar Freire est sacré pour la troisième fois champion du monde de cyclisme sur route.

Vatican, dimanche 3
Jean-Paul II béatifie Charles Ier de Habsbourg (1887-1922), dernier empereur d'Autriche-Hongrie.

France, lundi 4
Mise en place du 39 39, numéro de téléphone unique pour tous les renseignements administratifs.

Lyon, mardi 5
L'imam Abdelkader Bouziane est à nouveau expulsé vers l'Algérie.

Bruxelles, mercredi 6
La Commission européenne se déclare favorable à l'ouverture de

Al-Qaida frappe les touristes israéliens

L'attentat contre le Hilton serait l'œuvre du Groupe du martyr Abdallah Azzam.

Taba (Égypte), vendredi 8
Ce matin, les sauveteurs recherchaient toujours entre vingt et trente disparus dans les décombres de l'hôtel Hilton de Taba. Hier soir, vers 22 heures, une gigantesque explosion, provoquée par un camion piégé, avait soufflé toute une aile de cet établissement situé dans une station balnéaire du Sinaï, sur les bords de la mer Rouge. L'attentat visait les touristes israéliens, très nombreux à Taba à l'occasion des vacances de la fête juive de Soukkot. Le premier bilan fait état de 28 morts dont 21 Israéliens, auxquels il faut ajouter deux autres victimes israéliennes, tuées un peu plus tard dans la soirée d'hier lors de deux autres attentats dans des hôtels de Ras Satan et Noueibaa, au sud de Taba. Le Hamas et le Djihad islamique palestiniens ont nié toute responsabilité, et les enquêteurs égyptiens et israéliens prennent au sérieux la revendication d'un groupe lié à Al-Qaida.

Le mardi 5, à Paris, élection de Bernard Pivot à l'Académie Goncourt. Il succède à André Stil. Le célèbre animateur des émissions *Apostrophes* et *Bouillon de culture* est âgé de 69 ans.

L'otage anglais a aussi été décapité

Londres, vendredi 8
L'annonce, par la chaîne de télévision Abu Dhabi TV, de la décapitation au coutelas de Kenneth Bigley a plongé la Grande-Bretagne dans la stupeur et le dégoût. Le gouvernement de Tony Blair avait refusé de négocier quoi que ce soit avec le groupe Al-Tawhid wal Jihad (« Unification et guerre sainte ») d'Abou Moussab al-Zarqaoui, qui l'a enlevé à Bagdad le 16 septembre avec les Américains Eugene Jack Armstrong et Jack Hensley. Si l'un des frères de l'otage britannique, Paul Bigley, s'en est violemment pris au Premier ministre en l'accusant d'avoir « du sang sur les mains », son autre frère, Phil, a tenu des propos plus mesurés, estimant que le gouvernement avait fait « tout ce qui était possible de faire », et que le sort de Kenneth Bigley était probablement « scellé dès le premier jour ».

Norodom Sihanouk abandonne le trône

Phnom Penh, jeudi 7
L'émotion des élus cambodgiens était vraie quand le président de l'Assemblée nationale, le prince Ranariddh, leur a lu une lettre dans laquelle Norodom Sihanouk, actuellement en résidence à Pékin, annonçait qu'il avait décidé d'abdiquer. Ce n'était cependant pas une surprise, le vieux roi (81 ans) ayant déjà laissé entendre qu'il aspirait à une retraite bien méritée. En effet, depuis son accession au trône en 1941, sous les auspices des Français, le monarque a toujours été au cœur de la vie de son pays, renonçant même à la couronne pour mieux agir, notamment lors de son alliance avec les Khmers rouges contre les Américains, puis contre les Vietnamiens. Il était redevenu roi en 1993. Son successeur devrait être l'un de ses fils, Norodom Sihamoni, âgé de 51 ans. Un successeur atypique, car ce prince est surtout connu pour sa belle carrière de danseur classique.

Le roi du Cambodge Norodom Sihanouk, photographié à Pékin le 18 août dernier.

L'Afghanistan élit son président

Kaboul, samedi 9
Les résultats définitifs ne devraient pas être connus avant la fin du mois, mais la victoire a toute chance d'échoir au président du gouvernement intérimaire, Hamid Karzaï. Pour la première fois de leur histoire, les Afghans et les Afghanes élisaient leur chef d'État au suffrage universel, avec seize candidats à la présidence de la République. Si la campagne électorale a été équitable, des candidats comme l'Ouzbek Abdul Rashid Dostom ou le Tadjik Younis Qanouni ayant pu faire campagne dans les fiefs pachtouns d'Hamid Karzaï, le scrutin semble avoir été entaché de nombreuses irrégularités, mais pas au point de le remettre en cause, malgré les protestations de certains candidats. D'autant que, protégé par un puissant déploiement militaire, il s'est déroulé sans incident majeur.

Le règne d'Oscar Temaru s'achève

Papeete, samedi 9
À l'issue de deux jours de vifs débats, l'Assemblée de Polynésie a choisi, à une voix de majorité (29 suffrages sur 57), de renverser le gouvernement d'Oscar Temaru. La conséquence du ralliement de Noa Tetuanui, élu en mai sur la liste indépendantiste, à l'ancien patron de l'archipel, Gaston Flosse, sénateur UMP. « Le système colonial a la peau dure », a commenté Temaru, qui s'était adressé directement à Tetuanui en séance, lui lançant en polynésien : « Vous pouvez voter cette motion si des valises pleines de billets pèsent plus lourd que votre conscience. » Analysant sa destitution comme une « manœuvre » de « l'État chiraquien », Temaru estime qu'elle est due à l'audit qu'il avait engagé sur la gestion passée de Gaston Flosse, et qui s'apprêtait à mettre au jour des emplois fictifs. Ce que l'intéressé nie.

discussions avec la Turquie sur son adhésion à l'UE.

Multan (Pakistan), jeudi 7
Deux bombes font 40 morts lors d'un rassemblement sunnite, six jours après qu'un attentat suicide contre une mosquée chiite a fait 30 morts à Sialkot.

Washington, vendredi 8
Miguel Angel Rodriguez, secrétaire général de l'Organisation des États américains (OEA) depuis le 23 septembre, démissionne. Il est accusé d'avoir perçu un pot-de-vin d'Alcatel en 2001 alors qu'il était président du Costa Rica.

Paris, dimanche 10
Fermeture du Mondial de l'automobile, qui a accueilli 1 460 000 visiteurs en 16 jours.

DÉCÈS

San Antonio (Texas), vendredi 1er
Richard Avedon, photographe (*15.5.1923).

Paris, samedi 2
Jacques Benveniste, biologiste (*12.3.1935).

San Francisco, dimanche 3
Janet Leigh, actrice (*6.7.1927).

Londres, mardi 5
Maurice Hugh Frederick Wilkins, prix Nobel de médecine 1962 (*15.12.1916).

Paris, samedi 9
Jacques Derrida, philosophe (*15.7.1930).

New York, dimanche 10
Christopher Reeve, acteur (*25.9.1952).

Les prix Nobel

Stockholm, lundi 4
Médecine. Les Américains Richard Axel et Linda B. Buck.
Stockholm, mardi 5
Physique. Les Américains David Gross, David Politzer et Frank Wilczek.
Stockholm, mercredi 6
Chimie. Les Israéliens Aaron Ciechanover et Avram Hershko, et l'Américain Irwin Rose.
Stockholm, jeudi 7
Littérature. L'Autrichienne Elfriede Jelinek.
Oslo, vendredi 8
Paix. La Kenyane Wangari Maathai.
Stockholm, lundi 11
Économie. Le Norvégien Finn Kydland et l'Américain Edward Prescott.

Yvan Colonna ne serait pas le meurtrier du préfet Érignac

Paris, mercredi 13
Qui donc a tué le préfet Claude Érignac le 6 février 1998 à Ajaccio ? Est-ce Yvan Colonna, arrêté en juillet 2003 après une cavale de plus de quatre ans ? Ou est-ce Pierre Alessandri, déjà condamné à la réclusion criminelle à perpétuité en tant que coauteur du crime, et qui, dans une lettre adressée au juge Laurence Le Vert le 15 septembre dernier et révélée aujourd'hui par *Le Parisien*, écrit : « Je suis l'auteur des coups de feu. [...] C'est moi qui ai tué le préfet. » Intervenant à la veille de la confrontation entre les deux hommes, ce coup de théâtre laisse une impression de malaise. Pourquoi Pierre Alessandri n'a-t-il pas parlé plus tôt ? Et pourquoi les membres du commando ont-ils désigné Colonna comme tireur, alors qu'il n'avait pas été identifié, avant de se rétracter, déjà, lors de leur procès ? Alessandri dit-il enfin la vérité ou bien veut-il sauver son ami d'enfance ?

Michèle Alessandri avait fait état de conciliabules secrets entre son mari et Yvan Colonna, dont elle fut tenue à l'écart. Elle non plus ne peut pas dire qui a tiré.

Le pétrole est de plus en plus cher

France, mercredi 13
Depuis le début de l'année, le prix du baril de pétrole brut a flambé de 60 %, entraînant des surcoûts difficilement supportables pour les marins pêcheurs, qui ont déjà obtenu des allégements fiscaux, et pour les agriculteurs, qui ont commencé, hier, à bloquer des dépôts de carburant et menaçaient la France d'un blocus des raffineries. Le ministre de l'Économie vient de leur accorder une baisse substantielle de la TIPP sur tous leurs achats de produits pétroliers effectués entre juillet et décembre : elle passe de 5,66 à 1,66 centime par litre. Nicolas Sarkozy n'entend pas étendre la baisse des taxes : ce serait encourager les Français à consommer de l'énergie. Et même si la crise n'est pas comparable aux chocs pétroliers des années 1970, il préfère en appeler à « la chasse au gaspi », car « la question de la cherté du pétrole est devant nous ».

Le 17 à Ajaccio, à l'issue du Tour de Corse, le pilote Sébastien Loeb devient le deuxième Français à être sacré champion du monde des rallyes, dix ans après Didier Auriol. Il est âgé de 30 ans.

La bande de Gaza panse ses plaies

Gaza, dimanche 17
L'opération « Jours de pénitence » est terminée. Lancée le 28 septembre par les forces israéliennes dans la bande de Gaza, elle avait pour objectif principal de détruire les ateliers de fabrication des roquettes utilisées par les groupes armés palestiniens contre le territoire d'Israël. Mais les militaires israéliens eux-mêmes étaient très partagés quant à son efficacité. Pour la population de Gaza, le bilan n'en est pas moins très lourd : 129 morts (dont une écolière de 13 ans abattue à Rafah, les soldats ayant confondu son cartable avec une bombe, mardi dernier), 91 habitations détruites, six écoles endommagées, et des oliveraies et des champs d'agrumes rasés à Beit Hanoun. Mardi, les États-Unis ont mis leur veto à une résolution du Conseil de sécurité condamnant l'opération, la plus meurtrière depuis le début de la deuxième Intifada.

Zarqaoui est bien lié à Al-Qaida

Irak, dimanche 17
Où est Abou Moussab al-Zarqaoui ? À Fallouja, qu'encerclent les marines avant un probable assaut ? Dans une autre ville du triangle sunnite ? Dans la capitale irakienne même ? Telle est la grande question qui obsède autant Iyad Allaoui, le Premier ministre irakien, que les services de renseignement américains. Car non seulement le chef du groupe Al-Tawhid wal Jihad « vaut » 25 millions de dollars (le montant de la prime offerte pour sa capture), soit la moitié d'Oussama Ben Laden, mais dans un communiqué jugé fiable, son groupe a annoncé aujourd'hui même qu'il avait fait allégeance à Al-Qaida, ce qui n'a surpris personne. De son vrai nom Fadel Nazzal al-Khalayleh, il a en effet combattu en Afghanistan à la fin des années 1980, et c'est encore dans ce pays qu'il fut grièvement blessé fin 2001, aux côtés des talibans.

Yaoundé, lundi 11
Paul Biya est réélu à la présidence du Cameroun (70,92 % des voix).

Irak, lundi 11
Un otage turc et son traducteur irakien sont décapités par leurs ravisseurs pour avoir collaboré avec l'armée américaine.

Luxembourg, lundi 11
L'Union européenne lève ses sanctions commerciales contre la Libye, y compris l'embargo sur les armes en vigueur depuis 1986.

Paris, mercredi 13
La Cour de cassation rejette le pourvoi de Cesare Battisti contre son extradition.

Paris, jeudi 14
Lors d'un débat sans vote sur l'entrée de la Turquie dans l'UE, les députés se disent en majorité favorables à un « partenariat privilégié » plutôt qu'à une adhésion.

Paris, jeudi 14
La justice rend un non-lieu général dans l'enquête sur la mort de Jacques Mesrine en novembre 1979.

Côte d'Ivoire, vendredi 15
Les ex-rebelles des Forces nouvelles refusent de déposer les armes, les réformes politiques prévues n'ayant pas été mises en œuvre.

Côme (Italie), samedi 16
L'Italien Paolo Bettini remporte la Coupe du monde de cyclisme.

DÉCÈS

Cavaillon (Vaucluse), samedi 16
Pierre Salinger, journaliste américain (*14.6.1925).

La terreur de l'Inde était très populaire

Papparapatti (Inde), lundi 18
Jamais Koose Muniswamy Veerappan ne verra le film que le cinéaste indien Shimit Amin prépare sur sa vie, avec Prakash Raj dans son rôle. Ce bandit déjà légendaire est mort d'une balle en plein front, après être tombé dans une embuscade montée par l'unité spécialement créée en 1991 pour mettre fin à sa criminelle carrière, la Special Task Force (STF). Né le 18 janvier 1953, il régnait par la terreur dans la jungle du Tamil Nadu, un État du sud-ouest de l'Inde, enlevant, rançonnant, assassinant – et ridiculisant la maréchaussée à la joie du petit peuple qui lui prêtait généreusement l'âme d'un Robin des Bois. En fait, Veerappan était une brute sanguinaire, auteur de 127 crimes, dont l'enlèvement et l'assassinat, en 2002, d'Hannur Nagappa, ancien ministre de l'État de Karnataka. Les hommes de la STF l'ont abattu (ainsi que trois de ses complices) à Papparapatti, une petite bourgade du Tamil Nadu.

Ces dernières années, Veerappan s'était lié aux Tigres tamouls sri lankais qui avaient trouvé refuge au Tamil Nadu.

Le cri d'alarme de Michel Camdessus

Paris, mardi 19
Intitulé *Le Sursaut, vers une nouvelle croissance pour la France*, le rapport remis au ministre des Finances, Nicolas Sarkozy, par Michel Camdessus, ancien directeur général du Fonds monétaire international (FMI), est un réquisitoire contre la politique économique suivie par la France depuis trois décennies. À l'en croire, « l'économie française est en train de décrocher » et « le système craquera » tôt ou tard. La priorité doit être donnée à la réduction des dépenses publiques (54,7 % du PIB contre 49 % en moyenne dans la zone euro), ce qui implique de réduire les effectifs de la fonction publique. Il faut aussi en finir « avec l'idée que le travail se partage », et considérer plutôt que « le travail des uns crée du travail pour les autres », donc assouplir les 35 heures. Faute de quoi nos enfants n'hériteront que de dettes qu'ils ne pourront pas honorer…

Des élèves voilées sont renvoyées

Mulhouse, mercredi 20
Le conseil de discipline du lycée Louis-Armand a tranché : Manèle, Française d'origine algérienne, élève de première, est renvoyée, comme sa sœur Dounia l'avait été, hier, du collège Jean-Macé, en application de la loi sur le port de signes religieux. La phase de dialogue, prévue par le texte, n'a pas permis de trouver un *modus vivendi*, toutes deux refusant d'ôter leur bandana considéré comme « ostensible ». Elles entendent faire appel de cette décision auprès du rectorat – puis, le cas échéant, devant le tribunal administratif. Tuba, élève d'origine turque exclue aujourd'hui de Lavoisier, et Khouloud, une collégienne d'origine algérienne mise à la porte hier de Jean-Macé, vont faire de même. Avec une lycéenne de Flers (Orne), cela porte à cinq le nombre de renvois découlant de la nouvelle loi, tandis que 62 autres cas sont en phase de dialogue.

Deux Polynésiens pour un seul fauteuil

Gaston Flosse, ami de 30 ans de Jacques Chirac, a fait la preuve de son habileté.

Papeete, vendredi 22
Le Parti socialiste a beau parler, depuis Paris, de « putsch juridique », et Laurent Fabius dénoncer Gaston Flosse comme « l'un des hommes les plus corrompus de la République » – ce qui pourrait lui valoir un procès en diffamation –, celui-ci a retrouvé son siège. Par 29 voix sur 57 (les indépendantistes n'ont pas pris part au vote), Flosse est élu président de la Polynésie française, poste qu'Oscar Temaru refuse de lui céder, campant au palais présidentiel… Fort du soutien de 20 000 Polynésiens qui ont défilé samedi dernier dans les rues de Papeete, Temaru réclame la dissolution de l'Assemblée territoriale et l'organisation de nouvelles élections. Brigitte Girardin, ministre de l'Outre-Mer, a déjà dit qu'il ne saurait en être question. Gaston Flosse a déjà promis aux Polynésiens de leur accorder une hausse du Smic, « afin que vous ayez un bon Papa Noël »…

À Santa Clara (Cuba), mercredi 20, dans la soirée, Fidel Castro (78 ans) vient de prononcer un discours à la mémoire de Che Guevara. En descendant du podium, il trébuche sur les marches et chute. Bilan, le genou gauche fracturé, le bras droit fêlé. Il a repris ensuite le micro pour s'excuser.

New York, lundi 18
L'Américaine Lindsay Davenport ravit à Amélie Mauresmo la place de n°1 mondial du tennis féminin.

Bruxelles, mardi 19
Cinq ans après le dépôt d'une plainte par le groupe Pepsi auprès de la Commission européenne, Coca-Cola s'engage à modifier ses pratiques commerciales afin d'éviter des poursuites pour « abus de position dominante ».

Bas-Rhin, mardi 19
Une expertise ADN révèle que Pierre Bodein est impliqué dans un troisième meurtre : celui d'Hedwige Vallée, 38 ans, retrouvée morte dans un ruisseau le 28 juin.

Bagdad, mardi 19
Enlèvement de Margaret Hassan, responsable de l'association caritative Care International. De nationalité britannique, elle est aussi irlandaise par sa naissance et irakienne par son mariage. Care annonce son désengagement d'Irak.

Japon, mercredi 20
Le typhon Tokage, le plus puissant depuis 1991, fait 46 morts dans le sud-ouest de l'archipel.

Drôme, jeudi 21
Une louve de dix-huit mois, qui n'avait pas encore mis bas, est abattue dans le massif du Vercors.

Paris, jeudi 21
Le ministère de la Santé annonce qu'un huitième cas, depuis 1996, de forme humaine de la maladie de la vache folle (Creutzfeldt-Jakob) a été diagnostiqué en France.

Graine de violence à la maternelle

Haut-Rhin, samedi 23
La publication, vendredi 15 octobre, d'un rapport de l'Éducation nationale sur la violence scolaire avait bien mis en lumière une forte augmentation du phénomène : + 12 % en un an dans les collèges et lycées publics, soit un total de 81 000 faits, constitués à 29,2 % par des violences physiques dont les élèves sont les premières victimes (60 %). Il apparaissait aussi que 70 % des faits se déroulaient dans les collèges et non pas dans les lycées. Mais ce qui s'est passé hier dans la cour de l'école maternelle d'Altkirch dépasse l'entendement. Une fillette de trois ans a été rouée de coups par trois de ses camarades âgés de cinq ans, malgré la présence de la directrice et de plusieurs instituteurs qui n'ont rien vu. Son état était tel (ecchymoses au visage, griffures profondes, morsure à la main) qu'elle a été évacuée par le Samu. Ses parents portent plainte.

L'équipe Barroso chute sur Buttiglione

Ancien ministre des Affaires européennes de Berlusconi, Rocco Buttiglione est aussi un exégète reconnu de la pensée du pape.

Strasbourg, mercredi 27
Du jamais vu ! Alors que les députés européens s'apprêtaient à voter pour ou contre l'investiture des 25 membres de la Commission européenne, José Manuel Durão Barroso, son président, craignant que son équipe ne soit rejetée, en a annoncé le retrait. La Commission Prodi, dont le mandat arrivait à terme le 1er novembre, assurera l'intérim un mois de plus. Il y avait en effet de fortes chances pour que le Parlement refuse sa confiance à au moins un homme : l'Italien Rocco Buttiglione, candidat au poste de commissaire en charge de la Justice, de la Liberté et de la Sécurité, et au centre d'une très vive polémique pour des propos jugés réactionnaires. Ce catholique de 56 ans, proche du pape Jean-Paul II, avait fait scandale en déclarant que la famille existe d'abord « pour permettre à la femme d'avoir des enfants et d'être protégée par son mari » et en jugeant que l'homosexualité est « un péché ».

Vers moins de grèves à la SNCF ?

Paris, jeudi 28
En 2003, 750 préavis de grève ont été déposés à la SNCF ; 378 conflits sociaux ont effectivement eu lieu. Soumis à la menace d'une loi sur le service garanti ou service minimum, les syndicats ont préféré s'entendre avec la direction et signer un accord sur « l'amélioration du dialogue social et la prévention des conflits ». Même la CGT, représentant près de la moitié des salariés, l'a ratifié, seule Force ouvrière s'y opposant. La grève y est définie comme un « ultime recours ». Afin de l'éviter, un système de « veille », sur le modèle de ce qui a été mis en place depuis 1996 à la RATP, divisant le nombre de jours de grève par trois, est instauré. Si des tensions apparaissent, une dizaine de jours de concertation sont prévus pour trouver un terrain d'entente. En cas de grève, un délai de 24 heures doit permettre à la SNCF de s'organiser.

Pas français, le dernier film de Jeunet ?

Le tribunal administratif de Paris doit décider si ce film parlé en français, joué par des acteurs français et tourné par des techniciens français… est français !

France, mercredi 27
Jean-Pierre Jeunet renouvellera-t-il le succès historique du *Fabuleux Destin d'Amélie Poulain* ? Son nouveau film, *Un long dimanche de fiançailles*, sort aujourd'hui. Un drame de la Première Guerre mondiale où le public retrouve Audrey Tautou. Adapté d'un roman de Sébastien Japrisot, le film n'a pas coûté moins de 45 millions d'euros, ce qui en fait l'une des productions les plus chères de l'histoire du cinéma français. Mais *Un long dimanche de fiançailles* est-il un film français et, à ce titre, son producteur peut-il bénéficier de l'accès au compte de soutien réservé à la production nationale ? L'Association des producteurs indépendants (API) et le Syndicat des producteurs indépendants (SPI) le contestent, au motif que 2003 Productions, la société productrice du film, serait une émanation de la « major » américaine Warner.

Le 25, Pink TV, la première chaîne de télévision gay française, est lancée sur le câble et le satellite, précédée d'une campagne de pub détournant la poignée de main fraternelle entre François Mitterrand et Helmut Kohl à Douaumont en septembre 1984. Pink TV, présidée par Pascal Houzelot (actionnaire à 30 %) est codétenue par Canal +, TF1, M6, Lagardère, ainsi que François Pinault et Pierre Bergé. Elle vise 180 000 abonnés en 2007.

Londres, jeudi 21
Le ministre de la Défense annonce que 850 soldats britanniques vont être déployés en Irak dans la zone sous contrôle américain, à la demande des États-Unis.

Bagdad, jeudi 21
Le sergent américain Ivan Frederick est condamné par une cour martiale à huit ans de prison pour avoir commis des sévices sur des détenus à la prison d'Abou Ghraib.

Liban, vendredi 22
Omar Karamé est nommé Premier ministre en remplacement de Rafic Hariri, qui a démissionné mercredi.

Paris, vendredi 22
Jean-Pierre Raffarin signe le décret autorisant l'extradition de Cesare Battisti.

Moscou, vendredi 22
La Douma (le Parlement) ratifie le protocole de Kyoto.

Japon, samedi 23
Un séisme de magnitude 6,8 fait 31 morts dans le nord de l'archipel.

Tunisie, dimanche 24
Le président Zine el-Abidine Ben Ali est réélu chef de l'État avec 94,48 % des voix.

Cuba, lundi 25
Fidel Castro annonce la fin des transactions en dollars dans l'île à partir du 8 novembre, remplacés par des pesos convertibles.

Égypte, lundi 25
Cinq Égyptiens, soupçonnés d'avoir participé aux attentats de Taba, sont arrêtés. Deux autres suspects sont encore recherchés.

L'*Homo floresiensis* est notre cousin !

*Un crâne d'*Homo floresiensis *(à gauche) comparé à un crâne humain moderne. L'« homme de Flores » fabriquait et utilisait des outils, et faisait cuire ses aliments.*

Londres, jeudi 28
La revue britannique *Nature* publie la plus grande découverte qu'ait connue la paléoanthropologie depuis des lustres. Des chercheurs indonésiens et australiens ont en effet mis au jour dans l'île de Flores (Indonésie), l'an dernier, les restes de sept individus appartenant à un rameau humain inconnu, qu'ils ont appelé *Homo floresiensis*. Ces êtres de petite taille (pas plus d'1 m) et dotés d'une boîte crânienne d'une capacité de 380 cm^3 environ (contre 1 300 cm^3 chez l'*Homo sapiens*), vivaient encore sur l'île il y a 12 000 ans et y côtoyaient donc leurs « cousins » *Homo sapiens*, lesquels pourraient les avoir éliminés. L'*Homo floresiensis* semble descendre d'un *Homo erectus* présent dans l'Asie du Sud-Est il y a 1,7 million d'années, mais dont l'existence à Flores est une surprise : il n'a pu y venir qu'en bateau, moyen que l'on croyait jusqu'ici être l'apanage de l'*Homo sapiens* !

Zoom sur

LES AIDES AU CINÉMA

La relative prospérité du cinéma français (en termes de nombre de films produits) repose sur un système d'aides créé en 1948. Il s'agit du compte de soutien, alimenté par des taxes prélevées sur le prix des tickets d'entrée dans les salles et sur le chiffre d'affaires des diffuseurs. Reversé automatiquement aux producteurs des films français (exclusivement) au prorata des entrées de ces films, il doit être obligatoirement réinvesti par les bénéficiaires dans des productions françaises. Par ailleurs, le compte de soutien est utilisé pour financer les avances sur recettes données à des films sélectionnés sur scénario par une commission *ad hoc* nommée par le ministre de la Culture.

Snecma et Sagem vont se marier

Paris, vendredi 29
Le motoriste public Snecma avait de plus en plus besoin d'électronique, le groupe électronique privé Sagem, lui, visait le marché des moteurs d'avion. La logique voulait donc un rapprochement des deux, rendu possible depuis l'ouverture du capital de la Snecma. Leur fusion, qui a été annoncée aujourd'hui, aboutira à la constitution d'un groupe dont le nom n'a pas été encore fixé et qui comportera 55 000 salariés. Cette opération a plusieurs conséquences. D'abord, elle privatise de fait la Snecma, car l'État ne détiendra que 35,9 % du capital dans la nouvelle société (contre 62 % dans la Snecma). Ensuite, elle met fin aux spéculations sur une éventuelle fusion de la Snecma et de Thales. À la tête du groupe : Jean-Paul Béchat (Snecma) et Mario Colaiacovo (Sagem).

Yasser Arafat est hospitalisé en France

Clamart, vendredi 29
Yasser Arafat va mal. Le président de l'Autorité palestinienne est arrivé en début d'après-midi à l'hôpital militaire Percy de Clamart (Hauts-de-Seine), où il a été admis au service d'hématologie du professeur Thierry de Revel. Son état de santé s'était dégradé et Jacques Chirac, hier, avait donné son feu vert pour son transfert en France. Emmené ce matin par hélicoptère sur une base aérienne jordanienne, il fut alors pris en charge par un Falcon de l'armée de l'air française. Ses médecins égyptiens et jordaniens évoquent un problème sanguin, provoqué par « une infection d'origine virale, un empoisonnement sanguin ou un cancer ». Les examens médicaux ont commencé à Percy dès son hospitalisation. Ariel Sharon s'est engagé auprès du président égyptien, Hosni Moubarak, à le laisser revenir à Ramallah après son traitement.

Yasser Arafat quitte la Mouqata'a dans un hélicoptère de l'armée jordanienne.

100 000 civils ont été tués en Irak

Irak, vendredi 29
Sur son site Internet, la prestigieuse et très sérieuse revue médicale britannique *The Lancet* publie une étude d'après laquelle il y a eu en Irak, dans les dix-sept mois qui ont suivi l'invasion du pays, 100 000 morts civils de plus que dans les quatorze mois qui l'ont précédée. L'étude, menée par des chercheurs de la Johns Hopkins Bloomberg School of Public Health de Baltimore (États-Unis) et par des médecins irakiens, a porté sur 33 échantillons représentatifs de la population. Selon cette étude, cet excédent de mortalité est principalement dû aux opérations militaires et affecte majoritairement les femmes et les enfants. Les deux tiers des victimes décédées de mort violente résidaient à Fallouja. L'étude met notamment en cause les attaques aériennes.

Vienne, lundi 25
L'AIEA confirme la disparition, à Al-Qaqaa en Irak, de 342 tonnes d'explosifs, qui étaient sous la garde de l'armée américaine.

Jérusalem, mardi 26
Le Parlement israélien adopte le plan de retrait de la bande de Gaza.

Kaboul, jeudi 28
Trois employés de l'ONU sont enlevés par l'Armée des musulmans, qui serait dirigée par des talibans.

Côte d'Ivoire, jeudi 28
Les ex-rebelles décrètent l'alerte maximale dans le nord du pays : ils soupçonnent le président Gbagbo de préparer une offensive.

Phnom Penh, vendredi 29
Norodom Sihamoni est intronisé roi du Cambodge.

Rome, vendredi 29
Signature du traité instituant une Constitution pour l'UE.

Japon, dimanche 31
Après la découverte, hier à Bagdad, du corps décapité d'un otage japonais de 24 ans, Shosei Koda, ses parents présentent leurs excuses pour « l'irresponsabilité » de leur fils et reconnaissent l'avoir « mal élevé ».

Uruguay, dimanche 31
Tabaré Vazquez devient le premier président de gauche du pays.

DÉCÈS

Paris, mercredi 27
Pierre Béarn, poète (*15.6.1902).

Londres, vendredi 29
La princesse Alice, tante d'Élisabeth II (*25.12.1901).

Comment est élu un président

L'élection du Président des États-Unis focalise toujours l'attention du public international. Par ses enjeux politiques, bien sûr, mais aussi par son folklore et, parfois, par les scandales qu'elle suscite. Mais le système électoral américain est aussi l'un des plus compliqués du monde. Essayons d'y voir clair…

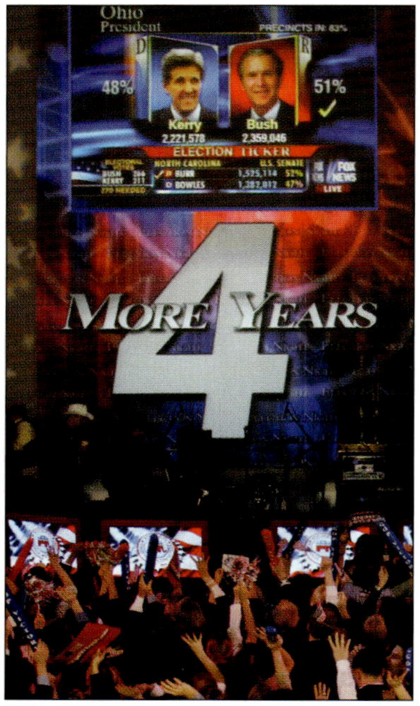

« Quatre ans de plus ! » Le mercredi 3 novembre 2004, les partisans de George W. Bush ont laissé exploser leur joie à l'annonce de la nette victoire du Président sortant. En 2000, son élection avait été très contestée.

Tous les quatre ans, l'élection présidentielle de la première puissance mondiale est au centre de l'attention internationale. Une attention encore accrue après l'incroyable imbroglio politico-juridique du scrutin de 2000, qui a révélé au grand jour les défaillances d'un système électoral vétuste. Longue et acharnée, la lutte pour la conquête de la Maison-Blanche oppose toujours les démocrates et les républicains, qui ne laissent aucune chance aux petits candidats. Longue et acharnée, la lutte l'est aussi, auparavant, au sein même de ces partis car, après des mois de campagne interne, un seul prétendant sera choisi à l'issue des primaires et de la Convention nationale.

LES PRIMAIRES

La présidence des États-Unis suscitant bien des vocations, chaque parti organise, entre les mois de février et de juin de l'année de l'élection, des primaires pour départager ses candidats potentiels. Les modalités varient d'un État à l'autre. Les *caucuses* – de l'indien *kawkaw-was*, parler – sont en vigueur dans dix États : les militants exerçant une activité à l'échelon d'un bureau de vote organisent d'abord des réunions – que d'aucuns comparent aux anciens soviets ! – pour choisir un candidat et désigner leurs délégués au niveau du comté ; ceux-ci éliront à leur tour des représentants pour la Convention du parti dans l'État, lors de laquelle sera composée, de la même façon, la délégation envoyée à la Convention nationale. Les autres États ont recours aux élections primaires proprement dites, aux variantes innombrables. Pour simplifier, les primaires *fermées*, les plus courantes, sont accessibles aux seuls membres du parti ; celles dites *ouvertes* offrent quant à elles la possibilité aux adhérents d'un parti de voter dans la primaire du parti adverse – et rien ne les empêche de choisir le candidat qui leur paraît avoir le moins de chances de l'emporter à la présidentielle…

Les résultats permettent de composer les délégations envoyées à la Convention nationale. Généralement, les républicains appliquent la règle du *winner takes all* (le vainqueur remporte tout) : tous les délégués devront voter pour le seul candidat arrivé en tête de la primaire. Les démocrates ayant adopté le panachage, le nombre de délégués pour chaque candidat est proportionnel au score obtenu par celui-ci.

LA CONVENTION NATIONALE

L'été suivant, chaque parti organise sa Convention nationale, où les délégués de tous les États se réunissent pour désigner le poulain officiel. Ces grands rendez-vous étaient autrefois le lieu de débats et de votes interminables – c'est ainsi qu'en 1920, John Davis fut proclamé candidat du Parti démocrate après… 103 tours de scrutin ! De nos jours, point de suspense, les jeux sont faits à l'avance : le candidat officiel est toujours celui crédité du meilleur score sur l'ensemble des primaires. La Convention n'en reste pas moins une étape primordiale, en particulier depuis l'avènement des médias de masse. Car, dernier volet d'une longue précampagne interne, elle est surtout le premier acte de la véritable campagne. Soigneusement organisée, la Convention est un spectacle à gros budget destiné à imposer l'image d'un candidat conquérant, soutenu par un parti fort et uni. C'est donc dans une ambiance de liesse, au milieu des ballons et des confettis, que les délégués prononcent des discours enflammés à la gloire de leur favori ; puis vient l'heure du vote – pour la forme, donc – des délégations et le nom du vainqueur est proclamé sous les vivats de l'assemblée.

Souvent, c'est lors de la Convention que l'heureux élu désigne le candidat à la vice-présidence. Le choix est stratégiquement important, car le colistier doit permettre d'élargir le cercle des électeurs potentiels. Il n'est donc pas rare que le candidat choisisse son plus sérieux rival aux primaires – George Bush père, par exemple, fut d'abord adversaire, puis vice-président de Ronald Reagan. Qu'à cela ne tienne, car si le président détient seul le pouvoir exécutif, le vice-président est aussi président du Sénat ; surtout, il remplace le Président en cas de démission – comme Gerald Ford, succédant à Richard Nixon en 1974 – ou de décès – tel Harry S. Truman en 1945 qui, après avoir succédé à F. D. Roosevelt, décidera de lancer deux bombes atomiques sur le Japon ; et si l'on ajoute qu'au total, treize des qua-rante Présidents des États-Unis ont d'abord été vice-président, on comprendra que le poste est bien plus qu'un pis-aller.

Bouquet final de la Convention, le candidat adresse à la nation un vibrant discours-programme destiné à charmer les électeurs… mais qui pourra aussi anéantir ses chances de victoire, comme lorsque le démocrate Walter Mondale crut bon, en 1984, d'annoncer son intention d'augmenter les impôts.

LA CAMPAGNE PRÉSIDENTIELLE

À partir du premier lundi de septembre, fête du Travail aux États-Unis, le candidat va tenter, au prix de voyages et de discours incessants, de gagner les États à sa cause. Le vote de certains d'entre eux étant joué à l'avance – le Texas, par exemple, vote toujours républicain et l'État de New York, démocrate –, la campagne est particulièrement acharnée dans ceux où la partie est serrée. Pour atteindre son but, le candidat, aidé d'une armée de stratèges, devra séduire les minorités ethniques, religieuses, etc., dont le poids électoral pourrait lui donner l'avantage. Les médias tiennent une place de plus en plus importante dans la campagne. Les fameux débats télévisés sont suivis par des millions de personnes. Des spots publicitaires sont martelés, qui peaufinent l'image du candidat ou cherchent à faire chuter son adversaire dans les sondages, omniprésents. Tous les coups sont permis, surtout les plus bas, dans cette bataille où des dizaines de millions de dollars sont englou-

américain

tis – l'élection de 2004 a battu à ce titre tous les records. Depuis les années 1970, le financement public a bien été introduit et des lois votées pour limiter le financement privé, mais les partis les contournent sans mal.

L'ÉLECTION PRÉSIDENTIELLE

Scrutin majoritaire à un tour, l'élection présidentielle se déroule le « mardi suivant le premier lundi de novembre » (!). Le simple bulletin de papier ayant presque disparu, les électeurs américains ont affaire, en fonction des bureaux de vote, à toute une armada de machines à voter, des plus archaïques appareils à levier aux plus modernes écrans tactiles, en passant par les machines à cartes perforées, tristement célèbres depuis le scrutin de 2000. Le Président des États-Unis est élu au suffrage universel indirect. En d'autres termes, l'électeur est invité à choisir un *ticket* – le couple Président et vice-président –, mais son vote n'est comptabilisé qu'au niveau de l'État et sert en réalité à élire les grands électeurs du parti du candidat choisi. Ceux-ci auront pour charge, dans un second temps, de voter pour leur champion.

Chaque parti dispose dans chaque État d'une liste de grands électeurs – en général des militants ainsi récompensés pour services rendus. Leur quota équivaut à la somme du nombre de sénateurs (soit deux par État) et de celui des représentants de l'État au Congrès, proportionnel au taux de population. Les écarts de « poids » entre les États sont donc énormes : certains, comme le Delaware ou l'Alaska, ne disposent que de trois grands électeurs ; à l'opposé, les États les plus peuplés, l'État de New York, le Texas et la Californie, en comptent, respectivement, 31, 34 et 55. Le nombre total des grands électeurs étant de 538, la majorité est donc fixée à 270 voix (soit 538/2 + 1).

Le décompte des voix se fait séparément dans chaque État. C'est encore une fois le système du *winner takes all* qui est appliqué, si bien que le candidat ayant obtenu la majorité, si infime soit son avance, est crédité de tous les grands électeurs. Une fois le dépouillement terminé partout, le calcul est simple : le candidat qui a empoché le plus de grands électeurs sur l'ensemble du territoire l'emporte.

En fait, le résultat doit être confirmé par le vote des grands électeurs, le deuxième mercredi de décembre. Mais aucune surprise n'est à prévoir : les cas de « trahison » de grands électeurs sont rares – neuf depuis 1920 ! – et sans incidence. Le 6 janvier, les votes sont dépouillés en grande pompe au cours d'une séance plénière du Congrès, et le président du Sénat proclame le nom du nouveau Président, dont l'investiture débute le 20 janvier suivant.

LES LIMITES DU SYSTÈME

Instauré à la fin du XVIIIe siècle par les pères fondateurs de la Constitution, qui préféraient confier l'élection du Président à un collège composé de « citoyens plus éclairés et vertueux », le processus électoral est depuis lors resté quasi inchangé. Et ses défaillances, du point de vue de la démocratie, sont flagrantes. La répartition des grands électeurs rend possible la victoire d'un candidat n'ayant pas remporté la majorité des États – comme Jimmy Carter, en 1976. Plus grave, le refus du panachage a déjà permis à dix Présidents de le devenir sans avoir obtenu la majorité absolue au suffrage universel – Bill Clinton, par exemple, pour ses deux mandats. Trois d'entre eux ont même été élus sans majorité relative. Ce fut notamment le cas de George W. Bush en 2000, avec en outre un taux d'abstention, toujours très élevé aux États-Unis, atteignant le chiffre record de 49,7 %.

Ces élections de 2000 semblent décidément stigmatiser tous les travers du système électoral. Sans même parler des doutes planant sur la décision de la Cour suprême d'arrêter le recomptage des voix en Floride, on estime que de 4 à 6 millions de votes n'ont pu être exprimés. Sont en cause le mauvais fonctionnement des machines à voter et les modalités d'inscription sur les listes électorales, mais aussi d'innombrables irrégularités : actes discriminatoires, personnes injustement rayées des listes électorales, urnes ouvertes… et même, dans le Missouri, le vote d'un chien !

Depuis ces élections calamiteuses, si aucune réforme du mode de scrutin n'a été sérieusement envisagée, des efforts ont été fournis. Après l'adoption par le Congrès, en 2002, de la loi *Help America Vote Act*, plusieurs États ont facilité les modalités d'inscription sur les listes électorales et modernisé le matériel de vote. Mais beaucoup reste à faire. En 2004, par exemple, pas moins de 32 millions d'électeurs ont encore utilisé les cartes perforées, tandis que l'efficacité, la sûreté et « l'impartialité » des machines électroniques n'ont pas été démontrées, loin s'en faut. Et s'il est censé être rassurant, le seul fait que les élections se soient déroulées sous la haute surveillance d'ONG opérant habituellement dans des pays à la démocratie balbutiante n'est pas des plus valorisants pour le système électoral des États-Unis.

Les bustes gigantesques des Présidents George Washington, Thomas Jefferson, Theodore Roosevelt et Abraham Lincoln, sculptés entre 1927 et 1941 dans la roche du mont Rushmore (Dakota du Sud). Ce monument à la gloire de la démocratie américaine a été popularisé par Alfred Hitchcock dans La Mort aux trousses.

Laurent Palet

Les ours bruns des Pyrénées perdent leur dernière femelle

Pyrénées-Atlantiques, lundi 1er
Cannelle était née en 1989. Elle était le dernier individu femelle des ours bruns des Pyrénées. Elle est morte d'un coup de fusil lors d'une battue au sanglier. Se sentant menacé, René Marqueze l'aurait tuée à moins de cinq mètres et en « état de nécessité ». C'était elle ou lui. Sauf que cette battue n'aurait jamais dû avoir lieu. Le président de la fédération départementale des chasseurs a reconnu que la présence d'un ours dans le secteur avait été signalée. Cannelle était accompagnée d'un ourson d'une dizaine de mois qui s'est enfui et serait un mâle. Il pourrait s'agir de Néré, né d'un père slovène. Il n'y aurait plus en effet dans les Pyrénées qu'une douzaine d'ours, tous issus de l'introduction, en 1996, de plantigrades slovènes. Le ministre de l'Écologie, Serge Lepeltier, a promis de trouver le moyen de sauver la race pyrénéenne après, ainsi que le dira mercredi Jacques Chirac, cette « grande perte pour la biodiversité ».

Pour avoir abattu Cannelle, René Marqueze sera mis en examen, le 7 décembre à Pau, pour « destruction d'espèce protégée » et placé sous contrôle judiciaire.

Émile Louis fait face à ses juges

Auxerre, mercredi 3
La plus jeune avait 15 ans, la plus âgée 26 ans. Des sept handicapées mentales légères disparues dans l'Yonne de 1975 à 1979, seuls les corps d'Élisabeth Weiss et de Madeleine Dejust ont été retrouvés, sur les indications d'Émile Louis. En décembre 2000, placé en garde à vue, il avait tout avoué, expliquant avoir été « habité par quelqu'un qui le poussait à faire du mal ». Depuis, il nie tout. Au premier jour de son procès devant la cour d'assises de l'Yonne, le chauffeur de car à la retraite continue à nier. Un procès dans le procès devrait aussi avoir lieu. Les magistrats ayant eu à traiter de ce dossier sont appelés à témoigner, afin que l'on comprenne pourquoi la justice a fait preuve d'autant de passivité face à ces disparitions, alors que, dès 1979, Émile Louis était déjà suspect. Un grave dysfonctionnement à éclaircir.

Assassinat du cinéaste Theo Van Gogh

Theo Van Gogh, né le 23 juillet 1957, était l'arrière-petit-neveu du peintre.

Amsterdam, mardi 2
Theo Van Gogh circulait à vélo dans les rues de la capitale hollandaise quand un individu l'a rattrapé. Il l'a d'abord blessé par balles, puis l'a poignardé au sol avant de l'égorger et de s'enfuir en laissant sur son cadavre un tract appelant à la guerre sainte. Le meurtrier, interpellé au cours d'une fusillade où un policier a été blessé, est un Néerlando-Marocain de 26 ans : Mohamed Bouyeri. Le cinéaste s'était attiré les foudres des islamistes par ses propos très critiques sur l'islam. Dans le film *Submission*, diffusé en août par VPRO, il avait dénoncé le sort réservé aux femmes par cette religion. Ce qui avait valu à la scénariste, Ayeen Hirsi Ali, députée libérale néerlandaise d'origine somalienne, d'être dotée d'une protection policière après avoir reçu des menaces de mort. Van Gogh, lui, n'en avait pas voulu. Son dernier film, *06/05*, sortira en 2005 : il traite de l'assassinat de son ami Pim Fortuyn en mai 2002…

Des infarctus sous anti-inflammatoire

Rockville (Maryland), mercredi 3
Selon un rapport de l'US Food and Drug Administration – agence chargée du contrôle des produits alimentaires et pharmaceutiques –, le Vioxx pourrait avoir causé 28 000 infarctus entre 1999 et 2003, dont une proportion inconnue a été mortelle. Cet anti-inflammatoire non stéroïdien de la famille des coxibs, utilisé notamment dans le traitement de l'arthrose, avait été retiré de la vente le 30 septembre, lorsque le laboratoire américain Merck, qui le fabrique, s'était aperçu de sa dangerosité. Commercialisé depuis 1999, le Vioxx assurait 11 % de son chiffre d'affaires et 20 % de ses bénéfices. En France, où il est prescrit depuis 2000, il était devenu le dixième médicament le plus remboursé. Lundi, le *Wall Street Journal* a révélé que Merck connaissait dès l'origine les risques liés à un usage intensif de son produit.

Jeudi 4 novembre, chez Sotheby's, à New York, ce tableau d'Amedeo Modigliani, *Jeanne Hébuterne*, exécuté en 1919, est adjugé à un prix record de 31 368 000 dollars.

Chine, lundi 1er
La loi martiale est décrétée dans la province du Henan, après que des affrontements entre des Han et des musulmans de la minorité Hui ont fait plusieurs morts.

Bagdad, lundi 1er
Le vice-gouverneur de la ville, Hassan Kamel Abdel Fattah, est assassiné.

Tel-Aviv, lundi 1er
Un attentat-suicide fait 3 morts et 35 blessés sur le marché du Carmel.

Kirkouk, mardi 2
Le sabotage d'oléoducs contraint l'Irak à stopper ses exportations de pétrole vers la Turquie.

Afghanistan, mardi 2
Hamid Karzaï est proclamé élu à la présidence avec 55,4 % des voix.

Hanovre, mercredi 3
Volkswagen accorde des garanties d'emploi jusqu'en 2011 contre le gel des salaires durant 28 mois pour 103 000 de ses 176 000 salariés. Le groupe espère ainsi réduire sa masse salariale de 30 % en sept ans.

Irak, mercredi 3
La Hongrie annonce le retrait de ses 300 hommes d'ici à mars 2005.

Camp Zana (Japon), mercredi 3
Le sergent américain Charles Robert Jekins, qui avait déserté en Corée du Nord en 1965, est exclu de l'armée américaine et condamné à 30 jours d'arrêts de rigueur.

Bagdad, jeudi 4
Trois soldats britanniques sont tués au sud de la capitale (73 morts britanniques depuis mars 2003).

L'Amérique garde Bush

À Washington, le Président Bush fête sa réélection avec son épouse, Laura Bush.

États-Unis, mercredi 3
Le scénario de 2000, qui avait permis à George W. Bush d'être élu dans des conditions controversées, ne s'est pas reproduit. Dès aujourd'hui, son rival démocrate John Kerry, très « sport », a reconnu sa défaite. C'est en effet avec environ trois millions de voix d'avance que le Président des États-Unis a été réélu hier. Pourtant, lundi encore, le site Internet electoral-vote.com avait publié un sondage donnant Kerry très largement gagnant. Que s'est-il passé? La poussée du taux de participation (par rapport à 2000) a été à l'évidence favorable à Bush, qui a pu faire ainsi la différence dans des États clés tels que l'Ohio et la Floride. Et la cote dont le candidat démocrate jouissait dans les médias, un peu trop voyante, l'aura en définitive sans doute desservi. Malgré de nombreuses irrégularités constatées dans certains États, l'écart creusé par Bush est sans appel. Il prêtera serment le 20 janvier 2005 à Washington.

Percée sandiniste au Nicaragua

Nicaragua, dimanche 7
Écartés du pouvoir en 1990 après que leur leader Daniel Ortega eut été battu par Violeta Chamorro à l'élection présidentielle, les anciens guérilleros du FSLN (Front sandiniste de libération nationale) sont revenus sur le devant de la scène au Nicaragua. Il est vrai que ce pays, le plus pauvre de l'Amérique latine après Haïti, n'a pas été gâté par ses deux derniers présidents: Arnoldo Aléman (1997-2001) purge une peine de 20 ans de prison pour corruption, et son successeur, Enrique Bolaños, est menacé de destitution pour détournement de fonds publics! Résultat, les deux grands partis de droite rivaux, soit le PLC (Parti libéral constitutionnaliste) d'Aléman et l'APRE (Alliance pour la République) de Bolaños, sont étrillés par les sandinistes aux élections municipales: le FSLN l'emporte dans 84 communes (sur 152) et conserve la capitale Managua, conquise en 2000.

Zoom sur

LA MACÉDOINE

Cet ancien royaume d'Alexandre le Grand fut slavisé au VIe siècle, puis soumis à l'Empire ottoman de 1371 à 1912, date à laquelle il fut libéré par la Serbie, la Grèce, la Bulgarie et le Monténégro. Son partage entraîna une guerre entre les différents États balkaniques, dont la Bulgarie sortit perdante, en 1913. En 1945, la partie serbe devint l'une des républiques de la Yougoslavie et, en 1991, elle fit sécession et devint indépendante, prenant le nom de République de Macédoine et adoptant sur son drapeau l'emblème d'Alexandre le Grand. La Grèce s'opposant et au nom et au drapeau, le nouvel État fut admis à l'ONU, en 1993, comme « Ancienne République yougoslave de Macédoine », et il modifia son drapeau en 1995.

Neuf soldats français sont tombés en Côte d'Ivoire

Côte d'Ivoire, samedi 6
Depuis l'attentat de Beyrouth qui, en 1983, causa la mort de 58 hommes du 1er régiment de chasseurs parachutistes (RCP), jamais l'armée française n'avait été aussi cruellement éprouvée. C'était le début de l'après-midi lorsque deux avions d'attaque des Fanci (les Forces armées nationales de Côte d'Ivoire), des Sukhoi Su-25 probablement pilotés par des Biélorusses et guidés par un drône Aerostar livré par Israël, ont fait deux passes au-dessus d'une position française à Bouaké, puis une troisième au cours de laquelle le deuxième avion a largué une bombe de 250 kg et tiré une rafale d'obus de 30 mm. Le bilan est très lourd: neuf militaires français tués, 38 autres blessés, plus un civil Américain tué également. Les victimes appartenaient au régiment d'infanterie de chars de marine (RICM, 5 morts), au 2e régiment d'infanterie de marine (RIMa, 3 morts) et au 515e régiment du train (RT, 1 mort). Cette attaque fait suite à l'offensive engagée depuis jeudi par les Fanci contre les Forces nouvelles du nord du pays, accusées de ne pas avoir désarmé comme elles s'y étaient engagées. La question reste de savoir pourquoi elles ont provoqué un incident si grave. Laurent Gbagbo cherche-t-il à pousser la France à se désengager de la Côte d'Ivoire? Il est certain que son entourage l'influence dans ce sens, notamment son épouse Simone, que « conseille » une puissante secte protestante proche de la Maison-Blanche, la Foursquare Gospel. En tout cas, Jacques Chirac a aussitôt donné l'ordre de détruire les moyens aériens des Fanci. Ce qui a été fait.

L'un des deux Su-25 piquant sur la position française de Bouaké. Cette image provient d'une vidéo enregistrée par un opérateur d'une chaîne de télévision locale.

Paris, jeudi 4
Médecins sans frontières annonce mettre fin à ses activités en Irak en raison de l'insécurité qui y règne.

Moscou, jeudi 4
Vladimir Poutine signe la loi ratifiant le protocole de Kyoto.

Washington, jeudi 4
Les États-Unis reconnaissent l'Ancienne République yougoslave de Macédoine sous le nom de République de Macédoine.

Bobigny, vendredi 5
Trois élèves sikhs sont exclus du lycée Louise-Michel en application de la loi sur la laïcité.

Allemagne, vendredi 5
Le gouvernement renonce à supprimer le jour férié du 3 octobre, date de la réunification.

Amsterdam, vendredi 5
Sept individus liés à l'islam radical sont inculpés pour « conspiration terroriste » dans l'enquête sur l'assassinat de Theo Van Gogh.

Meurthe-et-Moselle, dimanche 7
Sébastien Brait, militant écologiste de 21 ans, meurt percuté par le train de déchets nucléaires dont il voulait empêcher le passage. Il s'était enchaîné sur la voie près d'Avricourt.

Les Sables-d'Olonne, dimanche 7
Départ du 5e Vendée Globe, tour du monde en solitaire et sans escale.

DÉCÈS

Paris, lundi 1er
ADG, auteur de romans policiers (*Alain Fournier, 19.12.1947).

Le 10, dans la cour d'honneur des Invalides, à Paris, la France rend hommage, en présence de Jacques Chirac, à ses neuf soldats tombés en Côte d'Ivoire : l'adjudant-chef Thierry Barathieu, l'adjudant-chef Philippe Capdeville, le sergent-chef Francis Delon, le sergent Laurent Derambure, le caporal-chef Patelise Falevalu, le brigadier-chef Franck Duval, le caporal Benoît Marzais, le caporal Emmanuel Tilloy et le marsouin de 1re classe David Decuypère.

Le Vlaams Blok est jugé raciste

Bruxelles, mardi 9
Le 13 juin, fort du succès du Vlaams Blok aux élections régionales, Franck Vanhecke, son président, s'était félicité que le parti nationaliste flamand ait été « acquitté par l'électeur ». Le 21 avril, la cour d'appel de Gand avait en effet condamné trois associations proches du Blok à des amendes pour infraction à la loi de 1981 sur le racisme. La Cour de cassation confirme cet arrêt. Selon elle, en prônant la « discrimination », à savoir une différence de traitement entre Flamands et immigrés, il se rend lui-même coupable, fût-ce par le biais d'associations satellites, d'« incitation permanente à la ségrégation et au racisme ». Ce qui va priver le parti créé en 1979 par Karel Dillen de financement public. Et le contraindre à se dissoudre. S'y étant préparé, il deviendra dimanche Vlaams Belang (« Intérêt flamand »).

1929-2004

■ **24 août 1929**
Naissance au Caire (Égypte) de Yasser Arafat, de son vrai nom Mohamed Abdel Raouf Arafat al-Qudwa al-Husseini. Date la plus probable, celle du 4 août à Jérusalem étant contestée.
■ **1952-1956**
Au Caire, président de l'Union des étudiants palestiniens.
■ **1959**
Il fonde le Fatah au Koweit.
■ **3 février 1969**
Au Caire, il est nommé président du comité exécutif de l'Organisation de libération de la Palestine (OLP).
■ **Septembre 1970**
Il se réfugie au Liban après le massacre des réfugiés palestiniens par l'armée jordanienne.
■ **13 novembre 1974**
Reconnu implicitement comme le représentant légitime du peuple palestinien, il prononce un discours à l'Assemblée générale de l'ONU, réunie à Genève.
■ **Août 1982**
Assiégée par l'armée israélienne dans Beyrouth, l'OLP est évacuée par la marine française. Yasser Arafat s'installe à Tunis.
■ **12 décembre 1988**
Il proclame à Alger l'indépendance de « l'État de Palestine ».
■ **13 septembre 1993**
Lors de la signature à Washington des accords dits d'Oslo entre Israël et l'OLP, Yasser Arafat et le Premier ministre israélien Yitzhak Rabin se serrent la main.
■ **14 octobre 1994**
Prix Nobel de la paix.
■ **20 janvier 1996**
Yasser Arafat est élu président de l'Autorité palestinienne.
■ **11 novembre 2004**
Décès à Clamart (France).

L'exode des résidents français commence en Côte d'Ivoire

Abidjan, jeudi 11
Ce sont plus de 1 500 Français qui ont fui hier et aujourd'hui la Côte d'Ivoire, imités par des centaines d'autres Européens. La situation a dégénéré samedi à Abidjan, après la destruction par les Français des deux Sukhoi ivoiriens, à l'aéroport de Yamoussoukro, et de cinq hélicoptères. Fanatisée par les médias à la dévotion du pouvoir, une foule de « patriotes » se lançait à la chasse aux Blancs, pillant, incendiant, molestant et parfois même violant. Les troubles ont atteint leur apogée le 9, quand les soldats français ont dû faire usage de leurs armes devant l'Hôtel Ivoire : les autorités ivoiriennes parlent de plus de 50 tués, les Français sont réservés. Ce même mardi, 1 500 Européens ont trouvé refuge au camp du 43e bataillon d'infanterie de marine (BIMa), tandis que près de 700 soldats arrivaient en renfort. Pour quelque 12 000 résidents français, une époque a pris fin.

L'Hôtel Ivoire protégé par un char français, mardi. Mamadou Koulibaly, le président de l'Assemblée nationale, a promis un « bourbier » pire que le Vietnam aux Français.

Bogotá, lundi 8
Le président colombien Alvaro Uribe signe le décret d'extradition vers les États-Unis du « baron de la cocaïne », Gilberto Rodriguez Orejuela, chef du cartel de Cali.

Washington, lundi 8
Le juge fédéral James Robertson suspend l'audition, par une commission militaire installée sur la base de Guantanamo, de Salim Ahmed Hamdan. Le juge estime qu'il faut d'abord déterminer si le Yéménite capturé en Afghanistan, ancien chauffeur d'Oussama ben Laden, est ou non un prisonnier de guerre, auquel cas il relèverait des conventions de Genève. Sur les 550 prisonniers de Guantanamo, 60 ont déposé des recours devant la justice fédérale américaine.

France, mardi 9
Le gouvernement autorise à titre expérimental le traitement chimique de 48 délinquants sexuels récidivistes. Ces anciens détenus soumis à une obligation de soin sont tous des volontaires.

Paris, mardi 9
Le mathématicien Alain Connes reçoit la Médaille d'or du CNRS.

Yasser Arafat est mort cette nuit à l'hôpital Percy

Villacoublay, jeudi 11
À 17 h 30, l'avion décolle de la base de Villacoublay, chargé du cercueil de Yasser Arafat, à destination du Caire. Quelques minutes avant, les honneurs militaires lui ont été rendus par une compagnie de la garde républicaine, en présence de Jean-Pierre Raffarin et aux sons de la *Marche funèbre* de Chopin. Ce matin, Jacques Chirac s'est incliné pendant 25 minutes devant la dépouille du président de l'Autorité palestinienne, décédé à 3 h 30, cette nuit, à l'hôpital Percy de Clamart. La lente agonie du vieux chef palestinien a commencé le jeudi 4, lorsqu'il est tombé dans un « coma très profond de stade IV », selon le communiqué des médecins de Percy. En fait, Yasser Arafat était en état de mort cérébrale et, le même jour, à 17 h 25, les chaînes de télévision israéliennes annonçaient prématurément sa disparition… Le président de la République venait de lui rendre visite. Les médecins ont-ils prolongé artificiellement la vie de celui qui se faisait également appeler Abou Ammar ? La question a été posée, et il est certain que ce « répit » aura permis aux Palestiniens de tenter de régler le délicat problème de sa succession. Un problème qui touche aux relations des plus difficiles entre, d'une part Souha Arafat (née Souha Tawil), une Palestinienne chrétienne que le président de l'Autorité palestinienne avait épousée en secret en 1991, et, d'autre part, le Premier ministre palestinien, Mahmoud Abbas, et le numéro 2 de l'OLP, Ahmed Qoreï. Il se trouve que, par souci de sécurité et pour garder le contrôle des finances de l'Autorité palestinienne, Yasser Arafat avait mis une partie du budget de l'Autorité sur des comptes personnels, auxquels sa veuve aura automatiquement accès… C'est de toute évidence pour essayer de trouver un « arrangement » avec elle que les deux hommes sont venus lundi 8 à Paris, accompagnés du chef de la diplomatie palestinienne, Nahil Chaath, et du président de l'Assemblée, Rawhi Fattouh. Seul, le lendemain, Ahmed Qoreï s'est rendu au chevet d'Arafat, malgré l'hostilité de Souha qui, la veille, sur Al-Jezira, l'avait accusé, lui et les autres dignitaires palestiniens, de vouloir « l'enterrer vivant » ! Enfin, hier, c'était l'un des hommes les plus proches du mourant, l'imam Tayssir al-Tamini, chef des tribunaux religieux de Palestine, qui arrivait à son tour à l'hôpital Percy. Ces va-et-vient ont trouvé aujourd'hui leur conclusion politique, sinon financière : la présidence de l'Autorité sera assurée par intérim par Rawhi Fattouh, celle de l'OLP revenant à Mahmoud Abbas. Reste la grande interrogation : de quoi est mort Yasser Arafat ? Sa veuve ayant imposé le secret médical, comme elle était en droit de le faire, on ne peut que rappeler que, dès le mardi 2, les médecins avaient exclu la leucémie en dépit d'une numération sanguine anormale, et qu'avant-hier, ils avaient écarté l'hypothèse du cancer.

Toutes les nuits, depuis l'hospitalisation de leur chef, Palestiniens et sympathisants ont veillé en prières devant l'hôpital militaire Percy, à Clamart (Hauts-de-Seine).

Le cercueil d'Arafat embarqué sur un Airbus A319 de l'escadron de transport.

La ferveur de la foule palestinienne au retour des cendres

Le peuple attendait en masse l'arrivée du cercueil sur l'esplanade de la Mouqata'a. Les Israéliens s'étaient opposés à ce que Yasser Arafat soit inhumé à Jérusalem.

Ramallah, vendredi 12
Les obsèques officielles du président de l'Autorité palestinienne ont été très discrètes, ce matin, dans l'enceinte de l'aéroport du Caire : les représentants d'une cinquantaine d'États entouraient Souha Arafat et sa fille Zahoua, dont le ministre français des Affaires étrangères, Michel Barnier. Le public n'était pas admis, ainsi qu'en avait décidé le président égyptien Hosni Moubarak. En revanche, ce fut le délire à Ramallah quand, dans l'après-midi, l'hélicoptère égyptien transportant le cercueil s'est posé à la Mouqata'a. Des dizaines de milliers de Palestiniens de Cisjordanie (ceux de Gaza avaient été « bouclés » par Israël) se sont rués sur le cortège, pour saluer une dernière fois leur raïs. C'est à grand-peine que le cercueil a été acheminé dans l'enclos où il a été mis en terre à côté de trois pins.

À la tribune de l'ONU, le 13 novembre 1974, il avait lancé aux Israéliens un appel à l'union des « gens du Livre ».

Zoom sur

L'AIEA

Créée le 29 juillet 1957 selon des statuts approuvés le 23 octobre 1956, l'Agence internationale de l'énergie atomique (AIEA) travaille « sous l'égide de l'ONU » à l'utilisation pacifique de l'énergie nucléaire et veille à ce que les aides qu'elle fournit dans ce but ne soient pas employées à des fins militaires. Son siège est à Vienne, en Autriche. Actuellement dirigée par un Égyptien, Mohamed el-Baradei, elle fait chaque année un rapport devant l'Assemblée générale de l'ONU. L'AIEA est notamment chargée de contrôler l'application du Traité de non-prolifération des armes nucléaires (TNP), signé le 1er juillet 1969 et entré en vigueur le 5 mars 1970.

Le chauffeur syrien des otages français est retrouvé vivant

Fallouja, vendredi 12
Mohammed al-Joundi est libre. Il a été retrouvé dans une maison de Fallouja par l'armée américaine. Il était seul. Ed Bitanga, capitaine des marines, en a fait l'annonce à l'Associated Press. À croire ce qu'il racontera fin novembre à la presse française, il a été libéré sur une rive de l'Euphrate par ce qui restait du groupe de ses geôliers alors qu'ils cherchaient à échapper au quadrillage américain, puis s'est terré en attendant d'être découvert par les soldats. Il est sans nouvelle des journalistes français avec lesquels il a été enlevé, ayant été séparé d'eux le 3 septembre, à la veille d'une offensive américaine sur Latifiya où ils étaient alors détenus. Ce jour-là, les deux hommes ont été emmenés vers une destination inconnue. La France a demandé aux États-Unis de pouvoir l'interroger au plus vite, sans obtenir pour l'heure de réponse. Les services américains veulent l'interroger.

Avant d'être conduit à l'hôpital, Mohammed al-Joundi montre aux photographes convoqués par l'armée américaine les traces des menottes qui entravaient ses mains.

Les Français de Côte d'Ivoire débarquent en masse à Roissy

Outre des cellules médicales et de soutien psychologique, le terminal 3 offre aux rapatriés de Côte d'Ivoire la possibilité de recourir aux services administratifs de la préfecture de Seine-Saint-Denis, qui a établi une antenne spéciale à cet effet.

Roissy, vendredi 12
Huit cents aujourd'hui, 2 700 en trois jours, le nombre des rapatriés de Côte d'Ivoire ne cesse de grossir. Accueillis au terminal 3 de l'aéroport Charles-de-Gaulle, ils ont du mal à dissimuler la peur qui les étreint encore. Ce qu'ils ont vu, ce qu'ils ont subi, fait froid dans le dos. Le parquet de Bobigny a installé une cellule spéciale pour enregistrer les plaintes, dont trois pour viol. Mais les femmes victimes des « jeunes patriotes » n'ont pas toutes le courage de parler. Selon des militaires français, plusieurs dizaines d'Européennes auraient en fait été violées. Beaucoup de ceux qui ont pu fuir Abidjan n'ont même pas eu le choix entre la valise et le cercueil. Sans argent, sans papier, certains n'ont que leur chemise, au sens propre du terme, et aucun point de chute en France. Ils sont pris en charge par la Croix-Rouge et, pour affronter l'avenir, reçoivent de l'État une aide de… 150 euros.

Intrusion chinoise en mer japonaise

Pékin, vendredi 12
Prudemment, les autorités chinoises se sont bornées aujourd'hui à déclarer qu'elles examinaient la situation, mais qu'elles attendaient le rapport complet du sous-marin. Mercredi, en effet, un sous-marin nucléaire d'attaque chinois de la classe Han a croisé dans les eaux territoriales japonaises pendant deux heures, à 400 km au sud-ouest de l'île d'Okinawa. Repéré par un Lockheed P-3C Orion de lutte anti-sous-marine et pris en chasse par deux bâtiments de haute mer, le sous-marin chinois a été contraint de faire surface avant de regagner les eaux internationales. L'intervention énergique de la marine japonaise traduit la tension qui règne actuellement entre Tokyo et Pékin, à propos notamment de l'exploitation du gaz naturel dans cette zone maritime aux frontières controversées.

Paris, mardi 9
Jean-Pierre Raffarin décide que le lundi de Pentecôte sera travaillé dès 2005 dans tous les établissements scolaires, sauf « exception culturelle locale » comme la feria de Nîmes.

Paris, mardi 9
Le gouvernement abandonne le projet de TGV pendulaire pour relier Paris, Limoges et Toulouse.

Noyelles-Godault, mardi 9
Début du démantèlement du site de Metaleurop Nord. Les travaux doivent durer dix-huit mois.

Monde, mardi 9
Mozilla s'attaque au monopole de Microsoft et lance un logiciel libre, Firebox, pour surfer sur Internet.

Sarajevo, mercredi 10
Les autorités serbes de Bosnie présentent leurs excuses aux proches des 8 000 civils musulmans massacrés à Srebrenica en 1995.

Strasbourg, mercredi 10
La Cour européenne des droits de l'homme demande à l'Italie de modifier sa législation afin que les personnes condamnées par contumace puissent être rejugées si elles viennent à être arrêtées.

France, mercredi 10
SFR lance son offre 3G proposant télé, vidéo et visiophonie.

Washington, mercredi 10
George W. Bush désigne Alberto Gonzales pour succéder à John Aschcroft comme secrétaire d'État à la Justice le 20 janvier 2005.

Vilnius, jeudi 11
La Lituanie est le premier pays de

La Creuse défend les services publics

Guéret, samedi 13
Mille cinq cents personnes manifestant dans la préfecture de la Creuse, voilà un événement rare. Il s'explique par une crainte : celle de voir des services publics disparaître. Par souci de rentabilité, des fermetures de bureaux postaux sont par exemple envisagées, comme à Gentioux-Pigerolles. Dans le cortège, où François Hollande et Dominique Strauss-Kahn avaient pris place, représentant le Parti socialiste, se trouvaient la plupart des 263 élus du département (28 maires, 234 conseillers municipaux ainsi qu'un conseiller général) de toutes tendances politiques qui, le 23 octobre, ont remis leur démission pour protester contre la fermeture annoncée de cinq perceptions. Au-delà de ce cas particulier, l'inquiétude est vive en France autour de projets visant à privatiser ou à sous-traiter des missions de service public.

Mahmoud Abbas échappe à la fusillade

Mahmoud Abbas (également connu sous son nom de guerre d'Abou Mazen) est mis à l'abri par ses gardes du corps.

Gaza, dimanche 14
Les coups de feu ont éclaté à 17 h 30 dans la tente de deuil dressée à Gaza en l'honneur de Yasser Arafat, tirés par des hommes entrés en force et criant leur hostilité à Mahmoud Abbas, qui recevait les notables de la région. Il ne semble pas que le nouveau numéro 1 de l'OLP ait été réellement visé. Il ne s'agissait, sans doute, que d'une manifestation des tensions intestines dont la Palestine est le théâtre, tensions que l'émotion provoquée par le décès de son chef historique a exacerbées. Deux policiers ont été tués dans la fusillade. Le président par intérim de l'Autorité palestinienne, Rawhi Fattouh, venait d'annoncer, quelques heures plus tôt, que l'élection du successeur de Yasser Arafat aurait lieu le 9 janvier 2005. Et le Fatah, la principale composante de l'OLP, avait désigné Mahmoud Abbas comme son candidat, ce qui n'était une surprise pour personne.

Nucléaire : l'Iran joue l'apaisement

Vienne, dimanche 14
Le problème du nucléaire iranien se posait en ces termes : l'Iran assurait qu'il n'enrichissait l'uranium qu'à des fins civiles, alors que Washington l'accusait de développer une chaîne conduisant à la fabrication de bombes atomiques et menaçait de porter l'affaire devant le Conseil de sécurité. C'est pourquoi le gouvernement iranien a demandé la médiation de la Grande-Bretagne, de la France et de l'Allemagne, et a passé le 6 novembre dernier un accord avec cette « troïka » : en échange du gel de l'enrichissement d'uranium, l'Union européenne aidera l'Iran à développer son industrie nucléaire civile et, ainsi, lui évitera d'éventuelles sanctions du Conseil de sécurité. Les Iraniens ont confirmé aujourd'hui ce gel à Vienne, auprès de l'AIEA (Agence internationale de l'énergie atomique).

Vendredi 12, la marque suédoise H & M met en vente une collection signée Karl Lagerfeld, pour les femmes et les hommes. Une griffe de grand couturier sur du prêt-à-porter pas cher. En France, trente boutiques sont concernées.

La résistance irakienne abandonne Fallouja aux Américains

Fallouja, dimanche 14
Le bastion de la résistance sunnite est tombé après une semaine de combats. Dès sa réélection assurée, le Président des États-Unis avait donné son feu vert pour lancer l'offensive contre Fallouja. L'opération, baptisée « Phantom Fury », a débuté lundi dernier, après plusieurs semaines de bombardements. La veille, le Premier ministre irakien était venu encourager les troupes américaines et irakiennes : « Votre devoir est d'arrêter les meurtriers. Mais si vous les tuez, soit. » Les quelque 10 000 marines et 2 000 soldats irakiens ont été surpris par la relative faiblesse de l'adversaire. En fait, le gros des moudjahidin avait déjà quitté la ville, par ailleurs abandonnée par nombre de ses habitants. La résistance n'y a livré qu'un combat de retardement, néanmoins meurtrier : l'état-major américain a annoncé que 38 GI et environ 1 200 moudjahidin y avaient trouvé la mort.

Cette bavure, filmée par une équipe de CBS, a eu lieu samedi dans une mosquée de Fallouja : un marine achève un moudjahid blessé d'une balle dans la tête. À Washington, le Pentagone évoque « une possible violation des règles de la guerre ».

l'Union européenne à ratifier le projet de Constitution de l'UE.

Pays-Bas, vendredi 12
Le gouvernement annonce la mise en place de mesures antiterroristes visant surtout les islamistes.

Landsthul (Allemagne), samedi 13
L'hôpital militaire américain annonce que 412 Américains grièvement blessés depuis le début de l'offensive de Fallouja ont été hospitalisés dans la ville allemande.

Espagne, dimanche 14
Le parti indépendantiste basque Batasuna, interdit pour ses liens avec l'ETA, appelle à un vrai « débat démocratique » avec Madrid plutôt qu'au « combat militaire ».

Marseille, dimanche 14
S'exprimant sur la situation en Côte d'Ivoire, Jacques Chirac dénonce « une minorité agissante autour d'un régime contestable » et assure que la France fera tout pour éviter une dérive vers « un régime de nature fasciste ».

Paris, dimanche 14
Michèle Alliot-Marie, ministre de la Défense, lève le secret-défense sur l'affaire Mehdi Ben Barka, du nom de l'opposant marocain disparu à Paris le 29 octobre 1965.

DÉCÈS

Paris, jeudi 11
Richard Dembo, cinéaste (*24.5.1948).

Santa Monica, dimanche 14
Michel Colombier, compositeur et arrangeur français (*23.5.1939).

Condoleezza Rice a été nommée secrétaire d'État par Bush

Célibataire, « Condi » est une amie très proche de George W. Bush et de son épouse. Quoique du genre « faucon », elle a de très mauvaises relations avec Donald Rumsfeld.

Washington, mardi 16
« Avec douceur » : c'est le prénom que le révérend John Wesley Rice et Angelena, son épouse, avaient choisi pour baptiser leur fille, née à Birmingham, dans l'Alabama, le 14 novembre 1954. Condoleezza est en effet la contraction du tempo musical « con dolcezza ». Et musicienne, Condoleezza Rice l'est, qui fit de brillantes études pianistiques et qui ne renonça à une carrière musicale qu'en assistant aux cours de politique internationale de Josef Korbel, le père de l'ancienne secrétaire d'État Madeleine Albright… C'est un beau cadeau que lui a fait le Président Bush, deux jours après son cinquantième anniversaire : après avoir débuté sous Bush père et servi fidèlement son fils en tant que conseiller pour la sécurité nationale, cette « douce » femme aux mains de fer succédera à Colin Powell au département d'État le 20 janvier. Mais on dit qu'elle eût préféré la Défense…

En Californie, mardi 16, l'avion expérimental sans pilote X-43A conçu par la Nasa est largué par un B-52. Grâce à son réacteur de type « ramjet », le X-43A atteindra la vitesse record de mach 9,6 à une altitude de 33 550 m.

De la banlieue de Paris à Fallouja

Paris, jeudi 18
Selon *Le Figaro*, les services français de renseignement auraient identifié à ce jour quatre islamistes français tués en Irak. On connaissait déjà les noms de Redouane el-Hakim (19 ans), mort le 17 juillet dans les bombardements de Fallouja, et d'Abdel Halim Badjoudj (18 ans), tué le 20 octobre au volant de l'automobile piégée qu'il a lancée contre une patrouille américaine, sur la route de l'aéroport de Bagdad. On est moins renseigné sur le troisième homme, un nommé Salman, disparu en juillet. Le quatrième, Tarek W., est mort au combat le 17 septembre, dans le « triangle sunnite ». Âgé de 19 ans, il était originaire de la banlieue parisienne, comme El-Hakim et Badjoudj. Il semble toutefois que le recrutement « djihadiste » chez les jeunes issus de l'immigration soit assez limité.

L'Afghanistan est devenu le premier narco-État du monde

Bruxelles, jeudi 18
Antonio Maria Costa, le directeur de l'Office des Nations unies contre la drogue et le crime (UNODC), a fait à la presse cette déclaration : « La crainte que l'Afghanistan ne dégénère dans un narco-État devient une réalité. » C'est en ces termes qu'il a présenté le dernier rapport de l'UNODC à Bruxelles. Un rapport tout simplement terrifiant : la culture du pavot a fait en Afghanistan, en 2004, un bond de 64 % par rapport à 2003, avec désormais 131 000 ha de surfaces cultivées. Exportée principalement vers l'Europe, *via* la Russie et l'Iran, l'héroïne représente cette année 60 % du produit intérieur brut (contre 7 % en Colombie). Mettant le président afghan Hamid Karzaï devant ses responsabilités, Antonio Mario Costa n'a pas hésité à dénoncer « la corruption dans le secteur public, l'ambition des seigneurs de la guerre et la complicité des investisseurs locaux ».

Le vendredi 19, le Bureau américain de contrôle de la drogue (ONDCP) publiera des chiffres encore plus alarmants et parlera de 206 700 ha consacrés au pavot !

Paris, lundi 15
Le Conseil d'État annule le scrutin du 23 mai dans la circonscription des Iles-du-Vent en Polynésie.

Paris, lundi 15
Ouverture du procès des écoutes effectuées dans les années 1980 par la cellule antiterroriste de l'Élysée.

Paris, lundi 15
La Toyota Prius, véhicule hybride essence-électricité, est élue « voiture de l'année 2005 ».

Los Angeles, lundi 15
La Russe Maria Sharapova remporte le Masters féminin de tennis face à l'Américaine Serena Williams.

New York, lundi 15
Le Conseil de sécurité de l'ONU adopte la résolution 1572 présentée par la France. Elle impose un embargo de 13 mois sur les ventes d'armes à la Côte d'Ivoire.

Madrid, mardi 16
« El Gitanillo » (« le petit gitan »), un Espagnol de 16 ans, qui avait transporté des explosifs pour les auteurs des attentats du 11 mars, est condamné à six ans de détention.

Londres, mardi 16
Le ministère des Affaires étrangères annonce que Margaret Hassan est « probablement » morte.

Bagdad, mercredi 17
Mohammed al-Joundi contacte l'ambassade de France six jours après que l'armée américaine l'a relâché à Fallouja.

Londres, jeudi 18
La Chambre des communes interdit la chasse à courre.

Il y avait tout un trésor dans la statue équestre d'Henri IV !

Avec l'historien Jean-Pierre Babelon, spécialiste d'Henri IV, le ministre de la Culture, Renaud Donnedieu de Vabres, a montré aujourd'hui le trésor de la statue à la presse.

Paris, vendredi 19
Paris n'a pas fini de révéler ses secrets. En restaurant la statue équestre du roi Henri IV, œuvre de François-Frédéric Lemot érigée en 1818 sur le Pont-Neuf, Carlo Usai a découvert à l'intérieur de la ronde-bosse de bronze sept boîtes de plomb scellées contenant de précieux documents concernant l'histoire de la statue et de celle qui l'avait précédée, détruite sous la Révolution. Mais on y a également trouvé des médailles du règne de Louis XVIII, ainsi que trois livres anciens témoignant du culte dont le « bon roi Henri » était l'objet sous la Restauration : les *Mémoires des sages et royalles œconomies d'Estat de Henry le Grand* (1638) de Sully, l'*Histoire du roy Henry le Grand* (1661) d'Hardouin de Beaumont de Péréfixe, précepteur de Louis XIV et persécuteur des jansénistes, ainsi que *La Henriade* (1728) de Voltaire, dans la célèbre édition due à Beaumarchais (1784-1789).

Mercredi 17, au Stade de France de Saint-Denis, Thierry Roland, 67 ans, commente pour TF1 son 351e et dernier match de l'équipe de France de football. Son émotion était visible : il avait débuté à la télévision en 1955 !

Le petit Catalan de Pierola vivait il y a 13 millions d'années

Barcelone, vendredi 19
Notre plus vieux cousin connu était un Catalan ! C'est du moins ce qui ressort de la découverte, révélée aujourd'hui, des ossements d'une nouvelle espèce de singe près du village d'Els Hostalets de Pierola, non loin de Barcelone. Les ossements, très complets, ont permis à l'équipe de paléontologues dirigée par le professeur Salvador Moyà-Solà, de Barcelone, de déterminer que celui qui a été logiquement baptisé *Pierolapithecus catalaunicus* aurait vécu au miocène, il y a 13 millions d'années. Capable de se tenir debout, grimpant aux arbres et probablement frugivore, cet individu mâle devait peser 35 kg. Il descendait de l'ancêtre commun aux hommes et aux grands singes, sur qui on n'est encore guère renseigné. Mais la découverte de *Pierolapithecus catalaunicus* renforce la thèse selon laquelle les premiers hominoïdes sont apparus non en Afrique, mais en Eurasie.

De gauche à droite, Meike Köhler, Salvador Moyà-Solà, David M. Alba, Isaac Casanovas-Vilar et Jordi Galindo présentent le crâne remarquablement conservé de Pierolapithecus catalaunicus, *découvert sur le site de Barranc de Can Vila.*

Guerre des gangs dans la Camorra

Naples, dimanche 21
Cinq morts en 24 heures, 113 depuis le début de l'année : la mafia napolitaine fait le ménage ! Les dernières victimes ont été, ce matin, le patron d'un bureau de tabac et l'un de ses clients, dont on ne sait s'il était visé ou a été atteint lors de la fusillade. Contrairement à la Cosa Nostra sicilienne, très hiérarchisée, la Camorra napolitaine est éclatée en plus de 80 clans. Que certains essayent de les contrôler, et c'est la guerre. En 1981 déjà, les ambitions de Raffaele Cutolo avaient fait 273 morts. C'est cette fois l'absence de Paolo Di Lauro, en fuite depuis deux ans, qui attise les convoitises. Le trafic de drogue lui rapporterait 500 000 euros par jour ! Selon la police, la Camorra fait vivre près de 100 000 personnes dans la région. Et son chiffre d'affaires serait de 25 milliards d'euros, dont 16,5 pour le seul trafic de drogue…

Italie, jeudi 18
Gianfranco Fini, vice-Premier ministre, est nommé ministre des Affaires étrangères.

Colombie, vendredi 19
Cela fait 1 000 jours que la Franco-Colombienne Ingrid Betancourt est retenue en otage par les Farc.

Paris, vendredi 19
Selon le ministère des Affaires étrangères, 8 332 Français ont fui la Côte d'Ivoire en huit jours.

France, vendredi 19
Parution au *Journal officiel* des décrets transformant EDF et GDF en sociétés anonymes.

Paris, vendredi 19
Al-Manar, la chaîne du Hezbollah libanais, est autorisée à émettre dans l'Union européenne.

La Roche-sur-Yon, samedi 20
Natation : Laure Manaudou bat le record du monde du 1 500 m en petit bassin en 15 min 42 s 39/100e.

Varsovie, samedi 20
La Polonaise Teresa Borcz Khalifa, enlevée en Irak le 27 octobre, a été libérée.

Houston (Texas), dimanche 21
Le Suisse Roger Federer remporte le Masters de tennis face à Lleyton Hewitt (6-3, 6-2).

DÉCÈS

Paris, mardi 16
Yves Berger, écrivain et éditeur (*14.1.1931).

Franborough, vendredi 19
Sir John Vane, prix Nobel de médecine 1982 (*29.3.1927).

Au Zénith de Lille, vendredi 26, Maurice Béjart conclut la tournée européenne fêtant ses cinquante années d'activité avec la création française, par le Béjart Ballet Lausanne (BBL), de *L'Art d'être grand-père*. C'est en 1954 que le célèbre chorégraphe a fondé sa première compagnie, les Ballets de l'Étoile, dont l'œuvre phare devait être *Symphonie pour un homme seul*, sur une musique de Pierre Henry et Pierre Schaeffer.

La prison à perpétuité pour Émile Louis

Auxerre, jeudi 25
Le verdict est conforme à ce qui était attendu : après cinq heures de délibéré, les jurés de la cour d'assises de l'Yonne condamnent Émile Louis à la réclusion criminelle à perpétuité assortie d'une peine de sûreté de 18 ans, le maximum prévu par le Code pénal à l'époque des faits. Lors de son réquisitoire prononcé hier, l'avocat général, Philippe Bilger, avait rendu un poignant hommage au gendarme Christian Jambert qui, seul contre tous, convaincu de la culpabilité du chauffeur de car, avait consacré sa vie à en réunir les preuves, ayant « tout deviné, tout compris ». Les institutions, elles, ont failli. Au « groin monstrueux » de l'assassin, s'est indigné un Bilger très pugnace, « il aurait fallu opposer mieux que la bureaucratie judiciaire, sociale et militaire » dont l'inertie a empêché que soit mis un terme rapide à l'action de ce tueur en série. Et d'ajouter : « Nous avons été confrontés à l'imperfection banale de gens ordinaires. »

« Je regrette pour les familles, mais je suis innocent », a une dernière fois affirmé Émile Louis en clôture de son procès.

L'équipe Barroso est enfin en place

Bruxelles, lundi 22
La Commission européenne présidée par José Manuel Barroso entre enfin en fonctions pour cinq ans. Elle a reçu, le 18 novembre, l'investiture du Parlement européen par 449 voix contre 149 (dont les socialistes français) et 82 abstentions. Deux changements ont été effectués. La Lettone Ingrida Udre, dont l'intégrité et les convictions européennes avaient été mises en doute, est remplacée par son compatriote Andris Piebalgs, qui prend en charge l'Énergie. Et surtout, Franco Frattini, ministre des Affaires étrangères italien et proche de Silvio Berlusconi, succède à Rocco Buttiglione comme commissaire en charge de la Justice, de la Liberté et de la Sécurité. Buttiglione avait accepté de se retirer le 30 octobre, dénonçant une campagne « cruelle » et « antichrétienne ».

Mais de quoi est donc mort Arafat ?

Paris, lundi 22
Finalement, la veuve de Yasser Arafat n'aura pas été la seule à avoir eu accès au dossier médical du défunt président de l'Autorité palestinienne. Une copie de ce dossier a été remise ce matin, à titre d'ayant droit, à un neveu d'Arafat, Nasser al-Qidoua, qui est aussi et peut-être surtout le représentant auprès de l'ONU de la Palestine. Après l'avoir lu, Nasser al-Qidoua a reconnu devant la presse qu'il n'y avait découvert aucune preuve d'empoisonnement, mais que rien, non plus, ne permettait d'écarter cette hypothèse. Depuis la disparition du raïs, c'est en effet la rumeur qui ne cesse de s'amplifier en Palestine. Une rumeur qui s'appuie sur le fait que la cause de la cirrhose qui aurait emporté Arafat n'a pu être décelée, l'alcoolisme étant dans son cas exclu.

Nicolas Sarkozy élu président de l'UMP

Il succède à Alain Juppé à la présidence du parti créé en 2002 par Jacques Chirac.

Le Bourget, dimanche 28
Avec 85,1 % des voix, Nicolas Sarkozy n'a laissé à ses rivaux que des miettes : 9,1 % pour Nicolas Dupont-Aignan et 5,8 % pour Christine Boutin. Un sacre pour le nouveau président de l'Union pour un mouvement populaire (UMP), acclamé par 30 000 militants auxquels il a promis de faire preuve de « volonté » et même d'« audace », se référant à Lech Walesa, à Jean-Paul II et au général de Gaulle. Bernadette Chirac était présente ainsi que Jean-Pierre Raffarin, quand se sont succédé, sur un écran géant, les messages de sympathie de personnalités tels Alain Delon, Christian Clavier, Élie Wiesel, etc., faisant de ce meeting un show à l'américaine à la gloire de celui qui démissionnera, dès demain, ainsi que Jacques Chirac le lui a demandé, du ministère de l'Économie. Même son fils Louis est apparu pour lui lancer : « Bonne chance mon papa »...

Toulon, lundi 22
Début du désamiantage du porte-avions *Clemenceau*.

Afghanistan, mardi 23
Libération des trois employés de l'ONU enlevés le 28 octobre.

New York, mardi 23
Selon l'Onusida, 39,4 millions de personnes dans le monde sont séropositives (36,6 millions en 2002).

Libye, mercredi 24
Jacques Chirac est le premier chef de l'État français à se rendre dans le pays depuis son indépendance.

Marseille, jeudi 25
Christophe Bouchet, président de l'OM, remet sa démission.

Paris, jeudi 25
Le tribunal administratif juge qu'*Un long dimanche de fiançailles*, de Jean-Pierre Jeunet, n'est pas un film français.

Paris, lundi 29
Hervé Gaymard est nommé ministre de l'Économie.

La Réunion, lundi 29
Dépôt de bilan d'Air Bourbon.

Cuba, lundi 29
Libération du dissident Raul Rivero. L'écrivain avait été condamné l'an dernier à 20 ans de prison.

Washington, mardi 30
Démission de Tom Ridge, secrétaire d'État à la Sécurité intérieure.

DÉCÈS

Neuilly-sur-Seine, vendredi 26
Philippe de Broca, cinéaste (*15.3.1933).

Vers une « révolution orange » en Ukraine ?

Kiev, vendredi 26
Maintenant, Viktor Iouchtchenko ne veut plus transiger. Soit le second tour de scrutin est annulé et de nouvelles élections organisées dans les plus brefs délais, soit ses partisans « passeront à l'action »... Ils sont 100 000, peut-être plus, massés place de l'Indépendance depuis lundi, se relayant jour et nuit afin de maintenir la pression. La crise a commencé le 31 octobre, au premier tour de l'élection présidentielle visant à doter l'Ukraine d'un nouveau chef de l'État. La Constitution interdisant au président Leonid Koutchma de se représenter après dix ans de pouvoir, deux candidats principaux étaient en lice. D'un côté, Viktor Ianoukovitch, Premier ministre sortant, soutenu par la Russie, et ancien gouverneur de la région russophone du Donbass. Face à lui, Viktor Iouchtchenko, lui-même ancien Premier ministre de Koutchma de 1999 à 2001 et ancien président de la Banque centrale ukrainienne (1993-1999), un libéral ayant les faveurs de l'Union européenne, de la Pologne et des États-Unis. Avec 39,87 % pour le second, 39,32 % pour le premier, ils sont au coude à coude. Sauf que, selon Iouchtchenko, des fraudes massives ont eu lieu, qui lui auraient coûté près de sept points, ce que confirme l'OSCE, l'Organisation pour la sécurité et la coopération en Europe, qui avait dépêché des observateurs. Au lendemain du second tour, lundi dernier, Viktor Iouchtchenko, certain que le scrutin avait été truqué, appelait ses partisans à occuper la rue. Et c'est sur des écrans géants qu'ils ont suivi les événements. Lundi soir, Ianoukovitch apparaît à la télévision, se déclare vainqueur, appelle à l'unité nationale. Vladimir Poutine l'appelle pour le féliciter. Mardi après-midi, au Parlement ukrainien, Ioulia Timochenko, devenue la pasionaria du mouvement, proclame Iouchtchenko président. « Il prend ses fonctions dès aujourd'hui », annonce-t-elle, avant que celui-ci ne prête serment sur la Bible d'Ostriy. Dans la journée de mercredi, la commission électorale publie enfin le résultat : 49,46 % pour Ianoukovitch et 46,61 % pour Iouchtchenko, lequel appelle aussitôt à une grève générale, tandis que Leonid Koutchma dénonce une « tentative de coup d'État » et que les États-Unis, par la voix du secrétaire d'État, Colin Powell, affirment ne pas « pouvoir accepter ce résultat comme légitime ». Hier enfin, la Cour suprême ukrainienne décide de ne pas procéder à la publication des résultats. Une crise sans issue ? Peut-être pas. Ianoukovitch et Iouchtchenko se sont enfin parlés aujourd'hui à Kiev, en présence de cinq médiateurs étrangers : Valdas Adamkus, le président lituanien ; son homologue polonais, Alexander Kwasniewski ; le haut représentant pour la politique étrangère de l'Union européenne (et

Le 26, Viktor Iouchtchenko (à gauche) et Viktor Ianoukovitch se rencontrent enfin. Deux présidents, c'est un de trop.

Le 25, le Polonais Lech Walesa sort de sa retraite. Le prix Nobel de la paix vient à Kiev y soutenir Viktor Iouchtchenko.

ancien secrétaire général de l'Otan), Javier Solana ; Boris Gryzlov, président du Parlement russe ; enfin le secrétaire général de l'OSCE, Jan Kubis. Il a été décidé de créer un groupe de travail. La crise ukrainienne dépasse le cadre national de ce pays fort de 48 millions d'habitants. Les enjeux géopolitiques sont majeurs. Désolidariser l'Ukraine de la Russie permettrait de repousser cette dernière vers l'Asie. De la priver, aussi, de sa base navale à Sébastopol, en Crimée, sur la mer Noire. À terme, l'objectif est d'intégrer l'Ukraine dans l'Otan, afin de renforcer, comme le dit Powell, « l'axe euro-atlantique ». D'où les 65 millions de dollars dépensés par des fondations américaines, toutes liées à la Maison-Blanche, pour aider l'opposition ukrainienne, sur le modèle de ce qui avait été fait, et avait si bien réussi, en Serbie en 2000 et en Géorgie en 2002, et commence à être pratiqué en Biélorussie voisine.

La couleur orange n'est devenue que peu avant le premier tour le signe de ralliement des partisans de Iouchtchenko, rassemblés ici dans le centre de Kiev, à l'initiative de conseillers en communication qui se sont inspirés d'une tradition ukrainienne.

De quel mal Iouchtchenko souffre-t-il ?

Kiev, vendredi 26
Lors de la table ronde qui vient de se tenir, les dirigeants politiques qui n'avaient pas vu Viktor Iouchtchenko depuis quelques mois l'ont à peine reconnu. Le visage boursouflé, la peau tavelée, il fait vingt ans de plus que ses 50 ans. Que s'est-il passé ? Selon lui, il a été empoisonné, sans doute lors d'un dîner, le 5 septembre, avec le chef des services secrets ukrainiens, après lequel il a été pris de violents maux d'estomac. Il a été hospitalisé dans une clinique privée de Vienne (Autriche), où ont été diagnostiqués une pancréatite aiguë, un ulcère, une paralysie faciale. Dus à quoi ? Selon son médecin traitant, à l'absorption de substances relevant de la guerre de l'ombre... Ce que réfute le directeur médical de la clinique.

Le 6 juillet dernier, c'est avec un visage de play-boy qu'il se portait candidat à la présidence de l'Ukraine.

Le sacre de Napoléon Ier, c'était

Le 2 décembre 1804, à Notre-Dame, Napoléon Bonaparte était sacré empereur. Le général républicain qui, neuf ans auparavant, avait écrasé dans le sang une insurrection royaliste, s'installait sur le trône de Charlemagne. Le bicentenaire de cet événement a réveillé en France la vieille question de savoir si Napoléon a été le fossoyeur de la Révolution ou s'il l'a continuée par d'autres moyens…

Adoré par certains et honni par d'autres, considéré tour à tour comme un conquérant sanguinaire et comme un génie visionnaire, Napoléon Bonaparte est sans nul doute le personnage historique qui, à travers le monde entier, a fait couler le plus d'encre. On estime en effet que pas moins de 130 000 ouvrages lui ont été consacrés : une impressionnante bibliographie qui, bien sûr, n'a pas manqué de s'enrichir à l'occasion de la très médiatisée célébration, le 2 décembre 2004, du bicentenaire du sacre de Napoléon Ier. En revanche, si l'on excepte les festivités organisées à Ajaccio, sa ville natale, et l'exposition du musée du Louvre consacrée au célèbre tableau de David, les cérémonies commémoratives officielles ont largement brillé par leur absence. C'est que, manifestement, la République est mal à l'aise face au personnage de l'Empereur, dont le sacre résume à lui seul les ambiguïtés, sources de véritables guerres de tranchées entre les spécialistes : Napoléon a-t-il fixé, voire propagé, les principes de la Révolution et de la République française, ou en a-t-il été le fossoyeur ?

L'EMPEREUR DE LA RÉPUBLIQUE

« J'ai bien remarqué qu'aucun enthousiasme réel ne s'est passé nulle part ; mais aussi, rien de fâcheux n'a troublé les têtes. C'est pour moi une bataille gagnée », écrit, à propos du sacre, l'Empereur à son frère Joseph. Une vraie victoire, oui : grâce à la grandiose cérémonie de Notre-Dame, formidable opération de politique spectacle, il parvient à consolider son pouvoir en assumant, sans heurts véritables, le double héritage de la monarchie et de la Révolution. De la monarchie, car, sous la bénédiction du pape et paré d'attributs évoquant ceux de Charlemagne dont il prétend assumer l'héritage, Napoléon emprunte, certes en le parodiant quelque peu, le cérémonial du sacre à la tradition des rois de France pour asseoir la quatrième dynastie qu'il fonde. Mais de la Révolution également. Contrairement à une idée très répandue, lorsqu'il est sacré, Napoléon, au pouvoir depuis le coup d'État du 18 Brumaire, an VIII (9 novembre 1799), n'est plus consul, mais déjà « empereur des Français », un titre auquel il a accédé par la voie constitutionnelle : c'est, en effet, par un sénatus-consulte adopté par le Sénat dans sa séance du 18 mai 1804 qu'est créé l'empire napoléonien, une décision confirmée pendant l'été par un référendum qui voit Bonaparte plébiscité par plus de trois millions et demi d'électeurs. Si bien que celui-ci peut fièrement pénétrer dans Notre-Dame coiffé d'une couronne de laurier symbolisant son élection par le peuple et, après l'office religieux, jurer, la main levée sur l'Évangile et en présence, notamment, de près de 20 000 représentants de la nation, « de maintenir l'intégrité du territoire de la République ; de respecter et de faire respecter les lois du Concordat et la liberté des cultes ; de respecter et de faire respecter l'égalité des droits, la liberté politique et civile […] ; de gouverner dans la seule vue de l'intérêt du bonheur et de la gloire du peuple français. »

LE DÉFENSEUR DE LA RÉVOLUTION ?

Respecta-t-il son serment ? On est en droit d'en douter. Certes, l'Empereur ne remet pas le Concordat en cause et permet aux notables de s'enrichir grâce aux acquis de la Révolution. Mais, sans même évoquer la grande manœuvre politique et les pressions qui lui ont permis d'accéder « légalement » au trône, Napoléon, qui crée rapidement une cour et une pompe qui n'ont rien à envier à celles de l'Ancien Régime, va encore accroître sa mainmise sur l'État. Si la plupart des assemblées sont maintenues – le Tribunat sera supprimé en 1807 –, leur pouvoir est des plus limités, l'Empereur, admirateur de Louis XIV, faisant de plus en plus figure de monarque absolu. Avec l'aide de Fouché, son ministre de la Police générale, il surveille et contrôle étroitement l'ensemble du pays. La censure va bon train, toujours plus pressante et dissuasive.

Sur le théâtre extérieur, peut-être les campagnes d'Austerlitz (1805) et d'Iéna (1806) visent-elles encore à consolider les acquis de la République, mais la guerre d'Espagne (1808), et l'acharnement de Napoléon à vouloir placer et maintenir son frère Joseph sur le trône de

« Déjà Napoléon perçait sous Bonaparte », écrira Victor Hugo. Le 9 novembre 1799 (18 Brumaire, an VIII), un coup d'État mettait fin au Directoire et portait le général Bonaparte au pouvoir. (Tableau de François Bouchot, détail.)

il y a deux cents ans

Ferdinand VII, marquent un tournant: la volonté de remplacer définitivement les Bourbon a pris le dessus, ce que tend à confirmer, en 1810, le mariage de l'Empereur avec Marie-Louise, fille de l'empereur d'Autriche et nièce de Marie-Antoinette. Le serment du 2 décembre 1804 semble bien loin… Puis viennent Waterloo, la chute définitive et l'exil sur la lointaine Sainte-Hélène. L'heure est au bilan, et Napoléon déclare à Las Cases: « Rien ne saurait désormais détruire ou effacer les grands principes de notre Révolution. Ces grandes vérités doivent demeurer à jamais tant nous les avons entrelacées de lustre, de monuments, de prodiges […]. Voilà le trépied dont jaillira la lumière du monde. Elles le régiront; elles seront la foi, la religion, la morale de tous les peuples, et cette ère mémorable se rattachera, quoi qu'on en ait voulu dire, à ma personne, parce qu'après tout j'ai fait briller le flambeau, consacré les principes et qu'aujourd'hui, la persécution achève de m'en rendre le Messie. »

LA LÉGENDE NAPOLÉONIENNE

On connaît la part de propagande et d'autoglorification dont regorge le *Mémorial de Sainte-Hélène*, dicté par un Napoléon soucieux de peaufiner sa légende et l'image qu'il laissera à la postérité… Toujours est-il que, malgré les années de dictature et les souvenirs amers, malgré les deux millions et demi de morts environ semés sur les champs de bataille, la flamme de cette légende mêlée d'histoire de l'empereur révolutionnaire, pourvoyeur d'idéaux et de rêves et organisateur d'une nouvelle Europe, ne s'est jamais éteinte. En France d'abord, naturellement, où Napoléon a laissé, outre des structures juridiques et administratives dont certaines perdurent, une indéniable nostalgie, qu'on le veuille ou non, pour la gloire jamais égalée qu'il a offerte à la nation et pour la prépondérance qu'il lui a donnée en Europe. Mais aussi dans le reste du continent, où les défenseurs de la liberté et des droits des peuples n'ont pas tardé à contester le traité de Vienne (1815), dont les visées étaient opposées à celles que l'on prêtait à l'Empereur, volontiers présenté comme un protecteur des nationalités.

Et aujourd'hui encore, même dans les pays conquis par la Grande Armée, même chez les grands ennemis anglais et russe, les fervents admirateurs du petit Corse sont innombrables.

Il y a fort à parier que, partout en Europe et même bien au-delà, de grandes expositions seront organisées, et que de nombreux clubs napoléoniens ou autres associations ne manqueront pas de célébrer les bicentenaires successifs dont la commémoration du sacre a ouvert le bal, et ce jusqu'à… 2021 et l'anniversaire de la mort de l'empereur des Français.

Laurent Palet

LIVRES RÉCENTS

- Dominique Jamet, *Si j'avais défendu Napoléon*, Plon, 2003.
- Luigi Mascilli-Migliorini, *Napoléon*, Perrin, 2004.
- Jean Tulard, *Le Sacre de l'Empereur*, RMN/Fayard, 2004.
- Thierry Lentz, *Le Sacre de Napoléon*, Nouveau Monde, 2004.

Ci-contre: Le Sacre de Napoléon Ier *de Jacques Louis David. Ci-dessous:* Bonaparte au pont d'Arcole, *du baron Antoine Gros (détail). Un épisode de la campagne d'Italie (15 novembre 1796) qui contribua puissamment à la popularité du jeune général corse.*

Constitution européenne : le PS dit oui

François Hollande, premier secrétaire du PS, peut jubiler : dans son fief de Corrèze, le oui a recueilli plus de 82 % des voix.

Paris, mercredi 1er
Les 120027 adhérents du Parti socialiste étaient appelés à se prononcer sur une question simple : « Approuvez-vous la Constitution européenne ? ». À 58,8 %, ils ont répondu oui, score d'autant plus remarquable que la participation a été de 82,61 % des inscrits. Pour Laurent Fabius, numéro 2 du parti, qui avait pris la tête du camp du non, l'échec est cuisant. Même la fédération ouvrière du Pas-de-Calais, la plus importante de France avec 11 000 adhérents, a dit oui à près de 60 %. Le grand vainqueur de ce scrutin est le premier secrétaire du PS, François Hollande, qui renforce son autorité sur le parti et paraît désormais songer à la présidentielle de 2007. C'est d'ailleurs d'égal à égal avec le chef de l'État qu'il appellera demain celui-ci à ne pas « instrumentaliser » à son profit le référendum qui se tiendra en 2005. D'Allemagne, où il est en visite, Jacques Chirac qualifiera le choix des socialistes de « bonne nouvelle pour l'Europe ».

La petite Charlotte retrouve son père

Aix-en-Provence, vendredi 3
La place de Charlotte est auprès de son père. Ainsi en a décidé la cour d'appel d'Aix-en-Provence, mettant fin à une dispute familiale qui durait depuis un an. Le 10 mai 2000, la Française Sophie Maumousseau épouse aux États-Unis l'Américain David Washington. Trois mois plus tard naît Charlotte. Mais en mars 2003, le couple se sépare. Sophie vient s'installer dans sa famille, dans le Var, avec sa fille. Pour le père et pour la justice américaine, qui s'appuie sur la convention de La Haye, il s'agit d'un enlèvement. En septembre, s'appuyant sur un précédent jugement, les forces de l'ordre avaient investi la maternelle des Adrets-de-l'Estérel pour s'emparer de Charlotte, ce que la mobilisation des enseignants et des parents d'élèves avait empêché. Placée depuis dans une famille d'accueil, Charlotte, remise ce soir à son père, va partir vivre aux États-Unis.

Zoom sur

LE COMPAGNONNAGE

C'est au XVe siècle que serait né le compagnonnage, dans le but de former, d'encadrer et de protéger les ouvriers du bâtiment. Distinctes des corporations puis des syndicats, les associations de compagnons (celle du Devoir est restée la plus célèbre) ont joué un rôle capital dans la transmission du savoir et dans le culte du beau travail. Étendu à la plupart des corps de métier, le compagnonnage reposait sur des rites et des traditions ésotériques que la légende fait remonter à l'édification du Temple de Jérusalem et sur un système d'entraide très efficace. Spécifiquement français, il s'est toutefois implanté dans le monde germanique. Il a gardé de nos jours toute sa vitalité.

Polémique sur la fusillade d'Abidjan

Paris, mercredi 1er
Que s'est-il réellement passé le mardi 9 novembre à Abidjan, devant l'Hôtel Ivoire ? C'est pour essayer de le savoir que les socialistes et les communistes réclament une commission d'enquête parlementaire. La polémique porte en premier sur les chiffres : 57 morts chez les manifestants selon les dernières estimations de la presse gouvernementale ivoirienne, une vingtaine a concédé hier le ministère français de la Défense. La seconde question est la suivante : qui a tiré le premier ? Des snipers français embusqués dans les étages de l'hôtel, comme le clament les Ivoiriens ? Des manifestants, selon la version officielle française ? Le 3 décembre, l'hebdomadaire *Valeurs actuelles* mettra en cause les conseillers israéliens du président Gbagbo, logés au 21e étage.

Samedi 6, au palais des Congrès de Tours, Cindy Fabre (Miss Normandie) est élue Miss France devant les caméras de TF1. Cindy (19 ans, 1 m 78) est titulaire d'un BTS d'assistante de direction et veut faire carrière dans le marketing. Le même jour, dans l'île de Hainan, en Chine, la Péruvienne Maria Julia Mantilla García (20 ans) devient la nouvelle Miss Monde.

Le dollar ne cesse de se déprécier

Union européenne, vendredi 3
Quand le dollar cessera-t-il de baisser ? En cotant ce soir 1,3461 dollar pour un euro, la monnaie européenne a atteint un nouveau record historique. À titre de comparaison, l'euro valait, début 2002, 0,82 dollar. Résultat : la croissance dans la zone euro sera au mieux, cette année, de 1,8 %, alors qu'elle atteindra 4,4 % aux États-Unis, 4 % au Japon et 3,2 % au Royaume-Uni. Ce qui signifie que la hausse du prix du pétrole n'est pas la seule responsable du marasme. Le grand bénéficiaire de la faiblesse du dollar est la Chine qui, avec des besoins en hydrocarbures qui ont été multipliés par cinq en deux ans, a limité ainsi le coût de sa facture énergétique, libellée en dollars. D'où, peut-être, l'appel lancé par le Japon à l'UE pour agir ensemble pour que le dollar remonte.

Bruxelles, mercredi 1er
La Commission européenne lance une procédure d'infraction contre la Grèce pour son déficit masqué.

Bruxelles, mercredi 1er
La Commission européenne accepte le plan de restructuration de Bull présenté par la France.

Versailles, mercredi 1er
Alain Juppé est condamné en appel à 14 mois de prison avec sursis (au lieu de dix-huit). Son inéligibilité est ramenée à un an au lieu de cinq.

Washington, jeudi 2
Le Pentagone annonce que les forces américaines en Irak vont passer de 135 000 à 155 000 hommes.

Bordeaux, jeudi 2
Alain Juppé démissionne des postes de maire de la ville et de président de la Communauté urbaine de Bordeaux.

Bogotá, vendredi 3
Gilberto Rodriguez Orejuela, ancien chef du cartel de Cali, tenu pour le plus grand narcotrafiquant du monde, est extradé vers Miami pour être jugé.

Kosovo, vendredi 3
Ramush Haradinaj, ancien dirigeant de l'Armée de libération du Kosovo (UCK), devient Premier ministre.

Paris, samedi 4
François Hollande annonce l'entrée à la direction du Parti socialiste de Dominique Strauss-Kahn, Jack Lang et Martine Aubry. Plusieurs fabiusiens sont écartés.

Troyes, samedi 4
Trois femmes sont pour la première

Le président sud-africain tente de réconcilier les Ivoiriens

Abidjan, dimanche 5
Thabo Mbeki s'est-il fait rouler dans la farine par le boulanger, comme le président Gbagbo ne déteste pas être surnommé ? Au terme de ses quatre journées de voyage en Côte d'Ivoire, le président sud-africain espère avoir posé les bases d'une réconciliation nationale, à la faveur de ses entretiens avec Laurent Gbagbo et Guillaume Soro, le chef des ex-rebelles des Forces nouvelles. Il a obtenu de Gbagbo une concession capitale, en apparence du moins : la promesse de soumettre à révision la plus grosse des pommes de discorde entre les différentes parties ivoiriennes, à savoir l'article 35 de la Constitution, rendant inéligible tout Ivoirien non issu de grands-parents ivoiriens, ou bien encore ayant eu une autre nationalité. Article visant implicitement Alassane Ouattara, le leader de l'opposition à l'« ivoirité » contestée. Le Parlement, très hostile à Ouattara, devra trancher…

Ce dimanche, Thabo Mbeki (à gauche) a rencontré Guillaume Soro (à droite) dans son fief de Bouaké. Objectif : remettre le processus décidé à Marcoussis sur les rails.

L'Amérique unifie le renseignement

Washington, mercredi 8
C'est une réforme sans précédent dans l'histoire du renseignement américain. Jusqu'à aujourd'hui éclaté en quinze agences parfois rivales (CIA, FBI, NSA, DIA, etc.), malgré la création en 2002 du DHA (Département de la sécurité intérieure), il sera à l'avenir fédéré par un directeur du renseignement, à qui sera attribué un budget de 40 milliards de dollars. Cette réforme, adoptée par le Sénat, l'avait été hier par la Chambre des représentants dans des conditions plus difficiles : certains républicains se sont en effet émus d'une concentration aussi radicale et, appuyés par Donald Rumsfeld lui-même, ont notamment obtenu du Président Bush que l'armée conserve l'exclusivité du renseignement tactique, fourni par les satellites ou les avions espions. Par ailleurs, la réforme prévoit un renforcement considérable du contrôle des frontières.

Les viticulteurs pour la modération, pas pour la prohibition !

À Bordeaux – comme à Avignon, Mâcon, Angers, Nantes, Tours et Blois –, les viticulteurs réclament un plan gouvernemental d'urgence face à « une crise sans précédent ».

France, mercredi 8
La filière viticole est en crise. Hormis le champagne et les vins d'Alsace, tous les crus sont touchés. D'où ces défilés qui ont réuni près de 15 000 personnes dans sept villes de France, à l'appel pour une fois unanime de tous les syndicats et organisations professionnels. Objet de leur colère : le « climat de suspicion que jettent les pouvoirs publics sur nos filières et nos produits » par le biais de campagnes de lutte contre l'alcoolisme. Comme le clamait une pancarte libellée à l'intention du ministre de la Santé : « Douste, lâche-nous la grappe ! » Mais la loi Évin, que beaucoup souhaitent voir aménagée, n'est pas seule en cause. La surproduction est réelle : 59 millions d'hectolitres en 2004 contre 47 millions en 2003. Et la concurrence est de plus en plus vive avec des vins chiliens, sud-africains, australiens, etc., dont les prix séduisent les consommateurs.

Place au troisième tour en Ukraine

Kiev, mercredi 8
Le blocus de la présidence et du siège du gouvernement est levé. À l'appel de Viktor Iouchtchenko, les manifestants sont rentrés chez eux après qu'un feu d'artifice a été donné au-dessus de la place de l'Indépendance. Le Parlement a adopté les réformes constitutionnelles et électorales souhaitées par le président Leonid Koutchma et négociées avec les deux candidats à sa succession. D'ici à 2006, le gouvernement sera nommé par le Parlement et non par le président. En échange, Iouchtchenko a obtenu qu'une nouvelle commission électorale, moins partiale, soit nommée. Elle veillera au bon déroulement du « troisième tour ». Vendredi, la Cour suprême a invalidé le deuxième tour de la présidentielle. Les Ukrainiens éliront Ianoukovitch ou Iouchtchenko le 26 décembre.

fois « adoptées » (intronisées) par les compagnons du Devoir.

Séville, dimanche 5
L'Espagne remporte la Coupe Davis de tennis face aux États-Unis (3-2).

Arabie Saoudite, dimanche 5
Une attaque contre le consulat américain de Djedda, revendiquée par Al-Qaida, fait neuf morts dont quatre des assaillants.

Paris, lundi 6
La SNCF lance l'idTGV (interactif-détente TGV), réservé aux clients ayant acheté leur billet sur Internet, sur la ligne Méditerranée.

Madrid, mardi 7
L'Égyptien Rabei Osman el-Sayed, extradé de Milan où il était détenu depuis le 7 juin, est inculpé pour 191 assassinats. Il est soupçonné d'être l'un des organisateurs des attentats du 11 mars à Madrid.

Paris, mardi 7
Dominique de Villepin, ministre de l'Intérieur, affirme que « sur les quelque 1 200 imams qui exercent dans notre pays, un tiers ne parlent pas notre langue ».

Milan, mardi 7
Réouverture du théâtre lyrique de la Scala après deux ans et demi de travaux de rénovation.

Pékin, mercredi 8
IBM cède son activité PC au chinois Lenovo Group pour 1,25 milliard de dollars.

Paris, mercredi 8
Jean-Christophe Mitterrand est condamné à 30 mois de prison avec sursis pour fraude fiscale.

Maxime Brunerie fera dix ans de prison

Paris, vendredi 10
Les jurés de la cour d'assises de Paris sont allés au-delà du réquisitoire. Pour avoir tenté d'assassiner le président de la République le 14 juillet 2002 sur les Champs-Élysées d'un coup de carabine 22 long rifle, Maxime Brunerie, 27 ans, est condamné à la peine de 10 ans de réclusion criminelle. L'avocat général avait demandé entre 6 et 8 ans pour ce « vaincu de la vie ». « L'extrême droite, avait expliqué Philippe Bilger, n'a pas de rapport direct avec l'acte commis » par cet ancien militant du mouvement Unité radicale, dissous le 8 août 2002 en conseil des ministres. Allant d'échec en échec (scolaire, familial, sentimental), il n'avait trouvé que ce moyen pour se suicider, pensant être abattu après avoir tué Jacques Chirac en une « apocalypse personnelle et scandaleuse ». Brunerie, lui, regrette, et dit attendre chaque jour, au courrier, un signe du président. « En espérant qu'il me pardonne… »

Maxime Brunerie était placé dans l'unité psychiatrique de l'hôpital de Villejuif.

La mort tragique de Géraldine Giraud

Villeneuve-sur-Yonne, dimanche 12
Les tests ADN effectués sur les corps retrouvés, jeudi, dans un puisard situé sur la propriété habitée par Jean-Pierre Treiber sont formels : ce sont bien ceux de Géraldine Giraud, 36 ans, la fille du comédien Roland Giraud, et de Katia Lherbier, 32 ans, son amie. Toutes deux n'avaient plus donné de leurs nouvelles depuis la Toussaint, alors qu'elles étaient allées passer le week-end dans l'Yonne dans la résidence secondaire des Giraud. Jean-Pierre Treiber, ancien garde-chasse vivant de petits boulots et âgé de 41 ans, avait été interpellé le 23 novembre en possession des cartes bleues des jeunes femmes. Celles-ci, avait-il expliqué, les lui avaient données avant de partir pour une destination inconnue. Les autopsies ont montré qu'elles n'avaient pas subi de sévices mais les causes des décès ne sont pas établies. À Villeneuve-sur-Yonne, de vieux souvenirs resurgissent : le docteur Petiot avait été maire de la ville.

*Géraldine Giraud (*17.5.1968), ici avec son père à Cognac (1994), doublait pour la télévision des actrices américaines.*

Canal + s'adjuge le football français

Paris, vendredi 10
Les clubs de ligue 1 n'en attendaient pas tant : 600 millions d'euros chaque saison, de 2005 à 2008, c'est la somme que paiera Canal + à la LFP (Ligue de football professionnel) pour diffuser leurs matchs en exclusivité. Le pari de Bertrand Méheut, patron de la chaîne cryptée, est évidemment risqué, car sa réussite tiendra au nombre d'abonnés supplémentaires gagnés. Dans l'appel de la LFP, Canal + était en concurrence avec TPS (filiale de TF1 et M6), mais le président du bouquet numérique, Emmanuel Florent, n'aura finalement offert que 327,5 millions d'euros, soit une somme très inférieure au prix de réserve. TPS aurait voulu « saigner » Canal + en bluffant sur les enchères qu'il n'aurait pas fait autrement. Quant aux clubs de ligue 1, ils voient l'avenir financier (et donc sportif) en rose.

Les Roumains ont pris un capitaine pour tenir bon la barre

Ancien capitaine au long cours, Traian Basescu, 53 ans, s'est rendu populaire par son franc-parler. Surnommé « Popeye », il a exclu de constituer un gouvernement d'union nationale avec le PDS ou de s'allier aux nationalistes de România Mare.

Bucarest, dimanche 12
C'est une énorme surprise. Distancé au premier tour de l'élection présidentielle, le 28 novembre, par le Premier ministre Adrian Nastase (PDS, social-démocrate), le maire centre droit de Bucarest, Traian Basescu, l'emporte au second tour avec 51,2 % des suffrages contre 48,7 % à son adversaire. Traian Basescu avait axé sa campagne sur la lutte contre la corruption, un fléau qui mine la Roumanie et qui compromet son adhésion à l'Union européenne en 2007. Toutefois, le vainqueur, leader de l'alliance Justice et Vérité, risque de se trouver en difficulté pour gouverner. Car le Parlement, élu le même jour que le premier tour de la présidentielle, est dominé par le PDS… Trois solutions s'offrent au nouveau président : jouer le jeu de la cohabitation avec le PDS, tenter de constituer une coalition avec des partis minoritaires, ou provoquer de nouvelles législatives.

La Réunion, mercredi 8
Liquidation judiciaire d'Air Bourbon.

Manille, vendredi 10
Le bilan des tempêtes ayant frappé les Philippines du 29 novembre au 3 décembre s'établit à 1 600 morts.

Hô Chi Minh-Ville, vendredi 10
Atterrissage du premier vol commercial entre les États-Unis et le Vietnam depuis 1975.

Vienne (Autriche), samedi 11
Selon des analyses sanguines, Viktor Iouchtchenko aurait été intoxiqué à la dioxine, administrée par voie orale, c'est-à-dire placée dans sa nourriture.

Rouen, samedi 11
Alfred Petit est condamné à la réclusion criminelle à perpétuité, avec une peine de sûreté de 22 ans, pour le meurtre, en 2001, des époux Roussel.

France, dimanche 12
Tous les TGV sont désormais entièrement non fumeurs.

DÉCÈS

Neuilly, mercredi 1er
Paul-Marie de La Gorce, journaliste (*10.11.1928).

Utrecht, mercredi 1er
Le prince Bernhard des Pays-Bas, père de la reine Beatrix et veuf de la reine Juliana (*29.6.1911).

Héry (Yonne), dimanche 5
Robert Dhéry, acteur et réalisateur (*Robert Fourrey, 27.4.1921).

Bruxelles, lundi 6
Raymond Goethals, entraîneur de football (*7.10.1921).

Le viaduc de Millau enjambe avec élégance la vallée du Tarn

Millau (Aveyron), mardi 14
Lorsqu'il sera ouvert à la circulation, jeudi, le bouchon de Millau, cauchemar des vacanciers en route vers le sud, aura vécu. Il faudra tout de même débourser 4,90 euros l'hiver et 6,50 euros en juillet et en août pour emprunter les 2460 m de ce viaduc qui relie, en enjambant la vallée du Tarn, les plateaux du causse Rouge à ceux du Larzac. Cette œuvre de l'architecte britannique Norman Foster, concepteur du Parlement de Berlin et du Carré d'art de Nîmes, fait l'unanimité sur le plan esthétique. Il constitue aussi une prouesse technique, avec son tablier posé à 270 m au-dessus de la vallée et l'un de ses pylônes culminant à 343 m, ce qui en fait le plus haut du monde. En l'inaugurant aujourd'hui en présence des 800 salariés du groupe français Eiffage, qui l'a érigé, Jacques Chirac a parlé de « nouvel emblème du génie français ». Déjà 500000 touristes sont venus le voir, ébahis devant un ouvrage, qui, selon le vœu de Foster, fusionne avec la nature.

Construit en seulement trois ans pour un coût de 400 millions d'euros, le viaduc de Millau a nécessité 36000 tonnes d'acier et 205000 tonnes de béton. La Compagnie Eiffage du viaduc de Millau (CEVM) en a la concession jusqu'au 31 décembre 2079.

De dures journées pour Tony Blair

Londres, jeudi 16
Tony Blair se serait bien passé d'un tel désaveu. Les Law Lords, ces magistrats de la Chambre des lords constituant la plus haute juridiction britannique, ont sèchement condamné une disposition de la loi antiterroriste, en vertu de laquelle tout étranger soupçonné d'activité terroriste peut être détenu sans jugement de façon illimitée s'il ne peut être renvoyé dans son pays. Onze hommes sont aujourd'hui dans cette situation. Rien n'est plus contraire « aux instincts et aux traditions du peuple du Royaume-Uni », estiment les juges. Hier, c'est David Blunkett, ministre de l'Intérieur, qui avait démissionné. Les journaux avaient révélé qu'il avait fait attribuer un visa permanent à la nourrice philippine du fils de son ancienne maîtresse. Celle-ci, Kimberly Fortier-Quinn, dirige *The Spectator,* magazine très hostile à Tony Blair…

Valéry Giscard d'Estaing en habit vert

L'habit d'académicien de Valéry Giscard d'Estaing est l'œuvre du couturier Lanvin.

Paris, jeudi 16
Élu le 11 décembre 2003 à l'Académie française au fauteuil numéro 16, celui devenu vacant par la mort de Léopold Sédar Senghor, Valéry Giscard d'Estaing a été reçu sous la Coupole, où, suivant la tradition, il a rendu hommage à son prédécesseur, qui s'était défini comme « nègre, poète et francophone ». C'est à Jean-Marie Rouart qu'il revenait de prononcer l'éloge de l'ancien président de la République. Il s'y est adonné avec une certaine liberté de ton, ne taisant ni « les revers [ni] les ombres » de son septennat, ni les sarcasmes que son seul roman, *Le Passage* (1994), avait suscités, ajoutant : « L'Académie est douce aux grands blessés de la critique. » Hier soir, au musée d'Orsay, VGE a reçu son épée d'académicien… qu'il avait déjà : il a repris celle de Polytechnique. Quant au bicorne et à la cape, ils étaient à son père, Edmond, qui fut membre de l'Institut.

Le CSA interdit la chaîne Al-Manar

Paris, vendredi 17
Le Conseil supérieur de l'audiovisuel (CSA) rend son verdict dans l'affaire Al-Manar : il retire à la chaîne de télévision libanaise, proche du Hezbollah, son autorisation de diffusion. Ce n'est pas une surprise. Lundi 13, le Conseil d'État avait exigé d'Eutelsat de cesser de diffuser Al-Manar, au motif que des propos antisémites y étaient proférés. Toutefois, dans un souci d'apaisement, Al-Manar s'était d'elle-même retirée du bouquet Arabsat dès le lendemain. Cela n'a pas suffi à convaincre le CSA de sa bonne volonté : il estime que la chaîne a violé la convention signée le 19 novembre dernier, l'autorisant à être diffusée dans l'Union européenne par Eutelsat. De leur côté, les États-Unis ont aussi interdit Al-Manar aujourd'hui, en tant qu'« organisation terroriste ».

Le 13, à Paris, l'Ukrainien Andreï Chevtchenko reçoit le Ballon d'or *France Football* décerné par un jury de journalistes de 52 pays. L'attaquant du Milan AC a inscrit 102 buts en 5 ans dans le Calcio, le championnat italien.

Bordeaux, lundi 13
Hugues Martin (UMP) est élu maire.

France, lundi 13
Selon un sondage Ifop, 67 % des Français sont opposés à l'entrée de la Turquie dans l'UE.

Le Caire, mardi 14
Israël et l'Égypte signent, sous l'égide des États-Unis, leur premier partenariat commercial et financier.

Cergy-Pontoise, mardi 14
Le rapport final sur l'accident du Concorde qui a fait 113 morts le 25 juillet 2000 confirme que le crash est dû à la présence sur la piste d'une lamelle métallique d'un DC-10 de Continental Airlines.

France, mardi 14
Près de 190000 dossiers de surendettement ont été déposés dans l'année, soit 15 % de plus qu'en 2003.

Varsovie, mardi 14
La Pologne décide de réduire de 2 400 à 1 700 hommes ses forces en Irak à partir du 30 janvier.

Ramallah, mardi 14
Mahmoud Abbas, chef de l'OLP, appelle les Palestiniens à déposer les armes.

Bruxelles, mercredi 15
La Cour de cassation rejette les pourvois formés par Marc Dutroux et son épouse. Leurs condamnations deviennent donc définitives.

Paris, mercredi 15
L'architecte David Mangin est choisi par la mairie de Paris pour coordonner le projet de réaménagement des Halles.

La Turquie négociera son entrée dans l'Union européenne

Bruxelles, vendredi 17
Le Premier ministre turc, Recep Tayyip Erdogan, n'a rien voulu lâcher. Malgré tout, les vingt-cinq chefs d'État ou de gouvernement de l'Union européenne ont accepté le principe de l'ouverture officielle de négociations pour l'entrée de la Turquie dans l'UE. Une date a été fixée : le 3 octobre 2005. D'ici là, Ankara devrait signer le protocole d'extension aux dix nouveaux États membres de l'union douanière qui lie la Turquie à l'UE. Mais ce matin encore, Erdogan a refusé de parapher immédiatement ce texte, qui implique la reconnaissance de Chypre. On imagine pourtant mal, comme l'a expliqué Jacques Chirac, qu'un État tiers « choisisse les États qu'il reconnaît et ceux qu'il ne reconnaît pas ». Les négociations, qui porteront surtout sur les délais de transposition dans le droit turc des 80 000 pages de législation européenne, devraient durer dix ans, fixant l'adhésion à 2015 au plus tôt.

À son arrivée à l'aéroport international Atatürk d'Istanbul, le 18, Recep Tayyip Erdogan est acclamé par des militants du Parti de la justice et du développement (AKP).

Ioukos est dépecé à la sauvette

Moscou, dimanche 19
Le démantèlement prévisible du géant pétrolier russe Ioukos, qui doit au fisc la bagatelle de 27 milliards de dollars, a connu un tournant imprévu avec la vente surprise aux enchères de sa filiale principale, Iouganskneftgaz, pour la somme dérisoire de 9,34 milliards de dollars (alors, qu'au minimum, elle en vaudrait 14). L'acquéreur est inconnu des milieux financiers internationaux, et pour cause : Baïkalfinansgroup a été créé il y a seulement quelques jours par le groupe public russe Rosneft. Nombre d'experts voient la main de Vladimir Poutine dans cette opération, qui serait destinée à maintenir Iouganskneftgaz dans le giron national au moindre coût, dans l'attente d'une cession à Gazprom, le géant du gaz dont l'État russe est le principal actionnaire. Une précision : la vente a duré dix minutes !

Des vents violents font six victimes

France, vendredi 17
Météo France ne s'était pas trompée en émettant ce matin un bulletin d'alerte orange. La tempête, qui a balayé le nord de la France d'ouest en est, a causé la mort de six personnes : deux en Île-de-France, quatre en Picardie. À Paris, dans le XVIe arrondissement, une femme est morte au volant de sa voiture, écrasée par un marronnier. À Vernouillet, dans les Yvelines, un homme a péri en tentant de réparer son toit. Dans l'Oise, l'Aisne et la Somme, ce sont des chutes d'arbres qui ont tué. Ce soir, 200 000 foyers sont toujours privés d'électricité sur un axe allant de la Normandie au Pas-de-Calais. La Force d'intervention rapide électricité, créée par EDF après la tempête de 1999, est mobilisée, même si les phénomènes ne sont pas comparables. Les vents n'ont pas dépassé cette fois 140 km/h contre près de 200 km/h il y a cinq ans.

L'ange de l'opéra italien s'est envolé

*Victime d'une « longue maladie », Renata Tebaldi avait doublé Sophia Loren dans l'adaptation à l'écran d'*Aïda *(1953).*

Saint-Marin, dimanche 19
Arturo Toscanini, qui avait guidé ses débuts, l'appelait « l'Ange ». Celle qui fut sans doute la voix la plus pure et le legato le plus soyeux du XXe siècle s'est éteinte dans la petite République de Saint-Marin, à l'âge de 82 ans. Née le 1er février 1922 à Pesaro, la Tebaldi fit ses débuts à la scène en 1944, dans le *Mefistofele* de Boito. Engagée à la Scala de Milan par Toscanini deux ans après, elle sera une soprano idéale dans Verdi, Puccini et le répertoire vériste. Souvent associée au ténor Mario Del Monaco, elle refusera de chanter dans une autre langue que l'italien, estimant impossible, pour elle, de respecter les nasales du français ou les gutturales de l'allemand sans altérer son timbre. Dans les années cinquante, son chant fut opposé à celui, plus romantique et plus dramatique, de Maria Callas, les admirateurs respectifs des deux divas formant deux clans irréductibles.

Nadjaf et Kerbala sous la terreur

Irak, dimanche 19
Ouverte depuis jeudi, la campagne pour les élections générales prévues en Irak le 30 janvier 2005 a connu un bain de sang qui témoigne de l'extrême gravité des tensions entre chiites et sunnites. Des attaques-suicides dans deux villes saintes du chiisme, Nadjaf et Kerbala, ont fait 66 morts et près de 200 blessés au total. Les dignitaires chiites, à qui l'on prédit un triomphe le 30 janvier, ont exhorté leurs coreligionnaires à ne pas céder à l'esprit de vengeance, afin de ne pas compromettre le processus électoral. Ce dimanche, dans la capitale jordanienne, Amman, le porte-parole de la défense de Saddam Hussein a par ailleurs transmis un appel de l'ancien président, exhortant le peuple irakien à demeurer uni le 30 janvier. Saddam Hussein a rencontré pour la première fois un avocat il y a trois jours.

Colmar, mercredi 15
Lionel Lezeau, 25 ans, est mis en examen et incarcéré pour avoir profané le cimetière d'Herrlisheim.

Strasbourg, mercredi 15
Par 407 voix contre 262, les députés européens demandent l'ouverture de négociations avec la Turquie.

France, mercredi 15
Sortie de *Saraband*, ultime film du cinéaste suédois Ingmar Bergman, avec Liv Ullmann.

Reims, jeudi 16
Le tueur en série Francis Heaulme est condamné à 30 ans de réclusion pour trois meurtres commis en 1988 et 1989 dans la région rémoise.

Bagdad, jeudi 16
Al-Jezira annonce la mort de l'otage italien Salvatore Santoro.

France, vendredi 17
En quatre mois, 43 élèves ont été exclus de leurs écoles en application de la loi sur la laïcité.

Kourou, samedi 18
Lancement par la fusée Ariane 5 du satellite d'observation Hélios 2A.

Pau, samedi 18
Chantal Klimaszewski, 48 ans, et Lucette Gariod, 40 ans, travaillant à l'hôpital psychiatrique de Pau, sont retrouvées sauvagement assassinées.

DÉCÈS

Paris, lundi 13
Françoise Verny, éditrice (*Françoise Delthil, 20.11.1928).

Saint-Marin, dimanche 19
Renata Tebaldi, soprano (*1.2.1922).

Un grand chantier : la cohésion sociale

Paris, lundi 20
Quinze milliards d'euros sur cinq ans : tel est le coût du projet de loi qui vient d'être adopté par le Parlement. Défendu par le ministre de la Cohésion sociale, Jean-Louis Borloo, ce plan a l'ambition de « panser les plaies » sociales du pays. Il prévoit la construction, entre 2005 et 2009, de 500 000 logements locatifs sociaux, dont 90 000 l'an prochain. Les propriétaires privés seront aussi incités à louer leurs biens, de telle manière que 100 000 logements vacants pourraient être remis sur le marché. Afin de lutter contre le chômage, un « contrat avenir » est créé, au bénéfice des allocataires du RMI et de l'ASS. Trois cents Maisons de l'emploi vont voir le jour, qui devront fournir à chaque chômeur un service individualisé. Cette dernière mesure fait perdre *de facto* à l'ANPE son monopole du placement.

La filière islamiste a été démantelée

Madrid, mercredi 22
La commission parlementaire sur les attentats commis le 11 mars à Madrid a achevé ses travaux. Une trentaine de personnes ont été entendues, dont José Maria Aznar, alors Premier ministre, et son successeur, José Luis Zapatero. Son rapport devra établir si Aznar, qui avait privilégié la piste de l'ETA, a délibérément menti. Hier soir, un 19ᵉ suspect a été placé en détention. Âgé de 41 ans, le Marocain Hassan el-Haski, qui avait été arrêté vendredi à Lanzarotte, dans les Canaries, serait, selon le juge Juan del Olmo, « l'un des dirigeants actuels les plus importants » du Groupe islamique combattant marocain (GICM). Il aurait participé « en cette qualité à la conception, à la préparation et à la réalisation effective des attentats ». Et, toujours selon le juge, il venait de créer une nouvelle cellule terroriste.

Le dimanche 26, à Vilnius (Lituanie), le 29ᵉ marathon de Noël est couru par plusieurs centaines de pères Noël de tous âges ! Un hommage désormais traditionnel au héros préféré des enfants, dont le folklore a été fixé aux États-Unis au XIXᵉ siècle mais dont l'origine remonte à la plus ancienne mythologie européenne. Le père Noël est en effet un avatar à la fois du bon saint Nicolas chrétien et du non moins généreux dieu gaulois Gargan, qui réapparaîtra sous la plume de Rabelais sous le nom illustre de Gargantua…

Christian Chesnot et Georges Malbrunot sont libres

Georges Malbrunot (à gauche) et Christian Chesnot sont de retour en compagnie de Michel Barnier, ministre des Affaires étrangères, qui est allé les chercher à Chypre.

Villacoublay, mercredi 22
Jacques Chirac, en vacances au Maroc, est rentré d'urgence pour accueillir les deux ex-otages, Christian Chesnot et Georges Malbrunot, enlevés le 20 août en Irak. Remis hier aux autorités françaises, à Bagdad, dans des conditions qui n'ont pas été révélées, les deux journalistes ont été conduits ce matin à Chypre à bord d'un C-130 Hercules affecté à la DGSE (Direction générale de la sécurité extérieure), puis rapatriés sur un Falcon 900 qui a atterri à 18 h 30 à Villacoublay, où les attendaient leurs familles, le chef de l'État, le chef du gouvernement et plusieurs ministres. Vêtus de blousons kaki, tous deux sont apparus éprouvés mais en bonne santé. Dans un communiqué diffusé hier, l'Armée islamique en Irak a donné trois raisons à leur libération : le fait qu'ils « n'espionnaient pas pour [...] les forces américaines » ; les appels lancés par nombre d'institutions musulmanes à travers le monde ; enfin « l'attitude du gouvernement français sur la question irakienne ». Tous ces éléments étaient pourtant connus dès août. Pourquoi alors les avoir gardés si longtemps ? Les deux hommes ne semblent pas le savoir non plus. Georges Malbrunot a confié toutefois que, le 8 novembre, il avait craint pour leur vie, leurs ravisseurs leur ayant dit que la France « ne voulait pas aboutir sur le voile et les autres problèmes ». Quels étaient donc ces « autres » enjeux ? Le gouvernement certifie en tout cas qu'aucune rançon n'a été versée. Et Jacques Chirac a félicité publiquement, ce qui est rare, les services secrets français pour leur action. Ce soir, les ex-otages ont été emmenés dans une base de la DGSE, où ils seront « débriefés ». Puis ils passeront Noël en famille.

Sens, lundi 20
Jean-Pierre Treiber est mis en examen pour assassinats dans l'enquête sur la mort de Géraldine Giraud et de Katia Lherbier.

Belfast, lundi 20
Un hold-up à la Northern Bank rapporte 31,4 millions d'euros à ses auteurs. Il s'agit du plus grand casse commis dans le monde depuis 1987.

Budapest, lundi 20
Le Parlement hongrois ratifie la Constitution européenne.

Mossoul, mardi 21
Une attaque contre une base militaire américaine fait 22 morts, dont 19 Américains, et 72 blessés.

Paris, mercredi 22
Les députés adoptent le projet de loi créant une Haute Autorité de lutte contre les discriminations et pour l'égalité (Halde).

France, mercredi 22
Grégory Lemarchal, 21 ans, est le premier garçon à remporter une édition de la Star Academy (TF1).

Moscou, jeudi 23
Vladimir Poutine dénonce les « révolutions permanentes » dans les pays frontaliers de la Russie.

Monde, lundi 27
Dans un message audio diffusé par Al-Jezira, Oussama Ben Laden appelle les Irakiens à boycotter les élections du 30 janvier.

Ukraine, lundi 27
Heorhiy Kirpa, ministre ukrainien des Transports, est retrouvé mort par balles dans sa datcha de la région de Kiev.

Iouchtchenko est aux portes du pouvoir

Dès dimanche soir, Viktor Iouchtchenko a célébré sa victoire au siège de Notre Ukraine, à Kiev, avec son épouse, Katerina (à g.), et la députée Yulia Timochenko (au centre).

Kiev, mercredi 29
Viktor Iouchtchenko a demandé à ses partisans de se mobiliser et d'investir à nouveau la place de l'Indépendance, pour procéder au blocus du bâtiment qui abrite le siège du gouvernement. Car Viktor Ianoukovitch n'entend pas reconnaître sa défaite devant son rival « vendu aux puissances étrangères ». Les résultats sont pourtant nets : lors de la présidentielle organisée dimanche, Iouchtchenko a obtenu 51,99 % des voix. Et le scrutin a été cette fois « libre et équitable », selon Bruce George, chef de la mission de l'OSCE qui disposait de 12 000 observateurs, sans nier qu'il y ait eu encore quelques irrégularités. La commission électorale centrale ne peut toutefois pas proclamer la victoire officielle de l'opposant tant que la Cour suprême n'a pas statué sur les quatre recours déposés par Ianoukovitch.

La justice poursuit Julia et son équipe

Paris, mercredi 29
L'information judiciaire, ouverte par le parquet de Paris, vise nommément le député UMP de Seine-et-Marne Didier Julia et deux de ses collaborateurs. Ceux-ci, Philippe Evano et Philippe Brett, ont été mis en examen, à l'issue de 48 heures de garde à vue, pour « intelligence avec une puissance étrangère ». Il s'agit de la Côte d'Ivoire, qui avait financièrement pris en charge leur voyage au Proche-Orient. Ils ont été placés sous contrôle judiciaire. Quant à Didier Julia, il sera interrogé par le juge Bruguière. Après avoir échoué à libérer les otages français en Irak, tous trois avaient été accusés d'avoir entravé les négociations avec les ravisseurs. Une accusation qu'ils avaient retournée contre le ministre des Affaires étrangères, Julia traitant même Barnier de ministre « complètement nul ».

Le 26, l'immeuble situé au 12, rue de la Martre, à Mulhouse (Haut-Rhin), est soufflé par une violente explosion, vraisemblablement due au gaz. Dix-sept corps seront retirés des décombres. Le 27, une information judiciaire est ouverte pour homicides involontaires.

La succession de Yasser Arafat lancée

Ramallah, dimanche 26
La campagne pour l'élection, dimanche 9 janvier 2005, du prochain président de l'Autorité palestinienne, est ouverte officiellement. Sept candidats sont en lice pour succéder à Yasser Arafat. Mais Mahmoud Abbas, candidat du Fatah et patron de l'OLP, est le grand favori. D'autant que le seul homme capable de lui disputer les suffrages, Marwan Barghouti, a finalement retiré sa candidature, en dépit de la popularité dont il jouit depuis la cellule israélienne où il purge plusieurs peines de prison à perpétuité. Le Hamas, qui a recueilli pourtant quelques succès significatifs aux municipales qui se sont déroulées jeudi en Cisjordanie, ne lui fera pas, lui non plus, de l'ombre : le mouvement phare de l'Intifada boycotte le scrutin présidentiel. Scrutin que les Israéliens se sont engagés à ne pas entraver et qui sera placé sous surveillance internationale : l'ex-Président américain Jimmy Carter en sera l'observateur n° 1.

À la basilique de la Nativité, à Bethléem, Mahmoud Abbas a assisté à la messe de Noël, dont Arafat était privé depuis 2001.

De l'argent pour les pays dévastés

Washington, vendredi 31
Lundi, le secrétaire général adjoint de l'ONU, le Norvégien Jan Egeland, n'a pas mâché ses mots en dénonçant la « pingrerie » de certains pays riches. Les États-Unis, qui avaient annoncé une aide financière de 35 millions de dollars aux pays d'Asie ravagés par le raz de marée de dimanche dernier, se sont sentis directement visés : ils ont en effet décidé de décupler leur aide en la portant à 350 millions de dollars. C'est toutefois moins que le Japon, qui s'est engagé à débloquer 500 millions de dollars, et un peu moins que tous les pays de l'Union européenne réunis, la France apportant une contribution de 41,3 millions d'euros. À l'initiative de l'UE et avec l'accord de Washington, une conférence des pays donateurs se tiendra, en principe, le 11 janvier 2005 à Genève. Un moratoire de la dette des pays concernés y sera discuté.

Ziguinchor (Sénégal), jeudi 30
La signature d'un accord de paix entre le gouvernement sénégalais et Augustin Diamacoune Senghor, chef du MFDC, Mouvement des forces démocratiques de Casamance, pourrait clore 22 ans de conflit.

France, jeudi 30
Selon Christian Chesnot, l'un des geôliers irakiens des journalistes français était l'ancien garde du corps d'Abed Hamid Hmoud, secrétaire particulier de Saddam Hussein.

Buenos Aires, jeudi 30
Un incendie fait 177 morts et 889 blessés dans la discothèque República Cromagnon.

Paris, vendredi 31
Jacques Chirac propose la création d'une « force humanitaire de réaction rapide » sur le modèle des Casques bleus de l'ONU.

France, vendredi 31
Selon l'avocate de la famille Giraud, Géraldine Giraud et Katia Lherbier sont mortes empoisonnées.

Kiev, vendredi 31
Viktor Ianoukovitch démissionne du poste de Premier ministre, mais il fait appel du rejet de ses recours.

Irak, vendredi 31
904 soldats américains sont morts en 2004 dans le pays.

DÉCÈS

New York, mardi 28
Susan Sontag, écrivain (*16.1.1933).

Los Angeles, jeudi 30
Artie Shaw, clarinettiste de jazz, (*Arthur Arshawsky, 23.5.1910).

Le raz de marée a déjà fait près de 130 000 morts

Asie, vendredi 31
L'ampleur de la catastrophe ne sera pas connue avant janvier 2005. Mais les chiffres n'ont cessé de grossir jour après jour. Ce soir, ce sont déjà plus de 127 000 morts que dénombrent les États touchés et les ONG. Selon la FICR (Fédération internationale des sociétés de la Croix-Rouge et du Croissant-Rouge), le bilan définitif risque d'être encore beaucoup plus lourd. C'est une gigantesque vague, avançant à des vitesses allant de 500 à 800 km/h et atteignant jusqu'à une dizaine de mètres de hauteur, qui a ravagé les côtes de l'Asie du Sud et du Sud-Est, dimanche 26, peu après 7 heures du matin (heure locale). En quelques minutes, des villes entières étaient détruites par les eaux. Cette vague était un tsunami, ce vocable japonais désignant un raz de marée provoqué par une secousse sismique. C'est très exactement ce qui est arrivé. Le séisme, dû au contact de deux plaques tectoniques, la plaque indo-australienne et la plaque eurasienne, s'est produit au nord de l'île indonésienne de Sumatra, avec 9,0 de magnitude sur l'échelle ouverte de Richter : l'énergie ainsi libérée a littéralement soulevé l'océan Indien. L'Indonésie est évidemment le pays le plus cruellement éprouvé, avec au moins 80 000 victimes pour la seule province d'Aceh (Sumatra), proche de l'épicentre. Ensuite viennent le Sri Lanka (plus de 25 000 morts), le sud-est de l'Inde (13 000 morts) et la Thaïlande (4 000 à 5 000 morts), et aussi, dans des proportions toutefois moins effrayantes, les Maldives, la Birmanie, la Malaisie et le Bangladesh. La vague géante s'est propagée jusqu'en Afrique de l'Est, où près de 200 personnes auraient été tuées. Des dizaines de milliers de touristes, venus passer leurs vacances d'hiver dans cette partie du monde, ont été surpris par le tsunami, en Thaïlande notamment où le Sofitel de Khao Lak a été soufflé. Les Français ayant péri dans la catastrophe sont ce soir officiellement 22, mais, compte tenu des centaines de ceux dont on reste toujours sans nouvelles, Renaud Muselier, le secrétaire d'État aux Affaires étrangères, craint que l'on ait à déplorer 150 à 250 morts. Le bilan s'annonce inquiétant pour les Suédois, avec plus de 5 500 disparus, et les Allemands, la plupart en Thaïlande : le chancelier allemand Gerhard Schröder s'est adressé hier soir à ses compatriotes pour les préparer à la disparition possible de plus de 1 000 des leurs. Au Sri Lanka, son prédécesseur, Helmut Kohl, a dû être évacué par hélicoptère. La question qui se pose d'ores et déjà est de savoir si la tragédie pouvait être limitée. Tous les spécialistes en sont aujourd'hui convaincus. S'il n'est certes pas possible d'empêcher un tsunami de naître et de déferler, il existe des systèmes d'alerte qui laissent aux populations menacées quelques minutes pour se mettre à l'abri : ces systèmes, que le Japon et les États-Unis mettent en œuvre dans le Pacifique, sont inexistants dans ces régions très pauvres et peu accoutumées à ce phénomène, il est vrai, contrairement aux Japonais : on a vu des foules entières se laisser engloutir, fascinées par le spectacle de la vague... Dans les zones les plus touristiques, c'est aussi la course au profit qui est de plus en plus mise en cause. Pour édifier au moindre coût des complexes en bord de mer, on a en effet détruit des mangroves, ces tissus très denses de palétuviers qui se développent dans les vasières du littoral, constituant une véritable barrière naturelle. La leçon sera-t elle retenue ? En attendant, l'heure est à la solidarité internationale. Les secours médicaux et l'aide alimentaire ont commencé à arriver lundi, malgré des difficultés de distribution dues au chaos résultant de la catastrophe. De plus, l'Organisation mondiale de la santé (OMS) redoute l'apparition d'épidémies qui, selon elle, pourraient faire 50 000 victimes supplémentaires.

Quelques minutes après le passage du tsunami, les premiers cadavres des victimes sont emportés pour être incinérés, afin de limiter au maximum les risques d'épidémie. C'était dimanche 26, à Madras, capitale du Tamil Nadu, en Inde.

Lundi 27, l'identification des cadavres commençait à Banda Aceh, la capitale de la province indonésienne d'Aceh.

Les adieux

Ingrid Thulin

Stockholm, 7 janvier
Venue du théâtre, la Suédoise Ingrid Thulin (*27.1.1926) fut révélée dans les films d'Ingmar Bergman qui, dans *Le Visage* (1958), *Le Silence* (1963) ou *Cris et chuchotements* (1972), tira un parti magistral de sa sensualité et de son intelligence. Elle tourna aussi sous la direction d'Alain Resnais (*La guerre est finie,* 1966) et de Luchino Visconti (*Les Damnés,* 1969).

Olivier Guichard

Paris, 20 janvier
Authentique baron mais aussi baron du gaullisme, Olivier Guichard fut le chef de cabinet (1951-1958) du général de Gaulle, qui en fit son ministre de l'Industrie (1967). En charge, après 1968, de l'Éducation nationale (1969-1972), il deviendra garde des Sceaux sous Giscard (1976-1977). Ce Girondin (*27.7.1920) avait fait des Pays de la Loire son fief électoral.

Helmut Newton

23 janvier, page 9

Marco Pantani

14 février, page 17

Alex Métayer

Paris, 21 février
Clarinettiste, chanteur, humoriste au trait corrosif (« Certains bas de laine se font avec la machine à tripoter »), Alex Métayer (*19.3.1930) a enchanté la scène française avec des spectacles comme *L'Opéra comique* (1993) ou *Alex perd la tête* (2000). Affectionnant les costumes blancs, il a réalisé deux films, *Le bonheur se porte large* (1987) et *Mohamed Bertrand Duval* (1991).

Claude Nougaro

4 mars, page 25

Ludmila Tchérina

Paris, 21 mars
Née le 10 octobre 1924 en Grèce, fille d'un prince russe et de son vrai nom Monika Tchemerzine, cette danseuse de formation classique fit ses débuts en 1939 aux Ballets de Monte-Carlo. Son instinct dramatique fit merveille dans des ballets créés par Roland Petit ou par Maurice Béjart (*Salomé,* 1968). Ludmila Tchérina s'est aussi consacrée à la peinture et à la sculpture.

Peter Ustinov

Bursins (Suisse), 28 mars
Personnalité éclectique, épicurienne et mondaine, Peter Ustinov a personnifié l'humour britannique, à la fois comme auteur dramatique (*L'Amour des quatre colonels,* 1951) et comme acteur. Au cinéma, il a été un excellent Hercule Poirot (*Mort sur le Nil,* 1978). Il a réalisé lui-même plusieurs films, dont le superbe *Billy Budd* (1962), d'après Herman Melville. Élu en 1987 à l'Académie des Beaux-Arts (en tant que membre étranger), il était né le 16 avril 1921 à Londres.

Juanito Valderrama

Jaén (Andalousie), 12 avril
La voix aiguë, le timbre plutôt grêle, Juanito Valderrama (*25.5.1916) fut, dans les années trente et quarante, l'un des rénovateurs du flamenco. Il a chanté avec sensibilité des *bulérias* et des *soleares,* souvent accompagné à la guitare par Ramón Montoya.

José Giovanni

Lausanne, 24 avril
C'est sur le conseil de Roger Nimier que José Giovanni (*22.6.1923) entra en littérature en transposant, dans *Le Trou* (1957), son expérience d'ancien condamné à mort. Devenu un pilier de la Série Noire, il verra ses romans adaptés à l'écran par Jacques Becker, Jean-Pierre Melville ou Claude Sautet. Devenu lui-même réalisateur, il signera une vingtaine de films dont quelques réussites, tels *La Loi du survivant* (1967) et *Mon Père* (2001).

Paul Guimard

Hyères, 2 mai
Influencé par Jean Giraudoux à qui il a d'ailleurs consacré un intéressant essai (*Giraudoux ? Tiens…,* 1988), ce romancier très français tant par son style que par son inspiration a donné au hasard un rôle dramatique majeur. Paul Guimard (*3.3.1921) a connu le succès avec *Rue du Havre* (1957, prix Interallié), *L'Ironie du sort* (1961) et *Les Choses de la vie* (1967), couronné par le prix Goncourt.

Marius Constant

Paris, 15 mai
Compositeur français d'origine roumaine, Marius Constant (*7.2.1925) a laissé une œuvre inventive, qui doit autant à Schoenberg qu'à Debussy. Il a écrit des œuvres pour orchestre, des drames lyriques (*Teresa,* 1995, sur le marquis de Sade) et des ballets pour Roland Petit (*Éloge de la folie,* 1966). Il fut un efficace avocat de la musique contemporaine en dirigeant les programmes de France Musique (1963-1967) et comme chef d'orchestre.

Elvin Jones

Englewood (New Jersey), 18 mai
Figure importante du jazz moderne, Elvin Jones (*9.9.1927) a été de 1960 à 1965 le batteur du quartette de John Coltrane, révélant toute la puissance de son génie rythmique et un sens peu commun des timbres. Au début des années quatre-vingt, il a créé l'Elvin Jones Jazz Group.

Nicolaï Ghiaurov

Modène (Italie), 2 juin
Une voix de bronze et une présence en scène impressionnante ont permis à cette basse bulgare (*13.9.1929) de triompher dans les opéras de Gounod *(Faust),* de Massenet *(Don Quichotte)* et de Moussorgski *(Boris Godounov),* sous la direction des plus grands chefs (Karajan, Abbado, Muti, Giulini). Il avait épousé la célèbre soprano italienne Mirella Freni en 1981.

Nino Manfredi

Rome, 4 juin
Acteur de théâtre et de cinéma, Nino Manfredi (*22.3.1921) a marqué de son empreinte la comédie « à l'italienne », dans les films de Dino Risi notamment (*Une poule, un train… et quelques monstres,* 1969). Il a également brillé dans des registres plus graves (*À cheval sur le tigre,* de Luigi Comencini, 1961) et signé plusieurs films (*Miracle à l'italienne,* 1971).

Ronald Reagan

5 juin, page 58

Odette Laure

Paris, 10 juin
Chanteuse de cabaret et de music-hall, puis actrice de théâtre et de cinéma, Odette Laure (*28.2.1917) a exprimé un vif tempérament populaire dans des pièces de Robert Lamoureux ou de Jean Poiret, dans des films comme *Le Viager* de Pierre Tchernia (1972) et dans de nombreux téléfilms. Elle fut remarquable dans *Daddy nostalgie* de Bertrand Tavernier (1990) et dans *La Dilettante* de Pascal Thomas (1998).

Ray Charles

10 juin, page 60

Marcel Jullian

28 juin, page 66

Georges de Caunes

28 juin, page 66

■ **MARLON BRANDO**
1er juillet, page 70

■ **JEAN LEFEBVRE**
9 juillet, page 73

■ **CARLOS KLEIBER**

Konjsica (Slovénie), 13 juillet
Fils du chef d'orchestre Erich Kleiber, Carlos Kleiber (*3.7.1930) a suivi les traces de son père en portant au plus haut point le souci de perfection. Il a mené une carrière totalement indépendante, voire capricieuse, s'attirant autant de haine que d'admiration. Il a donné toute la mesure de son art dans les opéras de Wagner, d'Alban Berg et de Richard Strauss.

■ **ANDRÉ CASTELOT**
18 juillet, page 75

■ **SACHA DISTEL**
22 juillet, page 76

■ **SERGE REGGIANI**
23 juillet, page 77

■ **MADELEINE ROBINSON**

Lausanne, 1er août
Née Madeleine Svoboda (*5.11.1917), cette grande dame avait été ouvrière dès l'âge de 14 ans avant de débuter sur les planches, sous le magistère de Charles Dullin. Éblouissante dans les pièces de Jean Cocteau, de Tennessee Williams ou d'Edward Albee, elle ne le fut pas moins au cinéma (*Lumière d'été*, de Jean Grémillon, 1943 ; *Douce*, de Claude Autant-Lara, 1943).

■ **HENRI CARTIER-BRESSON**
3 août, page 83

■ **JACQUES DOUAI**
Paris, 7 août
Issu des mouvements de jeunesse de Vichy, Gaston Tanchon (*11.12.1920) prit le pseudonyme de Jacques Douai pour populariser la chanson traditionnelle française (*Colchique dans les prés*) ou le répertoire moderne (*File la laine*, *Les Feuilles mortes*). Il a dirigé longtemps le Théâtre du Jardin, au Jardin d'acclimatation, à Paris.

■ **GÉRARD SOUZAY**
Antibes, 17 août
De son vrai nom Gérard Tisserand, ce baryton angevin (*8.12.1918) s'est imposé comme l'un des plus grands mélodistes du XXe siècle, excellant par son phrasé chaleureux dans les œuvres de Ravel, Poulenc ou Fauré. Il fut aussi, à la scène, un remarquable interprète de l'*Orphée* de Gluck, de *Pelléas et Mélisande* de Debussy, de *La Damnation de Faust* de Berlioz ou de *Tannhäuser* de Wagner.

■ **JEAN-DANIEL POLLET**
Cadenet (Vaucluse), 9 septembre
Cinéaste indépendant au sens le plus noble du terme, Jean-Daniel Pollet (*20.6.1936) s'est partagé entre une veine populiste douce-amère, représentée par un film comme *L'amour c'est gai, l'amour c'est triste* (1968) et des ambitions plus expérimentales, dont *Méditerranée* (1963) a offert un étonnant exemple.

■ **FRANÇOISE SAGAN**
24 septembre, pages 98 et 100-101

■ **RICHARD SAINCT**
29 septembre, page 99

■ **RICHARD AVEDON**
San Antonio (Texas), 1er octobre
Portraitiste d'Andy Warhol, Charles Chaplin, Marilyn Monroe ou encore, cette année, de John Kerry, ce photographe américain (*15.5.1923) a été l'un des maîtres du noir et blanc. Ennemi de la sophistication, Richard Avedon a fait œuvre novatrice dans la photo de mode et signé un reportage resté célèbre sur la guerre du Vietnam.

■ **JANET LEIGH**

San Francisco (Californie), 3 octobre
Jeanette Helen Morrison (*6.7.1927) était une petite chanteuse débutante quand elle fut découverte et lancée par la MGM sous le pseudonyme de Janet Leigh. Cette jolie blonde devint alors l'héroïne ingénue de comédies et de films à costumes hollywoodiens avant d'être employée dans *La Soif du mal* par Orson Welles (1958) et dans *Psychose* (1960) par Alfred Hitchcock.

■ **JACQUES DERRIDA**

Paris, 9 octobre
Jouissant d'une notoriété médiatique considérable, ce philosophe français né à Tunis le 15 juillet 1930 a tenté de repenser la métaphysique occidentale en la soumettant à une relecture qu'il a qualifiée de « déconstruction ». Une démarche jugée stérile par ses adversaires et rafraîchissante par ses admirateurs, qui y voient la possibilité de fonder un nouvel humanisme.

■ **CHRISTOPHER REEVE**
Mount Kisco (New York), 10 octobre
Formé à la célèbre Juilliard School de New York, pépinière de comédiens, Christopher Reeve (*25.9.1952) a été propulsé au statut de star en jouant le rôle-titre de *Superman* (1978). Un accident de cheval, en 1995, le laissa tétraplégique. Il fonda alors la Christopher Reeve Paralysis Foundation pour promouvoir les recherches sur les lésions de la moelle épinière.

■ **PIERRE SALINGER**

Cavaillon, 16 octobre
Né américain de père allemand et de mère française (*14.6.1925), le journaliste Pierre Salinger fut l'attaché de presse du Président John F. Kennedy. Très francophile, il s'établit en France en 2000, refusant de demeurer dans un pays dirigé par George W. Bush. Il a publié de nombreux ouvrages, dont *Avec Kennedy* (1966).

■ **A.D.G.**
Paris, 1er novembre
Comme il s'appelait Alain Fournier (*19.12.1947), il prit un pseudonyme pour signer ses romans policiers : ce fut le mystérieux A.D.G. Anarchiste et réactionnaire, il fut l'un des rénovateurs du genre, par son enracinement provincial et la saveur de son style. Parmi ses chefs-d'œuvre, il faut citer l'émouvant *Pour venger pépère* (1980) et *Kangouroad Movie* (2003).

■ **YASSER ARAFAT**
11 novembre, page 113

■ **PHILIPPE DE BROCA**
Neuilly-sur-Seine, 26 novembre
Une fantaisie parfaitement maîtrisée et un goût très sûr caractérisent les films de ce cinéaste qui savait divertir intelligemment : du *Farceur* (1961) au *Bossu* (1997) en passant par le très brillant *Homme de Rio* (1963) et par *Le Magnifique* (1973), il n'aura jamais déçu son public (*15.3.1933).

■ **ROBERT DHÉRY**

Héry (Yonne), 5 décembre
Fondateur, avec Colette Brosset (son épouse, photographiée ci-dessus avec lui) de la troupe des Branquignols, Robert Dhéry a transposé au cinéma un comique burlesque où l'absurde et le non-sens sont rois. Lui-même excellent acteur, Dhéry (*27.4.1921) s'est ainsi révélé un cinéaste inventif et facétieux : *Les Branquignols* (1950), *La Belle Américaine* (1961), etc.

■ **RENATA TEBALDI**
19 décembre, page 126

CÉSARS 2004

21 février

- **César du meilleur film de l'année**
  Les Invasions barbares
  Denys Arcand
- **César du meilleur réalisateur**
  Les Invasions barbares
  Denys Arcand
- **César du meilleur acteur**
  Monsieur Ibrahim et les fleurs du Coran
  Omar Sharif
- **César de la meilleure actrice**
  Stupeur et tremblements
  Sylvie Testud
- **César du meilleur acteur dans un second rôle**
  Pas sur la bouche
  Darry Cowl
- **César de la meilleure actrice dans un second rôle**
  La Petite Lili
  Julie Depardieu
- **César du meilleur jeune espoir masculin**
  Bon Voyage
  Gregori Derangère
- **César du meilleur jeune espoir féminin**
  La Petite Lili
  Julie Depardieu
- **César du meilleur film de l'Union européenne**
  Good bye Lenin !
  Wolfgang Becker
- **César du meilleur film étranger**
  Mystic River
  Clint Eastwood
- **César du meilleur scénario original ou adaptation**
  Les Invasions barbares
  Denys Arcand
- **César de la meilleure première œuvre de fiction**
  Depuis qu'Otar est parti...
  Julie Bertucelli
- **César du meilleur court-métrage**
  L'Homme sans tête
  Juan Solanas
- **César de la meilleure musique écrite pour un film**
  Les Triplettes de Belleville
  Benoît Charest
- **César de la meilleure photo**
  Bon Voyage
  Thierry Arbogast
- **César du meilleur décor**
  Bon Voyage
  Catherine Leterrier
  Jacques Rouxel
- **César du meilleur son**
  Pas sur la bouche
  Gérard Hardy, Gérard Lamps et Jean-Marie Blondel
- **César du meilleur montage**
  Un couple épatant, Cavale, Après la vie
  Valérie Loiseleux, Ludo Troch et Danielle Anezin
- **César du meilleur costume**
  Pas sur la bouche
  Jackie Budin

OSCARS 2004

29 février

- **Oscar du meilleur film**
  Le Seigneur des anneaux : le Retour du roi
  Peter Jackson
- **Oscar du meilleur acteur**
  Mystic River
  Sean Penn
- **Oscar de la meilleure actrice**
  Monster
  Charlize Theron
- **Oscar de la meilleure actrice dans un second rôle**
  Retour à Cold Mountain
  Renée Zellweger
- **Oscar du meilleur acteur dans un second rôle**
  Mystic River
  Tim Robbins
- **Oscar du meilleur réalisateur**
  Le Seigneur des anneaux : le retour du roi
  Peter Jackson
- **Oscar du meilleur film d'animation**
  Le Monde de Nemo
  Andrew Stanton
- **Oscar du meilleur film documentaire**
  The Fog of War
  Errol Morris et Michael Williams
- **Oscar du meilleur film étranger**
  Les Invasions barbares (Canada)
  Denys Arcand
- **Oscar de la meilleure musique**
  Le Seigneur des anneaux : le retour du roi
  Christopher Boyes, Michael Semanick, Michael Hedges et Hammond Peek
- **Oscar de la meilleure chanson**
  Le Seigneur des anneaux : le retour du roi
  Into the West
  Paroles et musique de Fran Walsh, Howard Shore et Annie Lennox
- **Oscar de la meilleure photographie**
  Master and Commander : De l'autre côté du monde
  Russell Boyd
- **Oscar de la meilleure direction artistique**
  Le Seigneur des anneaux : le retour du roi
  Grant Major, Dan Hennah et Alan Lee
- **Oscar des meilleurs costumes**
  Le Seigneur des anneaux : le retour du roi
  Ngila Dickson et Richard Taylor
- **Oscar du meilleur maquillage**
  Le Seigneur des anneaux : le retour du roi
  Richard Taylor et Peter King
- **Oscar des meilleurs effets spéciaux**
  Le Seigneur des anneaux : le retour du roi
  Jim Rygiel, Joe Letteri, Randall William Cook et Alex Funke
- **Oscar du meilleur scénario original**
  Lost in Translation
  Sofia Coppola
- **Oscar du meilleur scénario d'adaptation**
  Le Seigneur des anneaux : le retour du roi
  Fran Walsh, Philippa Boyens et Peter Jackson
- **Oscar du meilleur montage**
  Le Seigneur des anneaux : le retour du roi
  Jamie Selkirk
- **Oscar du meilleur son**
  Le Seigneur des anneaux : le retour du roi
  Christopher Boyes, Michael Semanick, Michael Hedges et Hammond Peek
- **Oscar du meilleur montage son**
  Master and Commander : De l'autre côté du monde
  Richard King
- **Oscar du meilleur court-métrage**
  Two Soldiers
  Aaron Schneider et Andrew J. Sacks
- **Oscar du meilleur court-métrage documentaire**
  Chernobyl Heart
  Maryann DeLeo
- **Oscar du meilleur court-métrage d'animation**
  Harvie Krumpet
  Adam Elliot
- **Oscar d'honneur pour l'ensemble de sa carrière**
  Blake Edwards

VICTOIRES DE LA MUSIQUE 2004

28 février

- **Groupe/Artiste révélation de l'année**
  Kyo
- **Groupe/Artiste révélation scène de l'année**
  Kyo
- **Album révélation de l'année**
  Le Chemin (Kyo)
- **Groupe/Artiste interprète masculin de l'année**
  Calogero
- **Groupe/Artiste interprète féminine de l'année**
  Carla Bruni
- **Album de chansons/variétés de l'année**
  Les Risques du métier (Bénabar)
- **Album pop/rock de l'année**
  Tu vas pas mourir de rire (Mickey 3D)
- **Album rap/hip-hop de l'année**
  Brut de femme (Diam's)
- **Album reggae/ragga/world de l'année**
  Voz d'amor (Cesaria Evora)
- **Album de musiques électroniques/groove/dance de l'année**
  Émilie Simon (Émilie Simon)
- **Album de musique originale de cinéma ou de télévision de l'année**
  Googbye Lenin! (Yann Tiersen)
- **Chanson originale de l'année**
  Respire (Mickey 3D)
- **Spectacle musical/tournée/concert de l'année**
  Pascal Obispo, *Fan* en tournée
- **Vidéo-clip de l'année**
  Respire (Mickey 3D)

MOLIÈRES 2004

19 avril

- **Meilleur spectacle public**
  Comme en 14 !
  Dany Laurent
- **Meilleur spectacle privé**
  L'Hiver sous la table (Atelier de Paris)
  Topor
- **Meilleur spectacle de création française**
  Comme en 14 !
- **Meilleur spectacle de divertissement**
  L'amour est enfant de salaud (Théâtre Tristan-Bernard)
- **Meilleur spectacle de théâtre en région**
  L'Opéra de quat'sous (TNP Villeurbanne)
  Brecht et Weill
- **Meilleur auteur francophone**
  Portrait de famille
  Denise Bonal
- **Meilleur adaptateur d'une pièce étrangère**
  L'amour est enfant de salaud
  Michel Blanc
- **Meilleur metteur en scène**
  L'Hiver sous la table
  Zabou Breitman
- **Meilleure comédienne**
  L'Hiver sous la table
  Isabelle Carré
- **Meilleur comédien**
  L'Hiver sous la table
  Dominique Pinon
- **Meilleure comédienne dans un second rôle**
  L'Inscription
  Martine Sarcey
- **Meilleur comédien dans un second rôle**
  Signé Dumas
  Thierry Fremont
- **Révélation théâtrale féminine**
  Comme en 14 !
  Marie Vincent
- **Révélation théâtrale masculine**
  Roberto Zucco
  Xavier Gallais
- **Meilleur décorateur**
  L'Hiver sous la table
  Jacques Gabel
- **Meilleur créateur de costumes**
  Fables de La Fontaine (Comédie-Française)
  Moidele Bickel
- **Meilleure lumière**
  L'Hiver sous la table
  André Diot

PRIX LITTÉRAIRES 2004

- **Grand Prix du roman de l'Académie française** (28 octobre)
  Court Serpent (Gallimard)
  Bernard du Boucheron
- **Prix Femina** (3 novembre)
  Une vie française (L'Olivier)
  Jean-Paul Dubois
- **Prix Femina du roman étranger**
  Sang impur (Phébus)
  Hugo Hamilton
- **Prix Femina de l'essai**
  L'Indiscrétion des frères Goncourt (Grasset)
  Roger Kempf
- **Prix Médicis** (3 novembre)
  La Reine du silence (Gallimard)
  Marie Nimier
- **Prix Médicis du roman étranger**
  Histoire d'une vie (L'Olivier)
  Aharon Appelfeld
- **Prix Médicis de l'essai**
  Aurore et George (Albin Michel)
  Diane de Margerie
- **Prix Goncourt** (8 novembre)
  Le Soleil des Scorta (Actes Sud)
  Laurent Gaudé
- **Prix Goncourt des lycéens**
  Un secret (Grasset)
  Philippe Grimbert
- **Prix Renaudot** (8 novembre)
  Suite française (Denoël)
  Irène Némirovsky (posthume)
- **Prix Renaudot de l'essai**
  Madame Proust (Grasset)
  Évelyne Bloch-Dano
- **Prix Décembre** (9 novembre)
  Sarinagara (Gallimard)
  Philippe Forest
- **Prix Interallié** (16 novembre)
  La Fascination du pire (Flammarion)
  Florian Zeller
- **Prix de Flore** (8 novembre)
  Autobiographie érotique (Rivages)
  Bruce Benderson
- **Prix Femina du centenaire pour l'ensemble de son œuvre** (14 décembre)
  Simon Leys

A

B

Index général

Index général

Index général

France

Index général

Index général

Index général

Index icono

Malgré toute l'attention qui a été apportée à cet index, des erreurs ont pu être commises. Dans ce cas, nous demandons au propriétaire du copyright de bien vouloir nous en excuser et de nous notifier la correction aux fins de rectifications. La position des images est indiquée par des lettres : h = haut, b = bas, g = gauche, d = droite, m = milieu.

1re de couverture – hg : Hussein Hussein/Sipa – hhm : Lilo/Sipa – hm : Genevieve Engel – hd : Armando Franca/AP/Sipa – bg : Vogelzang Leo/Gamma – mg : Philippe Antonello/Epa/Sipa – mm : Rudling/Sipa – md : AFP/Al-Jazeera – mg : Herwig Vergult/Epa/Sipa – mm et md : Trippett/Sipa – bd : ADC-Diffusion/Sipa
4e de couverture – De gauche à droite : Alfred/Epa/Sipa, Pollet/Sipa, N.A.S.A/Sipa, AP/Sipa, Volpe/Sipa, Gero Breloer/Epa/Sipa, Witt/Sipa, Benaroch/Sipa
4 – hg : El Dakhakhny/Sipa – bg : Prisma-Presse – hd : Fabiano/Sipa – bd : N.A.S.A/Sipa
5 – hg : Chine Nouvelle/Sipa – bd : Levine Heidi/Sipa – mg : Goff/Sipa
6 – hd : Martin Rickett/Epa/Sipa – hg : DBox Inc./AP/Sipa
7 – hg : Laurent Rebours/AP/Sipa – b : Fayolle/Sipa – hd : Jeremijevic Daniela/Sipa
8 – b : Manish Swarup/AP/Sipa – hg, hd et mg : Laurent Rebours/AP/Sipa
9 – h : Babirad/Sipa – b : Alfred/Sipa
10 – hg : Sipa – hd : Maisonneuve/Sipa – m : Tom Dubravec/Epa/Sipa
11 – b : Hadj/Sipa – h : Eugene Hoshiko/AP/Sipa
12 – hg : Film Union/DR – hd : DR – b : Philippe Antonello/Epa/Sipa
13 – h : Universal-Cineplex Odeon Films/DR – bg : Rai-Itc/DR – bd : Arco Film-Compagnie Cinématographique de France/DR
14 – h : Julie Jacobson/AP/Sipa – bd : Maisonneuve/Sipa – bg : Ciaccia/Sipa
15 – hg : Viktor Khabarov/AP/Sipa – b : Chamussy/Sipa – hd : Balazs Gardi/AP/Sipa
16 – hg : Rodrigo/ABD/AP/Sipa – b : Brennan Linsley/AP/Sipa – hd : Cameron Bloch/AP/Sipa
17 – h : Warren/AP/Sipa – bg : Laurent Rebours/AP/Sipa – bd : Martin Schutt/Epa/Sipa
18 – h : Clavieres Virginie/Sipa – b : Bonns/Moment Photo/Sipa
19 – h : Siavash Habibollahi/Sipa – bd : Meigneux/Sipa – bg : Niviere/Villard/Sipa
20 – h : Philippe Antonello/Epa/Sipa – b : Fred Ernst/AP/Sipa
21 – hg : Chris Young/AP/Sipa – b : Daniel Morel/AP/Sipa – hd : Kevork Djansezian/AP/Sipa
22 – h : Tufan/Sipa – b : Lido/Sipa
23 – h : Alfred/Epa/Sipa
24 – hg : Pollet/Sipa – b : Elise Amendola/AP/Sipa – hd : Michel Spingler/AP/Sipa
25 – bg : Bob Edme/AP/Sipa – bd : Bordas/Sipa – h : Sasa Zutic/AP/Sipa
26 – hg : Marcel Mettelsiefen/Epa/Sipa – bg et bd : Hussein Malla/AP/Sipa – hd : Jean-Michel Clajot/AP/Sipa
27 – h et m : Denis Doyle/AP/Sipa – bg : AP/Sipa – bd : Fernando Llano/AP/Sipa
28 – hg : Ahn Young-Joon/AP/Sipa – hd : Georgy Abdaladze/AP/Sipa – bg : DR – bd : Laurent Rebours/AP/Sipa
29 – h : N.A.S.A/Sipa – bg : Darko Vojinovic/AP/Sipa – bd : DR
30 – hg : Mohammed Zaatari/AP/Sipa – m : Emanuel Ekra/AP/Sipa – hd : Efe/Sipa
31 – hg : François Mori/AP/Sipa – bd : Andersen/Sipa – hd : Editions Chronique – bg : Thanassis Stavrakis/AP/Sipa
32 – h : Editions Chronique – bg : David Longstreath/AP/Sipa – bd : Hoslet/Sipa
33 – h : Mindaugas Kulbis/AP/Sipa – b : Khalid Mohammed/AP/Sipa
34 – h : Editions Chronique
35 – h : HO/Sipa
36 – h : Jockel Finck/AP/Sipa – b : Patrick Kovarik/AP/Sipa
37 – hg : Mohammed Ballas/AP/Sipa – b : Paul White/AP/Sipa – hd : Sandro Pace/AP/Sipa
38 – hg : Mindaugas Kulbis/AP/Sipa – b : Eric Feferberg/AP/Sipa – hd : Barry Batchelor/AP/Sipa
39 – hg : Laurent Rebours/AP/Sipa – b : Michel Euler/AP/Sipa – hd : Claude Paris/AP/Sipa
40 – b : Chamussy/Epa/Sipa – hg : Editions Chronique – hd : Christophe Ena/AP/Sipa
41 – h : Al Jazeera/AP/Sipa – bg : Naashon Zalk/AP/Sipa – bd : AP/Sipa
42 – hg : Jean-Pierre Clement/AP/Sipa – b : Chris Kleponis/AP/Sipa – hd : Ballesteros/AP/Sipa
43 – bd : Chiaki Tsukumo/AP/Sipa – hg : Fayolle/Sipa – hd : Jacob Kern/AP/Sipa – bg : Oded Balilty/AP/Sipa
44 – h : Gerald Herbet/AP/Sipa – bg : Thanassis Stavrakis/AP/Sipa – bd : Bas Czerwinski/AP/Sipa
45 – b : Gil Michel/AP/Sipa – h : Juraitis/AP/Sipa
46 – h : Harlingue/Roger-Viollet – hm : Lionel Cironneau/AP/Sipa – bm : Bordas/Sipa – b : Cavendish/Sipa
47 – h : Barylko/Sipa – b : Gamma
48 – h : Chesnot/Sipa – b : Succession Picasso 2004/AP/Sipa
49 – h et b : AP/Sipa
50 – h : Richard Vogel/AP/Sipa – bd : Musa Sadulayev/AP/Sipa – bg : Fernando Llano/AP/Sipa
51 – h : AP/Sipa – b : Efe/Sipa
52 – h : Muhammed Muheisen/AP/Sipa – b : Martin Mazurkiewicz/AP/Sipa
53 – hd : Alberto Estevez/AP/Sipa – bg et bd : Manish Swarup/AP/Sipa – hg : Elise Amendola/AP/Sipa
54 – hg : Michel Euler/AP/Sipa – b : Stevens Frederic/Sipa – hd : Patrick Gardin/AP/Sipa
55 – h : Khalil Hamra/AP/Sipa – bd : Hadi Mizban/AP/Sipa – bg : Frank Augstein/AP/Sipa
56 – h : Musa Sadulayev/AP/Sipa
57 – h : Editions Chronique – m : AP/Sipa
58 – hg : Patrick Curtet/AP/Sipa – b : Trippett/Sipa – hd : Michel Euler/AP/Sipa
59 – h : Epa/Sipa – b : Giles Penfound/AP/Sipa
60 – h : Sipa – bg : Volpe/Sipa – bd : Millereau/DPPI-Sipa
61 – bg : Simon Isabelle/Sipa – bd : Chris Radburn/AP/Sipa – h : Bizuayehu Tesfaye/AP/Sipa
62 – hg : Elizabeth Cook/AP/Sipa – hd : Michel Spingler/AP/Sipa – b : Durocher/Tahiti Presse/Sipa
63 – h : Teodor Kustov – b : HADJ-TV/Sipa
64 – bg : Reed Saxon/AP/Sipa – h : AP/Sipa – bd : Lee Jin-Man/AP/Sipa
65 – h : Lionel Cironneau/AP/Sipa – bg : Brennan Linsley/AP/Sipa – bd : Sichov/Sipa
66 – h : David Guttenfelder/AP/Sipa – bg : Gauthier Philippe/Sipa – bd : DR
67 – h : AP/Sipa – b : Isopress/Sipa
68 – h : Ruffer/Caros Fotos/Sipa
69 – h : Hartmann Christian/Sipa – b : Universal Photo/Sipa
70 – g : Ginies/Sipa – d : Bordas/Sipa
71 – h : David Guttenfelder/AP/Sipa – b : Lo Sai Hung/AP/Sipa
72 – b : Olivier Berg/Epa/Sipa – hg : Eddy Risch/Epa/Sipa – hd : Ciaccia/Sipa
73 – h : Witt/Sipa – bg : Laurent Rebours/AP/Sipa – bd : Benaroch/Sipa
74 – h : Jacques Brinon/AP/Sipa – bg : Milos Vukadinovic/AP/Sipa – bd : Simon Isabelle/Sipa
75 – h : Alfred/Sipa – b : Souloy/Sipa
76 – h : Hatem Moussa/AP/Sipa – bd : Christian Hartmann/Epa/Sipa – bg : Andanson/Sipa
77 – h : Jacques Brinon/AP/Sipa – b : Sola/Sipa
78 – hg : Isopress/Sipa – hd : Gero Breloer/Epa/Sipa – b : Gamma
79 – h : G. Diana/AP/Sipa – b : Ron Edmonds/AP/Sipa
80 – h et b : Petros Giannakouris/AP/Sipa
81 – m : Thomas Kienzle/AP/Sipa
82 – h : Khalid Mohammed/AP/Sipa – b : Jorge Saenz/AP/Sipa
83 – hd : Michel Lipchitz/AP/Sipa – b : Maurin Jean-Pierre/Sipa – hg : Raul Diaz/AP/Sipa
84 – h : Mark Humphrey/AP/Sipa – bd : Marcelo Hernandez/AP/Sipa – bg : Christophe Ena/AP/Sipa
85 – hd : Oded Balilty/AP/Sipa – b : AP/Sipa – hg : Sidsel de Jong/AP/Sipa
86 – h : Misha Japaridze/AP/Sipa – b : Sichov/Sipa
87 – hg : AP/Sipa – b : Saura Pascal/Sipa – hd : Str/AP/Sipa
88 – h : AFP/Al-Jazeera – bd : AP/Sipa – bg : Geert Vanden Wijngaert/AP/Sipa
89 – h : Faugere/DPPI-Sipa
92 – hg : Paul Chiasson/AP/Sipa – hm : Niviere/Dppi-Sipa – hd : Kevork Djansezian/AP/Sipa – mg, md et b : Mark Baker/AP/Sipa
93 – h : Laurent Rebours/AP/Sipa – bg : Vincent Thian/AP/Sipa – mm : Herbert Knosowski/AP/Sipa – md : Anja Niedringhaus/AP/Sipa – bd : Rusty Kennedy/AP/Sipa
94 – bg et bd : Sergey Ponomaref/AP/Sipa – h : Lorenvu/Sipa
95 – hd : Tim Boyd/AP/Sipa – b : Facelly/Sipa – hg : David Duprey/AP/Sipa
96 – hg : Burhan Ozbilici/AP/Sipa – b : Hans Punz/AP/Sipa – hd : Richard Drew/AP/Sipa
97 – h : AP/Sipa – bd : Ariana Cubillos/AP/Sipa – bg : J. Scott Applewhite/AP/Sipa
98 – hd : François Mori/AP/Sipa – b : DR – hg : Sichov/Sipa
99 – hg : Pier Paolo Cito/AP/Sipa – bd : Rick Wilking/AP/Sipa – hd : Giuseppe Cacace/AP/Sipa – bg : Katerina Mavrona/Epa/Sipa
100 – h : Dalmas/Sipa – b : DR
101 – m : Baumann Arnaud/Sipa
102 – h : Christophe Ena/AP/Sipa – b : Meigneux/Sipa
103 – hg : El Dakhakhny/Sipa – b : Chine Nouvelle/Sipa – hd : Clavieres Virginie/Sipa
104 – h : Travers Eric/Sipa – b : Attias/Sipa
105 – h : Str/AP/Sipa – bg : Tahiti Presse/Sipa – bd : APTN/AP/Sipa
106 – h : Hartmann Christian/Sipa – bg : DR – bd : Sipa
107 – h : AP/Sipa – b : Weizman Yoni/Sipa
108 – h : Ron Edmonds/AP/Sipa
109 – h : Wright/P.P.L. Image/Sipa
110 – h : Files/Epa/Sipa – bg : PPE/Benelux Press/Sipa – bd : Smock John/Sipa
111 – h : Chris Kleponis/Epa/Sipa – b : France 2/Gamma
112 – hd : Reza/Sipa – b : Schalk van Zuydam/AP/Sipa – hg : Witt/Sipa
113 – hg : Olivier Hoslet/Epa/Sipa – hd : Alastair Grant/AP/Sipa – bg : Levine Heidi/Sipa – bd : Safa Ari/Sipa
114 – h : Anja Niedringhaus/AP/Sipa – b : Chamussy/Epa/Sipa
115 – h : Hatem Moussa/AP/Sipa – bd : AP/Sipa – bg : Le Floch Pascal/Gamma
116 – b : Levine Heidi/Sipa – hg : Pablo Martinez Monsivais/AP/Sipa – hd : AP/Sipa
117 – hg : Sel Hamet/Sipa – b : Toni Albir/Epa/Sipa – hd : T.F.1-Chevalin/Sipa
118 – hd : DR – b : Chesnot/Witt/Sipa – hg : Rousseille/Asa-Pictures/Sipa
119 – hg et hd : Ivan Sekretarev/AP/Sipa – bg : Efrem Lukatsky/AP/Sipa – bd : Anatoliy Medzyk/AP/Sipa
120 – h et b : Roger-Viollet
121 – h et b : Roger-Viollet
122 – h : Saura Pascal/Sipa – bg : Leroux Philippe/Sipa – bd : Chine Nouvelle/Sipa
123 – h : Str/Epa/Sipa – b : Saura Pascal/Sipa
124 – hg : DR – hd : Gamma – b : Vadim Ghirda/AP/Sipa
125 – h : Stevens Frederic/Sipa – bg : Jacques Brinon/AP/Sipa – bd : Olympia/Sipa
126 – h : Kerim Okten/AP/Sipa – b : Ansa/Epa/Sipa
127 – h : Jerome Delay/AP/Sipa – b : Mindaugas Kulbis/AP/Sipa
128 – h : Haley/Sipa – bd : Atef Safadi/Epa/Sipa – bg : Hartmann Christian/Sipa
129 – h : Editions Chronique – bg : Str/Epa/Sipa – bd : Enwaer/AP/Sipa
130 – hg : Muus/Sipa – bg : Benaroch/Sipa – hm : Lido/Sipa – bm : Ginies/Sipa – hd : Onorati/Sipa – bd : Morin Patrick/Sipa
131 – hg : Harald Schneider/Epa/Sipa – bg : Joffet Emmanuel/Sipa – bmg : Nana Productions/Sipa – hm : Matthias Ernert/Epa/Sipa – bmd : Baumann Arnaud/Sipa – bd : Lido/Sipa